北京大学中国经济研究中心简报系列（第七辑）

相互依存的全球经济

探究开放型经济成长之道

卢　锋 ◎ 编

北京大学出版社
PEKING UNIVERSITY PRESS

图书在版编目(CIP)数据

相互依存的全球经济:探究开放型经济成长之道/卢锋编.—北京:北京大学出版社,2016.3
(北京大学中国经济研究中心简报系列)
ISBN 978-7-301-26764-6

Ⅰ.①相… Ⅱ.①卢… Ⅲ.①中国经济—经济发展—研究 Ⅳ.①F124

中国版本图书馆 CIP 数据核字(2016)第 009904 号

书　　　名	相互依存的全球经济——探究开放型经济成长之道 XIANGHU YICUN DE QUANQIU JINGJI——TANJIU KAIFANGXING JINGJI CHENGZHANG ZHIDAO
著作责任者	卢　锋　编
策划编辑	刘　京
责任编辑	梁庭芝
标准书号	ISBN 978-7-301-26764-6
出版发行	北京大学出版社
地　　　址	北京市海淀区成府路 205 号　100871
网　　　址	http://www.pup.cn
电子信箱	em@pup.cn　QQ:552063295
新浪微博	@北京大学出版社　@北京大学出版社经管图书
电　　　话	邮购部 62752015　发行部 62750672　编辑部 62752926
印　刷　者	北京宏伟双华印刷有限公司
经　销　者	新华书店
	787 毫米×1092 毫米　16 开本　21.25 印张　504 千字 2016 年 3 月第 1 版　2016 年 3 月第 1 次印刷
定　　　价	59.00 元

未经许可,不得以任何方式复制或抄袭本书之部分或全部内容。
版权所有,侵权必究
举报电话:010-62752024　电子信箱:fd@pup.pku.edu.cn
图书如有印装质量问题,请与出版部联系,电话:010-62756370

版第六辑《深化改革与推动发展——求解经济转型的热点难题》与第七辑《相互依存的全球经济——探究开放型经济成长之道》。

我承担了十几年的简报系列编辑工作,为就职单位提供了一位教职人员应做的服务,同时也从中学到很多知识并得到各种教益。感谢中心历任领导对简报工作的支持,感谢不同时期很多研究生参加简报的整理写作,感谢中心行政工作人员对简报工作的帮助,感谢姜志霄、张杰平协助整理和校读文稿。最后要特别感谢北京大学出版社林君秀女士、刘京女士的支持与努力,使得这套简报的系列专辑最终得以出版。

卢锋

2016年1月于北京大学朗润园

序

1994年，北京大学中国经济研究中心成立，1995年5月18日，中心发布"21世纪各国水稻生产和需求预测及其政策含义——国际水稻会议综述"，成为中心不定期整理与刊发简报工作的发端。我1995年10月回国到中心工作，林毅夫主任让我整理的第一份简报，是报道1996年2月世界银行就当年《世界发展报告——从计划到市场》未定稿征求中国经济学家意见座谈会的内容。那次座谈会除中心林毅夫教授、易纲教授、张维迎教授参加外，还请到吴敬琏教授、赵人伟教授、刘鹤教授、郭树清教授、谢平教授等重要经济学家，此次会议纪要作为1996年第2期（总第9期）简报发布。此后我较多参与简报的整理工作，后来长期成为简报系列事实上的主编，即便2003年去哈佛大学访学大半年，借助互联网之便仍持续承担简报编辑工作。2013年年底北京大学国家发展研究院领导决定让我转交这一工作，届时中心简报已刊发1 000多期。

近20年来，中心简报编辑形成了一些不成文的做法。如简报刊载内容仅限于中心直接相关科研成果与学术交流活动，基本功能定位于将中心学术研究和交流成果提供给包括非经济学专业的政府部门、企业、学术机构和媒体等社会各界读者受众，文章篇幅在3 000—5 000字并且不包含数学公式和图表等。简报内容具体来源可分以下几类。一是中心教授或外请学者在中心举办的讲座和演讲，这方面内容约占所有简报的两三成；二是各类学术会议研讨内容的整理，如CCER-NBER年会已持续举办15次，每次讨论内容都整理出多期简报刊发，这类活动简报占总量的一半左右；三是中心研究人员的投稿，其中相当一部分是专题研究成果的缩写稿，也包括就经济改革发展热点问题撰写的分析短文和评论。

中心简报发布后经常被财经类媒体广泛转载，林毅夫教授多次提到不同方面的领导在不同场合提及和表扬中心简报。一个机构能在近20年持续整理发布1 000多期原创内容简报其实并不容易，中心能做到这一点是由多方面因素决定的。首先是由于中心学术科研活动密集，为简报提供了丰富的题材；其次是中心领导重视，特别是中心创设主任林毅夫教授不仅经常为简报提供署名稿件，而且经常鼓励简报工作；再次是简报整理是一项"劳动与知识密集型"工作，整理人既要有相当好的经济学功底，又要有充沛的精力和工作热情，历届中心研究生都是简报整理的主力军，他们对1 000多期简报贡献最大；最后是我们摸索制定了一套目标明确、职责清晰、格式统一、简单明了的工作流程，使不同时期参与这项工作的人员能在统一框架下作出贡献。

2004年以前我们已先后三次结集出版了截至2003年年底刊发的简报。2013年是中心成立20周年，在国发院领导姚洋教授的支持下，将2004—2013年简报部分内容挑选出来分四辑出版，2013年4月已出版第四辑《中国崛起的世界意义——中外经济学名家演讲实录》与第五辑《中美经济学家对话全球经济——CCER-NBER十五次经济学年会实录》，现在出

目 录

第一篇　全球化与经济增长

PKU-LSE"中国经济增长和全球化"研讨会简报之一（2005年8月） ……………… 3
PKU-LSE"中国经济增长和全球化"研讨会简报之二（2005年8月） ……………… 7
PKU-LSE"中国经济增长和全球化"研讨会简报之三（2005年8月） ……………… 10
PKU-LSE"中国经济增长和全球化"研讨会简报之四（2005年8月） ……………… 14
PKU-LSE"中国经济增长和全球化"研讨会简报之五（2005年8月） ……………… 18

第二篇　金融与资本市场改革

"中国资本回报率"专题研讨会简报之一（2007年1月） ……………… 25
"中国资本回报率"专题研讨会简报之二（2007年1月） ……………… 30
"中国资本回报率"专题研讨会简报之三（2007年1月） ……………… 35
"金融与经济发展"专题讲座简报之一（2009年10月） ……………… 40
"金融与经济发展"专题讲座简报之二（2009年10月） ……………… 45
"经济危机和经济学"座谈会简报之一（2009年2月） ……………… 48
"经济危机和经济学"座谈会简报之二（2009年2月） ……………… 53
"经济危机和经济学"座谈会简报之三（2009年2月） ……………… 57
风险管理和银行监管改革会议之一（2013年4月） ……………… 61
风险管理和银行监管改革会议之二（2013年4月） ……………… 66

第三篇　房地产与地方债务问题

地方债论坛系列简报之一（2013年12月） ……………… 73
地方债论坛系列简报之二（2013年12月） ……………… 76
地方债论坛系列简报之三（2013年12月） ……………… 79
地方债论坛系列简报之四（2013年12月） ……………… 83
地方债论坛系列简报之五（2013年12月） ……………… 86
"房地产与宏观经济国际学术研讨会"简报之一（2006年7月） ……………… 89
"房地产与宏观经济国际学术研讨会"简报之二（2006年7月） ……………… 93
房地产调控政策再思考（2013年4月） ……………… 97

第四篇　区域经济合作研讨

第22届东亚经济研讨会简报之一（2011年6月） ············ 103
第22届东亚经济研讨会简报之二（2011年6月） ············ 106
第22届东亚经济研讨会简报之三（2011年6月） ············ 109
第22届东亚经济研讨会简报之四（2011年6月） ············ 113
第五届两岸经济发展研讨会简报之一（2004年8月） ············ 116
第五届两岸经济发展研讨会简报之二（2004年8月） ············ 121
第七届两岸经济发展研讨会简报之一（2008年11月） ············ 125
第七届两岸经济发展研讨会简报之二（2008年11月） ············ 129
第七届两岸经济发展研讨会简报之三（2008年11月） ············ 134
第七届两岸经济发展研讨会简报之四（2008年11月） ············ 137
第七届两岸经济发展研讨会简报之五（2008年11月） ············ 142
第九届两岸经济发展研讨会之一（2012年9月） ············ 149
第九届两岸经济发展研讨会之二（2012年9月） ············ 152
第九届两岸经济发展研讨会之三（2012年9月） ············ 155
第九届两岸经济发展研讨会之四（2012年9月） ············ 158

第五篇　国际贸易与投资

挑战、机遇与前景——欧债危机与中欧合作（2012年5月） ············ 165
中国对外投资圆桌会议简报之一（2009年5月） ············ 170
中国对外投资圆桌会议简报之二（2009年5月） ············ 173
中国对外直接投资国际研讨会之一（2012年11月） ············ 177
中国对外直接投资国际研讨会之二（2012年11月） ············ 181
"我国承接国际服务外包政策研讨会"简报之一（2007年5月） ············ 184
"我国承接国际服务外包政策研讨会"简报之二（2007年5月） ············ 190
"我国承接国际服务外包政策研讨会"简报之三（2007年5月） ············ 197
"我国承接国际服务外包政策研讨会"简报之四（2007年5月） ············ 203
"开放宏观视角下中国劳动市场"研讨会简报之一（2011年6月） ············ 208
"开放宏观视角下中国劳动市场"研讨会简报之二（2011年6月） ············ 212
"开放宏观视角下中国劳动市场"研讨会简报之三（2011年6月） ············ 215
"开放宏观视角下中国劳动市场"研讨会简报之四（2011年6月） ············ 219
"开放宏观视角下中国劳动市场"研讨会简报之五（2011年6月） ············ 222
"生产网络、附加值和贸易统计改革"简报之一（2012年9月） ············ 226
"生产网络、附加值和贸易统计改革"简报之二（2012年9月） ············ 229
"生产网络、附加值和贸易统计改革"简报之三（2012年9月） ············ 232

第六篇　汇率及相关问题

关于人民币汇率问题的思考与政策建议（上）（2006年12月）	239
关于人民币汇率问题的思考与政策建议（中）（2006年12月）	245
关于人民币汇率问题的思考与政策建议（下）（2006年12月）	249
"人民币汇率政策讨论会"简报（上）（2010年4月）	254
"人民币汇率政策讨论会"简报（下）（2010年4月）	259
"人民币国际化与中国金融对外开放政策"研讨会简报（上）（2012年3月）	264
"人民币国际化与中国金融对外开放政策"研讨会简报（下）（2012年3月）	269

第七篇　中国经济研究中心十周年庆典

中国经济研究中心十周年庆典活动简报之一（2004年9月）	277
中国经济研究中心十周年庆典活动简报之二（2004年9月）	281
中国经济研究中心十周年庆典活动简报之三（2004年9月）	286
中国经济研究中心十周年庆典活动简报之四（2004年9月）	291
中国经济研究中心十周年庆典活动简报之五（2004年9月）	294
中国经济研究中心十周年庆典活动简报之六（2004年9月）	298
中国经济研究中心十周年庆典活动简报之七（2004年9月）	301
中国经济研究中心十周年庆典活动简报之八（2004年9月）	305
中国经济研究中心十周年庆典活动简报之九（2004年9月）	310
中国经济研究中心十周年庆典活动简报之十（2004年9月）	314
中国经济研究中心十周年庆典活动简报之十一（2004年9月）	318
中国经济研究中心十周年庆典活动简报之十二（2004年9月）	321
中国经济研究中心十周年庆典活动简报之十三（2004年9月）	326

第一篇

全球化与经济增长

PKU-LSE"中国经济增长和全球化"研讨会简报之一
——新经济、人民币汇率、纵向专业化与贸易

(2005年8月)

2005年8月22—23日,北京大学中国经济研究中心(CCER)和英国伦敦经济学院(LSE)在北京大学中国经济研究中心共同举办了"中国经济增长和全球化"研讨会。与会中、英两国学者围绕贸易政策、人民币汇率、经济增长模式、金融发展、私有化改革等问题展开讨论。第一期简报报道有关新经济、人民币汇率、纵向专业化与贸易等报告的内容。

Danny Quah(英国伦敦经济学院教授):新经济"新"在何处

Danny Quah 的演讲对全球化和技术进步背景下产生的新经济特征进行了界定,并且讨论了由此带来的贸易政策、知识产权保护等方面的问题。

传统的经济增长模型着眼于物质资本的增加和积累,根据经济增长模型可以预测,中国将在2016年超过除美国之外的所有国家。但即使那样,中国人均收入仍然很低,并且由于不断增大的基尼系数,还会有很多穷人。

中国能够超过美国这一事实并不新奇,因为这是经济结构变化的必然结果,几千年来这种结构变化一直在持续进行,这种变化并非新经济的实质所在。从供给方面来说,从农业社会到工业社会发生着持续的结构变迁;从需求方面来说,从树皮到米粥到比萨,代表着持续不断的产品更新,这些都不是最近才出现的新现象。同样,国际交往的日益扩大也不是最近才出现的,1870—1930年就是一个全球化的黄金时代,中国、印度等国家的居民移民美国,欧洲居民移居到澳大利亚和南美洲,造成全世界约1/7的人口在出生地以外的地方工作和生活,资本的转移也在不断发生,因此,全球化的因素至少广泛存在了150年,它们并不是现在新经济的实质所在。中国超过美国也是这种趋势的必然结果,并不是新鲜事,因为这并没有改变经济增长的本质。

现代经济之"新"体现在两方面:一是经济的价值中包含了越来越多的"无形知识",而并不是像原来那样,包含很多可接触的实物;二是终端消费者和无形知识的特殊关系,产品直接提供给终端消费者,不是以物质产品的形式,也没有众多的服务人员。在传统经济中,以技术和教育为主要内容的人力资本是经济发展的源泉,人力资本参加生产的过

程，最终的制成品和服务提供给消费者，同时人力资本也在创造知识，促进技术的进步和经济的发展；而在新经济的情况下，技术和教育不仅是知识的源泉，同时也为消费者所拥有，知识和知识产品直接提供给消费者，不通过中间环节，消费者直接享受知识产品。知识产品包括数码音乐、MP3、DVD、计算机软件、操作系统、药物等。

这些知识产品的特征是无形、非排他性、可以无限复制，第一件产品成本很高，但是复制的成本很低，传统的产权体系失效，传播不受物理空间和距离的限制。正如诺斯所言，缺乏合适的产权体系是抑制技术创新的主要原因。传统的福利经济学认为，生产者和消费者在合适的市场机制下能够有效地实现资源的最优配置。然而，由于新经济改变了产品的属性，所以市场不再像以前那样运行，分权化的市场不再有效，传统的产权体系也不再适用。

卢锋（北京大学中国经济研究中心教授）：人民币实际汇率的长期走势

1978年以来人民币实际汇率的变化特点是，1978—1993年人民币实际汇率持续贬值，而1994年之后不断波动；人民币实际汇率的变化很大程度上和名义汇率的变化相一致。这一现象被认为与国际经济学 Balassa-Samuelson 效应不相一致。为了解释这一现象，需要综合考虑人民币汇率的决定因素。其中三个关键因素是：可贸易部门生产率的相对增长，价格和贸易体制的改革，中国国际收支账户的结构变化。

就可贸易部门劳动生产率相对增长而言，通过比较中国和美国以及 OECD 十三国之间的相对劳动生产率，发现在改革最初十多年间，中国相对美国以及主要 OECD 国家的劳动生产率没有显著提升，因而这一时期是没有劳动生产率相对追赶的经济高速增长。但是从20世纪90年代，特别是90年代后半期以来，中国制造业出现快速的劳动生产率相对增长。我国制造业这一最重要可贸易部门劳动生产率相对增长的阶段性变动，对于理解人民币实际汇率趋势的阶段性演变，具有重要的解释作用。

在计划经济下形成的进口替代战略，扭曲了许多要素的配置：农产品、原材料等可贸易产品的价格被人为压低，多数制成品得到了出口补贴和进口壁垒的保护，人民币名义汇率被严重高估。价格改革和贸易体制改革通过两种途径影响了人民币的实际汇率。首先，价格放开引起了不断增长的通货膨胀，给人民币带来了贬值压力；其次，出口补贴和贸易壁垒的逐渐取消，也造成了人民币贬值的压力。在没有相对生产率增长的背景下，上述改革过程在较早时期引起人民币名义汇率持续贬值和实际汇率大幅贬值。到90年代初期，90%以上的零售商品价格和80%以上的生产原料价格已经放开，而出口补贴也在1994年基本取消，由价格改革和贸易体制改革带来的人民币贬值压力得以缓解。这方面因素的作用对人民币实际汇率趋势变动也具有重要的解释作用。

国际收支账户的结构变化也是影响汇率的因素。中国国际收支余额的变化可分为两个阶段：第一阶段是1990年之前，特征是资本账户盈余和经常账户赤字相匹配，同时伴随外汇短缺；第二阶段是1990年之后，特征是资本账户和经常账户的"双盈余"，逐步缓解了外汇短缺压力。国际收支账户的变化很大程度上是由加工贸易和外商直接投资带来的。加工贸易是指进口原料和中间产品，生产并出口最终产品，其基础是产品内专业化（不仅不同于行业间专业化和贸易，也不同于标准模型讨论的行业内专业化和贸易），这种专业化加强了现代的全球化趋势。数据表明，加工贸易和外商直接投资之间存在密切的关系，资本账户余额和外商直接投资之间也有很强的相关性。

基于以上对人民币实际汇率决定因素的分析，分四个时期讨论人民币实际汇率变化机制。①1978—1993年，这一阶段由于可贸易部门的相对生产率几乎没有增长，不存在Balassa-Samuelson效应，而这一阶段总需求的增长引起的通货膨胀导致了人民币贬值的压力，体制性扭曲的不断消除也带来了人民币实际汇率的贬值，于是这一阶段人民币实际汇率表现为持续贬值。②1994—1997年，由于20世纪90年代中期出现的经济过热带来的通货膨胀，制造业部门劳动生产力的显著提高，导致了人民币实际汇率的温和升值。③1998—2001年，这一阶段不断增长的劳动生产率加强了人民币升值的趋势，但不足以抵消导致人民币贬值的因素作用：国内经济周期导致的通货紧缩，东亚金融危机导致的人民币贬值预期等。这些因素综合作用的结果是人民币实际汇率的显著贬值，在名义汇率采取盯住汇率制条件下，实际汇率形成高估不平衡。④2002—2005年，可贸易部门劳动生产率迅速增长加强了90年代中期出现的人民币实际汇率上升趋势，宏观经济再次进入高速增长周期，造成了通货膨胀的压力，市场对人民币的贬值预期转变为升值预期，这一时期人民币实际汇率均衡水平显著升值，在盯住汇率制度下出现了人民币超额需求和实际汇率低估不平衡。

如果中国可贸易部门劳动生产率继续相对提升，人民币实际汇率升值趋势会持续发生作用，需要适时地调整宏观政策和汇率政策来实现经济成长这一内在需要。从这一角度看，2005年7月21日中国人民银行实行的汇率改革政策，是朝正确方向走出的重要一步。

平新乔（北京大学中国经济研究中心教授）：纵向专业化与中国的出口

中国对外贸易的迅速增长和外包存在密切关系。一方面，大多数发达国家将初级产品或中间产品外包给中国生产，因为中国生产这些产品有成本优势；另一方面，中国也使用许多其他国家的初级产品和中间产品来生产最终产品，然后出口到全世界。

中国向世界其他国家出口的产品可以分为三部分：首先是FDI（外商直接投资），即国外厂商设计好产品原型，由其设在中国的辅助部门负责生产。其次，中国本土厂商开发出产品原型，根据"订单"为发达国家最终产品的生产商生产部件；外商设在中国的生产部门和中国本土厂商往往也都会进口部分初级原料和中间产品，以完成生产过程。最后，中国厂商进口生产要素，生产并出口最终产品。

本研究关注三个问题：①总的来说，纵向专业化（纵向专业化的衡量指标：进口原料占出口产品总产出的份额）占中国出口产品多高的比重？在过去十年，中国出口中的纵向专业化变化趋势是怎样的？②"中国制造"在世界产业链中的位置究竟如何？尤其是在中国的出口产品中，有多少成分来自日本、韩国等东亚国家或者其他国家？③在中国的不同产业之间，纵向专业化程度有何差别？

厂商的数据来自1992年、1997年和2000年中国的投入产出表（包括129个部门，由于2000年的数据只有40个部门，所以只选取40个部门）；贸易数据来自联合国商品贸易数据（1992—2003年的年度数据，包括40个部门）。

各个产业的纵向专业化程度变化有所不同。其中，测量仪器和文具的纵向专业化程度从1992年的20%提高到2003年的接近40%；通信仪器和计算机等电子产业的纵向专业化程度从1992年的19%提高到2003年的23%左右；电力设备行业的纵向专业化程度从

1992年的17%提高到2003年的24%；运输设备行业的纵向专业化程度从1992年的19%提高到2003年的21%；皮革和毛皮制品行业的纵向专业化程度从1992年的16%提高到2003年的接近17%，可能是由于政策原因，其中1997—1999年下降到14%；纺织品行业的纵向专业化程度从1992年的15%提高到2003年的16%（其中1997—1999年出现下降）。

研究的基本结论是：首先，1992—2003年间，中国出口产品当中的纵向专业化比例已经从1992年的14.8%（相当于中国每出口价值1元的产品，就包含0.148元的进口原料）提高到2003年的21.8%，在十年间提高了50%。其次，在所有纵向专业化份额当中，从日本进口的要素占了1/5，而从韩国进口的要素，从1992年的约0.5%提高到2003年的约3%。日本和韩国进口的要素合起来，大约1/3的纵向专业化来自日、韩两国。这意味着中日韩三国大致形成了一个产业链，向世界其他地区出口产品。最后，在中国所有产业部门中，纵向专业化程度最高的是机械制造业，纵向专业化程度最低的是公共服务业和公共饮食业。

PKU-LSE "中国经济增长和全球化"研讨会简报之二
——中国经济增长与渐进式改革

(2005年8月)

2005年8月22—23日,北京大学中国经济研究中心(CCER)和英国伦敦经济学院(LSE)在北京大学中国经济研究中心共同举办了"中国经济增长和全球化"研讨会。与会的中、英两国学者围绕贸易政策、人民币汇率、经济增长模式、金融发展、私有化改革等问题展开讨论。第二期简报报道有关中国增长的真实性与可持续性、渐进式改革的报告内容。

林毅夫(北京大学中国经济研究中心教授):中国经济增长的真实性与可持续性

关于中国经济增长真实性的质疑起因于1998—2002年的通货紧缩。一般而言,一国如果出现通货紧缩,经济增长会走缓或者停滞,就像美国1929年大萧条和日本在1991年开始的通货紧缩那样。中国零售价格指数在1998年下跌了2.6%,1999年下跌了3.0%,2000年下跌了1.5%,2001年下跌了0.8%,2002年下跌了1.3%,直到2003年才恢复到正值,是典型的通货紧缩。但是公布的中国实际GDP增长率在1998年为7.8%,1999年为7.1%,2000年为8.0%,2001年为7.5%,2002年为8.0%,5年的平均增长率为7.8%。这与发生在其他国家的通货紧缩和经济学理论中的通货紧缩相比,是不正常的。因此,经济学家开始怀疑中国统计数据的可靠性,支持这种怀疑的其他证据是中国的能源消费在1997年、1998年和1999年分别减少了0.8%、4.1%和1.6%。

但这种怀疑是不正确的,虽然中国的统计数据不是完全准确,但GDP的数据仍然是可信的。原因在于其他国家出现通货紧缩是由于金融或房地产泡沫破灭,使得国民财富缩水,导致需求降低,由此出现的生产过剩使得投资减少,消费和投资的下降必然导致GDP减小。但是中国此次通货紧缩的原因是不同的,中国从1998年开始了通货紧缩,但是并不存在股票市场或房地产市场的泡沫,更没有泡沫破灭一说。通货紧缩的原因在于供给超过需求,在其他国家发生的通货紧缩是由于消费降低导致投资较少,从而引起总需求下降,供给超过需求,价格持续下降;在中国此轮通货紧缩则是由生产能力过剩导致的。20世纪90年代初期,邓小平南方谈话之后出现了一轮投资高潮,由于当时强调"发展是硬道理",投资迅速增加,固定资产投资的增长率从1981—1985年和1986—1990年的19.5%、17%增加到1991—1995年的37%,经过五年左右的累积,投资形成了三倍于以前的生产能力。但是消费并没有快速增加,所以改变了经济全面短缺的情形,出现了严重的生产过剩局面。

能源消费降低是由于通货紧缩前后中国经济的技术结构变化导致的。在20世纪90年代以前中国是典型的短缺经济,许多乡镇企业能够满足短缺之下的要求,因此它们在80年代繁荣起来,不过它们的技术水平和能源效率低。而90年代早期的许多投资来自国有部门、外商直接投资和合资企业具有较高的技术与能源利用率。当出现过剩生产能力时,大量乡镇企业破产,更有效率的新企业代替了乡镇企业,因此能源消费在保持经济高增长率的同时减少了。

中国的通货紧缩是由生产能力突然增加导致的,没有家庭财富的减少,因此消费并没有急剧减少,1998—2002年消费的平均增长率在6.6%左右。私有企业投资由于缺少好的投资机会而受到压抑,不过由于实行了积极的财政政策,公共部门大量投资于基础设施建设,整体投资水平在1998—2002年的平均增长率为11.7%,因此这段时间的GDP增长率可以有7.8%,这个数据应该是真实的。

中国作为一个发展中国家,具有后发优势,技术进步是经济发展中很重要的决定因素,而中国与发达国家在技术上的差距很大,可以以较低的成本从发达国家引进技术,进行技术改进,促进经济发展,因此中国在未来30年中保持很快的增长是可能的。中国现在的经济发展程度、经济结构和20世纪60年代早期的日本比较类似,日本依靠与发达国家的技术差距发展了28年,创造了日本奇迹,亚洲四小龙在第二次世界大战以后获得几十年的增长也是这个原因。中国现在的人均GDP只有美国的2%,若30年之后可以达到美国的20%,则需要年增长率超过美国7个百分点,美国人均GDP的年增长率在2%左右,所以中国可以有9%左右的增长率,考虑到人口增长因素,中国的GDP年增长率应该超过9%。

中国有潜力在未来的二三十年或者更长的时间内保持快速增长,但中国在转型过程中也面临许多困难,例如收入差距问题、环境问题、国有企业改革、国有银行问题等。相信中国政府和社会有能力克服这些困难,原因主要有:一是中国政府有能力保持政治稳定、社会稳定,动员资源;二是人民的驱动,无论是在城市还是农村都有来自内部的推动力,人民要增加财富、改善生活,他们会抓住各种机会来获得改善;三是中国在技术进步方面的潜力非常大,中国是一个很大的市场,许多国际企业意识到中国市场对它们的重要性,因此在中国有许多外商直接投资,它们带来了新技术、新型管理方法和新观念,有利于中国的技术革新。

总结起来,中国经济增长率和能源消费率数据方面的不协调,引起了许多学者对中国统计数据的怀疑,这是因为他们是按照标准的经济学理论和其他国家的经验来分析中国问题的,如果从中国的具体情况来分析就可以解释上述的不协调性。另外一点是中国政府有能力克服从计划经济到市场经济转型过程中所遇到的困难,在未来的二三十年中保持较高的经济增长率。

Linda Yueh（英国伦敦经济学院教授）：中国的渐进式改革

中国在过去的二十多年中保持了超过9%的经济增长率，令人印象深刻。研究中国的增长模式会发现中国的独特之处，中国处于向市场经济转型的过程中，具有发展中国家的特点。中国在转型过程中采取了渐进主义的模式，而不是大爆炸或休克疗法，在很长一段时间内保留了双轨制；中国的改革是分步进行的，集中于制度革新，例如家庭联产承包责任制，对产权进行改革，通过保留剩余的方式激励农民；中国的改革过程中更多地采取了试验的形式，允许部分地区或部门率先改革，成功之后再向全国或全行业扩展，例如经济特区的建立；初始条件对于改革方式的选择来说也是非常重要的，中国采取了由易到难的改革顺序，避免出现大的冲击，保持了社会的稳定。概括来讲，中国渐进主义模式的特点是最小化政策贯彻执行的成本，而不是最大限度地提高经济效益，是最小化市场经济改革的政治阻力，逐步适应不断变化的经济环境，采取由易到难的改革顺序以试点方式逐步推动改革。

中国是采取渐进主义模式获得成功的典型，现在也有一些采取渐进主义模式转型的国家。中国能够采取这种模式的前提是国内政治稳定，可以支持改革初期的双轨制。中国存在大量的农村剩余劳动力，允许从事私有经济活动之后，私有部门的经济增长速度超过了国有部门。渐进主义的结果是很多艰难的问题遗留下来，因为采取的是由易到难的改革顺序，有许多结构性问题没有解决，包括私有化、金融和贸易自由化；还有宏观经济的不稳定性，有国内因素，主要是国有企业和国有银行的问题，产生了宏观经济周期，也有开放带来的不稳定性，中国的汇率制度、债务市场都面临挑战。这些机构性问题的核心集中在国有部门，包括国有企业和国有银行，国有银行主要将贷款贷给了国有企业，累积了大量的不良贷款，在发展过程中向城市倾斜的策略导致了城乡差距，同时市场缺少规范的法制环境，法律执行困难。

中国经济是外延型增长而不是内涵型增长，即生产力的提高主要依赖于增加劳动力和投资，而不是技术推动，技术进步缓慢，2001年加入WTO（世界贸易组织）之后技术外溢的效应仍不明显。中国转型过程中的明显特征是投资超过消费，而且市场很不完善，缺乏正式的制度，例如法律体系不完备。

中国由于采取了渐进主义的转型策略和接近市场的结构而发展较好，但是这种改革模式下的增长模型在可持续发展方面也面临许多挑战，有许多艰巨的问题还没有解决，包括劳动力、利率和原材料等要素价格改革，国有企业和国有银行的所有制改革，政府财政体系和货币政策运用改革，劳动力过剩和缺少流动性问题，城乡分割，缺少包括健康保险、养老保险、住房保险和失业保险在内的社会保险体系，不完备的法律体系特别是执行体制，金融行业中大量的不良贷款问题，环境破坏等。

中国目前仍然不是市场经济，只是部分市场化。未来经济增长很难继续依赖要素积累，而是需要进一步提高生产力，所以虽然中国有能力吸引并将继续吸引大量的外商直接投资，但是中国支持市场的制度基础薄弱，缺乏配套的法律体系，如果不解决好这些问题，中国经济能否快速追赶发达国家很难判断。

PKU-LSE "中国经济增长和全球化"研讨会简报之三
——法制、金融发展与私有化改革

(2005 年 8 月)

2005 年 8 月 22—23 日，北京大学中国经济研究中心（CCER）和英国伦敦经济学院（LSE）在北京大学中国经济研究中心共同举办了"中国经济增长和全球化"研讨会。与会的中、英两国学者围绕贸易政策、人民币汇率、经济增长模式、金融发展、私有化改革等问题展开讨论。第三期简报报道有关中国法制与金融发展的关系、私有化改革等报告的内容。

许成钢（英国伦敦经济学院教授）：法律、金融以及行政管制

通过对世界上许多国家的经验研究发现，法制健全的国家通常金融市场也运行得更好，因此法制健全应该是金融市场发展的先决条件。然而，我们发现中国的实际情况与此正好相反。一方面，虽然中国金融市场中存在很多很严重的问题，但是与其他所有的转型经济相比，中国的金融市场运行要好得多。另一方面，如果我们比较法律以及法律实施方面，中国又比其他转型经济差很多。因此，在中国法制和金融的关系与其他国家完全相反。

问题在于，在没有适当法律机构以及法律实施的条件下发展证券市场是否可能？文献中的回答是"不行"，但中国的实践却告诉我们"也许可以"。如何解释中国证券市场最初的快速发展？中国证券市场在没有适当法律机构以及法律实施的条件下还能走多久？

许教授指出，虽然法律机构和法律实施并不完善，但中国的金融市场也不是从真空中产生发展起来的。在中国，行政管理代替了正规法律管理的位置，而中国行政管理有一个特点，即地方分权。

中国的大部分国有企业是地区性的，地方政府实际上是该地区国有企业的"拥有者"，因此地方政府对这些国有企业的信息了解得比其他机构都多。由于国有企业是地方政府的资产，是其财政收入的主要来源，地方政府非常关心国有企业的运行状况。同时地区间在 GDP 增长率上的竞争，使地方政府有强大的激励去帮助该地区的国有企业。

正是在这种条件下，中国开始实行配给制。配给制的实施是从证券市场产生开始的。原本的用意只是用配给制控制各地证券市场规模，但是由于地方分权和地区间的竞争，配给制实际上转变成了一种管制。

配给制是这样运转的：每年中央政府确定并将配额分配到各省各地区，这个配额是各省被允许发出的股票量。然后，各地开始确定本地区哪些企业会被选中可以上市，在这一过程中各地方政府得到了关于这些企业运转的信息。各地政府将这些选中企业的信息上报到中央的管理机构——中国证监会，由证监会复查企业信息，最终确定可以上市的企业名单。最后，被批准的企业方可在证券市场上市。

许教授认为，这种配给制实际上是一种信息披露的激励机制。配给制度把收集和确认企业运作信息的责任下放给了企业实际的拥有者——地方政府。但正是由于地方政府是企业的实际拥有者，它们会有动机欺诈。那么如何防治地方政府的欺诈行为呢？配给制度向地方政府提供了披露真实信息的激励：披露真实的企业信息可以在下一年得到更多的配额。

这里有一个可检验的假说：各地过去上市公司的运转状况与该地区以后的配额数量之间是否有此种关系呢？通过回归各地区上市公司绩效与各地配额，我们可以发现两者之间存在正向关系，如果前期此地区的上市公司总体表现水平较高，那么接下来这个地区企业获得的配额就较多。实证分析还发现，企业信息的披露状况越好，该地获得的配额也就越多。

所有的证据表明，配给制替代了一种有效的激励手段，通过配给制度我们可以解释为什么中国可以在没有法律环境的条件下、在金融市场发展的早期运行良好。现在我们需要看的是，这样的情况还可以维持多久。有一些问题是配给制度无法解决的，其中最大的问题是配给制度对非国有企业的上市没有很大的帮助作用，因为配给制度的运作是建立在地方政府是国有企业实际所有者这一前提下的，由于地方政府是所有者，所以它们在企业信息上更有优势。但地方政府并不是地方上非国有企业的所有者，它们对这些企业没有信息优势，同时它们也没有适当的激励。正因为如此，在中国证券市场上，国有企业占了绝大多数。

配给制度在金融市场建立的初期固然有效，但随着市场规模的不断扩大，配给制度根本无法解决中国复杂的金融市场中所有的问题。长期来说，金融市场的健康发展需要完善的法律体制和法制环境。

姚洋（北京大学中国经济研究中心教授）：中国企业私有化的影响

姚教授文章中的数据来自对中国 11 个城市的 683 家企业的调查，这些城市包括哈尔滨、抚顺、唐山、衡阳等。姚教授指出，数据可能存在选择性偏差，这一偏差来自两个方面，首先是企业对于调查问卷的自我选择偏差，这在所有自愿性的问卷调查中都存在，自我选择偏差只要不是系统性的，对回归影响并不大。更重要的是，这次调查是由各地区的经贸委选择被调查的企业，因此经贸委只会选择那些与地方政府关系紧密、很大程度上是尚未私有化的国有企业。为了避免这一偏差因素的影响，姚教授使用了 2001 年中各地区所有的国有企业以及私有化国有企业各自所占的比重为所得到的 1995—2001 年的所有数据做调整，调整后的样本量为 608 个，直至 2001 年，样本中将近 40% 的企业经历了改制，其中 24.5% 的企业中存在私人股份，19.1% 的企业中有外部股份（outside shares），另外有 19.1% 的企业由私人股份控股。

姚教授用了三个指标来衡量企业的经营状况，分别是盈利能力、单位成本以及劳动生产率。盈利能力是由资产回报率表示的，即税前利润除以所有的资产价值；单位成本则被定义为原料成本和运营成本之和与收入的比例；劳动生产率则是收入与用工人数之比。

为了衡量私有化对企业经营状况的影响，姚教授使用了三组解释变量：第一组变量是在私人股份的层面上，私人股份既包括企业内部经理人和普通员工持股（内部持股），也包括企业外部私人持股和国家持股（外部持股）。第二组变量则是建立在内部持股和外部持股之比上。文献研究表明，外部持股一般反映了企业在私有化后的经营状况。同时，内部持股中的员工持股也多是在企业经营状况良好、股利较高的激励下发生的。研究也发现，同样是国有企业的外部持股人会比私人外部持股人对企业的发展更为有利，但这个方面并未包含在本次研究中。第三组变量是在改制本身的层面上，用虚拟变量表明企业是否经历了改制以及改制的具体类型。

具体而言，改制被分为五种类型：公司内部重组、宣告破产、员工持股、公开租售及其他。内部重组包括合并、主辅分离、引入新的投资者和债转股。总而言之，重组是通过增加或分流等方式使企业各部门重新组合、进而达到提高企业生产效率的目的。与其他国家不同，破产在中国并不意味着一个企业的消失，而是一种使国有企业丢掉银行债务的手段，同时也被企业用来摆脱过剩的人员包袱。因此在中国，企业在破产后，一般可以比原来运行得更好。

员工持股是更普遍的私有化方式。这种私有化类型等同于苏联的"内部私有化"。研究发现，内部私有化在苏联并不是一种良好的私有化方式，因此我们很有兴趣知道在中国是否是一样的情况。公开租售理论上可以面向内部以及外部，但实际上企业主要租售的对象是内部人，不过公开租售已经越来越多地为企业引入了外部投资者。这种方式是较为激进的私有化方法。

研究结果发现，私有化后不论是国家控股还是私人控股，企业在盈利能力上都高于完全国家所有的企业。在单位成本上，私有化的企业表现得比完全国有企业出色。劳动生产率的情况也是如此。同样，如果比较改制过的国有企业和未改制国有企业的表现，我们发现改制后企业在经营状况上显著优于未改制的企业。但姚教授同时指出，在比较中并没有控制其他变量，此外还存在选择性偏差，因为一般而言，表现较好的国有企业才会先被选取来进行改制。根据 FE 模型估计的结果是，私人持股的比例对绩效的三项指标都没有显著作用。总的来说，第一，私有化仅仅对盈利能力有显著的正向影响，但是对单位成本和劳动生产率的影响不显著。这个结论与 Frydman *et al*.（1999）对三个东欧国家的研究是一致的。第二，尽管私人持股比例对盈利能力有正的影响，但同时只有私有化的虚拟变量是显著的，这表明，私人持股要大到一定的程度，才能对企业的绩效产生实质影响。

私有化对单位成本没有显著影响的原因是和改制以前国有企业的运行情况有关，在改制以前，许多国有企业并不对研发进行投入和购买新的设备。而私有化对劳动生产率没有影响则是因为政府为保证就业率，规定了企业裁员量的上限。

通过比较外部持股和内部持股的企业得出，内部私人持股比例对盈利能力有显著影响，但是对单位成本和劳动生产率的影响不显著；外部持股比例对盈利能力和劳动生产率的影响显著；改制对盈利能力的影响显著，但是对单位成本和劳动生产率的影响不显著；企业的改制要提高绩效，必须同时伴随一定程度的私有化。

私人控股比例对提高企业绩效的贡献平均分配在改制后的若干年内，而外部控股比例对提高企业绩效的效用集中在改制后的一两年。绩效较好的国有企业往往首先被改制或私有化；没有发现企业的预算软约束和绩效之间存在显著联系。总之，中国的私有化并非仅仅为了效率目标而推行，尽管如此，我们的结果表明它仍然在一定程度上提高了效率。

PKU-LSE"中国经济增长和全球化"研讨会简报之四
——中国改革的理论意义与借鉴意义

(2005年8月)

2005年8月22—23日,北京大学中国经济研究中心(CCER)和英国伦敦经济学院(LSE)在北京大学中国经济研究中心共同举办了"中国经济增长和全球化"研讨会。与会的中、英两国学者围绕贸易政策、人民币汇率、经济增长模式、金融发展、私有化改革等问题展开讨论。第四期简报报道有关中国改革的理论意义及其对发展中国家的借鉴意义等内容。

陈平(北京大学中国经济研究中心教授):作为社会试验的转型经济

在20世纪有两项最重大的社会实验:大萧条和经济转型。原因在于:首先,它们的时间跨度都很长,大萧条持续了将近十年,而苏联以及东欧国家的转型持续时间甚至超过了十年;其次,它们都带来了经济结构以及经济政策的巨大转变,很多转变甚至不能由传统理论所解释。从数据还可以看出,苏联和东欧国家在转型期出现的萧条比大萧条时期严重得多。由此我们可以提出一个简单的问题:从转型经济我们可以学到什么?陈教授比较了两种理论:均衡论和进化论。均衡理论包括古典经济学、新古典经济学以及新兴古典经济学中关于宏观、微观、金融和产业组织的理论,这些理论内部存在矛盾,并非完全统一;进化论,也被称为渐进主义,它的理论来源可追溯到马尔萨斯、达尔文,然后到马克思以及熊彼得。这一理论对理解长期的经济发展以及经济结构转变有很大贡献。

为了避免"只见树木,不见森林",陈教授在正题开始之前先提出了一些问题:第一,为什么苏联和东欧国家会出现长期的经济萧条,造成萧条的主要原因是什么?通常的回答是源于市场的不稳定。而Arrow-Debreu认为,如果产权界定清晰,供求系统将自动形成唯一的均衡点,市场可以有如此大的魔力。那么市场长期的不稳定又是从何而来?况且苏联和东欧国家从第二次世界大战之后并没有经历过大规模的战争。第二,政策目标中最首要的是什么,是稳定、制度还是增长?第三,宏观的稳定性与微观的有效性之间到底是什么关系?第四,真实情况是否正如主流理性预期学派所言,微观是宏观政策的基础,还是如我们从转型经济中所见到的,宏观是微观行为的基础?投机、欺诈、人员外流等行为都是由宏观环境所决定的,而不只是简单独立的自我决定。

接下来陈教授提出了一些更本质性的经济学思考：首先，微观领域内，价格机制的本质是什么？如果价格是经过一系列均衡、收敛的过程而确定的，那么市场就可以完全有效。但如果价格是一个不断学习、调整的过程，它就不是由供求两方决定，而是如哈耶克曾指出的，是通过一个供给链的复杂网络、通过正向或负向的回馈决定的。第二，宏观领域内，自然失业的根源是什么？劳动力的自然失业是出于他们自己的理性选择么？宏观政策的本质又是什么？是价格刚性、大政府还是技术变迁？第三，金融领域内，金融市场是内在稳定的还是内在不稳定？如果经济出清并且有效，价格由供求决定，那么金融市场应该毫无问题，不存在任何的投机动机和行为。但看看东亚金融危机，其中存在大量的投机行为——这证明理论是错误的或最起码是有限的。另外，在微观的有效以及宏观的稳定中，金融市场到底扮演了什么角色？最后，在产业组织领域内，组织的发展是某些超人、经济学家理性设计出来的么？组织的发展是否为市场经济的先决条件？组织是存在于竞争性利益集团下的前进化过程？东德的经历已经证明第一个论断是错误的。

整个大萧条时期从1929年持续到1942年，在此期间，美国的工业产值下降了将近47%，并且持续了整整14年，其他国家，例如英国，损失则小很多。然而，经济学从大萧条中学到了很多，货币学派、凯恩斯的改革以及宏观经济学都在这个时期成长起来；福利国家出现；金融市场更多地受到政府管制；中央银行的地位不断提高；在国际贸易中的地区性保护措施被严格地加以控制。这一课不应被经济学界所遗忘。

东欧和苏联毫无疑问应该比中国发展得更好，因为它们有更优秀的禀赋，很多理论都可以印证这一点：从古典经济学而言，东欧和苏联有更好的自然资源；从新古典主义的增长理论而言，它们有更好的工业资本；从内生增长理论而言，东欧和苏联的人力资源教育、科技背景上都强于中国；从产业组织理论而言，它们的经济不论横向还是纵向都强于中国；从经济地理学角度，东欧和苏联都更易于与世界市场联系；从文化经济学角度，它们都有更深厚的西方法律文化传统；最后，从国际环境方面，它们拥有国际援助。

我们来看联合国提供的数据，对比而言，东欧在20世纪70年代做得不错，而柏林墙倒塌后，社会主义优越性呈下降之势，仅从数据我们就可以看到这一点。而在华盛顿共识之后十年我们可以看到，南美的平均GDP增长率最高，为2.9%，东亚和北美为2.8%，而东欧则下降了46%，平均增长率为－4.4%。这也就是为什么说转型的萧条比大萧条严重得多的原因。通过不同国家的对比，日本、德国、中国和越南是一组，波兰、匈牙利是东欧的转型国家，再加上苏联是一组。从数据我们可以看出华盛顿共识没有得到任何现实证据的支持。

再看转型经济的比较（东欧），我们从中可以发现大规模的衰退。很多严重的国家衰退达到40%，轻点的，像捷克、斯洛伐克，分别达到13%、22%。再看苏联转型衰退的数据，比东欧国家更加严重。但要提到的是中国，三年自然灾害期间，中国的GDP也只衰退了11%，比东欧转型经济中最轻的捷克、斯洛伐克还要少。在"文化大革命"期间，中国的经济也保持了和原先一样的增长。如果抛开这些事实，只空谈理论，就没有很好地领会实证科学。

陈教授提出一些产出衰退的主要原因：首先是汇率的变动。陈教授举了个例子，民主德国本来有稳定的宏观环境、先进的技术并且有第二次马歇尔计划提供的大量国际援助，但民主德国仍然遭遇了衰退。民主德国耶拿地区主要生产相机的Zeiss光学公司，是国际著名的企业，在德国统一后丢掉了超过 90%的民主德国市场。原因在于民主德国由原来的货币改变为联邦德国的马克，因此这个本来主要市场在民主德国的公司突然发现自己手上没有硬通货。因此货币不仅是一种交易媒介，而且更是一种力量。中国要积累外汇储备也是同样的道理。第二个原因是前面提到的，打断了供给链。

樊纲（中国改革基金会教授）：全球化环境中的中国发展

改革开放以来中国经济的快速发展与全球化过程密不可分，现在中国的贸易依存度（对外贸易额占 GDP 的比重）高达 70%，也是吸收 FDI 最多的国家。作为一个低收入转型国家，中国经济发展与全球化的关系有一定的特殊性，与许多正统的经济学说如华盛顿共识有较大差异。那么，是哪些政策因素促进了中国的快速发展？

首先，是一系列体制改革。其中，私营经济的发展与国有企业的私有化是最为重要的，此外，法制建设、行政体制改革等也在逐步优化中国的商务（投资）环境。现在，70%的中小型国有企业已经完成了私有化。现在国有经济占国民经济的比重已经大大降低了。

FDI 是中国获益最多的外部因素。20 世纪 80 年代以来全球化的一个特点是大量资本的跨国流动。发展中国家缺乏资本、技术、知识，FDI 正好可以给发展中国家带来这些要素。FDI 的积极作用是华盛顿共识比较正确的一点。

与 FDI 相关的另一条成功经验是，通过贸易壁垒保护幼稚产业（infant industry），同时向机器设备进口和技术引进提供特殊政策。80 年代以来，人们一般对产业保护政策持批判态度，主要理由是不知道如何去保护幼稚产业，也不知道要保护多久，而且保护政策排斥竞争最终往往扼杀了整个产业。但在一个人均 GDP 仅相当于发达国家 1/300 的国家（1980 年的中国），幼稚产业的本土公司确实无法对抗强大的跨国公司。落后国家只在一些初级产品如农产品上有一些比较优势，制度、技术、知识等各个层面的差距都使得幼稚产业很难获得产业升级，无法参与国际竞争。过去二十多年，中国的电子、汽车、机械设备等制造业一直存在政策保护，直到加入 WTO，政策保护才大幅减少。从实践来看，中国的产业保护政策确实起了一定的扶持作用。理论上，一方面贸易保护给予幼稚产业一定时间去发展；另一方面面对贸易壁垒，跨国公司往往选择直接投资的方式进入中国市场，这样，贸易保护就鼓励了 FDI 的流入，FDI 的一系列外溢效应会提高整个经济的竞争力。

资本项目管制也是中国的经验之一。资本项目的自由化可能会带来大量的短期资本流入，伴随着高风险；而资本项目管制可以限制灰色收入流出国境，有助于抑制腐败。

此外，快速发展的同时要避免陷入民粹主义（Populism）的困境。今天人均 GDP 1 000美元的国家与 200 年前人均 GDP 1 000 美元的国家大为不同，200 年前，人均 GDP 1 000美元的国家就是当时的发达国家，而今天，低收入国家的政策会倾向于效仿发达国家的政策：高福利、社会保障、医疗卫生保障等。这些当然是好东西，但会损害长期增长的竞争力，问题在于如何去平衡长期增长与满足人们基本需求的关系。

像印度、中国这样的人口大国，解决种种社会问题最终是要依靠持续增长，持续增加非农就业人口。低收入国家的发展，往往经历收入不平等加剧的过程，这个阶段很容易走向民粹主义。人们常说，美国、欧盟国家等对农民的补贴有多高，但人们往往忽视了美国的农民只占该国劳动力的1.7%，法国的农民只占该国劳动力的2.5%。百分之九十几的人补贴百分之几的农民是可行的，但中国的农民占总劳动力的比重超过40%，补贴农民谈何容易。奉行民粹主义的国家，往往伴随巨额财政赤字、巨额外债、基础建设投资不足。南美洲许多国家就曾陷于这种困境，印度的财政赤字占GDP的比重高达10%，但政府还是缺钱修高速公路，大量的财政支出是在社会福利和各种补贴上。民粹主义的长期后果是，损害了经济的竞争力，无法持续增加非农就业机会，收入不平等反而会加剧。

中国改革开放前经历过政府包办一切的痛苦经验，这或许可以避免中国走进民粹主义的困境中。只要中国能保持8%的年均经济增长率，每年大约可创造1 000万的非农就业机会，则农民总是可以寄希望于下一代能在城市里找到工作并逐步改善生活。

相对于华盛顿共识，中国发展的特殊经验在于没有在改革初期就推行国有企业的私有化，而是先发展私营经济；中国也不是一开始就实行自由贸易，伴随大量的FDI流入，中国广泛的贸易保护政策对幼稚产业的发展还是起了重要作用的；中国的金融自由化过程也走得比较慢；中国并未实现民主化，重要的是中国也没有陷入民粹主义的困境中。这些经验或许对一些发展中国家也有一定的借鉴意义。

PKU-LSE "中国经济增长和全球化"研讨会简报之五
——中国增长模式、亚洲金融合作、贸易政策

(2005 年 8 月)

2005 年 8 月 22—23 日，北京大学中国经济研究中心 (CCER) 和英国伦敦经济学院 (LSE) 在北京大学中国经济研究中心共同举办了"中国经济增长和全球化"研讨会。与会的中、英两国学者围绕贸易政策、人民币汇率、经济增长模式、金融发展、私有化改革等问题展开讨论。第五期简报报道有关中国经济增长模式、亚洲金融合作机制、贸易政策等内容。

Bert Hofman（世界银行首席经济学家）：中国经济增长模式

以官方汇率衡量，中国还是一个经济小国，GDP 只占全球 GDP 的 4%；以购买力平价汇率衡量，中国 GDP 大约占全球 GDP 的 12%；中国人口占全球的 21%，尽管中国的城市化率仅 40%，远低于 OECD 国家 70% 的平均水平，但中国仍是世界上城市居民最多的国家；中国的贫困人口占全球贫困人口的 1/5；中国的用水量与美国相当，是全世界第二大能源消费国，美国能源消费占全世界的 22%，中国的能源消费占 12%；中国的外汇储备仅次于日本，位居世界第二。此外，中国在国际组织里也起着越来越重要的作用。

今后中国如何继续保持快速增长？1994—2003 年，中国经济年均增长 9%，其中劳动生产率的提高贡献了 7.8 个百分点，劳动生产率的提高来源于全要素生产率的提高和人均资本量的增加，其中人均资本量增加对 GDP 的增长贡献了 5.1 个百分点，全要素生产率的提高对 GDP 的增长只贡献了 2.7 个百分点。中国的投资占 GDP 的比重高达 45%，人均资本量的增加非常可观。中国工业工人的劳动生产率是农民劳动生产率的 9 倍，一般发展中国家的这个比例是 3、4 倍。为什么中国工人、农民的劳动生产率的差距会如此大呢？这主要是对工业的投资规模较大，使得工业的人均资本量相对较高，从而工人的劳动生产率远高于农民的。问题在于，高度依赖投资的工业化创造的就业机会相对有限，从而劳动力向城市的转移相对比较慢。

更严重的是，这种资本密集型的工业化是很难持续的。目前中国工业增加值占 GDP 的比例大约是 55%，这也高于其他国家；中国投资占 GDP 的比例仅次于 20 世纪七八十年代的新加坡。"索洛诅咒"指出，如果增长高度依赖投资，投资的边际报酬递减将使得投

资增速不变条件下经济增速放缓。我们的模型表明，假设未来 20 年中国的增长方式没有转变，仍然高度依赖投资，则为了使 GDP 达到 8% 的增长率，投资占 GDP 的比例必须提高到 55.7%。这是一个前所未有而且不现实的比例。中国现在的储蓄率已经相当高了，预计其将逐步降低。2020 年之后，中国劳动力占总人口的比例将会显著下降，随着人口老龄化，居民的总储蓄率将会大幅降低；随着各个行业竞争的加剧，企业利润率降低，企业的储蓄率也会降低；所以我们认为中国 55% 的投资率是不可行的，也是不合适的。出路在于加快发展服务业，降低经济增长对工业、投资的依赖；服务业的发展还将创造更多的非农就业机会，从而使中国经济的增长更加平衡。

中国居民的收入差距有所加大，基尼系数增加到 0.45。仅从经济效益角度看，就会有三个方面的负面影响：①人们的不满情绪积累，会影响社会稳定；②如果一些富人获得了政治权力或支持，有可能去影响政策以维持特权和财富，巴西就出现了这种情形；③收入差距和社会保障体制的不健全，有可能使儿童失学，使有工作能力的病人不能及时获得救治，这些都是一种经济上的损失。

预计 2035—2045 年，以 PPP（购买力平价）汇率衡量的中国经济总量将排在世界首位；2080—2090 年，以官方汇率衡量的中国经济总量将超过美国，位居世界第一。

何帆（中国社会科学院研究员）：亚洲金融合作与中国的作用

亚洲金融危机引发了大量关于亚洲金融合作机制的讨论，随着亚洲各国经济的恢复，关于亚洲金融合作机制的探讨逐渐减少。我们认为，亚洲金融合作机制仍是一个重要的议题，亚洲应该建立预防金融危机的合作机制。

首先，亚洲经济仍面临较大的外部风险。如果缺乏有效的合作机制，美元贬值、美国利率上升、油价高涨等外部风险仍有可能在亚洲引发金融危机；其次，2000 年东盟以及中、日、韩签署的《清迈协议》（Chiang Mai Initiative）扩大了货币互换规模，可以在此基础上向全面的金融合作发展；最后，亚洲国家汇率方面的合作仍是金融合作的重点。

以汇率风险为例，亚洲各国都积累了巨额的经常项目顺差，有大量以美元计价的外汇储备，而美元趋向于贬值，这使得亚洲各国的汇率机制陷于两难境地。如果盯住美元，则外汇储备随美元贬值而贬值，同时会产生本币升值压力，引来大量投机性流动资金；如果放弃盯住美元，则汇率波动会损害贸易，并可能引发美元进一步贬值，从而也会使外汇储备贬值。以利率风险为例，美国升息同样让亚洲国家感到为难，亚洲国家经济刚刚从危机中恢复过来，升息对经济的负面影响是多数亚洲国家不愿承受的，但若不随着美国升息而升息，则部分资本会流出亚洲流回美国，对亚洲国家的经济同样有冲击。这些外部风险，若是缺乏区域内部的金融合作，就很有可能引发金融危机。

而且这些外部冲击对亚洲国家的影响是非对称的，从而使合作可以互惠互利。如果外部冲击对所有亚洲国家的影响程度都是类似的（对称的），那么彼此的合作并不能消减多少风险，这时候我们只能求助于区域外的援助。事实上，在金融危机过程中，亚洲不同国家受到的冲击差异较大，这样总是会有些国家有能力帮助其他国家。无论是外部供应冲击还是外部需求冲击，它们对中国的影响与其对亚洲其他国家的影响的相关性都较弱；换言之，中国在亚洲经济中起到了稳定器的作用。

《清迈协议》取得了很大的进步，但仍有一些不足之处：首先，缺乏一个核心的主体，依靠双边谈判往往会使谈判成本较高,而且容易在谈判中错失良机;其次,《清迈协议》可以提供的资金有限,对于流动性危机不过是杯水车薪;再次,《清迈协议》中90%的资金与IMF提供的资金是挂钩的,即与IMF援助条件相联系,但IMF援助条件并不一定适用于亚洲国家。

我们建议,第一,确立一个核心主体,作为执行机构管理和运作货币联盟;第二,建立一个有效的预警机制,用于预防各国的流动性风险,以及时应对外部冲击;第三,亚洲金融危机是一种流动性危机,可以考虑汇集亚洲各国的外汇储备,作为稳定汇率的基础;第四,亚洲货币合作机制应当考虑亚洲国家的特殊性,应逐步解除与IMF援助条件的联系。

Razeen Sally(英国伦敦经济学院):中国、印度、东盟的贸易政策

印度在很多方面与中国很相似。2003年印度的贸易依存度是23.9,中国是60.4,东盟六国是134.5,其中新加坡的贸易依存度接近300,马来西亚的贸易依存度也高达200以上。但印度劳动力密集型的制造业远没有中国发达,印度制造业部门的就业人口不到1000万,而总劳动力人口多达4.5亿。贸易政策是一个原因,更重要的原因是对劳动力市场的限制。印度农业的生产率也非常低,农业增加值占GDP的20%,农业人口占总人口60%。印度在劳动力密集型的服务业上有优势,但服务业的工作机会往往是高收入高技能的,提供的工作机会相对有限。最乐观的预测认为,到2010年,印度将会增加100万的服务业工作机会,相对于总的劳动力人口,这仍是相当少的。

自1994年以来,中国贸易自由化迅速推进,对外商直接投资的管制也急剧减少。1997—2000年,中国进口的非贸易壁垒大幅削减,削减幅度高于东南亚其他国家;平均关税税率从1992年的42.9%降到2001年的16.6%,加入WTO后进一步降到了9.8%。中国主要的贸易自由化发生在加入WTO之前,是一种单边自由化,当然,加入WTO也加快了贸易自由化进程。加入WTO之前,正式的贸易壁垒就已经开始瓦解或者转化为非正式贸易壁垒,贸易自由化所带来的产业结构调整也已经深入开展。

印度的贸易自由化进程也有所加快,但相对中国还是较为缓慢,自由化程度也较低。1991年,印度平均关税税率是125%,同时存在大量的非关税壁垒和严厉的FDI管制;如今,印度的平均关税税率降到了20%,大多数外贸配额取消了,其他如注册方面的管制也大幅减少,绝大多数对制造业、FDI的管制已经取消,但对农业和服务业仍然维持高度的贸易保护。

相对于印度和中国,东南亚新兴工业化国家的贸易自由化程度比较高,平均关税税率大约是10%,而且在不断降低。

中国加入WTO的一个独特性在于,政府希望通过加入WTO来推进国内改革。从很多角度看,中国都是相当信守承诺的。相对于印度、东盟国家,中国执行承诺更有力,在服务领域的承诺甚至比发达国家的承诺还要可信。

贸易谈判的作用将越来越有限,未来WTO贸易谈判将不再有明显的突破性,谈判进程将比以往更为缓慢。单边贸易自由化是更为传统的自由化方式,世界银行最新数据表明,大约2/3的发展中国家重大的贸易自由化政策是单边的,只有1/3是通过(双边、多边)贸易谈判达成的。中国在贸易自由化过程中获得了快速发展,引导着更多的发展中国

家走向贸易自由化。近年来印度快速推进贸易自由化，也是受到了中国的影响，这些贸易自由化都属于单边的，而不是通过贸易谈判达成的。

自由讨论阶段

Razeen Sally（英国伦敦经济学院）：樊纲教授昨天提到，中国保护幼稚产业获得了成功。我想补充一个观点：中国国内市场庞大，国内贸易自由化对幼稚产业的发展极其重要，国内激烈的竞争能够迫使幼稚产业发展起来；对于国内市场狭小的国家，保护幼稚产业很难获得成功。曾经有观点认为，中国的发展会削弱东南亚新兴工业化国家的制造业竞争力，甚至引发这些国家产业空洞化。实际表明，中国经济与东南亚新兴工业化国家存在较强的互补性，中国的发展促进了这些国家的发展。对相对落后的东盟国家，中国发展的影响也是积极的。一方面，中国发展了，这些国家可以向中国出口大量的原材料和农产品；另一方面，随着中国人均收入的提高，中国有一些产业会转移到越南、柬埔寨等国家。这些国家只要内部改革到位，也可以在劳动密集型产业获得竞争力。我不认为贸易保护政策有益于这些小国，因为它们的国内市场太小，无法提供充分的国内竞争来促进幼稚产业的壮大。马来西亚的汽车制造业在产业政策的保护下，就很失败。

许成钢（英国伦敦经济学院）：向 Bert 博士提两个问题。与您的观察有所不同，我觉得中国改革开放这 26 年来的城市化进程是非常快的。此外，去年我走访过一些企业，其中一个民营家族企业，据介绍是世界上最大的缝纫机制造厂，它的生产线高度自动化，某些车间甚至只有两个工人在监控这些设备的运转。正因为它的产品多数销往国际市场，为了保证质量，就必须全面实行自动化。尽管资本密集型的工业化使得新增就业机会比较少，但这正是全球化所带来的，是市场驱动的，而并没有受到产业政策的影响，您对此或许有些看法。

Bert Hofman（世界银行）：中国的储蓄集中于银行系统，银行的贷款又集中于国有企业，使得国有企业能进行大量投资，在城市里发展了很多资本密集型产业。中国工业化过程中，城市确实吸收了不少农民进城，但总体来说，民工的收入和地位都很低，并没有完全融入城市。对这种工业化模式作适当的调整，可能会改善这种状况。

相关的问题是，中国下一步如何进行产业升级。我认为，中国向高附加值产业的升级会遇到许多新问题，其中知识产权保护是一个挑战，此外，产业转移到哪里也是一个重大挑战。沿海省份的工资在上涨，土地供应越来越紧张，环境压力越来越大，如果一个企业不能在广东扩大生产能力，它将选择去湖南还是去越南？

陈平（北京大学中国经济研究中心）：企业选址除了关注要素成本，产业配套也是非常重要的，许多经济学家没有注意到这一点，但商人特别关注产业配套，生产基地的选择与产业上下游配套是非常相关的。至于知识产权保护，如果某法律只维护一方的利益，则该法律的实施成本高不可攀，所谓"法不责众"，这是众多知识产权法规难以得到认同和执行的原因。

第二篇

金融与资本市场改革

"中国资本回报率"专题研讨会简报之一
——我国资本回报率增长估测及其政策含义

(2007年1月)

2007年1月11日下午,北京大学中国经济研究中心举办"中国资本回报率:事实、原因和政策含义"研讨会,发表CCER"中国经济观察"研究组所作"经济转型成长与资本回报率演变——我国改革开放时期资本回报率估测(1978—2005)"专题报告内容,并邀请有关专家进行评论和研讨。在姚洋教授和卢锋教授主持下,国家统计局副局长许宪春博士、清华大学经管学院白重恩教授、布鲁金斯-清华研究中心主任肖耿教授、TPG新桥投资集团合伙人单伟建博士、光大证券首席经济学家高善文博士、北京大学中国经济研究中心宋国青教授、卢锋教授、霍德明教授、巫和懋教授发表了相关演讲和评论。我们分三期简报报道会议概况。本期简报报道卢锋教授报告中国资本回报率研究主要结果以及单伟建博士评论发言。

卢锋(北京大学中国经济研究中心教授)

我国资本回报率有多高?这似乎是经济系一年级大学生查阅统计年鉴就能轻松回答的问题。然而正是这个看似简单的问题,近来引发两派不同意见的激烈争论。一派研究人员观察到近年我国工业资本回报率快速增长,认为这一现象对理解目前我国经济成长具有重要意义;另一派意见强调相关统计数据高估了我国资本回报率,认为我国经济并未改变投资驱动和低利润增长模式。争论观点如此扑朔迷离,以至于被评论为"中国利润率之谜"。

争论起因首先与获取和解读相关统计数据方面的技术性困难有关。我国体制转型伴随经济统计指标体系逐步调整改进,在计算回报率所需资本存量和利润指标时间序列数据可获得性方面存在特殊困难;即便存在相关数据,由于统计体系、口径和方法变动,如何解读这些数据含义也多有疑义。另外这场争论折射出学术界对目前我国经济增长机制问题所做的理论反思和探讨。我国新一轮经济增长表现出高增长低通胀的可喜组合特点,然而较高投资增速又使人们对目前增长机制的合理性疑虑重重,并促使政府有关部门出台一系列强势调控措施。从经济分析角度看,判断投资增长是否具有经济合理性,需要结合观察资本回报率等微观指标变动加以辨识评估。

现有文献主要以短期形势分析、会议发言、报章评论等形式发表,对资本回报率基本数据尚未进行系统整理、甄别和评估。CCER中国经济观察研究组在仔细分析相关数据和其他有关经验证据的基础上，第一次估测我国工业企业9个资本回报率指标，并对度量结果相关问题加以系统考察。这项研究获得以下几点初步发现：第一，晚近时期我国工业资本回报率强劲增长。经过仔细分析的经验证据显示，晚近时期我国工业资本回报率发生了真实而非虚构的强劲增长。1998—2005年间9个资本回报率系列指标以很高的统计相关性同时增长。如以权益作为资本存量计算，净资产净利润率从1998年的2.2%上升到2005年的12.6%，税前利润率从3.7%上升到14.4%，总回报率从6.8%上升到17.8%。以资产作为资本存量计算，总资产净利润率从1998年的0.8%上升到2005年的5.3%，税前利润率从1.3%上升到6.0%，总回报率从2.5%上升到7.5%。

第二，不同类型企业的资本回报率存在显著差异。比较不同类型企业资本回报率绝对水平，私营企业较高，三资企业其次，国有或国有控股企业（下面简称"国有企业"）较低。以净资产税前利润率为例，2005年私营企业为17.3%，三资企业14.9%，国有企业12.9%。不过比较1998年以来资本回报率增长幅度，三类企业排序则正好相反：国有企业增幅较高为10.9%，三资企业其次为10.2%，私营企业较低为5.7%。持续观察将来不同企业资本回报率相对变动是一个重要的研究问题。

第三，体制转型背景下资本回报率呈现先降后升的走势。我国体制转型和经济发展过程内生出降低和提升资本回报率两种力量，上述走势应是这两种力量在不同发展阶段消长盈缩的产物。利用资本回报率贡献因素分析构架进行具体考察，发现前期价格自由化改革带动原料价格相对上涨、竞争环境下垄断利润耗散、企业放权让利改革时期单位劳动成本上升等因素导致前期回报率大幅下降。晚近时期虽然原料相对价格仍在上涨，然而劳动生产率快速增长基础上单位劳动成本下降、管理费用和利息费用相对下降、资本运营效率水平提升等因素推动资本回报率在1998年前后经历止跌回升拐点并强劲增长。

第四，调整物价因素后资本回报率增长的判断仍然成立。对企业会计利润率进行物价变动因素的调整结果显示，通货膨胀最高的1993年前后，用财务会计数据计算企业税前利润率高估7个百分点左右，晚近时期物价对会计利润率高估影响大约为3个百分点。调整通货膨胀因素后真实资本回报率在1990—1998年间经历"锅底形"低谷期，然而贯穿整个时期先降后升的大势形态依然存在。1998年以来真实回报率绝对和相对增加幅度更高。

第五，资本回报率与经济景气波动存在显著联系。用资本回报率对其趋势偏离作为其波动度量指标，用实际GDP对其趋势偏离作为经济景气变动度量指标，发现没有经过物价调整的资本回报率与实际GDP波动存在显著联系，物价调整后真实资本回报率与实际GDP波动联系显著程度进一步提升。晚近时期我国经济运行经历了宏观紧缩和高涨的不同景气阶段，然而真实资本回报率一直强劲增长，进一步证实回报率增长主要代表某种趋势性变动。

第六，企业毛利率下降与资本回报率增长并存不悖。主要受原材料、能源、动力价格上涨等因素影响，我国工业企业毛利率过去十余年呈现下降趋势。然而毛利率与常规资本回报率的概念定义不同，因而毛利率下降并不一定导致资本回报率下降。我们在阐述毛利率与回报率概念异同关系的基础上，通过考察单位劳动成本、管理和利息费用占营业收入的相对比例以及单位资本创造营业收入等回报率贡献因素的变动，对晚近时期原料价格上升、毛利率下降、回报率上升之间并存不悖关系做出逻辑一致的解释。

第七，上市公司与整体企业回报率走势存在反差。仔细分析有关数据发现，1990 前中期上市公司回报率较高而整个工业企业回报率较低，但是整体工业企业回报率从 1998 年开始强劲增长，而上市公司回报率却在下降。近年上市公司回报率虽止跌回升，然而回升速度仍低于整体工业企业回报率，由此导致最近几年上市公司回报率低于整体工业企业回报率。上述变动使两类企业回报率变动轨迹呈现某种"剪刀差"。把上市公司调整为工业部门上市公司、对两类工业企业内部分行业结构做一致性调整后，上述反差现象仍然存在。因而从资本回报率角度分析投资和经济运行效率需要考虑企业样本选择问题。利用上市公司资本回报率数据推测评估工业部门和整体经济效益，所得判断在特定阶段可能存在较大误差。

第八，由于数据限制，仅对中美日工业和制造业资本回报率进行初步比较。我国资本回报率在 20 世纪 90 年代低谷时远不及日本快速经济追赶阶段制造业回报率，与美国相比差距更大。晚近时期我国资本回报率快速增长，目前会计利润率已超过日本，真实回报率比较情况有所不同，估计至少我国私营企业该指标已超过日本。我国工业会计利润率与美国制造业同一指标相比差距快速缩小，私营企业与美国企业已很接近，考虑两国晚近阶段和更早时期物价轨迹动态，调整物价因素后结论与会计回报率比较情况应大体类似。

这一研究结果对理解目前经济景气增长和讨论宏观调控政策具有参考意义。首先对评估目前投资较快增长和新一轮景气成长根源提供了一个新视角。流行观点倾向于认为高投资增长一定是低效率增长，倾向于相信投资增速超过某个数量水平必然过高过热，倾向于假设近年投资增长的主要动因是地方政府干预和要素市场扭曲结果等。这类看法都有一定道理，对实际经济表现也有一定解释作用。然而依据经济学基本分析逻辑，市场经济环境下投资增长受到资本回报率等微观变量制约或推动。要更全面理解投资增长和新一轮经济景气发生机制，还需要对基本面因素影响进行更深入的实证分析。

如果我国真实资本回报率正在发生趋势性持续增长，那么从有关投资的经济学分析视角看，应有理由假设我国目前资本存量与均衡分析意义上合意资本存量比较相对不足，企业通过较快投资缩小现实资本存量与合意资本存量之间的差距可能具有较大程度经济合理性。因而有理由相信目前我国投资快速增长以及高增长低通胀宏观经济表现，可能具有相当程度的微观基础，使中央最近提出的经济"又好又快"增长方针具有现实可能性。从一个更广阔的视角思考，一国经济起飞早期阶段人均资本存量很低，快速投资及其导入伴随的"嵌入式技术"进步以及人力资本积累提升，不仅有可能构成持续增长的重要驱动因素，而且可能是经济追赶特定阶段的题中应有之义。因而把"投资驱动增长"无条件等同于"粗放低效增长"的流行看法是否准确，可能还要在理论依据和经验证据方面进一步探讨。

研究结果对我国宏观经济政策也有借鉴意义。如果认定目前投资增长与宏观景气较大程度上是地方官员干预等扭曲性因素派生的结果，那么便会逻辑地推论微观决策主体对利率、汇率、价格等市场性参数变动较大程度无动于衷，便会进一步逻辑地推论目前投资较快增长在很大程度上难免需要采用产业政策、数量控制等侧重行政性手段调节干预，而市场性调节手段就顶多只能退而发挥某种次要和辅助作用。反过来看，如果近年投资较快增长具有相当程度的经济基本面因素支持，如果目前经济景气在相当程度上是市场机制力量推动的结果,而地方官员干预和要素市场不完善等扭曲性因素仅发挥了相对次要和次生作用,那么宏观经济管理措施就有可能并且应当更加重视采用与市场经济原则兼容一致的操作手段。

我们愿意再次强调政府在市场经济条件下进行总需求管理具有必要性,即便对具有经济基本面支持的景气增长,政府也需要进行宏观调节。问题不在于一般意义上是否有必要进行宏观管理,而在于如何反思评估我国独特的宏观调控。在于从我国体制和政策较长时期演变进程看,是应更多利用市场性"调节手段"进行总需求管理,还是更多采用行政性"控制措施"干预微观运行。是应不断深化改革使"宏观调控"逐步转变为"宏观调节",还是通过引入和强化形形色色的数量控制和行政干预,使"宏观调控"更接近"控制经济"。近年我们贯彻科学发展观取得了巨大成就,然而如何防范大范围行政干预和寻租活动在宏观调控名义下乘势回潮,如何把推进关键领域改革议程与促进社会公平和谐措施有机结合起来,创造我国经济追赶新阶段所迫切需要的体制和政策环境,仍是下一步经济发展大政方针选择所需考量的重大问题。资本回报率作为经济运行的重要微观效率指标,为这方面探讨提供了值得关注的经验证据。

单伟建 (TPG 新桥投资集团合伙人)

卢教授和他的工作小组做了非常好的工作。他们的研究非常严谨,研究结果相当详尽并很有说服力。作为中国资本回报率到底有多高这个问题的提出者,我也很高兴地发现,他们和我的结论基本是相似的。

关于卢教授的报告,我有几点想法供参考。第一,关于回报率,尤其是净资产回报率的数据来源和定义的问题,也许还需要更深入地加以研讨。在研究投资回报率时,基本上所有的研究都是基于统计局的数据。统计局的工业企业数据,实际上是年销售收入 500 万元以上的工业企业数据。仅从这组数据来讲,我觉得是无可争议的,数字非常清楚。但是它在一定程度上会影响估计的结果,因为数据库只包括规模以上的企业,而且这个工业企业数据库的组成本身就经过了一个优化的过程。众所周知,在过去十年的经济改革中,一个重大的变化就是"关、停、并、转",有许多企业亏损、破产或者转产。这些企业当初投资的资产损失了,但没有带来收益,这在数据库中是无法体现出来的。

第二,投资和净资产并不是一个概念。比如十年前投资的一个高炉,按照账面折旧,十年后账面净资产可能就折旧完了,但实际上这个高炉还能使用。所以尽管账面净资产为零,但实际上还在产生利润。所以,净资产回报率和投资回报率是不一样的。下一步研究的时候可以考虑一下,今天投资预期的回报率应该是多少。

第三,不良资产的问题,这和第二点是相关的。卢教授也讲到了毛利润率和净利润率(即净利润除以销售额)之间的差别,毛利润率下降和净利润率上升是并行不悖的。在过去的五六年中,规模工业企业毛利润率平均每年下降 3.51%;净利润率平均每年增长 0.49%。但是另一组数据:税息前利润率(即 EBIT 占比)同期平均每年却下降 0.47%。所以在过去的五六年中,净利润率的增长几乎完全可以由利率的下降所解释,也就是说过去几年中银行体制的补贴对利润率的增长起了很大的推动作用。

此外,投资的失败、资本金的消失这些信息在现有数据里没有体现出来,但是银行的不良贷款数据将其捕捉到了。银行不良贷款的账面值大概是 3.3 万亿元人民币(实际可能更大），占今年国民生产总值的 18% 左右，数额非常巨大。如果把这个数据考虑进去，则整体的社会资本回报率就会有所下降。所以一个基本的想法就是，投资回报率可能要远远低于净资产回报率。

第四，卢教授的文章中提出资本总回报概念并做了很详尽的分析。资本总回报包括资本创造的社会回报。但是，企业同时也在产生大量的社会成本，除了环境污染之外，还有大量的社会保障问题。例如以前的医疗保健、教育、住房是由企业提供的，但是现在企业基本不管，而社会保障制度又没有形成，处于真空地带，这对社会来说一个很大的成本。

第五，中国会计制度规定，计算企业利润之前要提取公积金。公积金在国外是基本没有的，在中国实际上它应该用来提供员工福利，这部分应该是员工报酬而不是净资产或利润。如果把它作为工人报酬的一部分，恐怕净资产就有所变化。

最后，关于政策上的含义，我对卢教授的讲法基本认同。一个基本判断是，如果中国经济是一个良好的市场经济的话，那毋庸置疑，基本上不用任何的行政手段，用经济手段调节就足够了。但是中国现在的经济是一个混合体，既有非常强大的市场因素，也有非常强大的政府因素。政府现在掌握三大资源：国土资源、金融资源和审批权。这些权力是不会随着宏观调控而改变的，只受行政手段的影响。所以我认为，政府的行政行为还是应该用行政手段加以制约。中国经济现在存在两个看似矛盾的现象：资本存量不足和产能过剩。资本存量不足是毋庸置疑的；但产能过剩同时存在，导致很多企业利润率下降。

"中国资本回报率"专题研讨会简报之二
——我国资本回报率增长估测及其政策含义

(2007年1月)

2007年1月11日下午,北京大学中国经济研究中心举办"中国资本回报率:事实、原因和政策含义"研讨会,发表CCER"中国经济观察"研究组所作"经济转型成长与资本回报率演变——我国改革开放时期资本回报率估测(1978—2005)"专题报告内容,并邀请有关专家进行评论和研讨。我们分三期简报报道会议概况。本期简报报道许宪春副局长、白重恩教授、巫和懋教授和霍德明教授演讲及评论的主要内容。

许宪春(国家统计局副局长)

第一,宋教授和卢教授报告的重要性。如何判断中国的资本回报率是很重要的课题。这项研究给我们提供了新的研究结果,对于我们正确判断资本回报率、判断宏观经济调控政策是否得当都是很有意义的。我认为这个报告很有价值、很有意义。

第二,研究的难度。这项研究涉及大量的数据处理,包括企业会计和统计上的,而中国会计制度、统计口径和统计方法在不断变化,在这种情况下要获得具有可比性的数据进行有价值的研究是非常困难的。这也是目前做研究尤其是宏观经济研究时遇到的一件非常挠头的事情,宋教授和卢教授在这一点上应该也有切身的体会。但两位教授做得非常规范、非常严谨,把大量的问题都做了客观的介绍,在文中对很多数据的来源和研究的不足都有很清楚的交代,而不是把它们盖着或者刻意美化。这使得别人一看就很明白,即使数据本身有问题或数据处理过程有问题,但因为报告的透明性别人也可以在这个基础上做改进。

第三,关于这个课题研究中的一些统计问题的意见。一是这个研究中投入产出数据和地区生产总值项目结构数据都是2004年经济普查以前的数据。经济普查后,GDP历史数据进行了修订。调整结果可能会对课题研究中一些结果产生影响。二是数据统计口径问题。课题研究已经注意到了很多统计口径的变化,但可能还有一个方面需要进一步处理。对于很多个体户或者私人企业,如何将企业利润和企业主及其家人的劳动报酬区分开来,是一个主要而困难的问题。所以在国际标准里规定了一个名词叫混合收入,即对于那些难以区分利润和劳动报酬的部分混合处理。中国的处理方式是那些能明确区分的劳动报酬单独处理,其余处理为混合收入,这也会影响到我们对利润的处理。三是规模以上企业数据是一个优化的过程。比如某个企业可能在今年表现好,达到了规模以上,进入了统计数据中,但第二年表现不好,变成了规模以下,就不进入统计数据中。这样可能导致统计利润率高于总体水平。实际上规模以上企业增长很快,规模以下企业则表现差些。所以能否从规模以上企业数据得出的结论推广到规模以下企业,进而推广到全社会,是一个需要继续研究的问题。四是价格调整问题。资本回报率等于利润除以资产存量。资产存量会计上用的是历史价格,分子利润用的是当期价格。分子分母用的是不同的价格,因此这也会高估资本回报率,不过调整起来是非常困难的。

第四,评价回报率高低时需要考虑资源价格、环境污染处理等问题。一般都认为资源的价格偏低,很多地方讲环境问题比较严重,如果严格处理,会在很大程度上加大企业成本,从而降低企业利润。

白重恩(清华大学经管学院经济系系主任、教授)

卢老师和宋老师所做的工作展示了严谨的研究态度。中国很多关于政策的讨论是通过拍脑袋来决定的。但是拍脑袋会有问题。有的脑袋没产生什么好想法,但是它拍出来特别响,这种情况我觉得拍脑袋不是很可靠的方法。而且拍脑袋这个方法是别人没法验证的,别人没法挑他的错。而宋老师、卢老师他们所做的是把所有的东西都清清楚楚放在这,做错了别人可以批评,做对了别人可以赞成。所以我觉得他们做的工作是非常有意义的。

估计资本回报的常用方法,第一种是看资本市场的回报,看银行利率或者上市公司的回报率。这在成熟的资本市场是适用的,但中国资本市场不成熟,所以这个方法在中国不是很适用。第二种方法是看工业企业的数据,但这种方法存在一些重大问题:一是数据覆盖面不够广,例如中国只有第一、第二产业的数据,而没有第三产业的数据。并且企业数据往往又是规模以上的企业,所以企业数据覆盖面不够广。二是企业数据采用的是账面值,而资本存量是实际值,这在价格和折旧两方面都会产生问题,并且调整起来很困难。三是企业数据用的是成功企业,不包括失败企业的数据,那些失败企业用了资产投资,但没有产生利润不进入统计之中。此外,假如有了好的数据,在估计的方法上如何估计回报率也是一个问题。一种方法是先假设生产函数形式再回归,进而估计资本回报率。但这种回归中很多变量有内生性,这是一个很难解决的技术性问题。所以用计量回归的方法估计生产函数往往不容易做得好。

所以我们用最简单也是最容易获得的宏观国民经济数据来估计资本回报率。用 GDP 中资本收入除以资本存量得到毛回报率,毛回报率减去折旧得到净回报率。这里用的是现价而不是不变价。投资数据用的是资本形成,而不是固定资产投资,二者有一些差别。计算资本存量时用的是永续盘存法。

首先做了一个基础估计,考虑资本存量的时候暂时不考虑存货,计算的是税前收入,这是为了方便国际比较。此外,还包括了所有部门。估计的基本结果是:1993 年以前的资本回报率为 25% 左右,然后略有下降,到 1997 年为 20% 左右。总的来说,从改革开放初期开始,有一个下降的趋势。但绝对量是不低的,比国际水平要高。有人用类似的方法估计OECD国家的资本回报率在10%左右。当然这个基础估计有很多问题，后面讨论并修正了这些问题。

第一个问题是城镇住宅投资。城镇住宅投资占很大一部分，但GDP核算是有问题的。核算方法按照房子原值的3%来计算，可能低估了资本回报。为了解决这个问题，去掉城镇住宅投资，结果是非城镇住宅投资的回报率上升了约5个百分点。

第二个问题是资源。资源产生的收入不是投资造成的，这部分不应该放入资本收入。但很难将资源的租金和开采的收入区别开来。所以去掉资源部门进行了比较。农业也有类似的问题，但对计算结果影响不大。本来包括矿业的时候回报率被低估，去掉矿业部门后应该上升。但过去几年却反过来了，矿业部门投资回报率高于整个经济的投资回报率，所以去掉矿业部门后投资回报率反而下降了。

第三个问题是税收。从资本收入中去掉税收（企业所得税和增值税）后，回报率降低了很多，到了10%左右。这还是有一个下降的趋势。

第四个问题是存货。存货虽然不是直接投资，但是也占用了资源，资本形成中也包括存货。如果把存货也算作资本存量的一部分，则回报率下降了许多。一个值得关注的事情是早期存货对回报率的影响较大，最近影响逐渐减少。去掉存货后，回报率在10%左右，无明显的向下趋势。

第五个问题是国际比较。用宾夕法尼亚州立大学的一组数据（数据很粗糙，和这里用的数据不同）作了国际比较，结果是中国的资本回报率相对较高，而单位劳动产出较低。

第六个问题是各个部门比较。第二产业比较稳定，回报率也最高。第三产业开始较低，然后升高很多，最近又突然下降。

第七个问题是各省的回报率。初步结果是省与省的差距有缩小的趋势。1978年差距较大，最近几年差距在逐渐缩小。东部地区省份的投资回报率高于平均水平，西部地区省份低于平均水平。另一个现象就是投资回报率最高的省份是不稳定的，比如今年是上海，明年可能就是广东；而投资回报率最低的几个省份则基本保持不动。

巫和懋（北京大学中国经济研究中心教授）

中国经济观察课题组的这篇文章对中国的资本回报作了非常认真和深入的研究，在微观层面上也为我们进行政策制定提供了很重要的参考。我主要从微观的公司财务角度来讲一下我对这篇报告的看法。

首先，从公司财务角度来看，我们要考虑公司作决策的准则是什么。资本回报率与公司财务上很多指标并不完全相同。首先，公司财务上计算现金流量时一定会将折旧、公司的残余价值算进去，由此得到的是市价计算的利润率。在公司财务中计算的是IRR（internal interest rate）即内部报酬率——是否投资取决于内部报酬率是否合意。作为一个公司，它会在进入该行业之前考虑该行业是否过热，投资或产能是否过剩，企业是否会受到伤害，因此在公司决策的时候，资本回报率概念需要得到修正。又譬如报告中的经济报酬率，其含义主要是指对会计计算的报酬率进行折旧等方面的调整，虽然有一定的进步，但与金融经济学、公司财务中经济报酬率的概念还有一定差距。

其次，从公司财务角度来看，报告中的资本回报率是平均的观念。但是正如经济学原理告诉我们，我们必须考虑平均和边际的差异，真正是否投资过热要看边际量。公司是否进入某一行业主要看边际报酬,看边际资本报酬率是高还是低。虽然实际中我们不大可能拿到关于边际报酬的资料,但是在研究中我们应该将它作为保留推论的一个问题。

另外,我们看到的资本回报率都是已经实现的值,经济学原理中常常讲,投资主要是看项目的预期回报率。比如投资厂房,主要是看未来的投资回报率,而过去的回报率在多大程度上具有参考价值还必须有所论证,不能直接等同。虽然数据资料有所限制,但这个问题至少应该有所考虑。报告中指出三资企业和上市公司的利润率走势不大一样,但我认为其对上市公司的评论稍微有些激烈。尽管股市有所扭曲,但正如刚才所讨论的,因为上市公司有监督,要保证对大众信息的透明度,因此我认为三资企业和上市公司有一定的透明度。据我所知,现在中国台湾地区很多公司对在大陆投资持有保留态度。为什么如此?因为觉得有投资过热现象。这样的个别信息虽然不能作为整体的判断,但至少可以有所参考。因此,不能因为上市公司有所扭曲就说它不能代表现在经济状况。随着资本市场的完善,上市公司可能会越来越成为国家经济发展的晴雨表。因此,我们可以从各个角度,包括国民收入账户、工业企业、资本市场(上市公司)数据以及一些三资企业自己所作的投资回报的研究来分析资本回报,构成互补和相互支持的资料。

最后,从产业经济的角度来看。我在台湾地区也参与过咨询工作,但从来没有考虑资本回报率的问题,因为没有宏观调控问题,所以也没有研究资本回报率的必要。刚才也有人提到,投资过热的观念太过笼统,太过粗糙,比如说经济中有十个部门,不会是十个经济部门全部过热,这是不可能的,一定是有的部门过热,有的部门不怎么热,因此宏观调控的时候不可能是对十个部门同时进行打压。应该分开产业来看其表现,将研究向着产业这个方向细化,具体探讨什么产业过剩,对产业过剩的原因作一定的了解——是否因为要素价格扭曲、社会成本没有计算——然后在这个微观基础上再对具体的过剩产业进行分门别类的调控,从而更好地完成对整体经济的宏观调控。

霍德明(北京大学中国经济研究中心教授)

我主要从宏观角度对报告中的一些具体问题提出我的看法,希望对报告的未来走向能有所帮助。首先,我看到课题组的研究和白重恩教授所选择的数据是不一样的。白教授使用的是宏观数据,认为拐点不是很明显,而卢教授和宋教授的报告使用的是微观数据,表现出明显拐点。我主要关注卢教授和宋教授所揭示的拐点问题来继续我的论述。我认为这篇报告对政策建议有很重要的意义,研究资本回报是因为我们要对宏观经济状况进行判断。进而言之,进行宏观判断是因为我们的制度似乎还没有完全建设好。这一点在卢教授和宋教授等报告的结论"体制转型下资本回报呈现先降后升的趋势"就已经体现出来了,所以肯定是因为一些制度在过去这段时间有改变,导致出现这样一个拐点和趋势。这种改变可能是金融制度的改变,国企制度的改变,市场开放制度的改变,抑或社会文化、法律等的改变。资本回报率高引致高投资,从而产生投资过热——如果这种分析是对的,即认为资本回报率高是原因,那又是什么原因造成资本回报率高呢?毫无疑问,肯定是制度改革正确使然。因为制度改革正确,才导致资本回报率高。

卢教授和宋教授提供的证据显示经济并不存在严重投资过热。在中国,因为制度因素、资讯不充分以及市场没有充分形成，往往使得投资出现一窝蜂的情况。这与林毅夫教授的解释是很像的。也就是说，在转型过程中，可投资的项目其实是不多的，看到一个投资点，大家一拥而上，自然结果是过热的。当然，这是在有约束的制度因素下所形成的特定的投资过热，是有偏差的。但是我们永远不可能在假设市场完全、制度完全情况下得出投资将会如何的结论。

"中国资本回报率"专题研讨会简报之三
——我国资本回报率增长估测及其政策含义

(2007年1月)

2007年1月11日下午,北京大学中国经济研究中心举办"中国资本回报率:事实、原因和政策含义"研讨会,发表北京大学中国经济研究中心"中国经济观察"研究组宋国青、卢锋等人所作"经济转型成长与资本回报率演变——我国改革开放时期资本回报率估测(1978—2005)"专题报告内容,并邀请有关专家进行评论和研讨。我们分三期简报报道会议概况。本期简报报告肖耿博士、高善文博士和宋国青教授演讲及评论的主要内容。

肖耿 (布鲁金斯-清华研究中心主任)

这份报告的结果与我以前的研究结果非常一致,中国的资本回报率在1999年左右出现一个转折点,由此开始不断增加。这一结果非常有说服力,它反映了一个趋势。上半场关于回报率的技术性讨论非常重要,这是一个复杂的问题,需要用科学的方法进行研究,其中很多细节值得深入研究,但总的趋势很难变化。

研究结果具有重要的政策意义。资本回报率不断增加是全要素生产率不断增加的表现。全要素生产率的增长反映中国经济的可持续增长,证明中国正在经历一场生产力革命。放在世界经济背景下,说明了中国经济快速追赶国际经济的过程。

这项研究对于微观层面并不是很重要,中国目前各行业企业间的竞争非常激烈,企业问题很多可以依靠市场解决,企业回报太低必将被市场淘汰,即使是国有企业也受到很大压力。研究结果主要影响宏观经济,其中最重要的是对通胀和汇率的影响。资本回报率和劳动生产率水平不断增加的趋势是可靠的。

中国同时存在资本剩余和劳动力剩余。一方面,中国储蓄过高,并且出口多于进口,经常项目的剩余实际上是资本的出口。另一方面,城市工业无法吸收农村剩余劳动力。问题就是剩余资本为什么不能雇用剩余劳动力,新古典模型对此无法解释。根据新古典经济学的生产函数,劳动力和资本结合带来产出。中国经济增长的瓶颈主要是金融部门无法有效地将剩余资本和剩余劳动力结合产生经济增长。

与这项研究有关的是Balassa-Samuelson理论。根据经济规律,劳动生产率增长必将导致通胀或升值,两者可以相互替代。讨论通胀或汇率的其他观点都是短期的,真正能够支持中国宏观经济长期趋势的只有劳动生产率和资本回报率的增长。如果它们能够持续增长,宏观上就允许3%—5%的通胀或者升值。这一经济规律在日本和中国香港地区都经历并验证过。

20世纪五六十年代日本平均通胀率为5.3%,美国为2.6%,日本超过美国2.7%。60年代日本平均为5.5%,美国为3.4%,日本高出美国2.1%。经历了20多年通胀,日本的价格水平调节到与美国接近。石油危机后,日本对通胀采取措施,通过日元升值吸收劳动生产率的提高。后来由于日本劳动生产率增长放缓,日元继续升值导致通货紧缩,汇率变化过多必须矫枉过正通过通缩吸收升值过度部分。香港1992年左右通胀率接近10%,港币与美元保持7.8港元/美元的联系汇率。当时的通胀主要也是由于资本回报率和劳动生产率的快速提高(中国的改革开放带动香港地区劳动生产率增加)。如果中国劳动生产率和资本回报率不断增加,按照经济规律中国也会出现通胀或者升值,中美实际购买力差距将逐渐缩小。

高善文(光大证券首席经济学家)

我从经济分析员的角度即商业研究角度来分析资本回报率的问题。首先定义税前净利率,税前净利率等于国有及规模以上企业的税前净利润除以国有及规模以上工业企业的全部销售收入。这个指标与资本回报率既有联系也有差异,其中最关键的差异在于这个指标乘以资本产出比,可以直接得到一个资本回报率的指标。但我今天研究的重点是税前净利率而不是资本回报率,这里面有一系列重要的理论和经验上的原因,我们在下面的讲解中将会依次提到。

定义税前净利率指标有两个优势:一是不论是分子上的税前净利润还是分母上的销售收入都是当期名义指标,由此可以基本剔除价格扰动影响;二是如果我们把分母上销售收入换成工业增加值,则指标数据变化趋势和拐点是完全一样的。这种变换在理论上非常有价值。如果使用工业增加值,是用生产法衡量全部企业当期创造价值,利润则是从收入法角度衡量了资本报酬,或者至少衡量资本报酬中最重要的部分,除此之外还有利息支出、固定资产折旧、税收等方面的调整,剩下的主要是劳动者的报酬,由于利息支出、固定资产折旧以及税收等对这一走势没有方向和趋势上的影响,所以它大体衡量了国民收入在资本和劳动之间的分配关系。

税前净利率指标有两个重要特征。第一个特征是从1998年到2000年,税前净利率经历了显著上升。可能与两个因素有关:其一是1998年推行国有企业三年"脱困"政策,其结果是重组和系统清理了国有企业财务报表。其二是2000年石油价格的明显上升,石油价格的因素是很容易剔除的。如果以1999年或2000年为分界点,税前净利率前后分别体现出周期性波动特点,数据显示它与PPI(生产价格指数)波动基本一致,在PPI上升过程中税前净利率指标上升,在PPI下降过程中则下降。如果剔除1998—2000年三年时间,则两者之间的走势相当一致;在个别不一致的年份,大都属于PPI的拐点(即月度PPI的拐点在年中出现),或者这一年库存投资有比较大的变动。如果控制住这两个因素,则在周期意义上PPI可以在很大程度上解释税前净利率的变化。

为什么宏观经济运行会出现这样的结果。从收入法的角度看,经济增加值分为资本报酬和劳动报酬，两部分比例加总应该等于1。因此，税前净利率指标取决于产品的价格和劳动力的价格哪一个上涨更快。简单而言，若产品价格上升快，则税前净利率指标会上升，反之亦成立。具体而言，中国结构差异是在历次宏观经济波动中整个经济约束主要表现为资本存量的约束，而非劳动力市场约束。当总需求扩张，整个经济表现出过热的时候，率先感受到这种过热的并非劳动力市场和劳动力供应的紧张，而是表现为整个经济资本存量不够，表现为"煤电油运"的紧张，表现为某些关键部门资本存量的紧张。这意味着在总需求扩张过程中，在劳动力工资开始上涨之前，产品价格就已经开始快速上升。而与产品价格上升相联系的是存量资本利用率在上升。与这两个"上升"伴随的是，单位劳动时间实际工资在下降，即在产品价格和资本利用率上升的情况下，相对于产出的数量和价值，单位劳动工资在下降，与此相对应的资本报酬就在上升。而发达经济体中通常并不一般和普遍地表现为这种情形，因为在发达经济体中，当总需求扩张导致经济感受到过热压力时，这种压力首先和主要表现在劳动力市场上，这时劳动力工资开始上升，并产生通货膨胀预期，从而形成劳动力工资上升要快于产品价格上升的局面，从而表现出与中国相反的结果。由此我们得到的一个推论是，如果观察美国制造业的税前净利率（或利润占增加值比例）指标，其合理的解释变量应该是失业率或者是失业率与自然失业率之间的差异；而对于解释中国的税前净利率变动来讲，PPI本身就具有很强的解释力。

税前净利率指标第二个关键特征是2000年以后其波动中出现系统性显著抬升。除了国有企业三年脱困和石油价格上涨之外，还存在其他一些更为基本和重要的因素。在给出结构变动解释之前，先看相关数据。固定资产投资名义和实际的增长状况表现出以下特征：①若以2001年为分割点，则2001年之后波动的平均水平要比2001年之前的平均水平高出很多；②若比较支出法和进度数据，在20世纪90年代两种数据所代表的投资平均波动是一样的，但在2001年以后，支出法衡量的投资波动比进度数据平均来说要低6个百分点。而这6个百分点的差距很可能体现了经济结构的变化，包括像许宪春局长所讲的土地的大量购置以及土地价格的放开等。尽管造成这种状况的原因并不是很清楚，但我们清楚进度数据衡量的投资增长大大高估了实际上投资的增长率，其差距可能在6个百分点。但是，即使我们控制住这一统计误差，2001—2005年用支出法衡量的数据也要比之前5年或10年的数据高。由此我们也看到了结构变化的影子。

接下来看其他结构性的证据。第一，2002年之前，重工业大约稳定在全部增加值的61%左右，虽然有周期性波动，但总的来说没有趋势性变化，而2002年以后重工业比重开始出现系统性抬升的局面，已经上升到近70%。第二，在整个20世纪90年代，电力对于GDP的消费弹性大约为0.7，但2001年以后它系统性的上升到一个新的平台，大约为1.36，前后大约翻了一番。第三，整个90年代能源对GDP的消费弹性大约为0.26，但进入21世纪后，该弹性上升为1.03，大约增长为之前的4—5倍。第四，在剔除各种扰动因素后，我们看到原油消费弹性和成品油消费弹性也在21世纪初经历了比较大的上升。

我们再来看几个行业的数据。先把石油因素剔除。2000年之前剔除与否对整个税前净利指标没有太大影响，但从2000年后的情况来看，如果剔除石油因素，则税前净利要下降很多，可以认为2000年以来整个石油行业对利润总额的影响是相当大的。从产业链角度来看，上游行业（包括石油、天然气、黑色金属矿、有色金属矿、非金属矿和煤炭等资源开采行业）利润与整个20世纪90年代相比，有了一个非常明显的改善。若包括石油，则其税前净利从 6.7% 上升为 23%，几乎增长为原来的 4 倍；若不包括石油，则从 1.5% 上升为 8.6%，大约增长为原来的 6 倍。相反，若只看中下游行业，虽然其利润也出现明显改善，但幅度远不如上游行业那么大。若作税前净利的国际比较，从公司层面而言，2001 年以来的税前净利水平与国际水平可能大体相当，比如下游行业的税前净利大约都在 5%。从这个角度我们也看到了巨大的结构性变动的证据。

那么，是什么原因促成结构性变动和 1998—2001 年前后资本回报率的巨大变化？第一是中国在 2001 年加入 WTO，世界市场开始向中国敞开大门，其直接后果是 1990 年进出口贸易总额增长率由围绕 16% 的幅度波动上升为 2001 年以后的 26%，整整提高了 10 个百分点。也就是说，在进出口数据上我们能够很明显地看到前后结构性断裂。第二个结构变化是人民币汇率固定在美元上，固定汇率的后果之一是由于 20 世纪 90 年代后期美元升值，人民币实际汇率一直处于升值过程之中，而 2002 年以来美元总体上处于贬值过程中，与之相对应，人民币实际汇率经历了一个很大的贬值过程，总体而言，现在人民币实际有效汇率要比 2002 年顶点时的水平低大约 10% 以上。第三个相关的因素是 20 世纪 90 年代特别是 90 年代后期整个宏观经济管理的政策性失误，其后果是 90 年代后期的严重通货紧缩，而 2001 年以后这一局面不再存在。第四个因素，也是更为基本和关键的因素是居民消费结构的变化。观察住户部门消费结构的变动，例如计算其汽车和住房购买占可支配收入的比重都显示，2002 年以后汽车和住房购买占可支配收入的比重都出现了非常大的系统性抬升，观察经销商和房地产开发商的数据，结论是一样的。由于短期内经济的供给结构跟不上这一调整，从而导致资本回报率和投资都非常高的局面。

宋国青（北京大学中国经济研究中心教授）

宋国青教授首先讨论了对于"数据问题"的看法。数据存在很多问题，很难把回报率估测得非常精确。按照"谁举报谁举证"的原则，做原告更加不容易，被告相对很容易找一个理由说明数据有问题。而"回报率"争论的"原告"实际是说"投资过热"的人，认为"投资过热"的主张已经被法官采信作为证据，所以应该由主张投资过热的人举证。但是从投资者或者决策者的角度，必须在不完全信息下做决定，因此只能依据相对客观的证据。

我最初关注投资报酬率是从 2003 年研究汇率问题开始。当时美元实际报酬率很低，只有 1—2 个百分点。考虑汇率变动因素，购买外汇向国外投资的回报率小于零。如果扩大出口、压低投资就要证明国内投资报酬率低于零。因此，这份报告并非要证明现在投资报酬率不低于 8，而是不同意投资报酬率低于零。

对于资源问题，通常都认为资源价格被低估。但能够从数据中看到的是土地价格被大幅度高估，政府从农民手中买地的成本只有几万元，算上投资建设分摊的成本不超过十万元，而卖价高达一百万元。环境污染的成本则更难以衡量。胡大源老师做过调查，发现大家都同意治理环境污染，但并不愿意出多少钱。况且胡老师调查的还是北京这个收入较高的城市。对于井下煤矿工人，环境改善给他们带来的好处更为有限，因此环境问题需要从全社会角度看待。

即使假定环境得到治理，增加的企业成本并不一定减少相应的企业利润。环境成本应当在劳动报酬和企业利润之间分摊，如果假定劳动报酬和企业利润的份额保持稳定，劳动报酬分摊的环境成本更多。

投资报酬率与税收有关。如果撇开税收，利润率就难以比较。如果两个经济的基本面一样，一个政府征税，企业利润率会很低；另一个政府赤字，企业利润率会很高。从这个角度讲过去把利税放在一起有一定道理，因为税收也是资本的一个贡献。比较不同国家或者不同时期的利润率，应该把政府部门和企业利润放在一起判断。其中的细节是，应当考虑的是 GDP 收入分配核算的政府部门储蓄，而不是财政盈亏。美国政府净储蓄和财政赤字接近，小于零，约占 GDP 的 2%。中国的财政收入不多，但净储蓄很高。在作历史比较时，1994 年税制改革以后的可比性相对更强。

白重恩教授的文章和这份报告的结论实际上是一致的。白教授的结果中，全国资本回报率不存在明显的上升趋势，可能和部门差异有关。如果分产业来看，结果可能是第二产业回报率上升，第三产业下降。一个猜想是与房地产有关。买房不用交税，实业投资需要负担很高的税，税后收益率与买房收益相当，那么税前收益率比买房收益高得多。买房报酬低的一个原因是低利率，买房期望收益率在存贷款利率的 3%—5%。规模以上企业报酬率 10% 左右，加上规模以下工业和服务业，全国平报酬率就降低了。然而问题在于宏观调控对象是大企业，不是街边小摊小贩，所以需要比较规模以上企业回报率。

"金融与经济发展"专题讲座简报之一

(2009年10月)

2009年10月17日,北京大学国家发展研究院举办"金融与发展"专题讲座,耶鲁大学金融经济学教授陈志武先生受邀发表了"金融危机之后,为什么还要市场和金融?"的主题演讲。美国高盛投资银行执行董事胡祖六先生、万盟投资管理有限公司董事长王巍先生、长江商学院曹辉宁教授、北京大学国家发展研究院平新乔教授、卢锋教授等多位学者发表评论。我们分两期报告会议概况。本期简报将介绍陈志武教授演讲的主要内容。

卢锋开场发言

我们把金融比喻为经济的血液系统,强调金融对经济高效运行的重要性。我们看到一段时期以来我国外汇储备过量增长,显示我国金融系统把国内储蓄转化为投资仍存在深层次困难。从国际金融和货币领域"追赶—危机—变革"规律看,我国大国开放追赶在更大范围的深刻影响现在可能还处于点题阶段。在多重转型背景下,金融与经济发展关系问题近年引发广泛、复杂甚至敏感的争议,全球金融危机使这方面问题变得更加扑朔迷离,需要学术界在深入研究的基础上,与媒体、公众交流沟通,理性解答和应对这些问题。

陈志武教授在国际一流金融学和经济学学术杂志有诸多文章发表,而且长期关注国内金融与经济发展现实问题,重视把理论、历史、数据结合起来研究问题。难能可贵的是,他经常就国内一些重大热点争论问题在大众媒体发表见解并与不同意见展开探讨和争论。他近年来关于国有企业改革、金融阴谋论争论中发表的经济金融散文,观点鲜明、论据充实、文思生动、娓娓道来,产生了广泛而积极的影响。他在此前出版《为什么中国人勤劳而不富有》《非理性亢奋》等评论集的基础上,今年又出版了《金融的逻辑》文集,阐述他的金融发展论并对金融阴谋论提出全面批评。今天我们很高兴邀请到陈志武教授就金融和经济发展问题讲演,并且请其他几位专家学者发表评论。

陈志武(耶鲁大学教授):金融危机之后,为什么还要市场和金融

此次金融危机的发生,使人们对资本主义以市场经济为基础的资源配置效率,以及金融系统的资源配置效率产生了一系列怀疑。但2009年8月经济开始好转后,认为资本主

义衰竭的声音越来越少。我个人认为"金融阴谋论"和牛鬼蛇神的迷信没有本质的不同——都是把我们不能理解,但是对我们的生活产生重大影响的现象或力量描述成一个神话。下面我想从两个方面来说明金融危机之后,为什么还要市场和金融?

首先,市场经济是人类社会实现自由的必然之路。过去30年我们进行的市场化改革,有特定的含义:市场化改革是相对于政府权力改革而言的。中国市场化改革的目的是改变过去以政府权力为基础的资源配置方式,将其转为由价格机制分配资源。在我看来,侧重于政府权力改革的中国市场化改革,是对市场化的一个狭义理解。中国的封建文化传统、道德规范也是一股强大的隐性权力。政府权力主导的资源配置方式在中国只有短短五十年,与几千年的封建文化传统相比是非常短暂的。比政府权力改革更重要的是,以市场化的原则代替中国类似"三纲五常"的封建文化传统。这也是今后几十年乃至几百年中国市场化改革的主旋律。与促进经济发展的意义相比,市场化改革在解放个人,伸张个人权力,改变社会文化、价值观念和伦理道德方面具有更加深远的历史意义。

为了说明这一点,我们先看香港中文大学范博文教授和他的两位研究生所做的一项研究。这项研究对泰国最大的150家家族企业的子女结婚对象做了一系列的统计分析,时间从1991年到2006年。这项研究搜集了200个结婚事件,还有一系列的调查问卷数据。数据显示,政治联姻、商业联姻和爱情联姻的比例分别是33%、46.5%和20.5%。关系婚姻(政治联姻加上商业联姻)的比重占到79.5%,爱情婚姻则以跨国婚姻为主。

泰国家族企业高比例的关系婚姻让我们反思一个问题:市场发展的价值在哪里?试想在今天的美国,比尔·盖茨会为了扩展微软的市场,提高微软的销售额而把自己女儿嫁给一个总统的儿子或者巴菲特的儿子吗?在美国,已经很少有家庭为了家族的商业利益而牺牲子女一辈子的幸福。但是在今天的泰国、韩国、中国等市场经济不是很发达的国家和地区,个人的生活常常变为利益交易的牺牲品。诚然,挣钱很重要,经济发展很重要,但是如果一个人为了家族的利益诉求,被迫和一个自己不喜欢的人生活一辈子,还有什么幸福和人的价值可言呢?我们强调市场发展,不单指桌子、椅子和电脑市场的发展,也包括职业经理人和商业的规范程度。商业规范程度越高,子女成为商业交易工具的可能性就越小。

研究数据也支持上述论点。我们把150家企业所处的行业分为政府特许经营类行业和非政府特许经营类行业。在政府特许经营类行业中,关系婚姻的比例为93.3%;非政府特许经营类行业中,关系婚姻的比例是78.4%。我们再把150家企业的行业分为房地产建筑类企业和非房地产建筑类企业。在房地产建筑业中,关系婚姻的比例是95.6%,同样也高于非房地产建筑业的74.87%。从这些数字说明,我们强调的市场化发展,并非源自我们对市场的盲目崇拜,而是因为市场发展是实现个人自由的必由之路,市场能具体地改变一个人的生活包括婚姻。

另外一项对我启发比较大的研究是加拿大某位教授和他学生所做的关于日本家族企业特色传承方式的研究。在西方国家,所有权已经和经营权分离,健全的公司治理制度削弱了委托代理问题。在中国,委托代理问题还十分严重。为此,中国的家族企业老板喜欢把自己的企业传承给自己的亲生儿子或者女儿。但是怎么保证继承者足够优秀,有足够的能力经营企业呢?所以才有了中国的古话:富不过三代。这一问题在日本也同样存在。但是相比而言,日本家族企业有自己的特点,即"女婿养子"继承制。

"女婿养子"继承制最初由三井集团开始的。大约在三百年前，三井集团老板想出了新招：把企业交给自己的"女婿养子"。"女婿养子"继承制的安排是，不一定把企业交给自己的亲生儿子或者女儿，而是在企业内部找一个能力最强、最靠得住的年轻人，然后把女儿嫁给他，使他成为自己的女婿。一年以后，再举行仪式，把女婿收为养子。成为养子后，女婿需要改变姓氏。在日本，这种有女婿、养子双重身份的人被称为"女婿养子"。例如：松下集团第二任董事长松下正治是创始人的"女婿养子"，于1973年继位；三井集团历代掌门人中几位是"女婿养子"；丰田汽车的创始人丰田佐吉有亲生儿子，但选择将家业由丰田利三郎（原名山利三郎）继承。

　　日本家族企业选择了介于亲子继承和职业经理人之间的第三条道路。"女婿养子"的双重身份进一步强化了家族的信任机制，同时"女婿养子"制度强化了家族企业继承人之间的竞争。家族企业老板的儿子必须勤奋工作，并尽可能地展现出自己的能力来争取继承权。有研究把日本的公司分为三类：由亲子管理的公司、由"女婿养子"管理的公司和由职业经理人管理的公司。结果发现，职业经理人管理的公司业绩好于由亲子管理的公司，但业绩表现最好的是"女婿养子"管理的公司。

　　然而，在西方文化的影响下，日本"女婿养子"的数量在逐渐减少。这也和日本职业经理人市场越来越发达有关，不过更重要的是越来越多的日本老板的女儿不愿意用家族企业的利益毁掉自己一生的幸福。这个故事说明，在职业经理人市场不是很发达、法制不健全的经济环境下，家族企业老板的女儿往往成为利益的牺牲品。市场化的发展，能改变原来牺牲个人的非市场化制度安排，扩大资源参与自由交易的范围，解放个人自由选择命运的空间。

　　在中国，人作为交易工具的例子要远远多于日本和泰国。常说的"养儿防老"更是赤裸裸地把人作为交易工具的制度安排。养儿防老和金融工具有很多相通之处。"子女"和"金融产品"是可以互相替代、实现跨期价值交换的工具。金融市场提供的是没有人格的金融工具。而通过子女实现跨期价值交换，用到的是有血有肉、有人格自尊的人。

　　人的一生面临很多不确定性的事件。除了生病、残障以外，最大的不确定性是养老风险。现实世界中主要有两种养老制度安排。一种是在青壮年抚养儿女，年老时由儿女供养。家、家族就像"内部金融市场"。另一种就是我们现在常用的养老金、养老保险。既然两种方法都是有效的，为什么养儿防老就不好呢？如果我们深入思考，就会发现这两种方法所依赖的制度体系是不同的。养儿防老部分除了依赖法律制度，更多的是依赖社会道德规范类的隐性制度。这些隐性制度包括三纲五常、孝道、名分、辈分、社会等级次序等，其中孝道最为常见。文化、伦理道德是隐性金融交易得以执行的制度架构。

　　养儿防老以人格化方式实现经济安全，衍生出孝道。亲情是家族内部金融市场得以存在的基础，因为亲情可以极大减少显性交易成本。显性的成本虽然可以最小化，但隐性的成本是很高的。

　　除了孝道以外，养儿防老还衍生出古代休妻、纳妾等婚姻制度，如"七出休妻"法则。汉朝《大戴礼记·本命篇》中说："不顺父母去，为其逆德也；无子，为其绝世也；淫，为其乱族也；妒，为其乱家也；有恶疾，为其不可与共粢盛也；口多言，为其离亲也；窃盗，为其反义也。"除了妒忌以外，其他六条都容易理解，都是为了保证孝道，并鼓励多生育，养育多个孩子分散投资，减少投资风险。原来我并不理解为什么妒忌也构成休妻的理由。后来有朋友告诉我：如果妻子妒忌心太强，丈夫怎么能纳妾呢？妾少，生的孩子也少，不利于实现养儿防老的目的。另外一个有趣的现象是，妻子很多时候会主动要求丈夫纳妾。这个奇怪的现象背后其实有很多产权制度的安排。按照古代的孝道，儿子第一个要服侍的对象是父亲，第二个是大妈（正妻），第三个才是自己的亲生母亲。这样的制度安排便于把大家的利益捆绑在一起，激励妻子鼓励丈夫纳妾，生育更多的儿子，为今后的生活提供更好的保障。

在历史材料上，和养儿防老相关的"休妻""典妻"和"租妻"的案例很多。下面我们看郭松义、定宜庄《清代民间婚书研究》中的1724年至1929年的两个时间序列：妾价和粮价。一年内全国各地的妾价一直在1两银子和50两银子之间波动，粮价和妾价的相关系数大约是－0.4。即粮价越高，妾价越低。高粮价一般出现在农业收成低的天灾年份，粮食短缺，更多的父母或丈夫为了生存而把自己的女儿或妻子卖掉。粮食短缺而妾的供给上升，导致粮价和妾价之间的负相关关系。

接下来我们看金融发展如何推动中国传统的价值观、文化观改变的。为看出其趋势，我们对一些地方做了抽样调查。其中大都市有北京，大城市有济南、成都，中等城市有临沂、潍坊、内江，小城市有长庆、曲阜、隆昌，还有五个农村。对于"你为什么要生小孩"这个问题，答案有四个：出于爱、养儿防老、传宗接代和其他。大都市的样本中，回答"出于爱"的占61.8%，"养儿防老"的占16.4%。在农村的样本中，回答"出于爱"的占20.5%，"养儿防老"的占62.1%。这说明养儿防老体系虽然使传统人的生存能力最大化，但阉割了个性与个人自由。随着各种市场的发展，特别是金融市场的发展，儒家文化支持下的家族内部金融市场的优越性越来越降低。

我们还研究了具体是哪类人生小孩是因为"出于爱"。我们用生孩子的原因作为被解释变量进行了回归分析，结果发现是否为农村，以及是否购买保险这两个二元变量最为显著。这些研究表明，金融发展对个人自由、对文化有着决定性的作用。随着市场化的深入，中国家庭的经济交易功能会逐渐淡化，亲情、爱情作为家庭基础的感情交流功能会更加强化。

其次，金融发展促进中国经济增长模式的转型。金融市场的发展不但能实现人性释放，还能促进经济增长模式的转型。目前中国经济的增长模式属于投资拉动型。消费在国民经济中占比下降，储蓄率高，并且依赖出口。国内谈金融发展，注意力集中在提高企业融资效率上面，把金融发展的重要性等同于帮助企业融资，忽视消费金融在提高居民消费的作用。其后果是企业生产资金充足，投资旺盛，但居民消费不足，产品继续依赖出口。消费金融发展不足已成为制约居民消费增长的因素之一。

为什么说消费金融对提高居民消费如此重要？对问题基本的回答是：个人的收入随年龄增长而增加，但消费意愿却随年龄增长而下降。消费金融能帮助个人平滑一生的消费，带动居民消费增长，从而逐步转变中国的经济增长模式。试想在1920年的美国，一位年收入3 000美元的年轻人，如果再继续工作20年，按年收入3 000美元折现，那么他现在拥有11.229万美元财富，可以购买汽车、房产，提高消费水平。也就是：金融产品的核心是缩小"未来钱"和"现在钱"的差距，实现价值在不同时间、不同空间的自由配置。其目的是改变个人按照过去的收入来安排消费和投资的行为，优化一辈子的消费、促进经济增长。

近几年来，随着市场化程度加深，中国的消费金融已经取得了一定的发展，但与美国相比，还至少落后一个世纪。在中国，"量入为出"的消费观念被普遍持有。但在美国，这种观念在 1850 年就因家庭缝纫机的推出而受到了挑战。1850 年的美国，工业革命已经进行了七八十年，但主要的创新集中在蒸汽机等机械制造，还有铁路、轮船等交通行业。1850 年以后，工业革命开始进入家庭，首先是缝纫机。在缝纫机被发明前，手工制作一件衣服大约需要 2 天。而使用缝纫机能把时间压缩到 2 个小时。无疑，缝纫机能大大提高家庭的生产效率，但是对中低收入的美国家庭而言，缝纫机的价格太高。当时美国普通家庭年收入为 400 美元，购买一台缝纫机要花费 80 美元，相当于家庭年收入的 20%。由于家庭妇女不参加工作，丈夫们认为缝纫机价格太高，虽提高妻子们的生产效率，但不能带来额外的收入。

1856 年，I. M. Singer 公司市场营销总监 Edward Clark 想出一招："我们为什么不让美国家庭先用上缝纫机，然后分期付款呢?"，I. M. Singer 公司首推分期付款消费：首付 5 美元，然后月付 3—5 美元，付完为止。这种金融创新今天看相当简单，但简单的金融创新大大推动了工业革命的进程。I. M. Singer 公司执行分期付款后，到 1876 年，共售 26 万多台缝纫机，远超过所有其他缝纫机公司的总和！同期，钢琴制造公司也用分期付款的金融手段促销，让本来只有富有家庭才能享受的钢琴，进入了许多中等收入家庭。如果没有分期付款，许多大宗消费品行业会大大放缓其生产速度。这样，金融创新不仅把更多"大件"带进普通美国家庭，而且降低了高收入跟中低收入家庭的差距。

总的来说，金融创新不仅为生产提供需求，而且有利于降低社会阶层间的距离，是建立和谐社会的基础性安排。现代社会的方方面面，从个人权利到家庭、到企业、到社会和谐，都离不开金融。金融市场不是要不要发展的问题，而是如何发展得更好、更快的问题。市场经济最终是实现人类自由的最佳安排。

"金融与经济发展"专题讲座简报之二

（2009 年 10 月）

2009 年 10 月 17 日，北京大学国家发展研究院举办了"金融与发展"专题讲座。耶鲁大学金融经济学教授陈志武先生受邀发表了"金融危机之后，为什么还要市场和金融？"的主题演讲。美国高盛投资银行执行董事胡祖六先生、万盟投资管理有限公司董事长王巍先生、长江商学院曹辉宁教授、北京大学国家发展研究院平新乔教授、卢锋教授等多位学者发表评论。我们分两期报告会议概况。本期简报将介绍专家、学者评论的主要内容。

卢锋评论

感谢陈教授的精彩演讲。我从中学到了很多知识，得到了很多启发。我同意陈教授"钱化"的基本观点：消费者可以在当期借用未来的钱消费，企业家可以利用金融制度安排借用未来预期收入贴现值用于今天的投资创新，因而金融对经济发展具有重要而积极的影响。我也完全同意，对于我国现实情况来看，发展完善金融系统尤其具有紧迫性。

我想请教的问题是，在当期借用未来的钱，借用到未来的哪一期是合适的？金融发展是必要的，然而在发展过程中与实体经济的匹配度要达到什么样的水平才是合适的？金融制度本身设计及其参数设置方面有哪些需要注意的问题？当前金融危机表明，即便在美国这样金融十分发达的国家，如果在以上方面超过某个"度"，都会给实体经济带来危机，也给金融行业本身带来不利影响。从这一思路看，如何通过行业自律和外部监管保证金融杠杆化不要过度，如何改进宏观政策为金融系统运行提供良好宏观环境，可能都是需要研究的问题。

另外一个问题是历史环境对金融发展的制约关系，本质上还是金融发展的"度"的问题。把传统社会"养儿防老"与现代社会利用金融实现跨期替代比较，认为当代经济增长条件下通过非血缘性金融安排进行跨期优化决策更合理更进步的观点，对这一观点我完全同意。不过结合历史条件理解，中国传统社会的"养儿防老"习俗制度的经济根源，我认为或许是因为在当时实体经济环境中，技术边界是给定的，能够带来长期盈利的投资机会较少。由于经济增长潜力受到时代条件的外生变量限制，跨期优化也就受到了限制，在投资对象上只能较多地选择多子多福方式。在传统农业经济中，具有通常体力和技能的人是生产函数中最重要和最基本的要素，是否可以由此解释当时制度安排和伦理观念。

提问阶段

学生提问 1：在中国社会，虽然金融系统还不完善，但是父母存钱、子女消费的习惯很盛行，这是否起到对金融系统的替代作用？能否提高整个社会的总体效用？

学生提问 2：能否从代际模型的角度理解中国的储蓄习惯？

陈志武回答：在中国社会，存在一个病态的代际均衡：父辈在对自己当前的生活作效用最大化时，考虑到对子辈的帮助，因此造成自己的生活现状不甚满意，于是将希望寄托在子女身上；当子女对自己生活作最优规划时，就必须考虑父母的约束，也同样会考虑对其子辈的帮助，造成同样对当前生活的不满足，再将希望寄托到下一代身上。如此反复，造成每一代人都无法达到自身的最优生活状态。比如中国老太太省了一辈子，买了房子，房子对自己没了意义，对自己的儿子也并不一定是好事，因为削减了他自立的激励。所以，要想打破中国的这类病态均衡，就可以自己对一生的收入进行最优配置，而不考虑他人的影响因素。

在经典的代际模型中，都假设代际之间没有交易成本，没有效率损失；然而从现实来看，子辈和父辈之间的价值取向与生活观念的差异会造成巨大的交易成本。例如，子女想买车，需要父母的金钱帮助，然而父母不赞成买车，这笔消费便不能成功。所以这类交易成本造成了巨大的效率损失。如果在经典代际模型中引入各代之间效用函数形式的差异，最终的最优解也许是各代花各代自己的钱。

每一个专家、学者都有自己关于金融"度"的判断能力，然而每个人的理论都会有偏差，所以，或许偶尔发生的金融危机才是检验是否过度的一种很好的机制，它会让人变得更理性，让人类社会变得更健康。

自由讨论阶段

胡祖六评论：美国 20 世纪 80 年代初的经济繁荣——高增长、低通胀，很大程度上得益于金融市场的发展。从跨国数据来看，金融的发展与经济的发展在很多时候也都是正相关关系。比如股票市场的市值占 GDP 的比重与人均 GDP 的关系；债券市场的市值占 GDP 比重与人均 GDP 的关系，在经济学实证研究中都被证明是正相关关系。这次危机引发的信用萎缩、金融市场混乱、信心缺失，导致了美国以及世界主要发达国家出现了第二次世界大战以来最严重的经济衰退。这类现象，不仅没有否定金融的重要性，反而强调了金融系统的稳定和效率对于经济繁荣、人民福祉的重要性。

鸦片战争以来，中国多次的"富国强民"努力失败，部分也缘于现代金融体系的缺失。而现阶段，中国的经济发展对出口的依赖度非常高，所以金融危机爆发引起全球需求缩减对中国是一个很大的负面冲击。然而大家依然对 GDP 增长 8% 充满信心，是由于四万亿的财政扩张计划。可是，这部分资金并没有完全下拨，所以更重要的原因是信贷的扩张。在政府经济刺激背后，紧跟着银行的信贷配套，推动固定资产投资，在外需萎缩时弥补了内需，使得中国经济短期回暖。

从长期来审视中国 30 年的发展模式——出口拉动、高排放、高污染、高投入，这样的体系肯定不能一直维持下去，而在经济结构转型过程中，几乎每个方面都离不开金融的发展。其一，要减弱国外经济环境对国内经济的冲击，首先要扩大内需，即要刺激国民消费，伴随社会保障制度改革，这两方面都需要金融的辅助。其二，高排放、高污染是由于市场失灵导致。污染排放不存在市场，也没有价格和成本，因此需要补充市场。欧盟、美国已经开始实行碳排放交易，开发金融衍生产品以补充市场缺失。其三，我国想要实现从出口低附加值产品到高附加值产品的转变，实现自主创新，技术进步，每一项都离不开金融的作用。以苏联和美国比较，技术人才的数量和质量都不相伯仲，然而 20 世纪最具革命性的科技进步——电脑、互联网、生物工程都出现在美国。因此光靠高等教育、实验室、重点工程辅助是不够的，依然需要金融市场提供强大的刺激。

王巍评论：一个国家处在落后状态时，国民对不熟悉、不确定的现象或事物会感到恐慌，于是试图用自己现有的知识去解释，就可能会产生某些奇谈怪论或是相信这些言论。因此，在我国现在的发展阶段，普及金融学观念和知识是十分必要的。

经济学家不应该只停留在为政府或某些利益集团出主意，为自己空洞的理想奋斗，也应该为社会的个体服务。我国当前最缺乏的是经济金融知识的普及，让金融的正面形象深入社会。

中国现阶段的金融体制不健全，导致潜在的投资能力不能实现，潜在的消费需求不能得到满足，进一步影响经济结构的转型和发展。

曹辉宁评论：在某个制度体系下的社会形态是个局部最优均衡，制度的变化是一个动态过程。需要研究的是，制度与当前的社会形态是如何相互作用促进发展的。

我们需要肯定金融创新的必要性，强调金融基础知识普及的重要：需要让消费者了解金融产品的特点、功能和风险，在此基础上进行自身的最优配置。

平新乔评论：我国改革开放 30 年以来，经济学知识的普及工作需要继续努力，对于 30 年来的经济成效评估和经济发展研究也是"任重而道远"！这方面的工作具有重要意义，否则知识缺乏甚至愚昧也会自行再生产，不利于开放条件下的经济发展。

我们最近做一项金融研究项目，通过对陕西、江苏、云南、黑龙江等地的调研，发现在商品经济发达、金融服务体系健全的地方，高利贷利率相对比较低，反之亦然。这从一个侧面体现了金融体系发展的重要性。

我国的金融创新可以有多种形式，比如云南某农村商业银行实行的小额信贷项目，通过聘用工资相对较低的工人节省交易成本而盈利，同时也避免了与大型银行的竞争。

"经济危机和经济学"座谈会简报之一

(2009年2月)

2009年2月22日,由北京大学光华管理学院和中国经济研究中心联合主办的"经济危机和经济学"座谈会在光华管理学院新楼举行。光华管理学院陈松蹊教授、陈玉宇教授、龚六堂教授、林莞娟教授、刘国恩教授、马捷教授、王亚平教授、张庆华教授、张维迎教授、章铮教授、周黎安教授、朱善利教授,中国经济研究中心陈平教授、李力行教授、卢锋教授、平新乔教授、巫和懋教授、嫣萍教授、余淼杰教授、周其仁教授参加了会议。我们分三期简报报道部分发言内容。本期简报报道张维迎、卢锋发言内容。

张维迎(北京大学光华管理学院教授)

这次危机可能会对经济学发展产生重要影响,所以光华管理学院和中国经济研究中心召开这次内部座谈会,探讨交流对危机及其对经济学影响的看法。我们可以不关心美国1987年金融危机、不关心日本经济泡沫、不关心亚洲金融危机、不关心网络泡沫,但再也不能不关心今天的这场危机。我们今天在一起座谈,目的是让大家意识到经济学界可能要发生的变化,也希望这次讨论能促进光华管理学院和中国经济研究中心的进一步交流。

现在的经济学研究越来越技术化,而大的危机对经济学的影响将不局限在技术层面。这次危机发生以后,有人认为自由市场又失败了,政府这只看得见的手又变得重要了。这对中国未来改革方向提出挑战。甚至有人说2009年以后将是社会主义拯救资本主义,尽管这种说法是半开玩笑的,但还是反映了很重要的问题。我的信念很简单,相信如果有问题也应该是出在政府这一方,而不是市场这一方。

20世纪30年代大危机与奥地利学派

对30年代大危机做出预测的是哈耶克和米塞斯,尽管他们没有指出具体哪一天会发生。按照他们的理论,20年代出现信贷膨胀、股市泡沫和资产泡沫,一定会发生危机。危机之后(1931年)哈耶克出版的《价格与生产》(*Prices and Production*)影响很大,奥地利学派变得很受关注。伦敦经济学院院长罗宾斯(Robbins)为《价格与生产》写序,对哈耶克给予了很高评价,并且邀他去伦敦经济学院当教授。

然而凯恩斯主义出现后很快改变了风向。政府本来已经做了凯恩斯建议的扩大内需等事情，而凯恩斯为政府干预提供了理论依据，因此备受欢迎。既然有效需求不足，政府就有理由实施干预挽救经济。而哈耶克战后转向政治哲学而不是以经济学为主，奥地利学派被边缘化。

20世纪70年代起货币主义开始被重视，80年代超过凯恩斯主义成为经济学主流。弗里德曼对大危机的解释是，危机发生后政府没有提供足够货币，危机之所以持续那么长时间是因为美联储在本该放松货币时实行了紧缩。有意思的是，回顾历史发现弗里德曼一开始也是凯恩斯主义者，并非挑战凯恩斯。他在验证凯恩斯需求函数时发现人们的消费不是随短期收入变化，而是随长期收入变化。慢慢地凯恩斯主义被认为不合理，后来出现理性预期学派。

奥地利学派的研究一直在继续，1962年穆瑞·罗斯巴德（Murray Rothbard）出版《美国大萧条》（*America's Great Depression*），比弗里德曼的《美国货币史 1867—1960》（*A Monetary History of the United States*，1867—1960）早一年。罗斯巴德认为30年代危机是因为美联储扩张性货币政策和低利率导致了投资结构扭曲与资产泡沫。罗斯巴德用证据表明，罗斯福新政实际上是胡佛政策的延续。胡佛政策包括：拯救银行；在大企业中实行联盟，促使企业增加投资，限制企业解雇工人和降低工资；干预价格；实行财政赤字，建设大量公共设施，比如胡佛大坝；实行贸易保护，1930年通过"斯穆特-霍利关税法案"（Smoot Hawley Tariff Act），大幅提高关税；禁止移民，大幅减少移民配额。这一系列措施导致危机持续不能恢复。

马克·史库森（Mark Skousen）在《朋友还是对手：奥地利学派与芝加哥学派之争》（*Vienna and Chicago: Friends of Foes?*）一书中将对市场的信念划分为四个层次。一是坚决不信，就是马克思主义。二是半信半疑、摇摆不定，主张政府干预，就是凯恩斯主义。三是非常信任，但有时也需要政府干预，尤其是货币政策，就是货币主义。四是坚信不疑，完全相信市场，就是奥地利学派。奥地利学派坚决反对不可兑换的纸币（fiat money），认为必须回到金属货币。

奥地利学派同时在三条战线作战。一面反对凯恩斯主义，一面反对社会主义计划经济，同时与货币主义作战。哈耶克因为商业周期理论获诺贝尔经济学奖，他的商业周期理论却遭到货币主义批判。弗里德曼对哈耶克的《通向奴役之路》（*The Road to Serfdom*）评价很高，却认为哈耶克的商业周期理论是错的。

奥地利学派对这次危机的预测

米塞斯和哈耶克预测了20世纪30年代大危机，这次危机也有人预测到，其中最有名的几位都是奥地利学派的。彼得·希夫（Peter Schiff）是一位投资家和评论家，出版了《美元大崩溃》（*Crash Proof*）。2006年他在电视谈话中预测美国要出大问题，包括次债、房地产乃至整个经济。现在除了美元还没出现大崩溃，其他都已成为现实。

巴塞尔国际清算银行经济部门的威廉·怀特（William White）是奥地利学派的经济学家，国际清算银行的研究方法主要依据奥地利学派的理论。2006年的论文《价格稳定是否足够？》（Is Price Stability Enough?）预测经济可能出问题，2007年6月年度报告更加清楚地表明了其观点。

米塞斯研究所（Ludwig von Mises Institute）的经济学家克拉西米尔·彼得洛夫（Krassimir Petrov）在 2004 年文章《中国大萧条》（China's Great Depression）中预测 2008—2009 中国会发生大萧条。曾经参加过美国总统竞选的政治家罗恩·保罗（Ron Paul）也是一位坚定的奥地利学派拥护者。去年年底他在国会发表演讲《奥地利学派是对的》（The Austrians Were Right），帮他写演讲稿的是之前提到的希夫。

最近西班牙奥地利学派经济学家赫苏斯·韦尔塔·德索托（Jesús Huerta de Soto Ballester）出版的《货币、银行信用和经济周期》（*Money, Bank Credit and Economic Cycles*），被认为是奥地利学派最完整的现代版本。

这次危机与 20 世纪 30 年代大危机有诸多相似之处。一方面，危机前宏观经济没有明显征兆，价格稳定、经济正常增长、技术进步良好；另一方面，股市、房市、投资都出现问题。因此这次危机可以用奥地利学派的理论进行预测。

30 年代大危机产生了巨大影响，当时有两个人可能成功：哈耶克和凯恩斯。结果是前者被边缘化，后者成为主流。这次危机之后也有两种可能。一种可能是进一步强化凯恩斯主义的经济学统治地位，另一种可能是彻底扬弃凯恩斯，复活奥地利学派。我认为后一种可能是存在的。根据奥地利学派的理论，政府救市只能延缓危机，不能真正解决问题。

对经济危机的不同理解

凯恩斯强调需求不足。美国的问题显然不是需求不足，而是过剩。中国过去十几年居民储蓄率也没有上升，而是下降的，居民储蓄率从 1996 年的 30％下降到 25％。世界银行报告的计算是居民储蓄在 GDP 中的比重从 20％下降到 16％。基于凯恩斯主义的理论会导致贸易保护主义。GDP 由消费、投资、净出口三部分组成，只要增加净出口就可以增加 GDP。最简单的办法就是征关税，限制进口。这些概念甚至已经进入统计，统计部门专门计算了投资、消费、净出口对 GDP 贡献率。

而按照奥地利学派的观点，越是危机就越要自由化。萨伊定理（Say's Law）认为供给创造需求，而不是需求创造供给。要让别人买你的东西，只有你买别人的东西。因此自由贸易是最好的政策，而不是像凯恩斯主义。

如果说这次危机是因为美国太自由，不如说是因为中国太不自由。如果五年前人民币能够升值，给企业一个正确信号，企业投资设厂的方向就会更加明确。人民币持续维持低估状态，给出的信号就是出口总是有利可图，企业就会是出口导向。如果早一点改变，贸易顺差和外汇储备就会小一点，货币发行就会少一点，中国就不会出现那么大的问题。

国际上有一些人认为中国不花钱促使美国花钱，所以导致这次危机。这是荒谬的，因为总体而言，美国是主动的，中国是被动的。但从国际收支角度分析，中国确实有点助纣为虐。如果人民币汇率合适，就不会有大量廉价商品输入美国，美国通货膨胀政策会导致价格更早上升，美国可能更早采取措施。但是由于人民币汇率低估，美国货币增加没有表现为价格上涨。而美联储货币政策是盯住价格，看到价格稳定便认为宏观利率没问题。

格林斯潘货币政策的一个特点是非对称性，美联储在经济泡沫破灭之后会利用货币政策救助经济，例如 1987 年股市崩溃、亚洲金融危机、网络泡沫。而股价大幅上涨时美联储不采取紧缩的货币政策。这也导致美国的扩张性货币政策。

怀特在《价格稳定是否足够？》中根据历史和理论得出结论：价格不能作为判断宏观

状态的主要指标。按照奥地利学派理论，最重要的是相对价格的变化，而不是一般价格水平。从投资品传导到消费品有相当长的时滞。当消费品价格开始上涨时，已经是大难临头，这时已经不是采取措施能够解决的了。

奥地利学派认为，经济下滑和上涨存在严重不对称。经济繁荣时上游产业上涨很高，下游产业上涨较低；经济衰退时上游产业下滑幅度大，下游产业下滑较小。中国去年工业生产典型有这个特点，上半年重工业增长远高于轻工业，下半年重工业下跌幅度远大于轻工业。按照凯恩斯消费不足理论，应该表现为轻工业下跌更快，而事实不是这样，用消费不足难以解释。

这次危机会对经济产生很大影响。对中国而言，不仅影响经济，而且影响整个改革进程。现在有一些比较极端的观点认为，"美国垮了，市场经济失灵了，中国为什么还要自由化？""中国之所以没有出大问题，是因为金融体制没有自由化"。对危机的不同理解将导致完全不同的政策。

卢锋（北京大学中国经济研究中心教授）

这次危机会对经济学研究产生深远影响，不过目前处在头脑风暴阶段，收获经过提炼敲打的新理论还有待时日。危机是灾难，然而在拓展经济学研究议程、加深认识经济全球化规律、反思开放宏观经济学重大问题方面，又给经济学者提供了难得的机遇。就此谈三点初步看法。

危机的认识根源之一，在于经济学理论中对金融危机以及宏观经济与金融结构关系的研究不够重视。"宏观经济学理论一般假定金融系统会平稳运行，以至于可以抽象掉金融因素。"从现代经济学说和政策演变大势看，大危机后紧迫问题是如何在政策上加以应对，随后理论进展主线表现为宏观经济学体系建立、凯恩斯兴起与货币学派争论等。在危机根源方面，虽然也有奥地利学派再生产迂回理论基础上提出信贷过度扩张理论、费雪"过度负债、通货紧缩"理论、凯恩斯和左派有效需求不足理论等，但是没有机会在透彻探讨基础上达到比较成熟结论并成为普及性教科书内容。

从实际情况看，第二次世界大战后一段时期没有发生严重金融危机，20 世纪 80 年代后拉美、东亚、苏联、日本、墨西哥发生不同类型金融危机，但都不是在作为学术中心的美国发生，较多地被美国主流经济学界看作是操作和能力问题带来的危机。80 年代美国出现"储贷协会"危机，但也毕竟具有局部性，并最终通过 RTC 方式比较成功地化解。人们总要吃过苦头才会真正反思。这次危机风暴眼在美国金融心脏地带华尔街。由于美国仍是经济学的学术研究中心，美国关注焦点转变会推动经济学界对这方面研究议程选择显著转变。因而这次危机可能会影响经济学界对金融危机以及宏观经济与金融结构关系等研究议程的选择。

二是这次危机有助于我们加深认识当代经济全球化内在运行机制和规律。发展中国家逐步选择开放战略并与发达国家经济南北互动构成当代经济全球化特征，其微观基础可以通过观察美国与中国、印度等新兴国经济关系加以理解。简言之，这一发展进程持续进行，要求美国一方面推动技术和产业前沿突破，另一方面通过转移和外包向新兴经济体转移传统产业或特定生产工序；中国、印度等国则承接产业和工序转移，并通过连带技术引进、学习效应、产品创新等途径实现追赶。

20世纪90年代IT革命经验显示，如果全球技术和产业处于活跃演变期，美国在前沿科技研发、资本市场、企业体制等方面的相对优势能得到较好发挥，这一增长模式确实能帮助美国在国际竞争中处于有利地位。但是目前危机教训显示，如果一定时期内技术和产业前沿演变处于相对平静和沉寂状态，如果美国作为领先国家对致力于拓宽技术和产业前沿使命意念模糊或用功不勤，或者出于试图仅凭衍生品"创新"主导全球经济，则不仅不能实现其目标，反而会给美国和全球经济带来灾难。如果说20世纪90年代经济繁荣正面提示当代经济全球化内在规律，目前危机则是从反面解释经济全球化必要条件和约束机制。

三是从开放宏观经济和经济发展角度提出一系列可供进一步研究的重要观察和经验素材。比如说经常账户失衡与可持续性增长关系问题。在主权国家没有消亡、劳动力等要素流动仍面临边境壁垒限制的前提下，经常账户赤字持续扩大不仅对发展中国家不可持续，即便对于美国这样强大的国家也是不祥之兆，经验证明过度相信金融优势为巨额赤字提供合理化解释的理论假设并不正确。这对我们深入理解金融媒介与实体经济关系、对合理认识美国这样中心国的金融优势地位都有启示意义。

又比如中国这样的巨型经济体快速追赶过程与中心国以及外部经济互动关系问题。我国生产率革命在为全球提供物美价廉的商品、推动全球经济增长、维持低通胀环境方面做出贡献，然而我们的结构和汇率机制等方面改革调整滞后，是否也可能通过大国开放宏观经济国际收支关系对全球利率以及宏观失衡产生显著影响？对此需要超越在危机发生机制上"打口水战"的局限，结合中国以及各国经济追赶经验进行深入研究。

再如货币政策与资产价格的关系问题。虽然危机前美国学术界主流和格林斯潘对资产泡沫"与其预防不如善后"的"象群推论"不无逻辑，然而这次危机超出所有人预期的灾难性影响暴露了这一推论的前提有错。需要重新审视和评估货币政策和资产价格关系，并相应调整货币政策设计和操作规则。

最后显然需要结合至今已观察到的所有经验现象，加强对金融危机现象的系统研究。研究方法应体现"拿来主义"的常识智慧，兼收并蓄，不拘一格，以搞懂问题、阐发学理为目的。需要把主流信息经济学解释范式与强调货币信用过度扩张的奥地利学派理论、金德尔伯格金融危机历史学派思想、海曼·明斯基（Hyman Minsky）的金融资本主义和金融不稳定假说结合起来，对金融危机以及金融系统与宏观经济学的关系提出更加深刻和充实的理论解释。

"经济危机和经济学"座谈会简报之二

(2009年2月)

2009年2月22日,由北京大学光华管理学院和中国经济研究中心联合主办的"经济危机和经济学"座谈会在光华管理学院新楼举行。我们分三期简报报道会议概况。本期简报报道龚六堂、陈平发言内容。

龚六堂(北京大学光华管理学院教授)

危机对经济学有巨大的推进作用。宏观经济框架通常把金融市场撇在一边,用委托代理理论解释金融市场运作。现在有一些人尝试把金融市场拿到宏观框架中进行分析,2007—2008年有两篇文章尝试把委托代理放到宏观框架下。

现在的宏观经济政策都要考虑全球化问题。开放可以把通货膨胀输出给外国,这样通货膨胀在本国更低。凯恩斯的模型主要解释经济波动,并没有解释经济周期。波动和周期不同,波动在任何时候都有,可能来自技术冲击,经济时而下滑时而上涨就是波动。大萧条则是大的经济周期,周期很难被解释。

奥地利学派对经济周期进行了解释。宏观模型用效用函数刻画消费者的时间偏好,消费者对将来的信心和对通货膨胀的预期全部反映在其中。卢卡斯、凯恩斯、萨缪尔森的经济模型中,贴现因子都是常数。而奥地利学派的贴现因子可以随着人们预期改变而改变。经济好的时候,通货膨胀低,人们对未来乐观,贴现因子低。贴现因子决定资本成本即利率,因此利率低,人们愿意买房子,企业愿意贷款进行投资扩张。这导致原材料价格上涨,股票价格快速上涨。价格上升最初没有传导到消费品。等到价格上涨传导到消费品,人们发现通货膨胀后,就对将来失去信心,贴现因子就会增加,利率水平就会上升,企业将面临流动性不足、信贷约束,出现失业、经济衰退。

其中最关键的是将人们对未来看法的贴现因子从常数变成非常数。宏观经济学将重新考虑这些问题,格里·贝克(Gerry Becker)做过这方面研究,我和中国经济研究中心的王伟同学写过文章,把贴现因子作为内生变量做出内生周期模型。而凯恩斯理论将大萧条解释为信贷约束问题,把信贷作为外生变量。

陈平(北京大学中国经济研究中心教授)

大萧条可以很好地验证各派理论。商业周期的核心问题是:经济波动本质是内生的经济不稳定性造成的,还是外生噪声和冲击造成的。相信市场这只"看不见的手"可以自身稳定的学派基本上假定经济是自稳定的。比如供求曲线和需求曲线,如果一个斜率为正,另一个斜率为负,自然会出现均衡。主要代表有弗里希(Frisch)的噪声驱动模型,其次是弗里德曼和卢卡斯。不同学者对噪声来源有不同理解。弗里德曼和卢卡斯认为噪声来源是政府乱发货币。普雷斯科特(Prescott)真实经济周期(RBC)模型认为振荡来自真实的技术冲击,而不是货币现象。

认为市场运动本身具有内生不稳定性的学者也有两派观点。马克思主义认为振荡结果是爆炸、资本主义注定灭亡。熊彼特和哈耶克认为市场经济像生物钟波动一样是自然现象,无可避免的。甚至有人提出正常波动具有演化功能,繁荣期大家都赚钱,衰退期淘汰缺乏效率的企业。

美国在第二次世界大战后出现经济危机后都不认为自己有改革的需要,总认为是外来冲击导致的,找替罪羊,比如阿拉伯人、日本人、中国人。而这次危机美国媒体、公众、经济学家基本形成共识,认为是内生形成的。第二个共识是这次危机来自核心区,而不是边缘区。这次危机起源于金融危机。认为经济波动来自金融危机的有三个学派。首先是奥地利学派,他们认为信用过度扩张。这次危机和大萧条非常类似,大萧条之前美国经济繁荣,信贷宽松,人们贷款买车、借钱买股票。第二派是明斯基,认为金融市场存在麦道夫(Madoff)那样的诈骗。第三派是凯恩斯,凯恩斯认为内需不足、非理性冲动(animal spirit),源头可以归结为金融市场具有自身不稳定性。

我们 1985 年开始研究货币指数运动是白噪声还是混沌现象,结果发现是以混沌现象为主。混沌是指非线性振荡,比如生物钟、心脏跳动的频率是相对稳定的,但是振幅变化很大。很多人看见振幅变化就认为没有频率。根据股票市场数据,美国商业周期频率非常稳定,从 20 世纪 20 年代至今基本在 2~10 年间变化,平均 4~6 年。如果政治家在任期内追求政绩把周期延长到 10 年,下一任期内经济就会出大问题。大萧条就是如此。互联网泡沫后格林斯潘拼命降低利率,经济下跌不久后就涨回去,结果这一次危机更加严重。

主流经济学认为罗斯福新政成功证明了凯恩斯理论。奥地利学派则认为罗斯福新政是胡佛政策的延续。胡佛政府通过工会法、工资法,加强了工资刚性,延缓了调整。但奥地利学派有很大的弱点,其被边缘化主要有两个原因。首先,奥地利学派反对使用数学工具。奥地利学派认为人的行为是非均匀的,反对简单加总,所以不相信宏观价格指数,而 20 世纪 30 年代计量经济学会成立以后,数学工具成为主流,谁用数学工具就更胜一筹。奥地利学派反对用数学,完全讲哲学,这是它出局的主要原因。其次,奥地利学派认为商业周期是正常状态,大萧条后经济会自我调节,政府干预只会把事情搞得更糟糕。但政府总是会表态"要做些什么","什么也不做"的政策在政治上就会自我失败。

对于 90 年代的日本衰退,美国很多主流经济学家观点非常激进,包括伯南克和克鲁格曼,他们建议日本应该采取货币政策走出衰退,甚至不惜 300% 的通胀。辜朝明(Richard C. Koo)在《大衰退》(*The Holy Grail of Macroeconomics: Lessons from Japan's Great Recession*)中以日本为例分析为什么货币政策在大萧条时不起作用。日本企业竞争力好于美国,日本有大量顺差,但危机时日本企业资产负债表出了问题。经济好的时候日本企业能够以便宜的资本借债,但股市崩溃后资产大幅缩水。采用公允价值会计(market-to-market accounting)进行资产定价很危险。相信市场有效的前提是假设资产波动幅度相对稳定，但实际上资产市场价格波动远超过商品市场。所以，资产缩水以后，非常好的大企业在技术上也变成破产，不得不将过去赚得的利润全部拿来还债，降低负债率。所以无论政府怎么把利率降到零、提供宽松信贷，企业也不愿投资，而是拼命还债。这次危机美国解雇发生在核心企业，不只是没有竞争力的企业，原因就是资产大幅缩水。中国问题相对会小一点，因为中国政府比较保守，企业借债杠杆小。

这次预测金融危机到来绝不只是奥地利学派一家，有很多家，连我们都预测到了。理由是，现在虚拟经济是实体经济的十倍，这是不可持续的。这个问题不解决，美国救市就是一个黑洞。美国GDP是15万亿美元，虚拟经济60万亿—100万亿美元。房子价值10万美元，赌博房子着火的期权价值可以高达上百万美元。我们2005年计算出Black-Scholes方程是爆炸型的，有很大问题。金融衍生工具越做越复杂，不能用经验数据进行矫正。巴塞尔银行协议允许用理论模型来定价。如果用火箭科学家理论进行定价，杠杆会非常高。

另外，两位麻省理工的历史学家完全否定弗里德曼的大萧条理论。一位是彼得·特明（Peter Temin）。弗里德曼认为大萧条是货币政策错误，纽约联储行长本杰明·斯特朗（Benjamin Strong）过世后没有人可以实行强有力的货币政策，结果导致大萧条。特明从理论和计量上对此否定，认为没有事实证据可以证明大萧条原因是凯恩斯错，弗里德曼对。

另一位是研究金融史的金德尔伯格（Kindleberger）。他认为大萧条之所以那么严重，主要原因是全球化格局的大变动。第一次世界大战以前，全球化稳定，英国实行金本位制度，英镑和黄金挂钩。第一次世界大战以后，英国国力下降，霸主地位丧失，全球化格局失去领导，美、英、法三国在危机来临时都实行了保护主义。

现在的全球失衡不只是贸易赤字造成的，还跟美国的全球军备扩张政策和国际安全联系在一起。钱为什么流向美国？金融理论表明，钱要么流向回报率高的地方，要么流向最安全的地方。过去美国每当发生金融危机，美元有贬值危险时，最简单的解决办法是在竞争对手附近发动小规模战争，钱就会往美国跑。为什么欧洲反对伊拉克战争？因为战争实际上是在打击欧元。

IMF改变股权结构实际上是中国、美国、欧洲三家商讨下一轮全球化格局。三家之间要有长期合作，共同磋商各自承担什么义务。现在的情况非常危险，三家都只顾自己，都在降息放松银根。将来可能有两个结果。一是通货膨胀，但是到目前为止通货膨胀还没有起来。哈耶克认为，经济不稳定的迹象不是能够通过物价指数看出来的，要看产业结构。这一点中国比美国好，中国始终觉得自己是落后国家，所以不断调产业结构，而不是简单刺激消费。东南亚经济危机后人民币盯住美元，中国虽然经济上吃亏，政治上却得利。中国周边国家原来都是中国敌国，东南亚经济危机后中国赢得很多朋友。

现在是国际地理政治重新调整。中国制造冲击最大的不是美国，而是欧洲的福利社会，所以反对中国的是欧洲工会。美国不怎么反对中国，美中稳定的一个重要原因是中美之间的"恐怖平衡"，就像当年美苏核武器能够互相毁灭对方。中国有2万亿美元外汇储备，如果中国在市场上抛售美国国债，两国经济都将遭受沉重打击，全球化自由贸易格局将毁灭。

中国这次危机发生在美国危机之前，这是去年宏观调控造成的。张五常的批评很有道理,劳动工资法、提高利率、人民币升值几把刀同时砍下来,沿海企业立刻就不行了。宏观政策是在利益集团之间形成的。汇率、利率绝不是象牙塔里的经济学家提建议可以决定的。我不承认有均衡汇率,只有可持续的汇率。维持汇率水平对企业经营非常重要,因为合同都是以名义汇率定的。中国保持汇率相对稳定相当于中国政府承担了企业的保险,为企业节省了规避汇率风险的成本。

经济理论假设微观企业最大化利润,加总后宏观自动达到最优。我认为恰好相反,微观企业最大化利润,宏观加总后会放大振荡。这是卢卡斯最大的错误。可以定量计算,一个经济有几千万工人、几百万企业,涨落相互抵消,造成的宏观波动非常小,不需要弗里德曼的永久收入假说,大数定理就可以解释。而投资波动远远超过GDP,因为投资参与者数目比企业数目少很多。

美国自由化前里根打破垄断是正确的,加强竞争可以缩小波动。但是后期相信自由主义,容忍微软垄断,鼓励企业兼并。数学上可以计算,一千家银行并为十家银行,宏观涨落将放大十倍。这次最严重的问题都出自AIG(美国国际集团)这样的巨型企业。在危机到来时,应该把巨型银行拆散让他们竞争。美国政府犯了严重错误,反而让它们兼并。当年朱镕基曾经尝试过,让好的国企兼并差的国企,结果是肥的被瘦的拖死。美国现在正争论,应该让三家汽车公司破产重组,还是保住它们。

中国继续深化市场化改革首先要打破国有企业垄断。国内油价大起大落的一个原因是只有中石油和中石化两家,至少要拆成三家。中国反对拆散四大国有银行一条理由是美国在兼并,认为美国兼并后花旗银行成为巨头,中国拆散了怎么竞争。这次美国国有化浪潮是表面的,因为银行总是要救的。美国关键还看它敢不敢打破垄断。竞争比产权更加基础,私有产权垄断结果比国有垄断更糟糕。

说中国储蓄太高是有问题的,中国民间借贷利率非常高,并没因为储蓄率太高降下来。美国银根放松只是短期利率很低,30年利率只降了1个百分点,长期利率不是政府能够操控的。中国企业拼命出口不愿意内销的原因是"三角债"问题没有得到根本解决。而中国信用缺失的源头是地方政府赖债不还。地方政府搞地方建设层层拖欠,最后导致企业三角债。所以企业才会拼命出口,因为好的美国顾客至少会按时付账,不管美元贬不贬值,钱能够要回来。治理三角债最好进行普遍财产登记制度。

另外地方政府保护房地产泡沫也不可能持续。国外的经验教训应该吸取,泡沫破灭越早,经济恢复越快,比如美国的储贷危机。日本泡沫破灭越晚,问题越严重。经济学规律在全世界普遍适用,但各个国家地方情况不一样。反而如果中国政府和公众之间如果有共识,调整起来比西方议会制更容易一些。

"经济危机和经济学"座谈会简报之三

（2009年2月）

2009年2月22日，由北京大学光华管理学院和中国经济研究中心联合主办的"经济危机和经济学"座谈会在光华管理学院新楼举行。我们分二期简报报道会议部分发言内容。本期简报报道平新乔、巫和懋、章铮、朱善利、陈玉宇、周其仁发言内容。

平新乔（北京大学中国经济研究中心教授）：将微观机制引入宏观模型

首先，我最近在关注霍姆斯特姆（Holmstrom）和梯若尔将信息不对称引入金融市场中的一系列研究。这些研究很有意思，对我们理解这次金融危机也是有帮助的。信息不对称是一个可能导致金融危机的微观机制。由于企业对自己信息的了解超过市场对它的了解，股市的资金供给可能低于最优水平，导致天然的流动性不足，需要央行用降低利率等方式来刺激，这就可能导致股市中出现资产泡沫。问题在于，宏观经济学的微观基础是肤浅的。应该将复杂的微观机制引入宏观模型中，才能对经济危机有更好的解释。

其次，目前各国政府应对危机的普遍方式是积极的财政政策。这真是最有效的方式吗？值得我们好好研究。尤其要注意的是，这次危机导致了国有企业借资产价格低的机会大量兼并中小企业。另外，银行推出了并购贷款，而有权势者才可能拿到并购贷款。这很可能导致资产结构有一个大的回归性的调整。

最后，这次经济危机可能造成百年不遇的大萧条，其强度超过20世纪30年代的大萧条。在这个经济的大调整过程中，我们需要把目光放远一点，抓住经济调整的机会进行制度改革。

巫和懋（北京大学中国经济研究中心教授）：经济危机对经济学的挑战

我不久之前和卢锋老师在美国访问了两个星期，拜访了很多金融机构以及美联储。回来之后，周其仁老师让我用一句话概括我的见闻。我想到的是这一句：美国资本主义市场经济不是这么容易就被打垮的。这次危机中，美国市场遭到了很大打击，但可以观察到美国市场内有完善的保护措施、会计准则和法律制度。中国市场在这些方面还有很大差距。这次经济危机对经济学的挑战，我想可以概括为以下几点：

第一，金融经济学可能需要被重新审视。金融经济学不能再忽视对金融制度的研究。这次金融危机之后，促使人们需要重新审视整个金融制度。实际上这项研究可以从这次危机中的案例开始。比方说几个倒闭的案例，其问题都出在什么环节？再如，原来根据大数法则，认为分散投资可以将风险降到很低的程度。但是这次金融危机显示分散投资仍然存在风险，是不是按照大数法则设计的风险规避方法出了问题？如果考虑概率论中的厚尾相关（tail dependence）问题，很多金融理论就需要重写。衍生品的定价方法可能存在问题。特别是多层的金融衍生品，例如 CBs（可转换证券），CBO（债券担保证券），其文档就有一百多页，非常复杂，是否还能用简单的 Black-Scholes 方程来定价？

第二，金融危机之后，美国金融监管制度需要重建。国内金融监管制度的方向也需要重新考虑。

第三，目前的经济全球化中，全球经济处于一种无政府状态，是一个需要重视的问题。世界银行、国际货币基金组织，都是相当松散的组织。这就要求世界各国政府密切配合。中国和美国这两个国家在很多地方要跳探戈，一进一退，不仅需要简单的高层对话，还需要更加密切的互动。

另外，转型经济学已经被研究者认为不重要了。但现在的形势下很多银行需要国有化，而银行国有化之后未来又面临回到私有化，因此转型经济学在未来会再次变得重要。

章铮（北京大学光华管理学院教授）：经济危机造成民工失业

现在媒体普遍说中国有 2 000 万民工由于经济危机失业。我想研究的是，这失业的 2 000 万民工，到底是什么样的民工？要解决这个问题，可以从这个角度来考虑：过去民工增加 2 000 万时，是哪些人得到了就业？观察 31—40 岁民工的就业数目，可以发现 2003 年比 2002 年增加了 100 万，2004 年比 2003 年增加了 100 万，2006 年比 2004 年增加了 1 140 万。2003 年到 2006 年，民工就业增加了 1 800 万，其中 30 岁以下人群反而减少了 200 多万，31—40 岁人群增加了 1 200 多万，41 岁以上人群增加了 700 多万。估计我们现在的民工就业会回到 2004 年的水平。2004 年恰好是全国性民工荒开始的时间。在 2004 年，35 岁的民工恰好处于供求平衡的临界点。因此，目前的民工就业减少，主要受影响的是 35 岁以上的民工。之所以中年失业，是因为中年民工的劳动生产率低于青年民工的劳动生产率。

中年民工失业，会带来两个负面影响：①影响 30 岁以下年轻民工的城市化决策。②影响民工子女接受中等职业教育。根据我的估计，民工想要在城市定居，至少要连续工作 20 多年。如果民工在中年面临失业，定居城市就不再成为他们的一个理性选择。民工家庭子女接受中等职业教育，3 年大概需要 4 万元。接受中等职业教育可以显著提高民工子女未来的工作收入。但问题是，待接受中等职业教育民工子女的父母年龄是 40—45 岁。按照我们之前的分析，这个年龄的民工是相对年轻民工更可能失业的一个群体。如果他们没有工作机会，那么他们很难供养子女接受中等专业教育。因此，我建议政府补贴民工子女接受中等职业教育。

朱善利（北京大学光华管理学院教授）：市场和政府

刚才大家在争论市场和政府谁更有效的问题，我认为这中间需要一个平衡。市场完全有效或无效都是不可能的。应该具体分析，哪些领域需要由市场调节，哪些领域需要由政府调节。面对这次经济危机，也不能简单认为市场可以自行解决问题。现在的经济学有很多问题没有解决。例如，为什么流动性过剩忽然变成流动性短缺？虚体经济和实体经济的比例大概是多少比较合适？

谈论任何问题时，都要根据中国和发达国家的具体情况来分析。我认为金融创新是好的，带来了金融业的繁荣。发达国家的问题是金融监管没有跟上。例如，一个交易员就把法国兴业银行搞垮了。而中国的问题则是金融创新不够，阻碍了经济的发展。再如，中国的政府干预还很多，不能一概地把西方对市场的批评搬到中国来。

最后，我认为应对经济危机可以有别的方式。去年GDP是30多万亿元，而固定资产投资达到了17万多亿元。中国居民的消费占GDP太少，投资占比太多，但政府的刺激方式是刺激投资，这可能会使问题更加严重。

陈玉宇（北京大学光华管理学院教授）：如何应对经济危机

人们针对养老的储蓄，由自己储蓄和由政府储蓄导致的总储蓄水平是一样的。但是针对医疗的储蓄由谁来进行会导致不一样的结果。我们的研究显示，中国城市居民中有医疗保险的居民储蓄率比没医疗保险的居民储蓄率低10%—12%。另外我同意一个观点，即储蓄率太高主要是由于企业储蓄太多，而企业储蓄的主要表现是国有企业有1万多亿元留存利润没有上缴财政，也没有分配给股东。从长期增长的角度来讲，储蓄是好事。但是斯坦福大学的皮特·克列诺夫（Pete Klenow）研究了中国和印度的资本配置，发现两个国家都存在很大的资本配置无效率问题。如果中国无效率的资本配置降低到美国的1.5倍，而不是目前的3倍，则中国的投资增长率即使减少1/3，增长率也不会受到影响。目前这个研究已经成为研究增长的最重要文献之一。

其实30年来学术界已经没有凯恩斯经济学的位置了。但是否定掉凯恩斯之后，新古典宏观经济学既无法解释此次危机的原因，也无法提出应对方案。由于房价下跌，使总量7 000亿—8 000亿美元的次级贷产生了10%—15%的拖欠率，而这样的拖欠率就导致了很多大金融机构崩溃，导致总量超过10万亿美元的美国经济有8%失业率，陷入1929年大萧条以来最大的危机，同时使全世界陷入经济危机。我不认为现在学过的全部经济学中有知识可以帮助我理解这一现象。

我认为中国目前面临的经济危机一半是受美国经济危机影响，另一半是错误的政府政策造成的。2008年1月出口订单下降时，为什么还要取消出口退税，并且让汇率继续升值？我认为目前应该有超过3 000万人失业。因为出口部门的总产值是9万亿人民币，可以根据这个产值估算出口部门的就业大约是1.2亿左右人口。根据出口部门有20%企业垮掉，就可以知道出口部门大约有2 400万人失业。目前政府应对危机的政策主要是基础设施建设。以修铁路为例，按照中建集团一般的规则，1亿元的工程项目会雇用200名工人。按照这个方法估算，4万亿投资可以增加的直接就业是800万。目前中国面临的失业问题比较重要，但我们采取刺激投资来应对危机，可以促进GDP的复苏，但在减少失业方面可能效果不够。从历史上来看，人们认为1933年大萧条结束了。然而，1933美国经济确实复苏了，但失业问题一直持续到第二次世界大战才解决。因此，我认为这次政府的应对措施，第一效果有效，第二可能增加了国有企业的力量，遏制了潜在的市场活力。

周其仁（北京大学中国经济研究中心教授）：货币发行是根本问题

这次金融危机到底是因为市场失灵还是政府失灵，引起了很多争论。但仔细观察，没有一个市场是没有政府在其中起作用的。没有政府，谁来界定产权？谁来发货币？奥地利学派主张回到金本位，但哈耶克后来也承认，金本位是回不去了。我认为，政府和市场不是对峙的关系，而是互相依存的。关键是要搞清楚政府的边界在哪里。这次金融危机促使我们再次思考这个问题。

这次全球经济危机，显然是与货币有关系。格林斯潘非常推崇弗里德曼，但弗里德曼不欣赏格林斯潘。有人认为，弗里德曼的货币主义是主张将货币量一会调高一会调低，这是对货币主义的歪曲。和弗里德曼合作《美国货币史》的安娜·雅各布森·施瓦茨（Anna Jacobson Schwartz），也出来声明，货币主义不主张针对经济现状调整货币量。货币主义实质的主张是货币发行的规则要高于权威。如果有一个权威来决定货币发行量，这个权威一定会受到利益的左右。格林斯潘的回忆录也说，事实上央行独立是很难做到的，央行分分秒秒在政治压力底下。弗里德曼的立场是，人类应该有一个没有金本位的金本位，让货币发行量非常稳定。我怀疑现在的危机比100年前严重，因为100年前的大萧条中，金本位还没有搞丢。由于货币发行受政治压力影响，通货膨胀和资产价格飞涨，始终是这个时代的主要危险。财政政策哪来的钱？一定是通胀政策来解决。我认为这是想要推动经济发展面对的重要困境。然而如果采取金本位，一旦黄金供应量不够，会有重大问题，甚至导致战争。例如，大萧条的危机实际上是第二次世界大战解决的。

我思想受震动比较大的一件事是2004年铁本被关闭。我和卢锋老师有机会与被关进监狱的铁本老总谈过四个小时。铁本在上一波拉动内需时哭着喊着要投资，地方政府也在助推投资，不幸在宏观调控风暴来临时被击倒；可是铁本倒下后，钢产量还是那么高，这是因为由货币表达的需求非常旺。货币表达的需求为什么会这么旺？1994年以后，中国已经不让人民银行给财政放款了，财政赤字不让人民银行透支。那么，没有财政的推动，怎么会有那么多货币？这与汇率机制有关系。

浮动与固定汇率机制孰优孰劣，目前经济学界还没有一致意见。主张人民币汇率和美元挂钩的理由是，美元是好货币，和美元挂钩之后，央行就没有办法滥发货币。然而，即使各国货币都和美国挂钩，相当于全球只有一种货币，如果滥发这种货币，情况会比存在多种货币时还要糟糕。我认为，如果有多种货币存在，长期结果应该是良币驱逐劣币。宋国青、余永定等人2003年起就认为汇率制度要松开，是头脑非常清醒的。我的看法是，汇率首先是内政问题，而不是对外关系问题。对外关系问题是什么？就是美国人怎么说，我们就反着说。目前，所有商业银行买到的外汇都卖给央行，而央行是印钱买外汇。这相当于市场上存在一个不用真实收入来买外汇的超级买家。因此，目前的外汇市场还不如1993年汇改之前运转良好。当时外汇市场存在双轨制，所有企业拥有汇率的20%可以自由交易，那是一个真实的市场。朱镕基的改革把官方汇率调整到和市场汇率相同，这是很好的改革，但调整之后真实的外汇市场也被取消了。

因此，我们不应该笼统讲目前的危机是由于政府失败还是市场失败，每个市场失败里面都有政府失败。货币发行无法控制可能是一个根本性的问题。

风险管理和银行监管改革会议之一

(2013年4月)

2013年4月22—23日,由北京大学国家发展研究院、美国Fordham大学商学院以及Journal of Banking and Finance (JBF)共同主办的风险管理和银行监管改革会议在北京大学国家发展研究院万众楼举行。我们分两期报告此次会议内容。

林毅夫(北京大学国家发展研究院教授):大萧条的原因、出路和预防

2008年经济危机发生的原因究竟是什么?许多学者都认为,危机的产生与全球经济发展的不平衡有关。这种不平衡主要表现为美国连年大量贸易赤字,中国以及其他亚洲国家在对美国的贸易顺差中不断积累美元储备,并用这些美元储备去购买美国的债券或者其他资产,使得美国国内的利率大幅降低。低利率使得美国的房地产以及其他行业出现严重泡沫,造成虚假繁荣。当这些泡沫破裂后,也就引发了全球性的金融危机。因此很多人认为此次大萧条的发生和全球经济不平衡有关。

那么,导致全球经济不平衡原因又是什么呢?对这一问题,林老师指出有三种被普遍接受的假说。第一种假说认为东亚经济体的出口带动经济的发展策略导致了全球经济发展的不平衡;第二种假说则认为,东亚经济危机之后,亚洲经济体寻求自我保护的动机导致了全球发展的不平衡;第三种假说,也是最流行的假说,则是认为人民币的低估导致全球经济发展不平衡。林老师指出,虽然这三种假说从逻辑上来讲都是自洽的,但是从实际的数据中并不能得到相应的证据。

林老师认为,美元作为全球主要储备货币的地位以及20世纪80年代后美国放松金融管制的政策以及2001年"互联网泡沫"后美联储的低利率政策导致了此次危机。金融管制的放松使得金融机构可以提高其杠杆水平,高杠杆加上低利率给美国市场提供了过多的流动性,也提高了投机资本的数目。这些投机资本涌入房地产市场和股票市场,形成泡沫。泡沫带来的虚假繁荣使得美国家庭消费水平剧烈提高,消费水平的提高带来了进口的增加,因此使得贸易逆差逐渐增加。这种现象本身并不能够持续,但由于美元是全球最主要的储备货币,贸易顺差的国家在获得大量的美元储备后,会继续在美国市场上投资,使得美元重新流入美国国内,从而使得这一过程可以持续。然而,当房地产市场以及股票市场的泡沫破裂后,泡沫市场的损失以及其带来的消费水平的剧烈下降引发了全球性的经济金融危机。

要想真正走出经济危机的困境，结构改革措施必不可少。然而，经济结构改革通常都需要资金上的支持。从历史的经验来看，借贷是筹集资金的一种方法，即发生危机的国家通过向 IMF 或者世界银行借贷，获得资金进行改革。然而这种方式存在一定的道德风险。另一种常用的方式即货币贬值，发生经济危机的国家通过本国货币的贬值提高出口，利用贸易顺差带来的盈余进行结构改革，从而走出困境。问题在于，对于欧元区的国家，贬值显然已经不能作为筹集资金的选项之一。此外，这种做法还会引发货币竞争性的贬值，加剧经济危机的程度。

鉴于此，林老师提出了一种双赢解决方案，即实施全球基础设施计划（global infrastructure initiative）。这种方案提倡建立一个全球复苏基金（global recovery fund），在关键时刻对发生经济危机的国家进行投资，这些资金流向可以提高危机国家生产力的项目。短期来看，这些投资既可以提高生产技术落后的发展中国家的就业率，又可以增加对技术先进的发达国家的产品需求，使得发展中国家和发达国家同时受益，走出经济困境。长期来看，这样的投资既可以提高发展中国家的生产力，有利于其长期的经济发展。所以，林老师认为这种解决方案，对于发展中国家和发达国家来说，是一种双赢的策略。

我们要从原因出发找到预防经济危机再次发生的策略。这次国际金融经济危机最根本的原因是当前的国际货币体系是以国家货币作为国际储备货币，这存在极大的缺陷，根本解决方法则是改革国际货币体系。林老师在分析了一些提倡的货币体系及相应的缺点之后，提出一种新的货币体系，即使用纸黄金（paper gold）作为国际储备货币。林老师建议在保留每个国家货币的同时建立系统的国家储备货币和全球储备货币——"纸黄金"，并且两者以固定汇率挂钩。林老师认为，这种货币体系既可以避免用国家货币作为储备币所带来的国家利益与全球利益的冲突，又可以避免使用黄金作为储备时带来的通货紧缩压力，与此同时，还可以解决危机时欧洲国家没有本国货币所带来的困境。

反思全球金融危机

会议第一部分的讨论主要围绕金融危机进行，这一部分由北京大学国家发展研究院巫和懋教授主持。来自日本东京大学的 Tsutomu Watanabe 教授首先对自己的研究进行了汇报，随后波兰华沙经济学院的 Oskar Kowalewski 教授、美国福特汉姆大学的 Nusret Cakici 教授以及加拿大戴尔豪西大学的 Keke Song 教授分别报告了自己的研究内容。

Tsutomu Watanabe 教授汇报了自己对于 20 世纪 90 年代日本房地产泡沫时期房价分布的研究。近几十年内发生的几次金融危机表明，房地产市场的健康发展对于整个金融行业的稳定有着非常重要的影响。2008 年全球金融危机发生的导火索就是美国房地产市场的次贷危机，90 年代日本的经济萧条以及随后"失落的十年"，也是由于房地产泡沫的破裂而引发的。近几年，包括中国在内的一些发展中国家房价的迅速上涨，再次引发了人们对于金融危机爆发的担忧。因此，正确地分析房地产市场与金融行业以及与金融危机产生之间的关系，不仅具有重要的学术意义，更具有重要的政策意义。然而传统的研究方法很难正确辨别房屋价格的大幅上涨究竟是由于经济的迅速增长，还是由于泡沫的存在。Tsutomu Watanabe 教授提出了一种非常新颖简便且有效的检测房地产市场价格泡沫的方法。这一方法的理论基础是特征价格法（hedonic price method）。特征价格法认为房屋由众多不同的特征组成，例如地理位置、房屋面积、交通便利程度等。房屋的价格就是由这些所有特征带给人们的效用加总决定的，由于每一个特征的数量及组合方式不同，使得房地产的价格产生差异。从理论上来看，当这些特征数量有很多，并且每一个特征对房屋价格没有决定性影响时，根据中心极限定理，房屋的价格应该是服从正态分布的。Tsutomu Watanabe 教授通过对 1986—2009 年日本东京的房价数据进行整理发现，这一理论在结果上并不成立。然而他发现，当房屋的价格经过房屋面积调整后，在正常的年份，服从对数正态分布的规律。然而在 20 世纪 80 年代后期日本房地产泡沫以及 90 年代初期日本房地产泡沫破裂这一段时间内，经过房屋大小调整后的价格，仍然严重偏离对数正态分布的规律。因此 Tsutomu Watanabe 教授认为，房屋的面积是房屋价格的决定性影响特征，经过房屋面积调整后的房屋价格的分布情况可以用来检测房地产市场是否存在泡沫。如果房屋面积调整后的房屋价格严重偏离对数正态分布，那么可以认为房地产市场有很大的可能存在泡沫。此外，Tsutomu Watanabe 教授还通过研究发现，在房地产泡沫时期，并不是所有地区的房屋价格都是存在泡沫的。他通过将东京分为不同的地区，收集不同地区内房屋价格的分布发现，即使在房地产泡沫时期，仍然存在很多地区经过大小调整的房屋价格分布仍然服从对数正态，整个房地产市场的泡沫只存在于某些特定的区域。Tsutomu Watanabe 教授认为，这些结果具有非常重要的政策意义。首先，房屋价格的分布包含有关泡沫的重要信息，如果通过实际数据收集发现经过房屋面积调整的价格严重偏离对数正态分布的特征，那么表明房地产市场可能存在一定的泡沫，需要政策制定者引起足够的重视。此外，房地产市场的泡沫可能来自某些特定区域房屋价格不合理的上涨，这表明房地产市场的监管可能需要对不同区域采取不同的方法。

随后，Nusret Cakici 教授和 Keke Song 教授都对 2008 年金融危机期间美国证券交易委员会（Securities and Exchange Commission，SEC）发布的紧急禁令，即禁止 800 只左右金融股的卖空操作的举措进行了讨论。事实上，在金融危机期间，不仅美国，其他国家也相继出台打击卖空的措施，禁止卖空可以看作是在金融危机发生时各国较为普遍采用的一种稳定市场的方法。然而这种方法究竟是否有效则存在很大的争议。虽然禁止卖空的支持者通常认为这一措施可以保证市场质量并保持市场完整性，同时提振投资者信心，但是反对者则认为，任何禁止市场活动的措施，包括禁止卖空的措施，都将限制资本市场内价格发现过程中的信息流通，从而对整个市场产生负面的影响。反对者认为要营造一个足够有效的市场，市场参与者应该能够自由买卖，禁止卖空也限制了套利，风险也无法得到有效的管理，这对于对冲基金的影响更是非常不利。那么禁止卖空究竟效果如何，应该不应该实施，Nusret Cakici 教授和 Keke Song 教授分别发表了自己的看法。

Nusret Cakici 教授主要探求禁止卖空的实施对于股票期权市场的影响，他认为，禁止卖空可能会带来股票市场的稳定，但也可能会对相关性市场（例如股票期权市场）带来较大的负面影响。例如，原本大量的卖空投资者可能会转向期权市场，造成期权市场买卖力量的不平衡，使得做市商难以对冲风险，加大期权市场的不稳定。如果这一负面影响非常大，SEC 禁止卖空条例的有效性程度则大大降低。从这一个角度也可以用来评价在未来的危机中，禁止卖空应不应该被实施。Nusret Cakici 教授通过研究发现，禁止卖空的实施对于股票期权市场主要有三种影响：首先，与未被禁止卖空的股票期权相比，禁止卖空的股票对应的期权买卖差价、隐含波动率以及价格都有所增大。这一影响结果在预期之中，人为的限制卖空必然造成股票未来的风险增大，对应的期权市场波动也会相应地提高。其次，禁止卖空股票的期权交易量对于股票收益的影响更大。Nusret Cakici 教授发现，在禁止卖空期间，禁止卖空股票看跌期权净持有量可以准确地预测未来较短时间内股票的收益率大小，然而在没有禁止卖空的时候，期权交易量对于股票收益的影响则不显著。这一结果支持了 Diamond and Verrechia（1987）提出的看法，即禁止卖空的实施会使得卖空行为中蕴含的收益信息转移到相关的市场。最后，Nusret Cakici 教授还发现禁止卖空期间，禁止卖空的股票所对应的美式期权的买卖权平价关系不成立的情况大大增加，这主要是由于限制卖空阻碍了套利的行为，使得价格出现偏离。虽然看似禁止卖空的措施对于股票期权市场有很大的影响，然而，Nusret Cakici 教授指出，这些影响的程度都不是很大，并且大部分的影响都体现在实施日当天，在此之后禁止卖空的实施对于期权市场的影响很小。因此，Nusret Cakici 教授认为虽然很少有人真正会喜欢用禁令去解决金融市场中的问题，但 SEC（证券交易委员会）在施行禁止卖空的时候，还是非常谨慎，以防止其带来意想不到的负面影响。因此从禁止卖空对相关性市场影响的角度来看，2008 年金融危机时 SEC 实施的禁止卖空并没有带来太负面的影响。

Keke Song 教授则独辟蹊径，从另一个角度对禁止卖空的措施进行了评价。Keke Song 教授认为，在经济危机期间卖空行为是否应该被禁止，根本上取决于卖空这一行为是投资者对于公司风险暴露程度高低的理性回应，还是主要归结为一种投机手段。如果是风险头寸暴露程度越高的公司，投资者认为该公司未来可能会有较大损失甚至破产的风险，对该公司股票卖空得越多，那么卖空策略并不能够被认为是一种投机手段，因此在危机发生时也不应该被禁止。为了证明这一结论，Keke Song 教授从三个方面进行了检验：第一是研究在禁止卖空之前，在相同的风险头寸暴露条件下，之后被禁止卖空的金融公司的股票卖空行为的活跃程度是否远远高于那些之后未被禁止卖空的非金融公司；第二是发现风险头寸暴露程度高的公司的股票卖空活跃程度是否和风险头寸暴露程度低的公司有显著的不同；最后检验使用信用违约互换的买卖差价作为公司破产风险程度高低的评价方式时，上述两种检验的结果是否有所不同。Keke Song 教授经过细致严谨的实证检验表明，首先，在禁止卖空之前，金融公司和非金融公司的卖空行为的活跃程度并没有显著不同；其次，公司股票的卖空程度和该公司的风险资产头寸暴露程度有非常高的相关性；最后，当使用信用违约互换（credit default swap）的买卖差价作为公司破产风险程度高低的代理变量时，结论并没有发生改变。这些结果都说明在正常年份条件下，卖空策略更应该被认为是一种理性投资的方式，而不能仅仅被认为是一种投机策略。Keke Song 教授指出，从他们的研究结果表明，2008 年金融危机时 SEC 的禁止卖空策略可能更多地限制了资本市场内价格发现过程中的信息流通，破坏了市场的有效性。与通常考虑不同的是，卖空可能不会导致市场极大地偏离均衡状况，而限制卖空则有可能导致市场严重失衡，因为卖空是市场回归理性的一种手段。Keke Song 教授认为，的确禁止卖空可以降低一些由于恐慌造成的系统性风险，但这一做法同样也降低了投资者对于高风险暴露的公司的卖空惩罚以及公司自律效应的影响，这些影响对于金融系统的稳定有着非常重要的作用。

在这一议题环节中，Oskar Kowalewski 教授也汇报了自己对于金融危机期间市场约束效应的研究。市场约束是指银行的债权人或所有者，借助于银行的信息披露和有关社会中介机构，如律师事务所、会计师事务所、审计师事务所和信用评估机构等的帮助，通过自觉提供监督和实施对银行活动的约束，把管理落后或不稳健的银行逐出市场等手段来迫使银行安全稳健经营的过程。然而在发展中国家，存款人约束是银行系统中市场约束效应唯一且普遍的来源。Oskar Kowalewski 教授通过对中欧地区 1994—2009 年的商业银行数据进行研究发现，在这些发展中国家内，的确存在一定程度的存款人约束效应。然而，在金融危机时期存款人约束执行的有效性大大降低。存款人的存取款决策更多的是被一些传闻所影响，而不是取决于当地银行以及其母公司的基本资产状况。这一研究结果表明，在发展中国家发生金融危机时，政策决策者要保持国内银行系统的稳定，一定要充分重视对于银行不利的传闻的影响。

风险管理和银行监管改革会议之二

(2013 年 4 月)

2013 年 4 月 22—23 日,由北京大学国家发展研究院、美国 Fordham 大学商学院以及 Journal of Banking and Finance (JBF) 共同主办的风险管理和银行监管改革会议在北京大学国家发展研究院万众楼举行。我们分两期报告此次会议的内容。

系统风险

会议的第二部分内容主要围绕金融市场中的系统风险进行讨论,由来自福特汉姆大学的 Ren-Raw Chen 教授主持。系统风险 (systemic risk) 与系统性风险 (systematic risk) 不同,系统风险是指当整个系统出现失效或倒闭的风险。在金融领域中,系统风险被称为金融系统不稳定,其原因是出现一些特殊事件,导致情况不断恶化而最终出现灾难性结果。2008 年金融危机之后,对于系统分析的研究逐渐成为学术上的热点之一。在这一议题环节中,香港大学的 Wensi Xie 教授、巴西圣保罗大学的 Dimas Mateus Fazio 教授以及厦门大学的 Marcel Bluhm 教授分别汇报了自己的研究工作。

Wensi Xie 教授讨论的是在金融系统不稳定背景下银行监管的作用。在金融危机期间,银行特别是大型银行的破产倒闭,对于加剧金融危机的破坏程度有着非常重大的影响。因此探究现有监管措施如何影响银行运行状况,以及如何更有效地进行银行业监管,在学术上和实际应用上都具有十分重要的意义。自从美国 20 世纪 80 年代推行金融自由化,放松金融监管之后,现有的监管措施大多依赖于私人监管 (private monitoring),而不是政府主导的监管。私人监管是指依靠于一些信用评级机构的评级、会计师事务所的审计等的监管。这些监管的存在,理论上可以使金融系统达到自律的效果。然而,现有的研究大多集中于在正常的年份监管措施对于预防银行发生破产风险是否有效,而很少有文献探究这些在正常年份有效的监管措施在系统风险发生期间,还能否保持有效性,特别是这些私人监管措施。Wensi Xie 教授的研究内容填补了这一学术上的空白,她通过不同国家不同年份的数据研究表明,总体上来说,私人监管在危机年份和正常年份对于银行系统的稳定作用程度非常不同:在正常的年份,整个市场内部的自律约束足够维持金融市场的稳定发展,因此金融系统内部的这些私人监管可以很好地保证金融体系的稳定与蓬勃发展。然而不幸的是,在金融危机年份,这些私人监管整体来说并不能够很好地发挥作用。Wensi Xie 教授通过进一步的探究表明，私人监管的失效主要是因为某些外部审计机构的失灵，例如国际信用评级机构在危机期间可靠性的降低。与此同时，一些其他私人监管措施，例如财务透明度以及财务报表披露，对于降低系统风险始终有着非常重要的作用，危机前高透明度的财务报表体系可以防止危机发生后金融系统稳定性的大幅降低。此外，对于不同国家的研究表明，国家的制度质量（institutional quality）以及法律的健全对于降低系统风险有着非常明显的作用。根据以上研究结果，Wensi Xie 教授认为，一些在正常年份运行较好的监管措施在危机发生之后，对于降低系统风险并不能够起到有效的作用，监管者应该充分考虑到这一有效程度的变化，特别是在当前市场仍然依赖自身内部的私人监管的情况下。此外，监管者应该进一步加强财务透明度以及财务报表的披露，而不是过分地依赖一些信用评级机构的评估结果。此外，加强制度和法律的健全度也有利于降低系统风险，有利于金融体系的稳定。

大而不倒（too big to fail）也是此次金融危机之后的一个引人关注的话题。在金融领域往往存在规模大而且内部关联密切的若干机构，在金融危机中，因为担心一个公司破产后可能带来的系统风险的大幅增加，以及其对基础部门或者经济整体造成不良后果，政府往往会救助这些大型公司（特别是大型银行和金融机构）而不会允许其破产。这一可预见的政府救助使得这些规模巨大的公司更有动机为了追求高利润而承担过高风险，从而导致系统风险的增加。发展中国家的金融体系相对脆弱，而且往往由于缺乏竞争，大型金融机构的存在可能更加不利于金融体系的稳定和发展。Dimas Mateus Fazio 教授选择了拉丁美洲的各个国家作为研究对象。之所以如此，首先是因为拉丁美洲国家大部分都是发展中国家，以往的研究大多局限于成熟金融市场的研究，拉丁美洲作为一个金融危机多发的发展中国家地区，是一个非常值得研究的对象；其次则是进入 21 世纪以来，拉丁美洲的国家都面临银行系统市场份额不断集中的问题。占有足够市场份额的大而不倒的银行的存在对系统风险，特别是发展中国家的系统风险究竟有怎样的影响，是一个非常值得考虑的事情。Dimas Mateus Fazio 教授通过对拉丁美洲发展中国家银行的研究发现，首先，银行自身是有动机增加自己的规模的，这主要是出于规模效应的考虑；其次，从整个银行系统的表现状况来看，市场份额的集中的确会降低银行运行的效率，增加系统风险，这一结果与之前 Allen、Gale 等人的银行系统"集中-稳定"的观点相反，所以市场份额的集中可能不利于市场效率的提高；最后，就大银行自身来看，它们在一个集中市场下运行得会更好一些，市场份额的提高会增加大银行运行的效率，与此同时也不会导致大银行过多地承担高风险。因此，Dimas Mateus Fazio 教授指出，从拉丁美洲发展中国家的数据得出的结论并不支持"大而不倒"理论。他认为，拉丁美洲发展中国家的监管者应该更多地去处理市场高度集中导致的"垄断效率降低"问题，而不是去过多考虑"大而不倒"的大银行所带来的系统风险增加。根据拉丁美洲国家的数据结果来看，银行规模的增加并不会导致其追求更高的风险利润，因此限制大银行规模的扩大并不一定会带来金融稳定性的提高。与此同时，Dimas Mateus Fazio 教授也指出在集中性程度较高的市场，小银行是很容易被攻击的，也很难与大银行竞争（too small to compete），但其对于维护银行系统的运行效率，却具有非常重要的作用。

流动性风险

会议第三部分的主题是流动性风险（liquidity risk），由来自福特汉姆大学的 Gautam Goswami 教授主持。流动性风险是指商业银行无力为负债的减少或者资产的增加提供融资而造成损失或破产的风险。流动性风险与信用风险、市场风险和操作风险相比，形成的原因更加复杂和广泛，通常被视为一种综合性风险。流动性风险的产生除了因为商业银行的流动性计划可能不完善之外，信用、市场、操作等风险领域的管理缺陷同样会导致商业银行的流动性不足，甚至引发风险扩散，造成整个金融系统出现流动性困难，因此业界和学术上都一直给予其充分的关注和讨论。在这一部分，美国里海大学的 Michael Imerman 教授、美国货币监理署（Office of the Comptroller of the Currency，OCC）的 Deming Wu 教授、澳大利亚新南威尔士大学的 Jaehoon Lee 教授以及中央财经大学的 Yuegang Zhou 教授分别汇报自己在流动性风险这一领域的研究工作。

Michael Imerman 教授的研究主要是和雷曼兄弟公司的倒闭有关。2008 年的金融危机伴随一个又一个金融巨头的倒下：美国第五大投资银行贝尔斯登被摩根大通收购，美国第三大投资银行美林被美国银行收购，而美国第四大投资银行雷曼兄弟控股公司，则因为缺乏买家和美联储支持而破产倒闭。这些昔日明星企业的崩塌进一步说明以往的风险管理手段和金融监管体系存在很大的漏洞。理解这些金融巨鳄失败的原因，特别是雷曼兄弟破产的原因，有利于今后的改革。一般认为，在此次危机中，雷曼兄弟所直接持有的次贷证券数量并不是很多，过高的杠杆和现金流运转上的困难使得雷曼兄弟不得不走向破产。Michael Imerman 教授指出，除了杠杆（leverage）、流动性（liquidity）以外，还有第三种因素，也是最为关键的因素，造成了雷曼兄弟的破产，这一因素即负债结构（liability structure）。Michael Imerman 教授认为，负债结构甚至还能够包含杠杆以及流动性这两个因素的信息，特别是在经济危机的时候。传统信用风险结构模型只考虑杠杆因素，往往忽略了流动性和负债结构对于企业违约甚至破产的影响，然而债务的短期或长期性质，以及到期的债务是用发行新债还是用增发股票偿还，显然对企业的违约风险有着很重要的影响。根据这一经济学直觉，Michael Imerman 教授提出一种新的信用风险结构模型应用于金融机构的违约风险评估。在他提出的模型中，不仅充分考虑杠杆以及企业债务流动性的作用，也对企业的负债结构进行建模，允许企业灵活地选择筹资方式，即新债还旧债的债务展期（rollover debt）方式或者发行股票的去杠杆（deleveraging）方式。这样的一种新的信用风险结构模型不仅可以允许企业复杂债务到期结构，还可以使得企业的违约临界值内生，从而使得模型很好地应用于市场状况变化较大的情况。在这个模型的基础上，Michael Imerman 教授提出了一种基于格的方法去估计隐含的违约风险，并将其应用于 2008 年危机中的雷曼兄弟的分析。他指出，在金融机构出现危机时，新债还旧债的债务展期筹资方式会导致极高的违约风险，这些金融机构应该选择通过去杠杆的方式，即发行新股的方式筹资，以降低其债务违约的风险。Michael Imerman 教授通过利用实际市场的数据计算指出，在 2008 年危机时雷曼兄弟应该选择更为激进的去杠杆筹资方式以渡过难关。

流动性通常分为两种，分别是资产流动性（asset liquidity）和融资流动性（funding liquidity）。资产流动性一般指因为交易价差、价格影响和证券交易过程中有限的市场深度而引起的交易成本，主要度量市场交易的难易程度；融资流动性主要指缺乏资金的金融机构通过各种融资途径获取资金的难易程度。这两种流动性高度相关但不完全相同。有关融资流动性估计的文献有很多，而且这个概念已经被普遍用于解释最近一次金融危机发生的原因，但如何精确地估计融资流动性一直是学术上的难点。之前的文章通常都采用LO-BOR-OIS（利差）或者TED（泰德）的买卖差价作为融资流动性的代理变量，但其精确性值得怀疑。Jaehoon Lee教授提出了一种新的方法去测量融资流动性。从直觉上来看，在经济状况较好的时候，投资者在借贷资金的问题上不会面临太大的约束，因此可以积极地参与到大公司股票和小公司股票两个市场上，造成大公司股票的流动性与市场收益的相关性和小公司股票的流动性及市场收益的相关性相同。在此种情况下，投资者资产上面临的冲击会造成两类股票在资产流动性上相同的变化。然而在经济出现危机的时候，投资者在借贷上面临约束，由于小公司股票需要更高的保证金，投资者会相应地减少小公司股票上的投资，更多地投资于大公司的股票，从而造成大公司股票流动性和市场收益的相关性更高。更极端的情况下，投资者会从小公司股票市场上完全撤资，只投资于大股票市场，此时投资者资产上面临的冲击只和大公司股票的流动性有关。这种相关性的变化与投资者的资产有关，因此，通过大公司和小公司股票流动性与市场回报相关性的差值，就可以很好地估计出融资流动性的大小。这种方法和系统性风险框架下的Beta估计非常类似。通过模型给予这一想法理论上的支持后，Jaehoon Lee教授利用股票市场及相关的数据很好地估计出融资流动性的大小，并且他发现估计得到的融资流动性和加总对冲基金杠杆比率（aggregate hedge fund leverage ratio）、股票经纪自营商的资产增长率（broker-dealers' asset growth rates）以及并购数目（M&A activities）高度正相关，和债券流动溢价（bond liquidity premiums）高度负相关。与此同时，Jaehoon Lee教授也证明估计准确的融资流动性也可以很好地预测经济的运行情况和股票市场的收益率：一个较高的融资流动性会预测未来两年较低的实际GDP增长率，当控制了收益率曲线斜度的影响后，这种预测能力大大提高；此外，融资流动性对于股票市场收益的估计也具有很重要的作用。

第二篇

房地产与地方债务问题

地方债论坛系列简报之一

（2013 年 12 月）

2013 年 12 月 20 日，北京大学国家发展研究院【朗润·格政】系列活动"中国地方政府债务论坛"在致福轩会议室举行。我们分五期简报报告此次论坛。本期简报报告中国社会科学院财经战略研究院院长高培勇教授与北京大学国家发展研究院黄益平教授的演讲内容。

高培勇（中国社会科学院财经战略研究院院长、教授）：地方债根源在于政绩观与财政体系不健全

社会各界对于地方政府债务问题的关注由来已久。近期召开的中央经济工作会议特别提出，要把短期应对措施和长期制度建设结合起来。这是化解地方政府债务风险的必由之路。其中短期应对措施是指控制当前地方政府债务规模。

以目前中国的经济发展形势和财政实力而言，化解地方政府债务并不是特别大的问题，尽管对其规模有不同的估计。关键的问题在于，即便把当前积欠的地方政府债务清理干净，由于产生问题的根源仍在，还会不断产生出更多的地方政府债务。因此，短期应对措施和长期制度建设相比较，有必要更多地围绕长期制度建设来讨论。

地方政府债务之所以发展到目前的地步，主要有两个方面的原因：一个原因是地方政府的政绩观，另一个原因就是地方财政体系不健全。

先看"唯 GDP 论"的政绩观。总结中国过去三十多年的发展道路，不难发现，地方政府的竞争是经济发展的一个动力，而地方政府竞争的主要形式是招商引资、投资拉动。地方政府在招商引资、投资拉动上所采用的办法大体经历了几种不同形式，可以概括为几个阶段。第一个阶段是从改革开放之初到 1994 年，这一阶段招商引资的办法主要是滥施税收优惠。第二个阶段，1994 年财税改革大体上把税收优惠的闸门关上了，随后地方政府开始通过乱收费获得资金，进行基础设施建设，甚至对外来投资者包建厂房。第三个阶段，1998 年开始税费改革，并在 2000 年之后有了突破性的进展，乱收费的闸门又被关闭了。比如农民手里都有一个"护身符"，纸条上罗列的收费项目可以交，其他的不用交。这时地方政府开始通过卖地的收入实施招商引资。第四个阶段，2008 年左右中央采取了一系列新的措施，对土地出让金的使用进行了规范，但之后由于受到国际金融危机的影响,全国全力保增长,各种地方政府融资平台就产生了。从这个角度回看的话,如果把地方政府债务区分成规范型和非规范型(规范型指的是中央批准的债务),非规范型在过去的三十多年中演化出了不同的形式。地方政府债务只是问题的表象,根源在于地方政府的政绩观,与地方政府招商引资、投资拉动的发展思路直接相关。

再看地方财政体系的不健全。1994年开始,我国开始实行分税制,这是决定中央与地方财政关系的基础框架。分税制从字面讲来源于联邦财政制,但我国在历史上一直是大一统国家,是单一制。在单一制下,税收的立法权是不能下放的,因为税收立法权一旦下放,就不是单一制,而是真的联邦制。在税收立法权不下放的条件下,实行分税制,等于是分级财政管理,这也走出了纯粹单一制的固有模式。我国在财政联邦制和单一制之间走出一条中间道路,可称为有中国特色的分税制。

这样的分税制在执行过程中走了样,具体表现在两个比例关系上。第一个比例关系是中央财政收入当中只有30%的资金用于自身,剩下70%的资金都是作为转移支付或税收返还再交给地方政府。第二个比例关系是在地方政府收入的60%是自己组织的,其余的40%要依赖于中央政府的转移支付和税收返还。

这些现象体现了两个问题。其中一个问题是,"分税制"在很大程度上有退化为"分钱制"的迹象。在1994年之前,我们的财税体制基本上都是分钱制。在1994年之后,我国开始实施分税制,把收入的来源划为中央税、地方税、中央地方共享税,并确定了分成比例。如果分税制得以严格的实施,可以达到分事、分税、分管的效果,但在执行过程中总会遇到很多被称作中国国情的特殊因素的阻碍,总是需要做适应性调整,调整的时间长了,体制就走样了。比如说,分税制最重要的特征就是财权与事权的匹配。当财权不能确定下来的时候,应对办法就成了用财力去匹配;当事权也不能确定下来的时候,又把事权退化为支出责任;最终退化成了财力和支出责任之间的匹配。这样就从两权层面的匹配退化成两钱层面的匹配。

另外一个问题就是,地方政府的大量资金依赖于上级拨款,导致地方政府缺少长期打算,不会把自己当作一个独立的行为主体负起应有的责任。一些地方政府出现了"打酱油财政"的迹象。所谓"打酱油财政",简单来讲就是"给什么钱办什么事,给多少钱办多少事"。这样一来,地方政府就像需要管束的孩子,一不留神就要淘气。如果真的实行一级政府一级财政、每级政府都负起自己责任的话,地方债就不会演化到今天这样的情况。

地方政府债务的两个根源(政绩观与地方财政体系的不健全)都要作为长期制度建设的重要着眼点。十八届三中全会对于这些问题都提出了一些新的说法,做出了一些相应的部署。从长远看,长期的制度建设已经提上了议事日程。

黄益平(北京大学国家发展研究院教授):化解地方债风险关键在于预算约束硬化

关于地方政府债务,我有三点看法:一、地方债务风险在流量不在存量;二、地方债务的根源在于地方政府的公司化行为及其软预算约束;三、财政改革与政治改革是从根本上化解地方债务风险的必要步骤。

第一,地方债的问题不在存量而在流量和现金流。目前看来,地方债是可以解决的,但问题在于如果地方举债的行为不能得到改善,最终会酿成巨大的债务风险和金融风险。

之所以说存量不是问题，有几个方面的考虑。首先，中国的政府债务负担与市场经济国家的政府债务不完全是一个概念。关于中国现在的整体债务状况，有各种各样的估计。中央政府债务占GDP的比重相当低。如果把所有隐形负债（地方融资平台的债务、铁道部的债务、银行潜在的坏账、养老金缺口等）放在一起，总负债大概相当于GDP的100%。这个比例和美国的数据（100%左右）、日本的数据（200%左右）不完全是一个概念，这些国家也没有完全计算清楚养老金缺口到底有多大。中国这个数据和它们相比可能有所高估。

其次，中国政府的资产负债表总体上来看还是处于一个比较健康的水平。很多人以为政府负债就是借了钱花掉了，实际上中国政府借的大部分钱是为了做事情，比如修桥修路。初步估算，我国国有净资产总值远远超过GDP的100%。

当然，资产负债比健康并不一定意味着就能避免债务危机，因为债务危机和金融危机有时候不是资产或资本金出问题，而是因为流动性出问题。流动性应该是地方政府融资平台需要特别关注的地方。考察800多家地方融资平台，就会发现至少有2/3难以用现金流来支付债务利息。当然，如果平台主要是做长期基础设施投资，短期内现金流不能支付债务利息是可以理解的。但如果这样的平台数量过大，就应该引起高度警惕。

第二，地方债的根源在于地方政府公司化和预算软约束。很多人认为，地方政府的财权和事权不匹配，所以导致了债务风险。但这可能只是一个表面现象，更深层次的原因包括两个方面。一个是地方政府的公司化行为，就是指地方政府做了很多公司应该做的事情，直接介入到经济活动当中去。地方官员忙着招商引资，发展经济，好处是GDP增长很快，但也导致了很多问题，影响了其他经济主体的经营环境，同时也影响了政府本来应该提供的公共服务。

另一个也是更突出的问题就是地方政府的软预算约束。软预算约束的含义就是借的钱不一定要自己来还。这个问题导致的结果就是，不论是借钱的人还是借钱给他的人，都没有真正考虑借钱人的资产负债表，这是最根本的问题。有一些特别注重城市建设的地方官员，很受老百姓的欢迎，也很快得到了升迁，但是留下了一笔烂账，要很多年才能解决。从银行和资本的角度看，把钱借给地方政府还是很划算的，因为他们都相信这个账最终会由中央还上。软预算约束在这种情况下的确是非常难解决的。

第三，预算约束硬化才能从根本上化解地方政府债务风险。财税改革的一个焦点在于要不要给地方政府更多的财权，或者是将一部分事权收到中央。这些讨论的重要前提就是地方政府的软预算约束问题得以解决。否则，以后的后果可能比较难预料。官员考核不唯GDP论是一个很重大的改变，但对于解决软预算约束问题恐怕还不够。即使在一个完全民主化的社会，地方政府也有增加开支的冲动，这可以说是一种"天性"。

化解地方政府债务风险，有三点做法值得考虑。第一，还是应该延续渐进改革的做法，避免一步把所有地方政府融资平台推落悬崖。第二，化解风险，关键是硬化地方政府的预算约束。以后市长、书记离任不但要做财务审计，更要做地方政府资产负债表审计。第三，需要同时推进配套的行政甚至政治改革。地方政府相对独立，甚至面对破产风险，投资者才会真正考虑投资风险，才有可能真正硬化地方政府的预算约束。

综上所述，现在要进行财税体制改革，要推进市场化和新型城镇化，都需要改变地方政府的行为。政府的归政府，市场的归市场，企业的归企业。政府不要做企业，政府也不要替代市场。政府要有比较透明和比较硬的预算约束，关键就是有多少钱做多少事。

地方债论坛系列简报之二

(2013 年 12 月)

2013 年 12 月 20 日，北京大学国家发展研究院【朗润·格政】系列活动"中国地方政府债务论坛"在致福轩会议室举行。我们分五期简报报告此次论坛。本期简报报告北京大学国家发展研究院教授、中国公共财政研究中心主任林双林与财政部财政科学研究所外国财政研究室主任吕旺实的演讲内容。

林双林（北京大学国家发展研究院教授、中国公共财政研究中心主任）：如何利用和管控地方政府债务

十八届三中全会提出允许地方政府通过发债等方式拓展融资渠道，紧接着中央工作会议又提出要化解地方政府债务风险。在这样的背景下，讨论我国地方政府的债务问题非常符合时代要求。下面我从三个角度分析这个问题：我国地方政府债务问题的严重程度；地方政府债务形成和扩大的原因；如何规范、管控地方政府债务。

一、我国地方政府债务的严重程度

我国地方政府债务具有以下几个特点：①增长快。1996—2010 年的年增长速度达 27%，其中个别年份的增长速度远高于这个数字。其中 1998 年实行积极的财政政策，地方政府债务增长 48%；2008 年全球金融危机爆发，2009 年地方政府债务增长 62%。②规模大。如果按照 2010 年的增长速度，2012 年地方政府债务规模估计已经达到 GDP 的 29%，远高于 1996 年的 3.4%。相比之下，日本的政府债务虽已相当于 GDP 的 200%，但其中地方政府债务与 GDP 的比例近期一直在 40%附近波动；美国同样是联邦政府债务较多，而地方政府的债务率比较低。我国地方政府的债务率比日本稍微低一点，比美国高得多。③债务周期短。2010 年还期 5 年以内的债务占比 70%。④银行贷款多。2010 年占比 79%。⑤融资平台公司举借多。2010 年占比 46%。⑥债务率高。债务率是地方政府债务与地方可支配收入的比例，目前平均水平已经达到 150%。如果计算债务与本级财政收入（不包括中央转移支付收入）的比例，平均水平高达 250%。⑦债务分布不平衡。有的地方债务率达 220%。

二、地方政府债务形成和扩大的原因

很多因素共同导致了地方政府债务的形成和扩大，具体包括以下几个方面：①地方基础设施建设需求大。中国目前的经济发展阶段需要大量的基础设施建设，客观上需要地方政府大展身手。这与我国工业化和新型城镇化的目标是一致的，也是客观必须。其他国家在类似的发展过程中，也是地方政府发债特别多。比如19世纪30年代末，美国州政府的债务是联邦政府和地方政府（市政府和县政府）的8倍。1842—1933年地方政府（市政府和县政府）开始进行基础设施建设，例如高速公路、饮用水系统、污水处等。1900年地方政府的债务是州政府的8倍。②地方政府财力不足。③不能量入为出，这也涉及政府的政绩观问题。④土地财政越来越难。⑤地方政府对中央的依赖。地方政府是不允许发债的，它的财政赤字应该由中央政府填平，地方政府发的债都是在预算约束以外的。所以地方政府就存在依赖心理，只管借钱而没有考虑还钱的问题。

三、如何规范、管控地方政府债务

①把部分地方政府债变为企业债。既然是城市投资公司，是否能尝试像公司一样运行，有收益的用收益还债？变为企业债，也许能刺激地方政府的积极性，从而提高效率。②地方政府发债试点应从省级和副省级政府开始，不要一下做到县级政府。目前省级发债占30%，市级发债占44%，县级发债占26%。可见，发债需求中省市级政府是主体。③对地方政府实行硬预算约束。如果预算约束够硬，允许地方政府独自发债，就要考虑地方政府是否可以破产的问题。除此之外，投资者也要反思。金融机构不愿意买中央代地方政府发的债，而地方政府自己发的债很受欢迎。背后隐含的道理是这些买家并不看重债券本身的收益，而是看到其他方面的收益，比如对地方政府的一种讨好、支持或是捧场。这种做法也不利于硬预算约束的建立。④建立地方主要税种。财产税是一个选择。营业税改增值税以后，地方政府没有营业税了，是把增值税的更大份额划给地方，还是设立新的地方税种，比如说销售税？这是值得讨论的问题。⑤提高债务资金利用效率。⑥建立地方政府债务风险预警和控制机制。⑦大力发展地方经济，提高偿还能力。经济发展了，基数就变大了，债务率也就随之降下来了。

吕旺实（财政部财政科学研究所外国财政研究室主任）：积极看待地方政府债务

在地方政府债务这个问题上，学界和业界的负面观点很多，我今天换一个角度，谈谈地方政府债务的积极方面。

首先，地方政府债务增长有其不可避免的原因。人们常说，要想富，先修路。道路、桥梁作为地区发展的最基本的公共设施，可以通过收取过路费、过桥费来偿还贷款，有很多基础和便民设施建设没法用收费的方式筹集建设费用。城镇需要发展，这时举借债务或土地财政就成为地方政府的一种选择。虽然当前地方政府财政支出和管理方面的问题不少，但仍是结构性问题，或者说形成结构性问题的必然过程。我们在讨论地方债时要认识到这一点。

其次，地方政府债务和城市基本建设是匹配的。路桥、公园、水电等城市基本建设的使用周期长达几十年，所以按照代际公平原则，这些公共品在几十年期间的收益和其建设成本应该对等。因此，需要考虑城市基本建设带来的债务问题，但也不能看得太重，否则会引起对流动性的忧虑。过于强调地方政府债务面临资金链断裂、立即无法偿还的问题。当前中国仍处于城市化进程中，中小城市甚至城镇都还需依靠融资渠道发展。只有基础设施建设的底子打好了，才能加速城市化。从这个角度看，地方政府债务是时势所需，增加的趋势不可阻挡。

最后，宏观经济形势决定了对待地方政府债务不能过于强硬。经过了几十年的高速增长，中国经济逐渐进入增速缓慢回落的阶段，向硬着陆的方向走。在这样的宏观形势下，如果对地方政府债务采取过于强硬的措施，可能会使宏观经济雪上加霜。对于地方政府债务，需要采取谨慎的态度，但不能强行中断其增长。

在这样的复杂背景下，要想管理好旧债，同时发放新债，就要用好两个机制，即行政机制和市场机制，并且在当前要以行政机制为主。

第一，建立首长负责制。有人希望财政部门统计报告地方政府债务情况，以达到监督管控的目的。但是财政部门表示无权干涉副市长负责的项目，而副市长上面还有市长，市长上面还有书记，这些人负责的项目更是财政部门无权干涉的。统计局、发改委、市委办公室、市长办公室都在做地方政府债务统计，数据一大堆，好像都关心，但是最后落实不到实处。建立首长负责制可以避免上述问题。

上级的考核仍然是我们控制地方政府债务的主要力量，因为政府官员都怕上级。考核的标准需要改变，同时要把债务情况向社会公开，人大预算批准里也要有专门的报告。如果以上措施特别是首长负责制能真正落到实处，形成合力，一定会缓解地方政府债务问题。

让地方政府破产在中国不具有可行性。中国历来是单一制国家，这是文化、政治、民族、历史等多方面因素导致的。我们现在的提法是"发挥中央和地方两个积极性"，跟联邦制有根本区别。如果中国真的要实行联邦制，也是一个很长远的过程。这样的话中央跟地方之间的连带关系决定了很难让地方政府破产。但是并不等于说对于地方政府没有约束。

第二，发挥市场机制，把地方债市场做好做大。市场机制的好处在于如果新发的地方债收益率低或偿还无望，投资者就不会购买，最终形成市场对地方债的约束。

在行政和市场两个机制的框架下，再考虑"两类"和"两块"问题。两类是指一般责任债和收益债。其中一般责任债是指政府发债后用税收还债，而收益债是指利用项目收益还债，或是收益管运营、政府管还债。两块是指存量和增量。若把两类和两块都放在两个机制内进行处置，应该会得到较好的效果。比如对已有债务进行总量控制，引入一般责任债和收益债来处置，将存量里能变为收益债处置的债务转给公司。而对于新发债务，一定要明确其类别，是一般责任债还是收益债。如果投资者自己选择购买收益债，那么将来遭受的损失需要自己承担。

把新旧债务划分清楚之后，还应建立专项基金，将债务收益和成本在代际之间进行分配。例如，对于一个债务项目，需要界定其使用期和偿还期，根据其已有偿付和未来所需偿付计算出总计偿还的数额，与其剩余收益相匹配，并向社会公布。

地方债论坛系列简报之三

（2013年12月）

2013年12月20日，北京大学国家发展研究院【朗润·格政】系列活动"中国地方政府债务论坛"在致福轩会议室举行。我们分五期简报报告此次论坛。本期简报报告北京大学经济学院财政系副系主任钱立与光大证券首席宏观分析师徐高的演讲内容。

钱立（北京大学经济学院财政系副系主任）：地方政府债务问题亟待解决

不管是政府还是企业，拥有一定的债务都是正常现象。现在各界特别是学术界非常关注地方政府债务，近期召开的经济工作会议将控制和化解地方政府债务风险列为六项重要工作之一，说明各界和中央都认识到了这个问题的严重性。

关于地方政府债务的规模，有各式各样的预测和估计。今年的地方政府债务审计报告受到了很多关注，但还没有公布。我个人认为规模应该在20万亿元左右，上下不会差太多。如果这个规模是对的，地方政府债务就称得上规模大、增长快。毕竟2010年年底审计后的地方政府债务规模为10.7万亿元，如今已接近翻倍。上述数据应该是严格审核过的累计数，相比于实际规模只会保守，今年也是如此。

一个大胆的估计是，中国总的公共债务与GDP的比例可能已超过200%，甚至达到220%或230%。其中包括中央政府债务约7万亿元，地方政府债务超过20万亿元，以及中央机构和国有企业的债务、社会保障的债务。

地方政府债务问题很严重，应该及早解决，否则越拖问题越大。上述静态数据可以看出一些问题，但债务的动态过程更为重要。如果利息、新债的增长速度远远高于经济增长速度，显然是不可持续的。总有一天会不能继续依靠借新债来偿还旧债，实现债务的滚动，到时必然有一部分债务违约，或通过通胀或其他方式使债务的价值下降。当前，政府债务以及企业债务的规模增长很快，与此同时经济增长速度在放缓，形势严峻。此外，地方政府债务在融资方面不够规范，利用各种各样的融资手段，例如融资平台、银行、信托、影子银行等，实际上形成了地方政府债务带动银行、财政、土地等多个方面共同循环，一荣俱荣、一损俱损的局面。

地方政府债务问题的深层原因有三个。首先，也是最根本的，是政府对于GDP的重视,而地方政府的态度源自中央。十一届三中全会以后,中国从阶级斗争为纲转向以经济建设为中心,实则是以 GDP 为中心。政府本应作为市场经济的裁判员,协调各方、维护秩序,但却作为运动员在一线搞经济,挤占市场和民营经济的空间。这种模式在改革刚开始时很有成效,但是当经济发展到一定程度后,GDP 的增速下降,这种模式的问题就凸显出来。原本 GDP 增长应是经济发展的结果,现在却被视为一项高高在上的、决定地方官员业绩考核的唯一目标,地方官员只有把 GDP 做高了才能获得升迁。另外,在分税制改革后,地方政府的财权和其目标的差距变大,地方政府被迫自己寻找资金。以上各种因素叠加起来,导致地方政府债务激增。其次,财政制度有问题。1994 年分税制改革相比过去的改革措施具有一定的稳定性,使中国在某种程度上向财政联邦制转变,但当前仍处于起步阶段,财政体制运行中的不匹配现象越来越严重。最后,地方政府借债缺乏约束机制。预算法不允许地方政府借债,但地方政府有各种手段来借钱,并不使用政府的名义,而是创造出很多融资工具。

地方政府债务问题的治标容易做到,但关键还是要治本。政府持有大量国有资产,拥有货币发行权,能够调动国有银行,因而有多种手段和资源来应对暂时的危机。但是治标不能代替治本,不能解决根本问题,最多能给治本赢得时间。

治本工作需要依靠制度建设和深化改革,具体涉及以下三个方面。首先,明确政府职能定位。政府作为非盈利组织不能追求盈利,不能跟民间和企业争利。政府只是用税收购买公共品的转手工具,公共品可以由民间来生产制造。地方政府的主要任务应当是为居民营造良好的生活环境,而不是追求地方 GDP 的增长。其次,财政体制向财政联邦制转变。分税制已经迈出了第一步,但体制改革和预算硬约束都需要长期的过程。地方政府可以到市场上发债,但前提是要先成为独立实体,受到市场的约束。如果政府破产,应当由债券持有人承担损失,而不是把债务推向上级政府。中国是世界上人口最多的国家,由于管理成本太高,各级政府应该成为独立实体,到时地方政府破产也不是不可能的。最后,应禁止地方政府滥办公司。现在地方政府不发债,取而代之的是成立很多融资平台公司。基于市场经济的原则,政府不能把创办经营公司作为自己的主要工作,应把市场让给民间。

徐高(光大证券首席宏观分析师):不是数量太多,而是方式不对——透视地方债

一、基本事实

近年来中国公共部门债务水平保持稳定。中央政府债务余额占 GDP 的比重在 2011 年和 2012 年大约为 15%,和 2007 年相比略有下降。地方政府债务余额 2010 年和 2011 年维持在 10.78 万亿元,2012 年估算为 13 万亿—15 万亿元,2013 年根据地方政府融资各渠道的数据加总估算上限在 20 万亿元左右,占 GDP 比重近年来有所上升。

即使以宽口径来看,中国公共部门债务的可持续性在世界各国中也属于良好的。我们对 2012 年中国宽口径公共部门债务余额的估算值为 27.5 万亿元,占 GDP 比重为 50%—60%。其中包括中央政府债务余额 7.8 万亿元,地方政府债务余额 13 万亿元(估算值),政策性金融机构债券余额 7.6 万亿元,其他包括铁道债在内的债务 3 万亿元。政策性金融机构如国开行的债务与地方政府债务有重复计算的部分,我们假设重复部分为政策性金融

机构债务的一半。跟世界各国比较，我国的债务总量相对较低。

国债水平绝不是导致债务危机的唯一原因，甚至不是最主要的原因。以欧债危机为例，发生债务危机的五个欧洲国家中，西班牙和爱尔兰 2008 年的国债水平都比较低，甚至低于没有发生问题的德国。其实真正导致债务危机的原因是其经常账户存在大量赤字，即存在大量外债。欧债危机事实上是一个国际收支危机，而不是债务危机。从这点来看我们不用过度担心中国会重蹈欧债危机国家的覆辙。

作为地方债的发债主体，城投公司（地方政府融资平台）的杠杆率从 2009 年开始持续下滑。Wind 统计统计了超过 800 家城投公司。2012 年它们的资产负债率为 57%，和 2008 年基本持平。这 800 多家城投公司的总资产量为 26.5 万亿人民币，乘以 57% 求得债务量大概在 15 万亿元，所以地方政府债务濒临崩盘的说法有些言过其实。

债务率比较高的行业基本都属于基建的范畴。短期内基建投资是稳增长的必要引擎，地方政府借债来发展基建是合理且必要的；长期来看，中国基础设施水平仍然较低。以所能想到的任何基建设施来看，至少从人均量来看，中国与发达国家都差了一个数量级。比如人均机动车保有量远远低于发达国家，人均公路长度甚至低于印度。有很多人说西部拖了中国的后腿，然而事实上不是这样的。从人均基建设施水平来看，东部比西部更低。

二、地方债最大问题是投资项目回报率覆盖不了债务成本

基建投资和其相应的地方政府债务有其有益的地方，但也存在一个最大的问题，就是投资项目回报率覆盖不了债务成本。我们仍以全国 800 多家城投公司的数据分析，它们整体平均资产回报率只有 3%，但债务成本却较高，平均贷款加权利率为 6%—7%。

出现这种利率倒挂现象并不是因为项目不好，而是因为项目存在很强的外部性。比如北京地铁，它便利了百姓的生活，但这种外部性无法变成项目现金回报。

审视地方债问题可以从三个视角出发。第一个视角是微观视角。很多投资项目的回报率覆盖不了债务成本，债务不可持续。这也是很多国际投资者认为中国面临债务危机风险的主要原因。第二个视角是宏观视角。从宏观视角看很多基建项目是好项目。这时回报不仅包括基建项目本身产生的回报，通过基建项目提高当地的生活品质、提高地价房价、提高税收这些都应该算成广义的回报。我们可以将地方债看成准国债，从而它的可持续性不依赖于项目本身的微观情况，而依赖于中国政府整体债务的可持续性以及中国整体的国际收支状况。第三个视角是金融视角。虽然地方债稳定了总需求、稳定了经济增长，但它也不是没有代价的，它的代价主要表现在金融市场，用市场化的手段为非市场化的投资项目提供融资，结果是扭曲了金融价格体系。大家都把地方债理解成准国债，相信政府能最终保证偿还。于是地方债不再是信用债而是无风险债，地方债的票息率（6%—7%）成为无风险收益率。这是普通企业无法承受的，从而地方债的大量发行挤压了民间经济的融资空间。

三、化解地方债问题的上中下三策

对策的整体思路有两个。第一个是政府的归政府、市场的归市场，不要把政府应该做的任务加给市场；第二个是非市场化的投资项目要用非市场化方式来融资，与金融市场做出明确切割。

具体的对策有上中下三策。上策是中央财政（或政策性银行）承担起地方政府搞建设的融资责任，这样做的好处是融资成本低并且降低了对金融市场的扭曲，问题是不易在各个地方分配且不易调动地方政府的积极性。中策是通过向公益项目注入优质资产的方式，在微观层面提升项目回报率，使之能够覆盖资金成本。这样做的结果是使政府经营城市向全民经营城市转变，带来公共服务价格上升以及地产价格进一步上升。下策是维持现状，从而债务不可持续，金融市场扭曲依旧。

最后有三个重要的关注点。第一点是目前经济增长很脆弱。如果没有其他项目对冲就贸然冻结地方债务的增长，将导致投资大滑坡，全社会进入通缩，令财政及金融风险集中爆发。第二点是虽然地方政府债务背后有中央政府的隐形担保是不好的，但这种格局不应该轻易打破。一旦放任地方政府信用问题发生，会引发投资者对地方债的"挤兑"。最后一点是不能盲目相信市场。在关键扭曲没有消除之前，市场化未必是好的，可能会把经济从"次优"带向"次次优"。中国要建立健康的地方债市场，前提是地方政府应该按市场规律办事，要有预算的硬约束。这不是经济层面的问题，而是政治层面的问题，但政治体制的重大变革在短期内不太可能发生。

地方债论坛系列简报之四

(2013年12月)

2013年12月20日，北京大学国家发展研究院【朗润·格政】系列活动"中国地方政府债务论坛"在致福轩会议室举行。我们分五期简报报告此次论坛。本期简报报告北京大学国家发展研究院姚洋院长与张帆教授的演讲内容。

姚洋（北京大学国家发展研究院院长）：地方官员向当地百姓负责——地方债治本之道

地方政府债务是无法避免的。我国处于经济高速增长阶段，市政建设又需要适当超前，这些特点决定了市政建设的需求大、融资任务重。如何正确融资是当前需要慎重考虑的问题。

对于地方政府债务带来的风险和挑战，学界提出了很多应对措施，但都不一定能解决问题。原因有以下几点：

第一，难以通过市场机制避免预算软约束。有人认为可以通过市场来约束地方政府，因为政府在发行债券时需要获得投资者的认可，发行债券后还要在二级市场随时交易。但是如果中央政府有隐形担保，地方政府的债券没有任何风险，投资者资金的还本付息能得到保证，市场就起不到约束政府的作用。

第二，地方官员的任期太短，很难让地方官员对地方债务负责任。地方官员的法定任期是五年，但市一级的平均任期仅为三年，一半以上的官员任期只有两年。能否通过中央政府新的管制办法约束地方官员呢？这个可能性的确存在，比如对于地方官员的晋升采取债务一票否决制。但这种做法也有弊端，毕竟对于地方政府债务问题的权责划分和评判不像计划生育、环保那样容易界定，很难说一个地方的债务应该多高、高到多少地方官员就要撤职。

第三，财政体制转变的空间有限。我国是单一制国家。在地方和中央的关系问题上，中央通过不断摸索，决定通过两种办法控制地方政府。一种办法是掌握地方政府的人事任免权。如果有地方官员想挑战中央政府，结果很有可能是被绳之以法。但是中央政府不能总用这种激烈的手段，所以另一种办法是要掌握一定的财力，从而可以调动地方官员。中央政府要想控制地方政府，不掌握财力是不行的。因此，进一步分权的空间是有限的。分权之后就意味着中国有可能失去控制,这是中央政府不太愿意看到的。没有破产机制的威胁,对于地方政府的约束就削减了很多。

地方政府债务最根本的问题是如何让地方官员向当地百姓负责任。这个问题不解决,财政与债务问题无解。现在出现一个新词叫"加强现代国家治理能力"。这个词在我国的语境下就是让政府更有权力或者是让权力行使得更高效,而不是如何让老百姓去监督这个权力。目前也存在一些百姓监督政府的机制,比如听证会,但这不是制度化的方式,也不是一个好的民主制度,很容易谁嗓门大政策就跟谁走,造成民粹主义的泛滥。

十八届三中全会的公报里提到了要加强人大的作用,这是正确的方向,符合宪法的规定。要让地方人大真正发挥作用,最简单也最具体的一条就是要让人大代表看得懂预算,并且对预算和决算都有一定的发言权。美国政府专门设立了预算办公室,雇用几百人研究解读预算。我国也应该将此事提上议程,在人民代表大会设立预算办公室,至少可以雇用几十个专业人员来解读预算,告知人大代表有关预算的具体内容和后续影响,以解决人大代表想读却读不懂的问题,最后预算是否实施通过人代会的表决来决定。如果能从一开始就让地方百姓和人大代表参与决定,地方政府债务的严重程度会大为减弱。

对于制度漏洞,如果仅去修改,就像在有窟窿的房顶上糊一把泥巴,最后发现泥巴东一块、西一块,房顶还是会漏雨。所以应该先找到最根本的问题,也就是如何让地方官员对当地百姓负责。

张帆(北京大学国家发展研究院教授):美国地方政府债务及其借鉴意义

第一,美国联邦政府和地方政府的关系。美国是联邦制国家,即总体原则和自治原则并存。联邦政府与地方政府的关系可以概括为"一国多制""国内有国"。在与其自身相关的事务上地方政府是自主的,地方政府根据各州的法律建立。地方政府在法律上和财政上的独立性受到州政府一定程度的限制。

第二,美国地方政府财政。美国实行分税制,联邦政府主要依靠个人所得税,州政府主要依靠销售税和个人所得税,地方政府主要依靠不动产税。但实际运用时也没有太过严格的区分。2008年州和地方政府收入2.7万亿美元。2009年州和地方政府一共得到5 368亿美元联邦援助,其中地方政府得到的联邦援助占其一般收入的4.3%,州政府为31.8%。

第三,美国地方政府债务。美国平均每年发行的地方政府债券约4 000亿美元。近年来美国州和地方政府债务飙升。2000—2010年,美国州和地方政府债务增长了一倍以上。2009年美国州和地方政府未偿还债务为2.7万亿美元,其中州政府的债务占39%,地方政府占61%。2010年美国州和地方政府债务占GDP的比重为22%。

第四,美国地方政府的债务监管体系。监管主要有三个类别。第一个是事前监管,指通过立法对地方政府的借贷活动做出规定,具体规定有(1)借贷只能用于长期公共资产投资,一般不能用于政府的日常支出;(2)对借贷的关键变量事先做出限制,这些变量包括财政赤字、偿债比率、担保上限等;(3)要求地方政府做出中期财政预算,例如3—5年的预算,使地方财政沿可持续的路径前进;(4)要求预算过程公开透明,对财政账目进行公开的审计,定期发布财政债务信息。

第二个是破产机制。美国的破产机制是在地方政府失去偿付能力后对有关各方利益的一种保护。破产机制的设计需要考虑公共机构破产与私人机构破产的不同，既要保护债权人的利益，又要注意维持政府提供的基本公共服务。目前美国的破产法仅允许市和市以下地方政府宣布破产，不适用于州政府。地方政府违约的解决通常有司法和行政两个途径。司法途径，重组程序的主要决定由法院做出。司法途径可以排除政治干扰。行政途径允许上级政府直接控制和干预地方政府，临时接管地方政府的财务管理。美国采取司法和行政两种方式解决地方政府违约问题。

第三个是对隐性和或有负债估算方法的改革。隐性负债中最重要的是地方政府的退休金，它是地方政府的纯负债。这方面争论最激烈的是用什么方法计算退休金的负债，其中最关键的是用什么利率计算负债。现在的估算普遍过于乐观，实际上它的缺口可能已经比较大。或有负债是由于某个特定事件的发生而引起的负债，它涉及政府对私人信贷提供的担保。

第五，联邦政府的救助。联邦政府的救助是帮助州和地方政府摆脱债务危机的另一种形式，它对州政府特别重要，因为州政府没有破产的程序。但是在历史上，联邦政府对州政府的救助是十分罕见的，仅有一例。作为一个接近主权国家的政府，州政府应当通过调整税收和支出来解决预算赤字和债务问题，不能指望联邦政府的整体救助，否则会增加道德风险。美国政府对这个问题非常清楚，因此为确保州及州以下地方政府公共部门的效率，美国从联邦到州政府通常都明确拒绝为下一级政府提供紧急援助。尽管不提供整体的救助，联邦政府可能对州和地方政府提供部分救助。

综上所述，我们可以得到一些结论：中国和美国制度差异很大，财政联邦制可以作为中国的长期目标，但短期内较难实行。尽管如此，美国监管的措施仍可以借鉴。比如允许地方政府公开发债筹集资金，通过立法建立相对独立的管理机构，建立相对透明的破产和救助机制，规范各级政府之间的承诺关系。

地方债论坛系列简报之五

(2013年12月)

2013年12月20日,北京大学国家发展研究院【朗润·格政】系列活动"中国地方政府债务论坛"在致福轩会议室举行。我们分五期简报报告此次论坛。本期简报报告财政部财政科学研究所金融研究室主任赵全厚与国务院发展研究中心宏观部研究员魏加宁的演讲内容。

赵全厚(财政部财政科学研究所金融研究室主任):地方债阳光化之路

中国目前处于大规模基建阶段,这是一个阶段性的过程,可以提高中央政府和地方政府对于债务的忍耐力。美国现在还在享受20世纪30年代新政时建立的基础设施。未来中国大规模基建阶段会有一个停止的时刻,到时可以将战略重心从基建转移到提高科技水平上来。

关于地方政府债务的规模,有两个问题值得关注。第一,审计署划分的所谓三类债务在本质上是相同的,绝大部分债务都是地方政府的直接负债。看了台账就会有如上的发现。今后在关注这一问题的时候,应该查台账而非只看数据,否则无法看到实际负债。第二,很多地方政府都不知道自己的负债规模,甚至连地方政府性债务、融资平台等概念都不清楚。政府官员大多不了解实际情况,往往被统计数据迷惑,上下级互相敷衍。因此还是应该开展调研来核实数据,而不是简单地看数据、下结论。

现在的融资平台只是一个架子。如果哪一天真的实现了市场化,就有可能在债务压力下出售资产。但是迄今为止没有任何一个平台公司认为自己会出售下属资产,而是等待政府出资兜底。如果要用融资平台公司衡量中国的资产债务问题,一定要了解这样的现实情况。

中国财政体制能否在未来变为美国的联邦制,使外部约束力转化为内在约束力?这个可能性是存在的,但转变的过程需要不止一百年。比如日本在19世纪就认为自己是西方国家,但西方学者现在仍视日本为典型的东方专制主义国家一样,内部的转型非常不易。我们应该专注未来十几年内的国情。在承认中国地方政府需要发债、存在道德风险、面临预算软约束,但又没有内在约束力的前提下,考虑我们该怎么办。这才是面向2020年的政策思路。

在选择何种改革方向上，中国应该一步步走好自己的地方债阳光化道路。美国式的财政联邦制建立在对政府一系列限制的基础上，中国直接转向内在化约束这一目标过分理想并且遥不可及。预算约束会慢慢硬起来，但是永远不可能达到我们理想的水平。中国现在的改革模式应该是立足现状的渐进性阳光化，骑驴看唱本，且走且办事。

如果今后可以把财权和债权都统一在财政部门下透明化管理，会对地方政府随意发债产生很大的约束力。现在地方政府把债务分散到各个部门，利用各种不规范的方法招商引资，很多官员都有债务指标需要完成。不妨借助现代互联网技术，提高内控的科技含量，实现中央管省、省管市和县的一级级突破。承认软约束和无内在约束，设立针对性政策，通过信息化手段进行监控，同时向社会公开并接受监督，如果这几方面都可以做到，地方政府债务的理性化、阳光化程度就会提高。

魏加宁（国务院发展研究中心宏观部研究员）：化解地方政府债务风险必须标本兼治

一、如何认识地方政府债务风险

一个基本判断就是地方政府债务规模可控，但是潜在风险巨大。目前，我国地方政府债务具有以下特点。

首先是增长速度过快。2003 年我们列举的地方债超过 1 万亿元，在当时已经引起很大震动；2006 年财科所的估算大约是 4 万亿元；到 2010 年审计结果达到 10.7 亿元。今年的审计结果虽然还没有出来，但可以想象过去两年的增长速度会更快。我们总是说日本政府债务名列全球第一，但是如果按照现在的速度发展下去，到 2020 年的时候中国就有可能会超过日本。尤其应当注意的是，日本的政府债务主要是高速增长期结束以后政府为刺激经济而搞出来的，而中国的政府债务是在高速增长阶段尚未结束时就已经规模很大了，那么一旦经济增长速度慢下来以后，情况又会怎样呢？这是很值得关注的问题。

其次，财政风险和金融风险交叉传染。现在，地方政府债务中有 70% 来自银行贷款，而银行贷款当中又有多少流到了地方政府名下？实际上很值得思考。各种所谓的"金融创新"使得信用链条越拉越长，政府的债务越来越隐形化。

最后，地方政府债务成因复杂。这其中既有分税制改革以来事权不断下放、财权不断上收、财力责任不对称等财政体制问题，也有金融体制方面的原因（比如银行仍以各级政府控股，和政府之间进行最大的关联交易），还有中央地方关系扭曲、单一制下的道德风险巨大等政治体制方面的原因。

二、应对地方政府债务风险的短、中、长期对策

在审计时应采取"建设性模糊"策略，即有意识地不说债务的处置方法，从而把政府债务审计做得相对准确一点。如果开始就说地方政府债务要由中央政府兜底，那么审计的结果就肯定会高估。反过来，如果中央政府不管，还要追究责任，那么审计的结果一定会低估。

现在审计完了，那么短期对策就应当是制定危机管理预案，明确如果个别地方或金融机构一旦发生危机时的紧急应对措施。中期对策是制定化解地方政府债务风险的财政与金

融相结合的一揽子综合方案，由超部门的机构进行总体设计。最后，长期对策是财税体制的一揽子改革方案。

三、当前财税体制改革存在的主要问题

20 世纪 80 年代的分权改革使得地方财政状况越来越好，中央财政却越来越困难，最终导致中央不得不向地方政府借钱度日。1994 年分税制改革以后，由于事权不断下放、财权不断上收，结果导致今天中央财政日子好过、而地方政府债务缠身的局面。所以此轮财税改革，必须重点解决地方财政困难的问题。在这一点上大家是有共识的。

但是，目前财税改革最大的问题是方向不明，不像金融改革的方向十分明确，就是市场化。而财税改革的目标究竟是应当收权还是应当放权，实际上并没有讨论清楚。有人主张上收事权，有人主张下放财权。十八届三中全会决定提出要"发挥中央和地方两个积极性"，说明最终方案应当综合采纳这两种思路。

四、如何建立中央与地方的协调机制

现在中国存在的主要问题是，凡是能够参加国务院决策的都是中央垂直部门，它们只顾下各种达标指标，而无人来反映地方政府财力能否实现这些指标，这使得中央与地方的关系得不到及时调整，最终导致地方债务负担过重。

改革方案建议如下：首先，应当分拆财政部，或至少建立一个部门专门负责地方事务，一方面及时反映地方政府财力状况，替地方政府说话；另一方面反过来监督地方财政（债务）状况；

其次，应当设立财政政策决策委员会，不仅协调财政政策与货币政策的关系，还要协调中央和地方关系。

最后，设立内部仲裁机制，当地方政府与中央部门之间出现矛盾或分歧时，能够及时加以协调，防止矛盾积累和恶化。例如，日本就设立有"中央与地方纠纷处置委员会"。

"房地产与宏观经济国际学术研讨会"简报之一

(2006 年 7 月)

2006 年 7 月 24、25 日香港中文大学与北京大学中国经济研究中心合作举办"房地产与宏观经济国际学术研讨会",本简报分两期报告这次研讨会部分内容,这是第一份简报内容。

徐滇庆(加拿大西安大略大学,北京大学中国经济研究中心):中国房地产新政策的理论基础

决定房价的因素有很多:地理位置、自然环境、周边环境、物价水平、居民收入水平、经济发展阶段、经济周期、货币政策、税收政策、财政政策、土地政策和城市规划、城市化程度、家庭规模变化、购房融资方式、外部资金、资本市场、二手市场的发育程度等。

是什么动力推动房价上涨呢?对于住宅这种价值较高的固定资产,人们往往倾向于买涨不买落;已经拥有住宅的人容易形成房价上涨的预期,从而推动房价上扬;房地产开发商、地方政府、新闻媒体都会直接或间接地推动房价上升。

另一方面,房价下跌往往是因为产业转移、环境污染、各种灾害、经济萧条、利率税率上升、土地政策放松、政府干预等。而金融危机是导致房地产市场崩溃的最主要威胁。中国的房地产有巨大的市场潜力,表现在城市人口增加,住房改善的需求、城市化和城市建设进程的加快。经测算,住宅的真实需求每年大约 12.4 亿平方米。

一个重要结论是,比较 2004 年和 2005 年商品房销售额(分别是 10 375 亿元、18 080 亿元)与银行存贷余额(分别是 300 209 亿元、206 838 亿元),不难了解由于资金流动性很强,真实需求十分旺盛,房价短期内不会下降。

居民购房的承受能力由财富积累、当期收入、未来收入和外部经济环境(如利率、通货膨胀率、平均投资回报率、居民储蓄率和各种金融衍生工具)共同决定。反映居民购房能力的一个较好的估计量是房价收入比,即住房平均价格和居民平均年全部收入的比值。大多数国家的房价收入比在 3—7。也就是说,中等收入家庭需要使用相当于 3—7 年的全部收入才能购买一套住房。

由于房价统计对象的不同,不能拿房价收入比来进行横向国际比较,但是按照相同的统计标准在时间序列上进行单一国家的纵向比较是完全可能的。"房价收入比"中住宅面积的定义最受争议,比较合理的定义是住宅面积等于该年度的人均居住面积乘上每户平均人口数。

是否能够购买住房,在很大程度上取决于银行是否愿意给予按揭贷款。如果房价收入比没有超过银行按揭贷款所允许的上限,那么贷款购房依然在可持续的范围之内。按照中国 2004 年数据,一个家庭平均需要用 6.67 年的全部收入才能购买住房,这个期限低于银行所允许的极限 9.56。因此中国的房地产市场需求仍然处于居民可支付的范围内。那些估计中国房地产市场很快就会由于需求不足而出现崩溃的说法是没有事实根据的。

Matthew Siu-fung Yiu(香港金融研究中心):中国大陆的房地产市场和宏观经济:跨地区研究

中国大陆房地产市场与宏观经济有什么联系?利用 1998—2004 年中国除港澳台的 31 个省、市自治区的数据进行细致的计量研究。这里采用了面板数据模型(panel data model,含静态模型及带有滞后变量的动态模型),并引入虚拟变量以表示地区间的差别,如分为沿海地区和内陆地区,或分为长江三角地区和其他地区。

采取不同的解释变量(如房地产价格增长速度、GDP 增长速度),得到以下结果:GDP 增长(可以衡量收入的增长)对近年来房地产价格的上涨有显著作用。而在沿海地区和长江三角洲地区,房租的上涨却与房价上升没有显著的关系,四大国有商业银行的信贷增长也对房价增长没有显著影响。房地产价格的增长对解释真实 GDP 的增长和各省真实 GDP 增速的差别有显著作用。四大国有银行信贷增长与真实 GDP 增长呈现负相关。GDP 低增长的省份更加依赖国有银行的信贷。固定资产投资近年来与房地产价格上涨的正相关关系十分显著。GDP 增长对固定资产投资也有滞后影响,银行贷款对其影响也十分显著。房地产价格,地价和银行信贷的增长对房地产投资增长都有显著的正相关影响。消费增长(这里指零售业增长)与真实 GDP 增长、实际存款利率正相关,但房地产价格上涨对其并没有财富效应。银行信贷受房地产价格显著影响,投资需求是沿海地区信贷增长的驱动力。国外资本流入是大陆城市和长江三角洲地区房地产热的一个重要原因。

综上所述,GDP 增长和房地产价格增长存在双向作用。房地产价格上涨主要通过投资渠道影响真实 GDP 增长:房地产价格上涨影响房地产和固定资产的投资,进而影响 GDP。没有证据表明房地产价格上涨对消费具有财富效应。

Kazuo Ogawa(日本大阪大学):家庭债务与消费:基于日本家庭微观数据的数量分析

是什么引起了日本"失去的十年",学者们对这个问题作了大量的研究。现在,人们主要认为是由于需求的短缺,供给面上企业生产效率降低,金融系统失效三方面原因。但是过去的研究主要集中在企业过度借贷而造成借贷对企业生产的巨大冲击上,我们发现家庭也普遍存在过度借贷现象。

我们的研究对象是家庭部门,主要分析家庭债务对家庭消费的冲击。利用(日本)"国内家庭收入和支出"(national survey of family income and expenditure)的微观数据,分析了"泡沫时期"（1989）和"泡沫后时期"（1994，1999）两个时期借贷对消费的影响，并且按照消费品的类型（type）和目的（purpose）把消费品分类，定量地分析了不同消费所受的冲击。

我们发现，借款与有形资产比（BTW ratio）对消费的影响在两个时期是不相同的："泡沫时期"前者对后者没有影响，但"泡沫后时期"前者对后者的负影响非常显著，即在20世纪90年代，日本高额的债务严重冲击了居民的消费。

而对不同类型的消费，半耐用品和非耐用品受借款与有形资产比的负面影响较大。按消费目的划分的商品中，奢侈品如服装鞋袜、通信交通、娱乐等受借款与有形资产比的负面影响较大。究其原因，可能是由于20世纪80年代地价的飞涨导致借款迅速膨胀。但90年代地价严重下跌，家庭仍肩负大量负债，总财富急剧减少，财富效应导致消费下降。

Julan Du（香港中文大学）：公司的不动产持有和公司管理：一项经验研究

公司的不动产持有（CRE）是指非房地产公司拥有的土地和建筑。传统观点认为公司持有一定的不动产，会获得税收上的利益，也能提高公司的股票回报。但是最近的一些实证研究否认了这两点。我们发现，公司持有不动产可能是一种无效率的表现，经理人为获得私人利益，过度持有不动产，以获得投资人的信任和提高公司的资产价格。

由于在法制体系和公司管理体系更加健全的国家，经理人才更有可能采取这种隐蔽的方式最大化个人利益，我们利用美国企业的数据研究公司的不动产持有和公司管理水平的关系。我们利用财产、厂房和设备与总资产的比值来衡量公司的不动产持有。有很多因素决定不动产持有，包括增长趋势：增长快的企业需要更多流动资金，因此更倾向于租赁而非持有相关资产；规模：小规模企业不需要太多的不动产，倾向于租赁；分散经营的程度：持有不动产有分散风险的作用，产品较单一的企业愿意持有更多不动产；债务：高额债务说明流动资金有限，因此与不动产有正相关关系；产业特点：生产和运输部门不动产较多，服务产业不动产较少；不完全的资本市场：持有过多现金流的企业有动机和能力去投资不动产。

衡量公司的管理包括CEO的所有权：决定其个人利益与公司利益是否一致；外部股东的所有权：外部股东对CEO有很强的监督作用，较好的监督提升管理绩效；CEO的奖励机制，其收入是否与企业业绩有联系；董事会的构成：外部董事和内部董事的比例，外部董事能够更好地代表多数股东的利益；CEO与董事会主席身份的重叠性：这样的双重身份很普遍，但有研究表明这对企业的业绩有负面作用。

我们把样本分为两大类：MCM（矿产、建筑和制造）部门以及TSO（贸易、服务和其他行业），前者比后者需要更多的实际资产。最后发现，在MCM部门，公司管理与不动产持有有显著的负相关关系，公司管理的改变对不动产持有带来很大冲击。较为低效的管理和较高的财务约束会导致更高的不动产持有。总体来说，公司管理是决定不动产持有的重要因素。

Jacob Gyntelberg（国际清算银行BIS）：全球金融市场上的住房信贷

文章从整体上考虑了全球住房信贷供给与需求的变化趋势。从供给方来看，其趋势体现为更高的退保基金，更少的借贷限制，更新形式的抵押合同，房贷市场上拥有更多的进入者，出现了更多通过金融市场进入的基金。从需求方来看，其整体需求上升，原因在于市场出现了更多借贷品种可供选择，品种的细分以及多样化刺激了消费。最后作者认为这些现象导致了家户的负债率以及房屋价格的快速上涨。

Jacob Gyntelberg 认为造成这些现象的原因主要有三个方面：①全球经济宏观大背景下全球的利率、通胀率一直在下降，因而伴随更低的抵押利率。②由 IT 以及金融工程带来的金融市场的显著改变比如信用评级、安保技术，保证了新金融产品的出现。③违规的出现以及规则的改革一方面造成了房地产信贷市场竞争，另一方面虽然政府部门对房产信贷市场的干预减少，但其影响仍然非常重要。

文章还分析了房产信贷中市场参与的意义，认为更多高效率、高素质参与者的进入不仅提高了房产定价的准确性，而且使得金融渠道变得越发畅通，刺激了房贷供给和需求。因此针对不同信用级别的投资者和家庭，其具有针对性的信贷市场得到更充分的孕育和发展，导致了利率的降低，并可以解释上述各种现象。

作者还提出了政策制定者需要考虑的一些细节。新的复杂的借款形式导致家庭拥有了更为复杂的风险类型。借贷市场利率的细分导致家庭更强的利率敏感度。一方面中央银行需要加强对家庭数据的重视，另一方面现有的房地产信贷体系越来越有必要接受更为严格的检验。这对规章制度以及税收、住房信贷的系统的完善具有十分重要的意义。

"房地产与宏观经济国际学术研讨会"简报之二

(2006 年 7 月)

2006 年 7 月 24、25 日香港中文大学与北京大学中国经济研究中心合作举办"房地产与宏观经济国际学术研讨会",本简报分两期报告这次研讨会部分内容,这是第二份简报内容。

Abdullah Yavas(美国宾夕法尼亚州立大学):借款者首付与再融资的选择是理性的吗

根据 2001 年住宅融资调查报告显示,27%的家庭第一次进行抵押贷款有正的首付额。根据主要抵押市场调查报告显示,2003 年美国再融资贷款超过了 26 亿美元,占家庭常规贷款市场的 73%,平均首付和相关费用为 0.6%,大约为 1 560 万美元。但是到目前为止,还没有对借款者支付首付是否合理以及首付是否影响再融资决策所进行的经验研究。现有的理论研究表明,首付可以避税,因此收入高的家庭更可能支付首付。首付也和预期居住的时间长短有关,变动越频繁和收入上升的人倾向于首付,首付充当了避免收入波动的保险。从借出者角度看,首付降低了提前还款的风险。但经验研究并没有给出首付对再融资影响的强有力的支持。

本文在现有理论基础上通过分解数据和进行假设检验分析,从而得出以下结论:①借款者会权衡抵押利率与首付——首付增加 1%,大约可以使抵押利率下降 0.038—0.12 个百分点。②借款者倾向于过高的估计他们持有贷款贷的期限,从而选择了支付过高的首付额度。③首付与再融资以及重贷套现(cash-out refinancing)的概率负相关,也就是说,首付越多,发生再融资和重贷套现的概率会下降。④首付与搬迁及违约的概率没有相关关系,搬迁或违约概率高并不一定会增加首付额。⑤有首付的借款者延迟了再融资的时间,他们再融资的决策不是最优的。⑥由以上可见,首付并不是沉没成本,它对借款者的后期决策有重要的影响。

邓永恒(美国南加州大学):租金控制对移动住宅价格的影响分析

1999 年美国 1.15 亿家庭中有 850 万是移动家庭,比例从 1987 年的 6.5%提高到 7.3%。其中,1999 年增加了 33.8 万移动家庭,超过 10%分布在西部各州。到目前为止,加州的 97 个城市和 8 个县都对移动家庭停放场所的租金控制进行了相关立法。但实际上，大部分的移动家庭车（mobile home coach）是部分或完全不移动的。这就涉及移动家庭停放场所与车辆的分属所有权问题。

有关租金控制的文献很多，一般认为租金控制虽然使一部分租赁者得到好处，但也造成了效率的损失（Olsen，1972）。租金控制会减少供给，降低住房质量以及增加搜寻成本（Arnott，1981，etc）。租金控制也会扭曲住房配置，造成无谓损失（Glaeser and Luttmer，2003），以及使得住房价格上升、更多的人没有支付能力等等。但这并不表明经济学家和普通民众对租金控制有统一的看法，少数经济学家和超过一半的普通民众赞成租金控制。

移动家庭租金控制的与众不同之处在于车主能够通过再出售交易获得租金控制的溢价，而我们对这种情况很难进行识别和控制。1992 年以来，加州有关移动家庭停放场所租金控制的权限一直在增加，以适应各种不同的需要。在这里我们必须区分弹性和固定租金控制制度的不同，前者允许对空位解除管制，也即当车出售后，租金控制解除；而后者不允许对空位解除管制。

本文通过构建重复出售价格指数，分解租金控制溢价，建立了一个关于房价指数的混合模型。然后将实际可获得的数据代入模型进行相关经验分析，得出以下结论：许多政策的结果与其初衷相悖；租金控制产生的影响随着不同县市和不同人群而有所不同（Los Angeles 县实施固定租金控制平均再出售所得为每辆车 15 485 美元（13.46％的溢价）；收入越高，实施固定租金控制的溢价就越高；年轻家户获得再出售价值的 24.77％，年长者仅获得 8％；收入高且年轻的人群是固定租金控制政策的最大赢家，他们享有了大部分的溢价）；车主通过再出售获取租金控制溢价使得一部分低收入和年长家户不再有支付能力，而这与政策初衷相悖。

梁嘉锐（香港中文大学）：亚洲金融危机前后的房地产共同变动

很多文献涉及房地产与金融危机的关系，包括房地产是金融危机的成因以及金融危机对房地产市场的影响等，本文旨在分析是否金融危机发生前后（包括在金融危机中）不同房地产开发变量（价格、交易量等）具有共同变动关系。

一份地产是指由具有相同（或非常相似）建筑设计、材料、管理的同一房地产开发商（开发团）所建的区位临近的一组建筑物，这些建筑物有一些共用的设施，包括游泳池（或游泳馆）、停车场、购物中心等等。在中国香港地区，一份地产由 4 到 100 个建筑物组成，这与美国有所不同。

有关金融危机的研究一般有下列结论：不同资产的关系不是不变的；在危机期间，特定国家的冲击将会迅速波及其他国家，这种不正常的资产收益共同变动程度的增加被称为"传染"（contagion）或"相关关系突变"（correlation breakdown）；共同变动程度在熊市期间会更加强烈；最后，不同市场之间联系有加强的趋势。

我们选择香港地区作为研究亚洲金融危机前后房地产共同变动的样本是因为：有足够多的交易记录（我们的样本中包含 20 万个交易）；资产相比较而言具有同质性；有质量非常高的价格指数；可以避免时间加总误差（time aggregation bias）和横截面加总误差（cross-sectional aggregation bias）；香港地区有简单的税收体系；在样本区间内香港地区

的汇率是不变的；以及在香港地区，外国投资者享有同等的待遇。此外，选择香港地区作为研究对象也有助于我们发现有形资产价格与交易量变动之间的特有关系。

为了控制住房本身存在的异质性，我们采用特征价格模型（hedonic pricing model）来设定价格。交易量采取每月每份地产交易的住房单位的简单加总，由于交易量是非平稳数列，所以采用一阶差分形式以避免虚假相关（spurious correlation），进而通过滚动窗口估计（rolling windows estimation）进行分析，得出以下结论：①相关关系随着时间发生很大的变动。暂时的不稳定关系应该是与样本期间内的某些重大事件（冲击）有关。实际收益率共同变动的程度在 1998 年亚洲金融危机后住宅资产市场发生转折时达到最高，在 2003 年 4 月 SARS 爆发时达到最低，反映了不同地产对于这一冲击的不同反应。②此外，我们发现价格变动高度相关的地产其交易量的变动也是高度相关的，但是，这种关系并非一成不变，而是受市场环境的影响，例如，这种联系在 SARS 爆发期间有所弱化。

陈建良（台湾暨南国际大学）：中国台湾地区家户的住房与储蓄

台湾地区是研究房价对家户储蓄行为影响的最佳实验室。台湾地区的自住房比例和储蓄率都非常高，再加上过去 20 年房价经历了迅速增长的过程，这些为研究提供了便利。本文通过分量回归方法重新考察家户的储蓄行为，集中讨论家户特征与储蓄的关系，也即储蓄更多的家户可能与储蓄较少的家户有不同的储蓄倾向。

目前有关储蓄行为的研究主要从宏观和微观两个角度着手。宏观层面研究储蓄行为主要是通过时间序列分析集中讨论财富的边际消费倾向；而微观层面因为数据很难获得，所以相关的研究很少，主要集中讨论房价对储蓄的影响，不同房屋所有权对储蓄行为的影响，房屋所有权造成强制储蓄等问题。但到目前为止，很少有研究使用台湾地区的数据，并且研究多集中在人口与家户储蓄的关系上，没有讨论住房与储蓄的关系；另一个局限是现有研究一般都采用普通最小二乘法（OLS）来分析储蓄行为的平均倾向，由此我们提出的一个问题就是，平均倾向能否充分解释家户的储蓄行为。

以下我们通过设定分量回归模型，对数据进行处理和分析，得到关于台湾地区住房和储蓄的一些基本的关系。台湾地区的住房价格在 1986 年以前比较平稳，1986—1988 年经历了一个飙升阶段，1989 年略有下降后房价继续上升，随后亚洲金融危机爆发，到 2002 年房价跌到 1991 年的水平以下，2003 年以后有所回升。台湾地区的家户支出构成发生了很大变化，从 1976 年房地租水电费用占食品饮料的一半到 1994 年以后的两者比例大致相等，都约为家户总支出的 25%，且有下降的趋势。国民储蓄率在 1976—1985 年一直维持在 30%—35%，1986 年、1987 年则上升至 38%，随后储蓄率一直处于下降趋势，到 2001 年储蓄率降至 1976 年来的最低点，约为 18%，随后有所上升。家户储蓄率则呈现不同的趋势，从 1976 年的不到 17%一直上升至 1993 年的约为 31%，其间略有波动，随后一直处于下降趋势，2004 年约为 22%。我们发现储蓄率并不是随着年龄增加而增加：20—29 岁年龄组较高，30—39 岁年龄组有所降低，40—49 岁年龄组最低，50—59 岁年龄组则重新趋高，60 岁以后组储蓄率下降。

研究发现，储蓄对相关变量影响的边际效用随着不同家户的储蓄多少而不同；OLS 模型所揭示的平均趋势估计并不能对储蓄行为有充分的解释；当房主储蓄更多时，他的储蓄倾向越低；边际储蓄倾向依赖于储蓄水平。因此，政府的转移支付政策会导致收入实际上的重新分配，从而证明了李嘉图等价（Ricardian equivalence）不成立。

曾志雄（北京大学中国经济研究中心）：信贷约束下的房地产与最优公共政策

有关信贷市场不完善及其经济表现的研究非常多，但却并没有文章来研究在不完善市场下的最优政策，因此本文重点讨论当房地产企业存在信贷约束的情况下，实施公共政策包括给家户的利息收入进行补贴以及给房地产商进行补贴，对社会福利的影响。

给家户的利息收入补贴在降低实际利息的同时提高了房地产的价格，也促使房地产商更多地持有房地产。给房地产商进行补贴则有效降低了房地产的折旧率，大大提高了房地产商的地产持有。因此，我们通过构造模型分析什么样的政策才是最优的。

首先我们建立一个基本的模型，在这个模型中，资产供给是固定的，税收是一次性的，通过对家户和房地产商行为的设定，我们得出在市场出清条件下的一般结论：实际利率下降导致房地产企业持有的地产增加，家户持有的地产下降，以及工作（劳动就业）的增加。也就是说，对实际利率进行补贴会产生财富的重新分配和就业效应。而对房地产所有者补贴的增加导致同样的结果。

接下来我们内生化资产供给，并引入扭曲的税收重新考察模型，从而得出以下结论：对房地产市场不进行干预，即不进行补贴的政策并不是最优的；也就是说在存在信贷约束的情况下，应该对房地产市场进行一定程度的补贴，但是补贴多少因具体情况而定，就本文的模型来看，最优补贴的数值结果依赖于模型本身。

房地产调控政策再思考

(2013 年 4 月)

2013 年 4 月 22 日，北京大学国家发展研究院以"房地产调控政策再思考"为题，举办了专场研讨会。研讨会由北京大学国家发展研究院院长姚洋主持，国家发展研究院教授、央行货币政策委员会委员宋国青，国家发展研究院教授霍德明、张帆，京汉置业集团股份有限公司董事长田汉，中国航天建设集团有限公司副总经理窦晓玉，中信证券交易与衍生产品业务部副总裁刘可等多位嘉宾就房地产当前和长远问题发表了演讲。以下为研讨会的主要内容。

姚洋（北京大学国家发展研究院院长）

政府过去十年出台了一系列调控政策，但政策效果并不明显，房地产价格非但没被抑制住而且上涨明显，北上广等一线城市房价更是上涨数倍。

我国房价上涨很大程度上符合市场规律。第一，中国土地供给有限，住房需求增加必然带动房价以及地价上涨。第二，从 1990 年开始，中国劳动人口比例不断上升，劳动人口比例在 2010 年达到顶峰，每年有大批年轻人加入劳动大军，他们对住房的需求非常旺盛。第三，我国东部和西部发展不平衡，大量人口从中西部涌向东部一线城市，对一线城市房价造成很大的压力。第四，过去十年，我国居民收入增长迅速，激发了民众改善居住条件的愿望，推高了住房需求。第五，我国的收入分配状况日益恶化，财富持续向少数高收入者手中集中，这部分人需要投资渠道，在其他投资渠道匮乏的情况下，房地产成为他们的自然选择。

另外，政府的调控政策本身也在某种程度上起到推高房价的作用。一方面，根据卢卡斯提出的"理性预期假说"，公众能够完全预期到政府政策的初衷和效果，并事先采取应对措施，从而使政府政策失效。具体到房地产调控上，对于政府出台的调控政策，公众会推理：政府之所以不断出台房地产调控政策，是因为政府认为房价还会上涨，既然如此，在政府更严厉的政策实施之前抓紧买房就是理性的选择。"新国五条"颁布之后的乱象就是一个很好的证明。此外，调控政策本身就可能会推高了房价。例如，最近出台的"新国五条"重头戏是对二手房交易的卖方征收房价增值部分 20% 的个人所得税。经济学常识告诉我们，这将导致二手房交易量的萎缩和房价的上涨，其中的道理是，面对高额税收，二手房房主会尽量把税负转移给买家,在目前房价上涨预期的压力下,多数买家往往会接受,这相当于房价的上涨,但这也会吓退一些买家,从而导致交易量下降。另一方面,由于新建住宅交易没有额外税收,一些潜在的二手房买家会转而购买新建住宅,其后果必然是导致新建住宅价格的上升。

宋国青(北京大学国家发展研究院教授、央行货币政策委员会委员)

中国人口结构导致了中国人需要通过储蓄来养老,而被压低利率及投资渠道匮乏,导致了人们选择房子作为储蓄方式,推高了房子的价格。

中国未来将面临严峻的养老难题,个人储蓄是养老的主要手段。由于20世纪60、70年代的生育高峰及80年代开始的计划生育,未来中国将逐步进入老龄化社会。目前,约一半人口正当壮年,二三十年之后,如今40岁上下这一大批人都要退休,养老,一个家庭中一对工作的年轻人要赡养四个以上的父辈,同时还要抚养一个以上的孩子。面对如此巨大的养老压力,仅仅依靠年轻人的工作来解决养老是不现实的。我国目前社会保障体系存在种种问题,很难独立解决中国的养老问题。目前社保投资回报率基本上只能够保本,虽然算下来还有收益,比通货膨胀率高一些,但是到未来也很难说。所以,依靠孩子养老和依靠社保养老都"靠不住",养老绝大部分还是要靠个人储蓄,小部分靠社保。

中国人目前的储蓄并不足以应付未来的养老问题。目前,中国的储蓄包括个人储蓄、家庭储蓄和政府储蓄,三者储蓄率都非常高。如果把工资收入、利息收入或者连房子涨价都算上,个人储蓄率达到40%。那么个人储蓄在这些年到底攒了多少钱呢?可以对此做一个粗略估算。个人储蓄可以分为金融资产和房产。其中,金融资产包括股票、债券、银行存款、现金、保险等,粗略估计净帐可能有50万亿元。2003年以后的房产大概是40万亿元,2003年以前房产约为10万亿元,房产价值50万亿元。所以个人储蓄总共约为100万亿元,假设有130万亿元,那么人均储蓄是10万元,考虑到目前有一半的人在工作,那么人均储蓄为20万元。50万亿元金融资产收益率基本是零,假设收益率未来可能高一点,勉强跑赢通货膨胀,为1%,30年以后翻不了一番。考虑到人力成本上升,目前的这些储蓄远远不够应付未来的养老。

从过去的经验来看,投资房地产才能够实现个人储蓄的增值。由于存款利率被人为压低,过去30年,银行存款的平均回报率为零。而近10年,股市的真实回报率为−3%。投资字画、玉石、黄金等同样不靠谱。算下来,买房子是一个相对比较好的储蓄方式。即使不算房价的上涨,单单把房子出租,这两年的回报率大概是2%,已经超过了其他的储蓄方式。

社会储蓄就像是一股水,总是会寻找一个出口。政府如果调控房价不让大家通过买房子来储蓄,社会储蓄就会流到其他的地方,可能会带来一些新的问题。在通货膨胀率很高的时候,居民囤积粮食来储蓄,导致了粮食价格暴涨,社会吃了很多年的陈化粮。过去以及现在出现的"乱集资"本质上也是社会储蓄在低利率情况下追逐高回报的一种反应。近年来兴起的理财产品,直接投资报酬率高,风险更大,存在很多潜在的问题。

田汉(京汉置业集团股份有限公司董事长)

回顾十年调控之路,有些问题值得反思。

第一,政策往往简单粗暴,不够理性,不够成熟。2013年2月20号"新国五条"出台,仅仅10天后国务院办公厅就公布了"新国五条"的实施细则。政策的出台可能并没有经过充分的讨论。有些地方为了控制房价,直接要求新盘市场报价不能超过同区域其他项目的成交价格,这个政策没有考虑到不同区域,不同的土地供应时间,不同的开盘时间,也不管项目档次如何,只要超过这个价格就不发证。

第二,调控政策违背市场规律。纵观十年房地产调控,出发点都是抑制需求,没有考虑加大供给。特别是"新国五条"的实施细则,把本身就存在的能够调节市场供给的来源,也就是二手房市场,给控制住了。市场中房子的供给已经不足,再控制住二手房,只会导致房价的进一步上涨。

第三,房地产调控政策一刀切,北京、上海等一线城市绑架了全国的房地产市场。东部地区,包括北京、天津、辽宁、上海、浙江、江苏等市场发展水平较高,中西部市场事实上还未走出低谷。从2012年商品房销售面积来看,东部地区同比增长9.7%,中部增长2%,但是西部却下降了5.3%,仍在低谷徘徊。房地产市场各地区之间存在巨大差异,除了东部少数一二线热点城市以外,大量城市房价并没有上涨,全国统一的调控政策伤害了中西部房地产市场的发展。

增加供给是解决目前房地产市场问题的根本之道。一是按照市场规律,把土地市场、房地产市场彻底放开。政府拿出十年期间土地红利的一部分,简化行政审批制度,给市场充足的发展空间,然后拿出一部分红利大量建保障性住房。二是公开房地产信息,征收房产税。对第二套房每年征收2%的房产税,对第三套房每年征收5%。

窦晓玉(中国航天建设集团有限公司副总经理)

目前房地产有如下几个特点:一是房地产的发展改善了居民的住房条件,城镇人均居住面积从1978年的3.6平方米增加到2011年的35平方米。二是房价高涨,超出了很多老百姓的承受能力。三是高房价将农民工阻挡在真正的城市化之外,阻碍了城市化的进程。四是房地产的高回报吸引了大量社会资本,抑制了实体经济的发展。五是拆迁引发的群体性事件威胁了社会的稳定。

关于房价高涨的原因,以下几个方面值得重视。一是贫富分化,中国20%的高收入群体占据中国房地产消费的70%,特别是10%最富裕的人群消费了50%的住房。二是房地产的投资属性过强,高收入群体的投资渠道狭窄。三是区域发展不平衡,大量人群都涌入以北上广深为主的十多个一线城市和二十多个二线城市,推高了当地的房价。四是地方政府的土地财政又对这一趋势推波助澜。五是不完善的制度设计、不严格的执法力度,强化了大型房地产企业的垄断地位。

刘可(中信证券交易与衍生产品业务部副总裁)

从资产配置的角度来看房地产,中国房地产市场与投资关系特别大,受到实体消费强烈支撑,周期性很长,容易受到政策货币的冲击。目前,美国是释放全球流动性的源头,房地产作为一种金融资产可能受到美元流动性比较大的影响。

从1975年到2007年,美国共有六大流动性的释放周期,除了1982年10月到1984

年 2 月,以及 1991 年 5 月到 1995 年 1 月这两个周期外,其余的周期都有明显的全球通胀特征,表现为石油、黄金、房地产价格的大幅上涨。1982 年那次是因为个人电脑兴起导致的产业大升级,1991 年那次是因为克林顿时期对于互联网的投资带来了产业的大幅升级。这两个时期,新兴产业的增长吸纳了大量的流动性,从而表现出增长属性。

从 2013 年开始,全球再度陷入新的流动性泛滥之中,在发达国家找不到新产业出口的情况下,以中国为代表的新兴市场可能将成为流动性的新载体。

霍德明（北京大学国家发展研究院教授）

从其他国家的经验来看,房价的上涨都是阶段性的,而不是匀速上涨。具体到中国的房地产,房地产的飞涨主要有三个阶段。

第一个阶段是 2006 年到 2008 年。这一段时间,房价上涨主要发生在北上广深,其他城市上涨相对较慢。这次房价飞涨的原因是,加入 WTO 以后,中国迅速积累了大量的外汇储备,外汇占款释放了大量的高能货币,导致 M2 迅速增加,社会上存在大量的流动性,故房价开始飞涨。

第二个阶段是 2009 年春到 2010 年 4 月。由于国际金融危机的影响,中国政府推出了四万亿的投资计划,地方政府也出台了几十万亿配套计划。政府的刺激计划导致了房地产在 2009 年反弹。直到 2010 年 4 月,国十条出台,房地产才结束这一轮的上涨。

第三个阶段是 2012 年 5 月至今。中国经济在 2012 年发生下滑,发改委放宽了对于项目的审核,导致了房地产新一轮的上涨。

张帆（北京大学国家发展研究院教授）

长期来看,房地产还涉及制度方面的问题,其中很重要的一些问题都与政府有关系,比如中央和地方政府之间的财政安排,政府能否接受经济增速的下降,政府有没有魄力容忍房地产价格在主要城市自由上涨到一定程度。另外还涉及老百姓对一些生活方式的观点,比如说容许一部分人住比较好房子。

同时,由于城市化,长期来说房价还是要接着上涨,特别是存在大量人口涌入的一线和一些二线城市,房价上涨的压力仍然会很大。要解决房地产问题,长期来看还是要对一些涉及制度的问题做出安排。

第四篇

区域经济合作研讨

第 22 届东亚经济研讨会简报之一

(2011 年 6 月)

2011 年 6 月 24—25 日，第 22 届东亚经济研讨会在北京大学国家发展研究院万众楼召开，来自 NBER、CCER、清华大学、澳大利亚国立大学、香港科技大学等科研机构的专家学者就政府在经济中角色发表主题演讲。我们分四期报道会议内容。本期简报报道 Woochan Kim 教授、Hyung-Kwon Jeong 博士和文一教授演讲内容。

Woochan Kim（KDI 公共政治管理学院教授）：韩国投资公司——起源与发展

Woochan Kim 教授介绍了韩国投资公司（Korea Investment Corporation，KIC）的起源与发展。韩国投资公司是韩国政府于 2005 年建立的主权财富基金，以应对其日益增长的外汇储备，并且在建立之前，就对韩国投资公司的目标进行了广泛讨论。韩国对外汇储备的适度规模有较为清晰的判断，认为适度的外汇储备规模在 1 700 亿—2 000 亿美元，在超出适度规模之后，立即着手对富余外汇储备进行积极管理。

首先，Woochan Kim 教授介绍了成立韩国投资公司目标的演变。在 1999—2000 年间，由于外汇储备在很短时期内从缺乏转为了盈余（1999 年韩国的经常项目盈余为 245 亿美元，1999 年第四季度资本项目盈余为 60 亿美元），因此需要大力发展对外投资。在 2001—2002 年间，韩国银行通过冲销干预已经受到经济损失，国内利率水平大于国外利率水平，韩元保持对美元升值趋势。将国家资产委托给主权财富基金能够更有效地管理国家资本改善韩国银行资产的回报。在 2003—2005 年间，成立韩国投资公司主要是帮助韩国首都首尔成为东北亚的金融中心，这是在 2002 年的总统选举中就提出的目标。如果成立韩国投资公司，那么它便是达成这一目标的重要工具之一。在 2008—2011 年间，韩国投资公司的主要目标便是阻止外汇储备下降导致的流动性危机。受次贷危机影响，外资银行在首尔的分支机构会恶化韩国外部债务局面，如果韩国投资公司能够替代外资银行在首尔的分支机构，那么就能够降低韩国的外部债务。

其次，Woochan Kim 教授介绍了韩国投资公司在建立之初展开的争论。其争论主要有以下几点：①韩国投资公司的职责是应当尽量更为广泛，以涵盖整个国民经济；②财政部在韩国投资公司中的法定权利应当如何规定；③韩国投资公司的外部审计和监察如何进行；④韩国投资公司的投资项目是否应当透明；⑤韩国投资公司是否可以投资于国内的资产并承担债务。

最后，Woochan Kim 教授介绍了当前对韩国投资公司的主要批评：①投资管理合约过于严厉，韩国银行委托给韩国投资公司的资产依然被归类为外汇储备；②韩国投资公司投资于公共债券的比重过高，达到了 45.9%；③韩国投资公司对委托的资产收取的管理费过高，大约为 1.8%；④韩国投资公司的透明度还不够，根据主权财富基金研究所的评价报告，韩国投资公司透明度的真实得分仅为 6；⑤韩国投资公司的人事安排容易受到政治周期的影响，比如 2008 年 2 月新总统执政后，韩国投资公司的 CEO、审计员和监导委员会主委都发生了人员更替；⑥韩国投资公司的投资成效并不高，从成立开始到现在，收益率仅为 -0.07%，在过去三年中，仅投资于美林证券就损失了 54.5%。

Hyung-Kwon Jeong（韩国银行）：TBTF 信念下银行的风险承担——来自金融危机后现存银行的证据

Hyung-Kwon Jeong 博士研究的是当银行业的市场结构更为集聚时，"大而不倒"（too big to fail，TBTF）这一信念如何影响到银行的信贷行为。他首先介绍了这项研究的动机。在一般情况下，TBTF 意味着政府会在银行最为危机的时刻，出手援助银行，这会导致银行在进行信贷时，会愿意承担高风险的项目，风险管理容易出现纰漏。最近金融危机的经验也表明，政府往往会选择对存在信贷违约风险的大型银行进行合并重组，而选择关闭有信贷违约风险的小型银行。这一举措将会导致金融市场结构的变化，一个最为显著的变化便是银行的合并重组使得银行业的市场结构更为集聚，在金融危机中存活下来的银行将会具有 TBTF 的信念，其原本的信贷行为也会发生变化。

对于韩国而言，在亚洲金融危机爆发之后，2 101 个金融机构中的 631 个都倒闭了。根据 2000 年的银行控股公司法，政府可以引导银行来增加它们的资产规模，政府认为大型银行能够产生规模经济。政府对银行的救助，主要通过合并重组形成规模较大的商业银行，这使得金融危机后现存的银行规模更大。随后，韩国也出现了银行贷款的激增。

其次，Hyung-Kwon Jeong 博士利用一个简单的 Gournot 模型，表明了如果 TBTF 的信念增强，银行的最优信贷供给规模就会扩大，这又会增加整个银行业的信贷供给规模。因此，当银行业市场更为集聚时，整个经济的系统性风险将会变得更为严重。随后，他分别使用时间序列分析方法和面板数据分析方法从经验证据方面来研究银行业市场的集聚程度对银行信贷规模的影响。在时间序列的分析中，其数据为亚洲金融危机后 1999 年第二季度到 2008 年第三季度的所有商业银行贷款季度数据，分析的变量包括贷款占 GDP 的比重、市场的集聚程度、金融结构、银行的资本结构、房地产价格指数和利率。Hyung-Kwon Jeong 博士对所有变量进行了单位根检验，并运用动态 OLS 模型来考察市场集聚程度对银行信贷规模的长期影响，运用误差修正模型来考察市场集聚程度对银行信贷规模的短期影响，其实证结果均表明市场集聚程度的提高对银行信贷规模的扩张有显著的正影响。

在面板数据分析中，他将银行是否合并重组与市场集聚程度的交叉项和银行所有权是否转变为外资与市场集聚程度的交叉项作为关键解释变量，以此来考察银行合并重组与否与外资控股与否对银行信贷规模产生的影响。实证结果表明市场集聚对信贷扩张的影响随着银行的合并重组而变大，随着银行所有权转变为外资而变小。

最后，Hyung-Kwon Jeong 博士总结道，在 TBTF 的信念下，银行贷款和市场集聚程度之间存在显著的正相关关系，金融市场的结构和 TBTF 的信念也因此在国民经济中变得十分重要，利用金融市场结构的变化和 TBTF 信念可以很好地解释韩国规模较大银行的信贷行为，同时也解释了金融危机后韩国银行贷款的大幅增加，但是这也对规模较大银行的政府行政监管提出了新的要求。

文一（清华大学经济与管理学院教授）：正确理解中国的外汇储备

文一教授对中国的经常项目盈余和超额外汇储备的争议性问题发表了观点，并用理论模型加以验证。他首先提出，中国大量的外汇储备与其外汇政策无关，并且中国的汇率是被高估而非低估的。

事实表明，改革开放 30 年来，中国贸易盈余大幅攀升，从 1978 年的 11 亿美元逆差变为 2009 年的 4 000 亿美元顺差。同时，中国的外汇储备也从 20 亿美元增长至 2.4 万亿美元。如果中国人购买更多的美国商品，中美严重的贸易失衡将得到缓解。问题在于中国人为何不购买更多的美国商品呢？许多学者认为这源于中国汇率的低估，一些美国学者更认为是中国政府操纵汇率，从而促进贸易和外汇储备的增长。且不讨论如何实现实际汇率低估，但中国为何要采取这样的政策呢？一种观点认为，通过汇率低估可以促进就业。但是，在中国人均 GDP 和消费比重如此之低的情况下，中国人为何卖掉中国的商品持有大量美元，却不消费这些美元反而用于购买一些收益率甚至为负的债券呢？中国人为何要勒紧裤腰带并以非常优惠的价格把钱借给美国人呢？他们至少可以用这些美元购买美国的商品改善福利。更理想的情况下，中国发行债券获得美国的借款，并且消费这些借款提高福利。

其次，文一教授认为不完全市场与预防性储蓄等基本经济理论可以一定程度上解释这种现象。改革开放 30 年来，中国的经济飞速发展，但金融市场的发展却相对滞后。由于缺乏社会保障体系，保险市场和金融市场的发展也不完善，中国人必须通过过度储蓄来预防各种不确定性，如收入冲击、失业风险、意外以及教育医疗的意外开支。数据表明，中国人面临的平均风险大约是美国人的 30—50 倍，如交通意外和商业风险都没有合适的保险可以购买。

理论表明当面临更大的不确定性，并且这种不确定性不随经济增长而减少时，或者面临严格的借贷限制时，家庭不仅会过度储蓄，而且他们的边际消费倾向也会随着收入增长率的增加而提高，这与 Friedman（1957）的持久收入假说相悖。数据表明，中国经济飞速增长的 30 年中，中国的私人消费占 GDP 的比重从 1980 年的约为 50% 下降到 2008 年的 35%。1953—2006 年家庭储蓄率以及家庭收入的长期增长率之间的关系表明，家庭储蓄率的变动紧跟长期收入增长率的变动，1978 年至今两者持续增长，2006 年家庭储蓄率达到峰值 37%。与以往的经验不同，从数据上看是收入增长率解释了储蓄率的波动。经济高速增长与储蓄率持续攀升的现象并非偶然，20 世纪 60 年代的日本，80 年代的中国香港地区和 90 年代的韩国都有过类似的情况。

最后，文一教授将不确定性和信贷约束作为构建理论模型的重要因素，理论模型的模拟结果很好地拟合了中国的数据，这说明中国的外汇储备是由于无效的金融体系导致的，居民无法通过跨际的交易来分享经济快速增长的成果，从而增加了预防性储蓄。为此，文一教授提出了相关的政策建议：①大力促进中国金融市场的发展，使资源的配置更有效率；②鼓励中国企业在国内和国外进行资本投资。

第 22 届东亚经济研讨会简报之二

（2011 年 6 月）

2011 年 6 月 24—25 日，第 22 届东亚经济研讨会在北京大学国家发展研究院万众楼召开。我们分四期报道会议内容。本期简报报道陈信宏教授、姚洋教授和 Martin Berka 教授的演讲内容。

陈信宏（"中华经济研究院"研究员）：ECFA 对于海峡两岸贸易以及投资的影响——来自台湾的视角

首先，陈信宏研究员表示近来的全球金融危机严重影响了中国台湾地区的经济，但是自 2009 第四季度以后中国台湾地区经济有了一个强劲反弹，到 2010 年中国台湾地区经济增长速度已经超过了 10%。台湾当局通过加大公共基础设施的投资和改善就业等一系列措施，以刺激经济与稳定金融系统，使经济强势反弹，同时开始改革其对大陆的经济政策，ECFA（海峡两岸经济合作框架协议）就是其改变政策的一个重要举措。

其次，陈信宏研究员通过加入两岸国际生产网络因素和中国台湾地区企业在大陆的本土化趋势来考察 ECFA 对于交易的影响。过去几十年来，中国台湾地区和大陆的经济往来主要是中国台湾地区公司对大陆的投资，并因此带动其对大陆的出口。2008 年是两岸经济和政治关系的重要转折点，两岸积极采取行动以减少政治紧张，加强经济合作。2010 年 7 月 ECFA 在重庆签订，为两岸的经济自由化提供了制度机制保障。

目前，大多数研究均从贸易角度探讨 ECFA 为两岸带来的福利。但必须考虑到，大陆是中国台湾地区最重要的对外投资地之一，并且从中国台湾地区的角度看，两岸经济关系存在投资引致贸易的特点。中国台湾地区对于大陆的投资发生了结构性的变化——从最初的最终产品到普通的生产资料，再到现在高端的生产资料。多种因素促进了中国台湾地区企业在大陆的本土化。比如，控制其在大陆的子公司，当考虑 ECFA 的影响时，以上的情况均不能被忽略。

最后，陈信宏研究员表示，从中国台湾地区的角度上看，按照传统方法，ECFA 对于贸易的影响会因为中国台湾地区对大陆的投资引致的贸易与其对大陆出口的结构性转变之间的动态复杂关系而被部分抵消。毫无疑问，ECFA 和加深两岸之间的经济关系是无比重要的。考察其影响需要通过更广阔的视角，而不能仅仅停留在贸易角度上。即使真要考察其贸易的影响，也必须将投资引致出口与出口结构变动之间的动态关系考虑进来。

姚洋（北京大学国家发展研究院教授）：政府基础设施投资以及中国各省的家户消费

首先，姚洋教授认为国内消费不足一直被看作是中国经济失衡的一个重要原因。在2000到2008年间，消费占GDP的比重从62%降低到了48%。同时，净出口占GDP的总比重从2%上升到了8%。中国的投资比已经非常高，因此，中国外部经济失衡的主要原因应该是国内的低消费，而不是投资不足。

文献中已经存在一些解释中国高家庭储蓄的说法。部分说法逻辑来自经典的生命周期假说、流动性约束、预防性储蓄假说等。最近又有一些研究者开始关注家户收入在家户消费行为中扮演的角色，他们认为家户收入占GDP比例的迅速下降是中国低消费的主要原因。也有说法认为是经济发展的结构性转变引起了家户消费占比的下降。在经济发展的早期，结构性转变使得农民从传统的农业部门转向工业部门。然而，随着经济的进一步转型，劳动密集型的部门比例又会上升。结果是，当一个国家从低收入水平上升到高收入水平时，消费比例就会类似于一个U形曲线。

其次，姚洋教授强调了基础设施投资对于家户消费的两个主要影响。一个影响是直接挤出效应。当在基础设施投资越多时，政府会减少对家户的转移支付并且减少在社保上的支出，这两项都会减少家户消费。另外一个间接影响来自基础设施投资中包含的补贴。财政分权导致地方政府争夺投资，为了吸引更多的私人投资，地方政府通过改善基础设施来增加竞争力。由于政府投资的资金来源主要来自税收或者是低利息的银行贷款，政府基础设施投资会比社会合意的投资要高。

工业部门的企业在基础设施投资中受益最大，并且由于它们相对服务部门的企业更加灵活，因此，也是地方政府争夺投资的主要目标。结果是像Rybcszynski定理预测的那样，工业部门的增长速度要比农业和服务业部门都高。同时，由于工业部门比其他部门相对资本密集，所以劳动力收入和消费占GDP比重将会下降。另外，政府在产业中的投资具有不对称效应。政府对于基础设施投资很多情况就是对这些企业进行直接补贴。结果是，企业的利润将会上升，这会导致劳动收入比在产业部门中下降。由于资本所有者消费倾向相对较低，所以消费在GDP中的比重进一步下降。

最后，姚洋教授利用1978—2006年中国28省的数据对以上理论进行验证。国家统计局给出的基本建设支出三个方面：在铁路、公路、通信等上的投资；在国防、教育、科学文化等方面的资本建设；其他投资支出。其中，家户消费占GDP比例确实会随着基础设施在政府支出占比的增加而下降，而私人投资对家户消费没有任何显著影响。

另外，并没有发现政府基础设施投资会提高家户的消费倾向或者消费水平，所以政府投资对家户消费的负面影响一定是来自家户收入的减少。这种减少的产生是因为政府补贴了产业生产，并且基础设施投资超过了社会最优水平。这对中国重新平衡经济而言有两个建议：一个建议是政府需要降低储蓄，将其更多的支出放在教育和社保上；另一个建议是现行的财政分权安排需要重新审视，地方政府之间的竞争扭曲了经济结构，减缓需求的增长，最终扼杀了经济增长。

Martin Berka(梅西大学教授):什么决定了欧洲的实际汇率

首先,Martin Berka 教授表示,以往文献认为不管是在单个商品还是在总量水平,都存在持续的偏离价格等式的现象。同样,不管是在单个商品还是在加总价格指数上,实际汇率都表现出持续且大幅度的偏离购买力平价的现象。尽管大家都对这一现象表示认同,但是对于解释这些偏离的理论却有很大分歧。由于商品价格不可比,这些理论都很难为相对价格的变动提供一个具有说服力的解释。

另外,由于价格常常以指数形式出现,使得无法进行跨国价格的比较。而此研究正是克服了这一缺陷。Martin Berka 教授使用了一个新的欧洲价格水平面板数据,该面板数据是由欧洲 31 个国家跨期 15 年商品价格组成。

从这些数据中可以在总量和非总量水平上构建实际汇率指标。研究发现,在所有欧洲国家都出现了持续大幅度的偏离绝对购买力平价的现象。并且这些偏离对于商品的所有分类都成立,但是不可贸易商品比可贸易商品的偏离更为显著。这些偏离甚至在欧盟区也存在,但是在东欧国家,这些偏离虽然幅度较大但是有收敛趋势。

其次,Martin Berka 教授解释了为什么汇率会对购买力平价持续偏离。在跨国研究中经常发现在较为富裕的国家中,加总价格水平会较高。相对欧洲国家而言,这些富裕国家中,实际汇率与人均 GDP 关系更为紧密。一些国家的相对人均 GDP 持续下降,相对应的是实际汇率持续贬值。这一情况在老牌欧洲国家如法国、德国和荷兰等十分明显。相对人均 GDP 不管是在单个还是在加总商品水平上都是实际汇率水平的重要决定因素。研究发现,在平均水平上,相对人均 GDP 上升 1% 会导致实际汇率相对欧洲有 0.35% 到 0.4% 的升值。

这意味着,对于所有商品,相对人均 GDP 的变化将会与实际汇率变化相联系。快速增长的国家可能会经历超过欧洲平均实际汇率的过程。在这层意义上,实际汇率与人均 GDP 之间的关系在跨国和跨时间这两个维度上都是稳健的。另外,根据经验证据,2008 年金融危机中,实际汇率变化模式确实遵循了这一关系。

数据表示实际汇率还有另外一个特征。它们与非贸易相对贸易产品的价格比是高度相关的。这一关系同样也是在跨国和跨时间两个维度成立。在全部样本中,实际汇率与非贸易和贸易产品的价格比之间的跨国关联系数为 0.89,时序关联度为 0.84。另外,即使把样本分解成欧元区和东欧等国家,这一关联性仍然存在。

最后,Martin Berka 教授基于数据显示出来的实际汇率这两个特征,构建了一个实际汇率的理论模型。在模型中,汇率在时序和跨国上的性质是相同的。实际汇率由跨国间相对 GDP 增长速度与水平差异所决定。另外,在模型中,实际汇率与非贸易和贸易产品的内在价格比相关联。这一模型与经典的解释 Balassa-Samuelson 效应的理论模型相一致。不管是在水平值还是变化率,从模型模拟得到的实际汇率与样本实际汇率非常近似。因此,对于大多数欧洲国家,相对人均 GDP 都是解释实际汇率水平值和时间变化趋势的一个重要因素。

第 22 届东亚经济研讨会简报之三

(2011 年 6 月)

2011 年 6 月 24—25 日，第 22 届东亚经济研讨会在北京大学国家发展研究院万众楼召开。我们分四期报道会议内容。本期简报报道 Bruce Meyer 教授、Joseph Cherian 教授、吴斌珍助理教授和 Janet Currie 教授的演讲内容。

Bruce Meyer（芝加哥大学教授）：美国 1960 年以来消费与收入的不平等趋势

在美国，消费和收入的不平等是大家非常关心的问题，因为这个问题牵涉很多利益，也会引起很多争论。相比收入，消费是一个衡量不平等变化的更好的指标。同时，如何衡量消费和收入，对于最后得出的不平等程度的结果有着明显的影响，因此合适的衡量标准是很重要的。

首先，Bruce Meyer 教授对研究数据来源进行了说明。收入数据来源于"即期人口调查"（current population survey）1963—2009 年的数据；消费数据来源于"消费者支出调查"（consumer expenditure survey），这一调查在 1960—1961 年和 1970—1971 年分别进行过一次，并在 1980 年以后每年都进行。由于支出和消费并非同一概念，此研究做了如下调整：首先推算了自有住房和公租房的等值租金；其次将汽车消费换算出流量价值；最后调整了医疗保险的价值。

用消费衡量不平等比用收入衡量不平等更有优势的原因有两点：①在概念上，消费相当于衡量持久收入，可以衡量长期不平等趋势而不受异质性冲击的影响，并且耐用品的消费以及保险的消费都可以计入其中；②在数据质量方面，许多人不愿意告诉调查人员自己的真实收入，尤其是高收入者，这样会造成样本的偏误。相反，对于消费的调查往往比较透明，受调查人难以也不太倾向于隐藏自己的消费。

当然，不同商品消费自报数据的准确性还是存在异质性的。有些商品的消费和其收入相比显得比较正常，而烟酒和服装的调查结果明显低于合理的消费比例。此研究使用上述报告中准确性较好的住房、家庭内食品消费以及交通费用来预测整体的消费情况，作为对调查所得的消费的一个调整。这一调整的回归拟合系数达到 0.72，因此是一个可以信赖的调整。

其次，Bruce Meyer 教授使用三个衡量收入不平等的指标：处于 90% 分位的家庭的收入/消费和处于10%分位的家庭的收入/消费（下称90/10）、处于90%分位家庭的收入/消费和处于50%分位的家庭的收入/消费（下称90/50）以及处于50%分位的家庭的收入/消费和处于10%分位的家庭的收入/消费（下称50/10）。

从官方不平等指标来看，美国这半个世纪以来的不平等状况在不断恶化，税前货币收入的90/10从9上升到了11。在根据家庭人口数进行了调整之后，不平等的程度有所降低，但趋势没有变化。如果使用税后收入，90/10基本变化不大，从5.5上升到了6左右。如果考虑到政府非现金转移，不平等比例就更小了。衡量下半区不平等程度的50/10指标在这50年中基本没有变化，在4左右徘徊；而衡量上半区不平等程度的90/50变化也不大，从2上升到了2.5。如果使用消费来衡量不平等，90/10在20世纪80年代存在显著的上升，而前后两个时期都比较平缓；下半区的50/10在80年代出现上升，90年代之后又出现了下降；而上半区的90/50则一直处于缓慢上升的水平。

最后，Bruce Meyer教授总结道，将收入和消费不平等分时期来看，1980年以前表现为收入不平等下降、消费不平等略微上升；80年代两者都显著上升，而且收入不平等上升幅度远大于消费不平等上升幅度；进入90年代以来，收入不平等出现波动，而消费不平等则出现了下降的趋势。

Joseph Cherian（新加坡国立大学教授）：如何保障退休居民收入免受通胀影响

众所周知，许多亚洲国家，包括新加坡和中国在内，都面临老龄化的问题。当传统的血缘纽带日渐衰弱，养儿防老的观念逐渐淡化，私有部门和政府采取什么措施来帮助老年人安度晚年便成为当务之急。

首先，Joseph Cherian教授介绍了新加坡老龄化情况。新加坡目前的出生率很低，大约与日本、中国香港地区处于同一水平，大约有10%的人口年龄大于65岁，预计2020年这一比例将上升一倍。退休金投资至少需要满足三点要求：①每个月能收到合理的退休金；②存续期不短于个人生命的存续期；③根据生活成本的上升进行指数化调整。一个理想的产品应该至少有不低于CPI增速的收益率。例如，一个有政府担保的通胀指数债券是一个很好的产品，但不幸的是大多数亚洲国家都没有提供这种产品。所以，人们必须寻找次优的产品。一个小的主权国家可以有如下三种选择。首先是政府通过竞争性市场自行发行通胀指数化的债券，这是很多发达国家正在做的。其次，政府可以将养老基金投资于发达国家（G3或者G7）的通胀指数化债券，并注意选择合适的权重，管理好本国的汇率以及其他风险敞口。最后一种方案是使用衍生品。

随后，Joseph Cherian教授详细介绍了以上三种选择。第一个选择的实例是美国的"保值国债"（TIPS）。这种国债的面值每6个月根据CPI调整，而利率则通过竞争性拍卖决定。这一市场在美国已经非常完善，也成了世界最大的通胀指数债券市场。如果一个国家经济规模较小不足以支持第一种选择，那么它可以拿出一部分的主权基金，投资于美国、英国、日本和澳大利亚世界四大通胀指数债券市场。由于这四个国家的通胀率各不相同，只要这四个市场的权重选择合适，就可以把这一投资的收益率调整到与本国的通胀率一致的水平之上。即便由于市场的波动导致了投资收益率和本国通胀率出现几个基点的差距，随着时间的推移也会被平均至0。如果使用通胀主权掉期，则完全不需要任何资本流动。这可以避免资本流动导致的热钱这一加剧经济波动的因素。虽然目前已经实施的主权国家间的货币掉期仅仅应用于应对潜在的金融危机，这一方案在养老基金投资方面也应该是可行的，成本也比前一个方案更低。

吴斌珍（清华大学经济与管理学院助理教授）：工资社保税与居民消费

首先，吴斌珍助理教授阐述了研究的目的——解释中国储蓄之谜，即中国已经很高并且仍然不断上升的储蓄率是为何产生的。这个问题目前已经有了不少研究，例如魏尚进教授关于性别比增加储蓄动机的研究、姚洋教授关于结构失衡抑制消费的研究以及李宏彬教授关于收入不平等抑制消费的研究。此研究主要着眼于两个方面的解释。第一是预防性储蓄的需求，因为很多人把中国的高储蓄归结于完善社保体系的缺乏。第二是家户收入在国民收入中占比的下降造成储蓄率的提高。

不同的解释便带来不同的政策建议。一方面，认为高储蓄率源于社保体系不完善的学者便会建议政府加大社保的资金投入，而这便需要政府增加税收才能保证财政平衡。另一方面，认为高储蓄率源于家庭收入占国民收入比例过低的学者则会建议政府降低税收，以增加家庭收入比例。显然，这两者的政策建议是矛盾的。

事实上，当经济学家还在为哪个因素是引起高储蓄率的主要因素而争论的时候，政府已经出手了。作为应对 2008 年金融危机的组合拳之一，改善社保体系已经被提上了议事日程。因此，了解增加工资社保税会对居民消费产生多大的影响成了当务之急。

随后，吴斌珍助理教授表示，在理论上，这一问题的结论是不清晰的，它取决于社保基金的收益率、是否存在借款限制以及储蓄的动机。之前的实证文献也得出了不同方向的结论。因此需要实证研究来测度工资社保税在中国的实际影响。此研究利用中国 9 个省 2000—2006 年家户调查数据，直接估计工资社保税变化对于消费的影响。一个简单的计量模型是将消费的对数值对收入的对数值进行回归，但这会产生遗漏变量问题，例如由于工作属性以及工龄的不同会导致实际社保税率的不同，以及部分家户没有被社保系统包括在内。例如，外资企业的工作往往比较有保障，并能按时缴纳社保税，因此这一遗漏变量会导致估计的不一致。

最后，吴斌珍助理教授使用了城市平均社保税率以及平均社保覆盖率作为工具变量进行修正。由第一阶段回归结果中可以看出工具变量有很大的变易度。正是由于近年来社保体系的完善，用于缴纳社保的工资税上升，从而导致了居民消费的下降。社保税率每上升 1 个百分点，会导致居民消费下降 3.3%。样本观察期内家户的年均消费是 23 682 元，3.3% 相当于 781 元。社保税变化的效应在不同年龄组中没有显示出显著的差异，但不同收入水平的家庭显示出了显著的不同，即低收入的家庭会受到更大的影响，而高收入人群则没有受到影响。

Janet Currie（哥伦比亚大学教授）：抵押品罚没对健康的影响

首先，Janet Currie 教授表示，在上一次美国房地产泡沫破裂之后，抵押品罚没达到了历史最高值。相比 2007 年，2009 年的罚没房屋数上升了 120%，达到 282 万。目前有很多对于罚没的各种影响研究，但尚未有人研究其对居民健康的影响。

关于抵押品罚没影响健康的途径有几种可能的解释。首先是心理压力。不但自身房屋遭罚没会引发心理压力，即便只是所居住的社区中有一些房屋遭罚没，也会因其导致自身的房屋价值下降而引起心理压力。其次是财富效应，因为遭遇罚没的家庭肯定都遭遇了财务危机，有文献表明健康水平和社会经济地位是正相关的，因此罚没也会通过财富效应影响居民健康。

其次，Janet Currie 教授使用 2005—2009 年美国亚利桑那、佛罗里达和新泽西三个州邮编级的罚没数、急诊数和住院数的数据分析罚没与健康之间的关系。这三个州在这次金融危机中的房屋罚没数均列于全美前十位之中。

使用邮编级数据的好处是可以控制几乎所有的地区差异。从罚没数据来看，即便在同一个县域之内，不同社区的罚没数量也存在显著的不同。在 2009 年，罚没数量最多的 1/5 的邮编的平均数量达到 200 件，而最少的 1/5 的邮编的罚没平均数量不到 10 件。

此研究考察非自愿性住院和急诊的数量之和。由于居民财务状况的变化会使其将门诊住院转为急诊住院，所以只考察门诊住院会导致数据污染。总体上看，2009 年非自愿性住院和急诊的数量比 2005 年有所上升，而且高罚没的邮编区域的上升比低罚没区域要多。

房屋罚没对不同年龄的人群的就医行为有着不同的影响，这可能和美国的医疗体制有关。在美国，65 岁以上的人群享受政府的医疗保险，而年轻人则没有这一保险。此外，这一影响在种族之间也存在不同，这是因为少数族裔的社区往往受到更大的罚没冲击。

对于 18—64 岁的人群而言，这 4 年中平均的罚没数变化是 58.5，平均的房产商拥有住宅数的变化是 28.7。通过回归分析和推断可以得出相对于 2005 年，2009 年代表性邮编区域由于不同原因的就医数量的百分比变化。变化最大的是由于自杀的就诊，这四年的就诊次数增加了 23%，而其他病重的增加基本都在 2%—5%。如果将白人和黑人分开来看，黑人的就诊次数上升普遍高于白人，在 5%—9%，而白人大多在 2% 左右。

最后，Janet Currie 教授认为下一步的研究，便是要确定这些增加的就诊的社会成本，从而使得政府在制定罚没政策时将其考虑进去。

第 22 届东亚经济研讨会简报之四

(2011 年 6 月)

2011 年 6 月 24—25 日，第 22 届东亚经济研讨会在北京大学国家发展研究院万众楼召开。我们分四期报道会议内容。本期简报报道魏尚进教授、Lucas Davis 教授和 Ayako Kondo 教授的演讲内容。

魏尚进（哥伦比亚大学教授）：从达尔文主义视角看中国汇率问题

首先，魏尚进教授提出了关于中国汇率问题的一个新观点。传统观点认为，人民币币值低估源于中国政府有意的政策选择，大规模的外汇储备便是证据。人民币币值低估使价格水平偏离了购买力平价水平并导致了大量的经常账户顺差。由此引起的国际金融问题促使 IMF 和美国财政部催促中国政府推动人民币升值，因为升值不但对外国有利，也会提高中国福利水平。但是，对经常账户真正产生影响的是实际汇率，而实证证据显示实际汇率是很难操纵的，浮动汇率制度并不能推动经常账户更快调整。

基于以上原因，魏尚进教授提出了关于汇率问题的不同观点，即经济的结构性因素可能同时推动了人民币币值的低估和大量的贸易顺差。其作用的渠道可以是储蓄和有效劳动供给，结构因素引起的储蓄率提高可以同时推动人民币币值低估和贸易顺差，如果不可贸易部门是劳动密集型的，有效劳动供给的增加也有同样的效果。这一观点隐含的意义是，购买力平价和经常账户顺差都不是评估币值低估水平的好标准，推进人民币升值则可能会降低中国的福利水平。

随后，魏尚进教授提出适婚年龄人群的男女性别比可能是导致汇率问题的一个结构性因素。性别比失衡会导致婚姻市场更激烈的竞争，从而提高家庭和企业的储蓄率，并有可能提高政府储蓄率，提高有效劳动供给，在不存在有意的汇率低估政策情况下也能导致人民币币值的低估，从而使外汇储备不再是汇率操纵的有效测度。如果一国存在结构因素导致的经常账户失衡，没有资本管制的情况下会导致私人部门持有外国资产，存在资本管制则会导致外汇储备增加。

具体到中国的情况，20 世纪 80 年代早期中国推行的"一孩政策"以及胎儿性别检测技术的发展导致了从 2002 年起，中国适婚年龄人群的性别比不断恶化。2002 年是第一批受"一孩政策"影响的人群进入婚姻市场的时间，同样在 2002 年左右中国的储蓄率问题开始受到关注。魏尚进教授认为别的结构性因素也会引起储蓄率的提高,而性别比的恶化则加强了这些影响,导致汇率贬值和经常账户顺差。

接着,魏尚进教授用一个理论模型解释了性别比影响汇率和贸易顺差的逻辑。通过在一个标准的代际交叠模型中引入男女性别的差异,在外生给定的性别比下,该模型可以解决男女之间的匹配问题并得出一个唯一稳定的均衡,在此均衡下,性别比上升会导致储蓄率的提高和经常账户顺差的提高。模型中性别比作用于汇率的渠道有:性别比的提高引起储蓄率的提高,带来不可贸易品相对价格的下降;性别比的提高引起有效劳动供给的增加,考虑到不可贸易品是劳动密集型的,同样会导致不可贸易品相对价格的下降。

魏尚进教授提供了一些佐证该理论的证据。魏尚进教授和其合作者发现性别比推高了中国的家庭储蓄率,同样带来了更多的私人创业,在存在借贷约束的情况下创业的增加推高了企业储蓄率,但是现有的研究还不能检验性别比对政府储蓄的影响。在跨国研究中,魏尚进教授发现性别比对汇率的变化有显著的负向影响,在控制了其他因素的影响以及性别比之后,人民币币值只被低估了不到8%,这已经是一个很低的值。

最后,魏尚进教授总结了他的研究,结构性因素比如说性别比可以同时解释人民币的汇率问题和中国的贸易顺差,如果考虑结构性因素的影响,则人民币升值对于中国来说并不会带来福利水平的提高。

Lucas Davis(加州大学伯克利分校教授):去管制化、整合与效率——来自美国核能工业的证据

首先,Lucas Davis 教授介绍了核能发电在美国发展的情况。尽管美国从 20 世纪 90 年代中期起就没有兴建新的核电站,但核能发电量占到总发电量的 20%,而核能发电的产能却只占总产能的 10%。核能产业的高效率是解释发电量和产能之间巨大差异重要的原因,而去管制化和行业整合则对整个行业的效率提高产生了重要影响。

随后,Lucas Davis 教授介绍了这些变化的背景,美国核工业曾在 40 多年的时间内处于管制中,大多数公司只拥有一到两个反应堆,企业的成本总是得到政府的补偿,因此难以激励企业降低成本,提高效率。20 世纪 90 年代末期很多州政府开始放开电力市场,全国总共 103 个反应堆中近一半被出售给私人企业,与之相伴随的是市场集中度的显著提高。美国核能工业的这些变化提供了很好的检验经济理论的机会。其研究发现,去管制化和行业整合带来了美国核工业 10% 的效率提升,这相当于价值 25 亿美元的电力,意味着 4 000 万吨的二氧化碳排放减少,对环境保护产生了巨大的影响,而这些变化主要来自反应堆停机时间的减少。

其次,Lucas Davis 教授提供了详细的证据,通过对从 1970—2009 年 40 年的面板数据的分析可以发现,反应堆的生产效率(实际发电量与最大产能的比率)从 1970 年的 50% 左右提高到 2009 年的 90%,而被剥离(原企业)的反应堆则在出售之后短时间内获得了更高的生产效率提升,并在 2003 年之后生产效率超过了未被剥离的反应堆。回归分析表明,被剥离反应堆的生产率水平统计上显著高于未被剥离的反应堆,在控制各种影响因素之后这一结果依然成立。反应堆的剥离与行业整合密切相关,随后的证据表明,每家公司平均拥有的反应堆数量在去管制化之后有显著提升,而这一现象在被剥离反应堆中更

为显著。核能工业存在的企业过于分散的情况在过去的研究中得到强调。为了研究企业效率提升的来源，Lucas Davis 教授随后分解了被剥离的反应堆和企业规模对生产效率的影响，发现企业规模对生产效率的影响显著水平不高，即规模经济不是生产效率提高的重要影响因素，而被剥离的反应堆生产效率仍然显著高于其他反应堆。

再次，Lucas Davis 教授展示了发电量提高的可能渠道。证据表明，产能的提高在 20 世纪 90 年代末之后有一定提高，而被剥离的反应堆提高得更多，这为发电量的提高提供了一定基础，但不是最重要的因素。发电量的提高主要来自反应堆停机时间的减少，1999—2007 年间，反应堆停机时间呈现出了明显的季节性，但被剥离的反应堆在任何时点的停机时间都少于其他反应堆。从 1999 至 2009 年的时间序列证据显示被剥离的反应堆在此期间停机时间相对于其他反应堆有了显著下降，2009 年度平均的停机时间要少于 14 天。两类反应堆在工作时间内的平均发电量没有显著差异，则发电总量的提高不可能来自这个渠道。

最后，Lucas Davis 教授考虑了安全的问题。1999—2007 年间，反应堆因安全问题停机的次数有了显著降低，但被剥离反应堆的该项指标并不显著低于其他反应堆。他强调了去管制化之后美国核能行业生产率的提高，也强调了研究对安全问题关注的不足。

Ayako Kondo（日本大阪大学教授）：全面健康保险对医疗设施利用率、医疗支出和健康产出的影响——来自日本的证据

首先，Ayako Kondo 教授介绍了日本全面健康保险。日本的全面健康保险在 1961 年完全建成。20 世纪 50 年代中期之前，是否实行强制的健康保险由各城市政府决定。此研究利用了各城市政策之间的差异来检验健康保险覆盖面扩大的影响，特别强调了以前研究中忽略的全面健康保险在发展中国家对全体人群的健康产出、对医疗供给和发病率的影响。

其次，Ayako Kondo 教授详细介绍了日本健康保险政策的变动情况。日本的公共卫生保险系统包括两个子系统，即雇佣保险（employment-based insurance）和国家健康保险（national health insurance，NHI）。其中，雇佣保险是被强制执行的，1955 年之前，是否加入 NHI 则由各城市政府自行决定。1956 年，日本社会福利顾问委员会建议让所有城市强制加入 NHI，此时，日本有 1/3 的人口完全没有保险。1957 年，日本厚生省提出了旨在扩大医疗保险覆盖面的"四年计划"，1959 年的"国家健康保险法案补充条款"强行要求各城市加入 NHI，这一条款在 1961 年 4 月开始完全生效。1956—1961 年，健康保险在日本的覆盖率从不到 80% 迅速提高到 100%，增速要快于 1956 年之前的趋势，其中，NHI 的覆盖率显著提高。

最后，Ayako Kondo 教授利用全面健康保险所带来的健康保险覆盖率的变化，尝试检验这一政策变化所带来的影响。回归分析的结果显示，相对于原有的增长趋势而言，医疗设备的使用率在这段时间有显著提升；在供给方面，医疗供给在这段时间同样有增长，但是不能确定增长的速度是否显著快于原有的增长趋势，同时，医院病床数量在此期间有显著提高，医生供给的增长则不显著；在产出方面，全面健康保险对死亡率没有显著影响，但解决了学生的蛀牙问题。

第五届两岸经济发展研讨会简报之一

(2004年8月)

从1996年开始,北京大学中国经济研究中心和台湾"中央研究院"经济研究所每两年召开一次两岸经济发展研讨会,轮流在北京和台北举办。2004年8月30日,第五次两岸经济发展探讨会在中国经济研究中心万众楼举行。会议首先由台湾"中央研究院"经济研究所所长管中闵教授和中国经济研究中心主任林毅夫教授先后致词,他们一致认为在两岸经济联系不断加深的背景下,加强经济研究领域学术交流合作,对推进两岸经济发展和繁荣具有积极意义。本期简报报道上午讨论的主要内容,下期简报报道下午的会议内容。

一、进入WTO对台湾石油产业的影响

台湾"中央研究院"经济研究所梁启源研究员报告这一论文。中国台湾地区于2001年11月加入WTO。加入WTO对中国台湾的出口产业有所帮助,但对中国台湾地区竞争力较弱的行业如农业和石油等冲击较大。在2000年之前,台湾地区石油市场由台湾中油股份有限公司(CPC)一家垄断。除零售外,从勘探到炼制等一系列都由它来做。虽然中国台湾地区从1990年前后开始申请加入WTO,台湾当局和民间对此也都有所准备,但CPC生产率进步仍然有限。从1997年CPC成本数据看来,除燃料油外,汽油、柴油等其他石油产品的成本普遍较高。总体而言,CPC的石油产品的平均成本比国外进口产品高出20%。原因应当与CPC的垄断性质有关。

台湾当局和相关企业对石油市场开放做了调整准备。从1987年开始,台湾当局出台了一系列的相关措施,如开放加油站、价格松绑、开放炼油业、开放进口燃料油。台塑石化运转表明市场基本放开,故不再采用油价调整公式,价格由市场决定。加入WTO伴随的关税下调,会导致空气污染加重。为了减轻对空气质量造成的负面外部影响,在降低关税同时当局提高"货物税",并且在原油和进口石油产品上征收了"石油基金克征",作为台湾当局战略储备。

CPC从1990年到2002年间采取的应对市场逐步放开的策略主要包括:①机构重组,以利润为导向进行管理;②以优退的方式减少冗员;③借鉴泰国的成功经验扩大零售系统(加油站);④加强研发;⑤降低或消除政策性负担;⑥设法民营化。第五项和第六项改革需要以"石油管理法"修改为前提,所以直到加入 WTO 前一个月才完成。从全要素生产率增长估计可以看出,这些策略产生了积极效果。

论文主要利用动态一般均衡模型,对开放后油价变动对石油整体产业以及城市污染(二氧化碳排放)的影响进行分析评估,模型中包括生产者模型、消费者模型、技术模型等。分析结果显示,对整体经济的影响表现为物价降低了 0.74%,产出增加将近 0.4%,能源需求增加。论文结论是,1999—2002 年间国际油价上涨了将近一倍,但台湾地区油价调整只有 27%。其中有台币升值等因素影响,但主要原因在于自由化和加入 WTO 的作用,如为了迎应市场自由化,台湾中油股份有限公司本身进行调整,当局采取了一些推动开放政策。台湾地区石油开放为其他经济体应对自由化提供了一个有益的参考案例。

二、中国近年钢铁景气和调控政策

中国经济研究中心卢锋教授正在进行"工业化和城市化背景下的中国钢铁经济"课题研究,他在会议上报告了这一课题部分初步成果。他首先从产量、进口、价格、投资不同角度观察了我国钢铁业近年高速增长的事实,然后着重讨论了钢铁增长的国际背景、国内供求面支持因素、增长过快的体制原因等问题,最后对政府调控政策提出观察和思考。

就 20 世纪世界钢铁经济数据观察,一百多年来全球钢铁经历了"三轮接力"式的增长。第一波增长是从 20 世纪 50 年代以前的 3 000 万吨到 2 亿吨,第一波增长有近一半增量贡献来自美国;第二波增长从 50 年代到 70 年代中期,产量上升到 7 亿吨以上,第二轮增长主要由日本和前苏联推动;第三波增长是 21 世纪最初几年,产量突破 8 亿吨后一路增长,今年业内预测可能突破 10 亿吨,增长贡献主要来自中国。我国已在钢铁领域成为带动全球增长的"领跑国"。百年钢材价格经历了剧烈波动,但是总体而言钢材价格呈下降趋势。钢材价格下降的原因,主要包括技术进步,铁矿资源相对丰富,钢铁材料可再利用性,替代原材料出现和增长等。钢铁经济的全球化联系程度提升,过去 40 多年中,铁矿石贸易依存度从 50%左右上升到 90%左右,钢材贸易依存度从 20%左右上升到 90%。

高速工业化和城市化期间需求变动,是推动我国新一轮钢铁景气的最重要因素之一。现阶段我国钢铁消费大致是五大块结构:房屋建筑约占 43%,基础设施建设占 13%,装备型机电品占 18%,消费型机电品占 7%,其他约占 20%。观察具体数据可以看到,推动新一轮钢铁景气的需求面因素主要有:①房地产增长为重要内容的房屋建筑施工面积增长;②以城市建成区面积扩大和道路建设推动的基础设施建设规模增长,以西气东输、西电东送、南水北调等大型工程带动的基础设施建设增长;③各类大型装备型设备生产规模在 90 年代中后期下降后恢复快速增长;④汽车、家电等居民直接消费机电产品快速增长。

我国钢铁业是开放度比较高的产业部门,开放经济环境下钢铁市场需求增加能在国内生产部门和投资领域引发强劲反应,另一方面基本背景因素在于我国钢铁经过新中国成立半个多世纪、特别是改革开放以来二十多年的历练和成长,已经在国内市场需求的绝大多数钢材品种上大体具备了程度不同的国际竞争力,并在技术资金门槛较高的高端产品领域显示出活跃的学习能力和提升相对竞争力的趋势。促进我国钢铁行业国际竞争力提升的基本因素包括:学习和改进国外先进技术,本土市场规模扩大的便利,钢铁装备设施成功进口替代和成本下降,具有竞争力的劳动力成本,经济全球化提供了大量利用外部优质铁矿等资源的条件,企业改革和市场竞争带来的企业效率提高等。

新一轮钢铁增长确实有供求基本面因素支撑,但也出现了某些过热现象,如钢铁投资增速过快,有的建设项目出现违规操作等。出现这些问题存在多方面原因,如面向未来投资决策难免出现预期判断偏差,去年"非典"之后部门和金融机构鼓励投资等,但更重要的还是体制性因素。目前我国土地制度与现代市场经济发展不相适应的方面,通过廉价土地融资加剧投资增长过猛问题;国有银行体制下商业银行仍可能出于上市之类短期目标影响,在一定程度上放松投资信贷的微观审查;现行地方政府和官员绩效评估实际偏重经济指标,激励官员不适当利用权力过度鼓励企业投资,等等。

鉴于对若干部门和宏观经济某些过热现象,政府在宏观调控政策框架下对钢铁等行业实行了一系列调控政策。如2003年11月发改委对钢铁、水泥、电解铝三个部门低水平重复建设提出批评并实施特殊管制措施;2004年2月国务院召开电视电话会议,控制三部门投资过热问题;2004年4月底有关部门对钢铁等行业提高投资自有资金比率,公开报道查处铁本事件等。对于钢铁等三部门管制措施,成为观察今年收缩性宏观调控政策演变发展的一个重要线索。

仍在展开的新一轮钢铁景气以及相关的政府调控政策,为我们研究中国经济成长机制和规律,理解宏观政策和产业政策互动关系和改进方式,都提供了有意义的观察案例。在一个竞争度和开放度不断增长的制度环境下,经济成长阶段性特点伴随的需求和供给面因素变动,为我国钢铁业前所未有的增长提供了现实条件和依据,从一个侧面显示出中国经济崛起的内在冲动和力量。制度不完善因素和其他随机因素影响,又使这一增长在特定阶段可能表现出令人担忧的过快过热现象和违规操作问题,显示出我国制度转型和经济发展互动进程的具体展开路径。

我国仍处于市场经济体制建立发展初步阶段,各方面激励和约束机制尚未健全;同时又处于经济高速成长的发展阶段,经济结构和参数都在快速变动。在大转型背景下,对某个行业增长过快及其可能带来的某些负面影响,短期采取一些具有中国特色的管制措施是可以理解的,也是必要的。然而另一方面也需要看到,我国经济市场化程度正在加深,中央明确提出了完善社会主义市场经济的基本政策方针,因而在宏观经济管理的理论和方法上,需要重新反思20世纪80年代提出并在90年代形成的宏观调控概念,逐步向与市场经济基本原则更好协调一致的方向改进。因而,深入研究钢铁景气成因和调控政策实践,对完善我国社会主义市场经济体制和改进宏观管理方式,都具有理论和现实意义。

三、东亚产业发展阶梯的经验研究

台湾"中央研究院"钟经樊教授报告了关于"东亚产业发展梯的理论"的论文。依据产业经济学和贸易理论的国家阶梯理论,产业在不同国家和地区之间是流转的,诸如纺织业,最先在日本,后转移到亚洲四小龙,后又退到东盟一些国家。由于每一个国家和地区有不同的发展程度,就有相对比较优势不同的产业。

国家阶梯理论可从两个方面来看。首先,每一个产业都会从先进国家向后进国家转移;其次,每一个经济体在不同时期也会发展不同的产业。"国家阶梯"在媒体上的通常说法是"飞雁理论",从纺织业等行业发展历程看,日本最先发展,是雁头,由它带领其他国家的发展。钟教授指出,已有研究一般只看横断面的静态表现,看一个国家的发展阶段是什么,进而研究它的产业结构应该是什么,或者是比较不同发展阶段国家的产业结构,动态的研究不多。他的研究则采用了多国和多时点的分析。

分析的架构相对简单,主要看的数据是两个。一是显现的比较优势指数,即某产业在某国中出口比例与世界这个产业平均出口比例的比率,度量这个国家这一产业在世界上是相对高出口还是低出口。指数值在 0 到无穷大,1 表示平均水平,越大表示比较优势越强。比较优势指数有个缺点,即不能处理我们现在产业内贸易的国际分工问题。另一个相对的指数就是 net trade index(净贸易指数),考虑的是出口和进口差的概念。具体做法是一个国家的出口和进口额相减除以它们的总和绝对值,数值会在 -1 到 1。正的指数表示出口相对的多,有比较优势;负值则表示相对没有比较优势。该论文实证研究集中利用这个指数。若用图表来表示"国家阶梯"的假说,用纵轴表示比较优势大小,横轴表示时间,那么我们可以用三个倒 U 形来代表三个国家系统,那么我们希望从左到右依次代表的是日本、NIES(新兴工业化经济体)和东盟国家,这样也就印证了"国家阶梯"理论。

通过设立二次模型方程式,并采用电子业数据回归,得出这样的结果:日本、NIES、东盟国家间的图像以及相对图像位置与"国家阶梯"假说图像都基本相同,证实了国家阶梯的假说。对中国大陆的回归结果不显著。解释是中国大陆正处于初始的发展阶段,一个产业的下降马上会由另一个产业来代替,所以不会呈现倒 U 形的图像。另外,通过对四个国家系统,日本、NIES、东盟(以越南为代表)、中国大陆回归结果进行残差分析,可观察各国之间关系,是否存在日本引领别的国家,即飞雁理论是否成立。回归结果发现:先进国家会影响后进的,诸如日本会对 NIES、东盟有影响,NIES 也会对东盟有影响,这三个国家系统的产业之间存在替代作用。

四、政府发展战略对经济发展的影响

中国经济研究中心林毅夫教授以此为题讲演。大部分的发展中国家从政治上获得独立后,就开始了寻求经济发展乃至现代化的努力。早期工业化被理解为是现代化的前提条件,所以从第二次世界大战后,很多国家都大力推动工业化。实际上,除了 NIES 和日本真正赶上发达国家或是缩小了与发达国家差距外,其他发展中国家的努力基本上都没有成功。有关研究显示,从 20 世纪 50 年代到 90 年代,发展中国家与发达国家间的差距实际上在扩大。原来认为衡量一个国家的发展最重要的因素是工业化的程度,由于发展中国家经过如此多的努力仍未缩小与发达国家间的差距,所以发展经济学界对于这个问题的一个流行观点是,缩小差距不仅是工业基础的问题,还有制度的问题。

从新古典经济学来看,最能促进一个国家经济发展的制度是市场经济体系。工业化的努力没有成效,使得各发展中国家开始经济改革和转型。中国大陆改革在过去 20 年取得很大成就,平均每年经济增长率达到 9.3%,是世界范围内增长最快的。研究又显示,对于其他一些做转型努力的发展中国家而言,它们在 80、90 年代的发展速度反而不如 60、70 年代。但是这些国家正是按照经典的市场经济体系应有的指标来做的。如果从它们的一些制度变量来看,诸如私有化程度、外贸依存度等都有改进,但经济未有发展?我的研究试图讨论:首先,为何发展中国家经过 50 年的努力仍未改善?其次,发展中国家要如何向市场经济过渡?

可以定义一个"自生能力"(viability)概念讨论这一问题,定义是一个正常管理的企业,在一个开放竞争的市场当中,能否获得市场上大家能够接受的利润率,如果它有这个能力,这个企业就会有人愿意投资,该企业就可以正常运转下去。新古典的经济学理论都假设了企业是有自生能力的,但是我们看到在很多发展中国家、转型中国家以及前社会主义国家的企业,在开放市场中,就算管理得很好,也仍然无法得到正常的利润率。因为在这些国家,在20世纪50年代开始进行工业化努力时,由于政策和发展战略的原因,导致一批企业进入了一个不符合这个国家比较优势的产业。

假设一个经济只有两个要素,资本和劳动,只生产一种产品,可以划出一条等产量线。这个经济到底采取怎样的技术最好?这取决于等成本线。一个国家的要素禀赋决定了等成本线的斜率,而不同斜率的等成本线就决定了这个经济应该选择怎样的资本和劳动组合的技术,是劳力密集还是资本密集的技术。但依我们一般的直觉,都认为资本越密集的技术就是越现代化的,因此会有很多的发展中国家,从其要素禀赋而言,它应该采取劳动力密集的技术,但政府认为资本密集的技术比较好,并要求企业执行。由此造成企业的亏损,哪怕它有最优秀的管理。我们可以把自生能力的概念推广到一个产业、一个经济。一个经济中,一个企业是怎样决定进入哪个产业、采用哪种技术,是由其要素禀赋决定的。如果没有按照自己本国的要素禀赋选取适当的产业、适当的技术来发展,就会造成这个国家,不论是在社会主义的计划经济还是完全的市场经济下,都不能取得好的发展结果。

很多发展中国家,诸如拉丁美洲的一些国家,采取的是不符合自己比较优势的发展战略。在这种情况下,经济中的企业没有自生能力,需要国家补贴才能存活下去。国家给企业政策性的保护和补贴,具体措施包括:赋予其垄断地位,不允许国外企业进入;扭曲各种要素的价格诸如利率等。这些干预和扭曲可以补偿企业没有自生能力的问题,甚至可以让企业赚钱。但是会导致很多的问题,比如要补贴多少才合适。在信息不对称的情况下,企业一般向国家索取的会比它实际需要的多,即为经济学中所言的"预算软约束"的情形。另外,这种不符合比较优势的发展战略还会导致所谓"裙带资本主义"问题。相反,东亚经济奇迹是由于在每个发展阶段都比较好地利用了它的比较优势。这样它的企业在开放竞争的市场上是有自生能力,不需要保护和补贴的。在这个过程中,政府会起作用。但作用只限于协调、信息传递、补偿外部性等,完全不同于实行赶超战略的国家。这才是东亚奇迹的根本原因。

由此可见,对于发展战略问题有理由提出三个假说。首先从长期时间来看,如果按比较优势发展经济,那么这个经济会发展得比较好;其次,按比较优势来发展会让经济比较稳定;最后,当从一个违背比较优势的国家转型到符合比较优势的国家,需要鼓励符合比较优势的产业和企业的发展。通过1962—1999年间多国数据计量回归,结果基本上印证以上三个假说。

第五届两岸经济发展研讨会简报之二

(2004 年 8 月)

从 1996 年开始,北京大学中国经济研究中心和台湾"中央研究院"经济研究所每两年共同召开一次两岸经济发展研讨会,轮流在北京和台北举办。2004 年 8 月 30 日,第五次两岸经济发展探讨会在中国经济研究中心万众楼举行。上期简报报道上午讨论内容,本期简报报道下午讨论的主要内容。

一、生产外包、知识溢出和增长

中国经济研究中心教授何茵在报告中指出,以往对生产外包的绝大多数研究或着重于对接受国的直接影响,或着重于对投资国劳动力市场的影响。前者讨论对接收国的诸如劳动力市场、产业结构、福利之类的直接影响,一般均假设国外的投资是外生的;后者的研究结果往往反对生产外包。似乎投资国向海外投资的动力并不牢固。所以希望从新的角度讨论投资国的其他投资动力,并将投资诱因内生化,同时考虑知识溢出对知识创新的不同作用。重点是生产外包(纵向直接投资)如何通过知识溢出影响转包国及转包接受国的长期知识积累和经济增长率。

有关知识溢出对知识创新的作用,一般看法是总的知识积累越多,知识创新效率就越高。还有知识产权的保护对创新的影响有两种相反的可能:一种是使创新的预期收益提高,并提高创新的积极性;另一种是使竞争下降,而维持现状容易,从而降低创新积极性。问题是哪一种更重要?

假设消费者面对两种消费品,同质的和差异的。生产者使用两种要素,劳动力和知识资本。生产同质的产品只需要劳动力,生产差异的产品还需要知识资本。知识资本由劳动力生产且作为固定成本进入生产函数。在生产过程中,发达国家可以选择是将资本留在国内还是投向海外。这个模型的关键部分是对知识资本创新的假定:知识创新的效率是发达国家和跨国公司所掌握的知识资本,不同地域同一产业内的知识溢出和发展中国家特有的知识资本之积,以及现场学习(learning by doing)性知识溢出和发达国家生产产品种类之积这三组变量的增函数。一段时间后,受资国会模仿转包国的新产品。模仿率称为外商直接投资溢出。跨国公司和受资国的公司进行价格竞争。投资国的跨国公司在是否向海外投资上权衡利弊。均衡状态下,所有公司应在建立国内公司还是跨国公司问题上达到无差异状态。模型中另一个关键的假定是自由进入（free entry condition）。

通过理论分析得到计量模型，然后对 1991—2000 年间 7 个发达国家和 9 个发展中国家的数据进行实证分析。结果似乎表明：严格保护知识产权使模仿可能性下降，从而加速生产转包进程，并减少长期内新知识的来源。放松对知识产权保护得到相反结果。

二、农业生产率和经济增长：税入和基础设施的作用

台湾"中央研究院"经济研究所陈明郎研究员报告这一问题。在发展中国家"起飞"过程中，较高的农业生产率一向被认为会提升制造业部门增长并促进工业化。但 1992 年日本经济学家 Matsuyama 对此观点提出了挑战。他使用两部门内生增长模型发现，一个小型开放经济体，若农产品的弹性较低，且通过学习效应提高效率只存在于国内的制造业部门，则农业生产率与工业化之间正的联系就不存在。原因在于如果农业生产率更高，相对制造业更有比较优势，势必从制造业部门吸引劳动力，使生产率和经济增长率都下降。虽然这种说法在逻辑上成立，但与日本、韩国和中国台湾地区的经济发展的经验不甚符合。世界银行 1982 年的一份研究发现，23 个在 20 世纪 70 年代农业年增长率超过 3% 的发展中国家中，有 17 个国家同期的年 GDP 增长率超过 5%。那么是什么机制使农业增长对非农增长有正的影响？何种试图使有效率的农业部门推动非农部门发展的政策会更有效？

在 Matsuyama 模型的基础上引入政府。政府的作用是课税并投资于基础设施。在经济发展的早期，农业生产率的提高将给政府提供更多税收，这便利了政府投资于基础设施。比如 20 世纪 50、60 年代台湾当局的"大米换肥料"政策。一般认为公共基础设施会使制造业更好地通过学习效应来提高生产率。台湾地区的新竹科技工业园就是很好的例子。更高的农业生产率可以通过两种机制影响增长：资源重置效应和税入效应。前者是 Matsuyama 提出的机制。后者是农业生产率提高使税入增加，政府可以在基础设施上增加支出，提高学习效应，使增长率上升。故后者大于前者时，农业生产率和经济增长是正相关的。

小型开放经济中农业效率提高对增长的效应不单取决于其相对于世界其他部分工农业的初始比较优势，而且取决于某个制造业的临界规模。在一定条件下，农业效率增加会提高制造业规模和经济增长率。论文模型框架与 Matsuyama 大体相同，不同的是工业品的生产函数，其技术是内生的，而且其变化是政府支出的增函数。工业品产出和政府支出可以增加学习效应。在封闭经济条件下的结果和 Mstsuyama 相似，农业效率提高会增加经济增长率。

三、中国城市居民预防性储蓄及预防性动机强度

中国经济研究中心施建淮教授就此问题做报告。居民储蓄持续超常增长是近期中国经济引人注目的现象。1998—2002 年，城乡居民储蓄存款余额增长了 62.7%，年均递增 17.1%，同期国内生产总值年均增长 7.7%。2003 年城乡居民储蓄存款余额比 2002 年增长 17.4%，远远超过同期国内生产总值 9.1% 的增长幅度。在此期间，政府采取的政策包括：1996 年 5 月 1 日起 8 次下调人民币存贷款利率，一年期存款名义利率从 1996 年的 9.18% 降低到目前的 1.98%；从 1999 年 10 月开始征收 20% 利息税；鼓励个人信贷消费；

提高中低层居民收入。

目前居民储蓄仍呈高增长态势。2004年2月末，居民储蓄余额已达11.75万亿元，其中人民币储蓄存款余额已突破11万亿元。在通胀压力显现、实际存款利率已转为负值的情况下，中国居民储蓄愿望依然不减。由此可能引发的问题有：消费需求对中国经济增长的拉动乏力，并使中国金融承负了太大的系统性金融风险。问题是为什么中国居民储蓄持续高增长？中国居民的储蓄动机究竟是什么？

经济学长期以来对储蓄与收入关系进行过深入研究，并提出过不同理论。生命周期/持久收入理论的基本思想是假设居民有平滑消费动机，预防性储蓄理论则强调居民的预防性储蓄动机。目前对上述现象解释集中于预防性储蓄动机。那么中国居民是否确实存在预防性储蓄动机？如果存在，是否确实如直觉所认为的那样强烈？

通过求解一个跨期消费者最优化问题来讨论这一问题。假设劳动收入是随机变量，服从随机游走过程。可以得出最优消费函数和相对谨慎系数公式。据此又有相应计量模型。对1999年1月—2003年3月35个大中城市的名义月度数据进行回归。对消费（储蓄）函数估计表明，收入的不确定性确实对居民的当前消费有负面影响，所以城市居民确实存在预防性储蓄。相对谨慎系数估计约为0.9，所以城市居民预防性储蓄动机并不非常强烈。一个可能的原因是中国储蓄占有结构不平衡。20%高收入家庭拥有人民币和外币储蓄存款总量比例分别为64.8%和89.1%，20%低收入家庭拥有的比例分别仅为1.2%和0.2%。高收入群体的预防性动机较弱，中国的高收入阶层主要由企事业单位负责人和技术人员，IT、金融和其他外企职员，私营企业主组成。这一研究的政策含义包括：加快社会保障制度改革，尽快建立起覆盖全社会包括全体劳动者的社会保障制度；调整产业结构和供给结构，启动高收入群体的高额购买力；完善税收和转移支付体系。

四、连锁超市"通道费"的经济学分析

中国经济研究中心汪浩教授的报告从一个具体商业现象引申而来。2003年6月，因为家乐福向供货商收取高额附加费，上海炒货行业协会和家乐福之间爆发公开冲突。该协会宣布从6月14日起，10家会员企业集体暂停向家乐福（中国）34家大卖场供货。与此同时，其行为得到其他许多行业协会声援。家乐福"通道费"事件表明超市和供货商的关系很特殊，分析其机制具有理论和现实意义。

通道费（slotting allowance）又称进场费，是指制造商为了让零售商经销其产品而支付给零售商的费用。对此理论上有两种解释。有限货架理论认为通道费是层出不穷新产品竞争有限超市空间的结果，是回避新产品风险的一种有效手段，对社会是有利的。这种观点对现实生活中超市对成熟产品收取通道费的现象无法解释。另一种观点是市场力量理论。它认为通道费是零售商拥有市场控制力的结果，同时还减弱了零售商之间的竞争。无论在国内还是国外，通道费都一致地受到供货商的反对，但直接针对通道费的反垄断案例并不多。

20世纪70年代以来，以沃尔玛为代表的零售超市兴起使零售业逐渐走向集中。大型连锁超市希望通过某种方式获得其市场控制力的潜在利益，收取通道费就是一种典型的方法。可以通过建立一个双重寡头模型讨论这一问题，其上游制造商是两个对称的厂商，生产相互替代的产品；但是下游零售商不对称，包括一个具有较大市场力量的大型超市，以及许多没有什么市场控制力的小超市。由于解这类模型在技术上很复杂,所以采取一些边际分析手段来简化问题。

在均衡状态下,通道费的存在使大型超市在价格、市场份额上均受益,从而增加了其利润,另一方面,它损害了小超市以及制造商的利益。通道费中与销售量联系的部分被制造商转嫁给小超市和在小超市购物的消费者,而不是大型超市和在大型超市购物的消费者。通道费中一次性总付的部分由制造商全部承担。虽然通道费与零售商的市场力量有关,但只要小超市没有被挤出市场,通道费就不仅不会提高平均零售价,还会使其降低。

通道费制度的巧妙之处在于,它既有一次性总付的特点,又有线性支付的特点。这样使得大型超市既可以在不造成效率损失的前提下既得到制造商的利润,又可以以隐蔽的方式扩大其市场份额和利润。从反垄断的角度看,通道费是排他性策略,有一定的不正当竞争的嫌疑。但如果政府直接介入并不可取,因为干预的操作难度很大,而且容易造成其他效率损失。所以,如果能控制大型超市的过度扩张,形成多家势均力敌的商家相互竞争的市场结构,将是更好的选择。

五、中国的经济增长和空气质量

台湾"中央研究院"经济研究所萧代基研究员报告这一问题的研究论文。Grossman和Krueger在1991发表的著名研究,发现环境质量各种指标与人均收入水平之间存在倒U形关系,这种关系被称为环境的库兹涅茨曲线(EKC)假设。其直白政策含义是"先污染后治理"(pollution first, and control pollution later)。存在这一关系的解释原因可以归结为:在曲线上升阶段,受到规模效应作用;在曲线的下降阶段,影响因素有技术提高作用;对环境质量需求的收入弹性大于1;政府倾听公众意见,通过种种公私控制措施降低污染排放。其他原因还包括:政治公开程度、收入分配情况、后发优势(advantage of latecomers)等。

中国大陆和中国台湾地区都是后来者能否通过在发展的早期采取环保政策来避免"先污染后治理"。萧教授对这一问题进行实证研究。数据分析范围包括中国大陆1992—2001年99个城市。由于污染和收入是同时被决定的,简单采用最小二乘法回归会有内生性的问题,所以使用联立方程估计来解决这个问题。

对台湾地区的回归结果表明,环境库兹涅茨曲线现象是存在的。二氧化氮的转折点是年人均收入384 000元新台币,一氧化碳的转折点是年人均收入205 000元新台币。对大陆的回归结果表明,二氧化硫和总悬浮颗粒物及空气污染指数支持环境库兹涅茨曲线假设。二氧化硫的转折点是年人均收入6 417人民币元,总悬浮颗粒物是11 510人民币元,空气污染指数是13 361人民币元。研究结果表明,大陆环境污染仍然是一个严重的问题,但环境库兹涅茨曲线转折点是在经济发展较早的时期,这可能是由于"后发优势"因素影响的结果。

第七届两岸经济发展研讨会简报之一

(2008 年 11 月)

2008 年 11 月 28 日,由北京大学国家发展研究院、中国经济研究中心和台湾"中央研究院"经济研究所联合主办的第七届"两岸经济发展研讨会"在中心万众楼举行。本期简报将介绍研讨会第一节讨论内容。本场会议由台湾"中央研究院"经济研究所副所长罗纪琼教授主持,有两位报告人发言,分别是台湾"中央研究院"经济研究所研究员梁启源教授和北京大学国家发展研究院院长周其仁教授。

梁启源(台湾"中央研究院"经济研究所研究员、教授):因应地球暖化之中国台湾地区能源政策

根据 2007 年联合国"政府间地球暖化问题小组"在布鲁塞尔发布的报告,全球暖化效应比过去预测的要严重许多。到 2050 年,全球气温将上升 2—3 摄氏度,欧洲阿尔卑斯山 70% 的滑雪胜地将不再白雪皑皑,全球缺水人口将增加到 20 亿,20%—30% 的物种将濒临灭绝。在近一个世纪里,台湾地区的生态环境受到了严重的损害,平均气温增加了 1.2 摄氏度,为全球气温平均增幅的 1.6 倍,昼夜温差减少 1 摄氏度,相对湿度超过 90% 的天气发生频率减少一半以上,导致了雾天在台湾地区各大城市基本消失,毛毛雨明显减少。

为了减少人类活动对自然环境的破坏,2005 年 2 月 16 日,旨在抑制全球温室气体排放的京都议定书正式生效,议定书中的附件一规定,签署议定书的所有工业化国家和地区到 2012 年,其温室效应气体排放量必须比 1990 年的排放量减少 5.2%。台湾地区虽然不受该议定书的制约,但是也会遵循一定的国际环境保护条例。这是由于台湾地区的贸易依存度比较大,出口占 GDP 一半以上,而 WTO 对环保有例外条款,即其他国家和地区可以出于环保的考虑,对进口产品征收环保税,这对台湾地区的出口贸易以及经济发展是非常不利的。尽管如此,台湾地区的能源消耗依然十分严重,比如,台湾地区二氧化碳排放量占世界总量的 1%,排名世界第 21 位,人均二氧化碳排放量则高居世界第 18 位。1990—2002 年,台湾地区二氧化碳排放累计增长 111%。1999—2006 年,二氧化碳排放量平均增长率为 4.3%,超过了同时期的 GDP 增长率 0.5 个百分点。2004 年,台湾地区的人均能源消耗量是世界的 2.5 倍,超过瑞士、丹麦、英国、法国和德国等欧洲发达国家。

导致台湾地区二氧化碳排放量大幅增长的原因有两个：第一个是能源结构发生了变化。含碳量高的煤炭占能源供给比重从 1996 年的 27.1% 上升到 2006 年的 32.3%，而含碳量低甚至不排放二氧化碳的水力发电和核能发电分别由 2.7% 和 11.2% 下降到 1.4% 和 7.1%。第二个是能源生产力即每单位能源使用量可生产的 GDP 有所下降。虽然台湾地区在 1980—1999 年期间能源生产力取得了 44% 增幅的巨大成就，但是从 1999 年到 2006 年，能源生产力下降了 3.4%，这一方面是由于能源密集型产业比重有所提高，另一方面是由于国际能源价格大幅上涨。我们预测，按照目前的环境形势，2012 年后，如若国际要求台湾地区达到的温室气体减量目标为 25%，那么物价水平将上涨 2.26%，经济增长率将下降 1.57%，这对台湾地区经济影响极为严重。若能提早应对，那么可以减少未来环境因素的制约造成的损失。

目前偏低的能源价格向市场发送了错误的信号，不利于高能源效率技术的使用，也影响到低耗能产业的发展。目前油、电、气的价格必须解冻的理由来自七个方面：第一个方面是国际能源价格上涨并非短期现象，而是长期问题。国际原油价格从 2004 年年初的每桶 30 美元上涨到 2008 年 7 月中旬最高的每桶 147 美元，同时期的煤、天然气也分别上涨 191% 和 87%，未来的能源价格依然会居高不下，对地区内能源限价，仅仅是短期权宜之计。能源价格应当反映进口的成本。第二个方面是台湾中油股份有限公司和台湾电力公司的亏损。由于国际价格和台湾地区价格的巨大差价，导致台湾中油股份有限公司全年预亏 832 亿元新台币，台电公司预亏 1 378 亿元新台币，分别占台湾中油股份有限公司和台湾电力公司资本额的 64% 和 42%。如果政府不进行增资，那么两个公司都有倒闭的危险，但若由政府对两个公司进行增资，那就相当于这损失是由全民来买单。第三个方面是政府财政赤字的恶化。政府赤字的恶化主要来自对能源企业的补贴和增资。第四个方面是能源补贴违背了社会公平正义的原则。过低的能源价格导致了全民补贴能源使用大户同时通过产品的出口，间接补贴了外国人。第五个方面是温室气体排放的失控。过低的能源价格影响了能源使用效率的提高，扭曲了产业结构，这也是 2000 年以来，台湾地区温室气体排放增长率超过 GDP 增长率的主要原因。第六个方面是能源价格应调而未调，产生了物价上涨的预期，不利于价格水平的稳定。第七个方面是过低能源价格导致能源供给的短缺。

能源价格调整势在必行，那么调整能源价格的同时，如何避免能源价格上涨对社会造成的负面影响呢？首先，应当提高居民所得，在促进经济增长过程中提高所得是降低物价上涨产生负面效应的最有效的方法，但是目前，受限于美国金融危机的影响，该方法存在执行的困难，因此，应当以优先法案的方式立法通过负所得税制法案。其次，电价应当分两次调整以降低短期冲击，长期内应建立浮动电价机制，同时也应当建立浮动油价机制。在此基础上，推动能源产业的价格自由化和进入自由，尤其是消除进口障碍以提高产业经营效率降低生产成本。最后，能源价格的调整应当优先照顾弱势群体。家用天然气和液化石油气价格的调整幅度应低于平均油价和气价的调整幅度。对家庭用电可采用分段累进调价方式，以减轻调价对中低收入家庭的影响。可以通过允许调整计程车费率，普设计程车候车站，控制计程车牌照数目，以减少恶性竞争的方式减少油价调整对计程车从业者的冲击。

通过数值模拟得出油、电和气价各上涨 10% 对经济的影响以及油价、电价和气价同步上涨对经济的影响，不论是哪种模拟结果，油、电、气价格的上涨都会对经济增长带来负面的影响，但是由此产生的益处是二氧化碳排放量都有了大幅度的降低，其幅度大大高于经济增长降低的幅度。为了反映使用石油的温室气体排放成本，台湾当局未来应当落实能源税，并辅以配套的税收政策和财政政策减少能源税对经济的冲击，以增加政治上的支持。利用动态一般均衡模型评估能源税以及其配套的税收方案对整体经济的影响，其结果是征收能源税并实施减税政策可以大幅度减少二氧化碳的排放量，同时对经济增长的影响甚微，所得到的税收收入将达到 2 260 亿元新台币。鉴于环境形势的日趋紧张与其他国家和地区核能利用的成功经验，台湾地区应当加大核能的利用，第四核电站应当按照原计划运转，或者延迟第一、第二、第三核电站的退役期，并考虑在既有的电厂安装新的核能机组。

周其仁（北京大学国家发展研究院院长、教授）：中国大陆农村建设用地的转让——试办"土地交易所"背景

大陆的土地制度分为三类：第一类是农用土地的农户经营和转让制度，比如林地和矿山虽然是集体所有，但现在都划归给农民，并可以进行转让。第二类是农业用地转非农业用地制度。第三类是城市土地市场制度。今天详细要讲的是第二类的土地制度，即农业用地转非农业用地的制度。随着经济的发展，城市要扩展，因此就要将原来的农村土地转化为城市土地。以前土地用途的转换是依靠国家强制力量进行征用，拿多少土地，在哪里拿，拿了之后怎么补偿，都由国家决定。在国有企业进行改革前，被征用土地的农民可以得到就业补偿，到国有企业就业。随着国有企业的改革，对农民的补偿转变成了货币补偿，国家法律明确规定最高货币补偿只能是农业用地收入的 30 倍。农民在这种制度下没有讨价还价的权利，而城市得到农村征用的土地以后，可以在市场上拍卖这些土地，最高达到每亩上千万元，这两者之间的差价就成为了城市化所需要的资本。这种征地制度带来了很多的矛盾，比如产生很大的收入分配的负面效应，不利于建立和谐的城市居民与农村居民的关系。在这种征地制度下，土地资源也无法得到最优的配置。

土地资源配置存在三个突出问题：第一是土地价格高涨。国家为了粮食安全，要求耕地面积不得低于 18 亿亩，而中国是一个多山的国家，近几年城市化进程加快，对土地的需求不断增长，导致了土地价格的高涨。第二是征地制度导致了城乡关系紧张。大多数农民的收入不仅来自劳动收入，另外也应部分来自于土地价格的上涨，但是在目前的征地制度下，农民无法享受到土地价格上涨带来的福利，这也是经济内需不足的一个原因。第三是农业人口大量进城，而农村建设用地没有因为农村劳动力转移而减少，导致农村建设用地没有得到有效利用。这些问题如果分开解决，难度会很大，但是如果可以统一起来解决，或许难度会减少许多。

2004 年国家进行了政策的调整，国务院下发"关于深化改革严格土地管理的决定"，其中第 10 条指出，"在符合规划的前提下，村庄、集镇、建制镇中的农民集体所有建设用地使用权可以依法流转""鼓励农村建设用地整理，城镇建设用地增加要与农村建设用地减少相挂钩"。2008 年，中共十七届三中全会决定，"改革征地制度，严格界定公益性和经营性建设用地，逐步缩小征地范围，完善征地补偿机制；逐步建立城乡统一的建设用地市场""对依法取得的农村集体经营性建设用地，必须通过统一有形的土地市场、以公开规范的方式转让土地使用权,在符合规划的前提下与国有土地享有平等权益"。

现在不仅政府征来的土地可以进入一级市场,而且农民自己的土地也可以进入一级市场,但还没有形成具体的法律法规,但是可以看到许多地方已经开始遵从这些原则进行土地的征用和交易。其基本思路是首先由县财政拿出一笔钱来建设较高层的住宅,村民搬进新的住宅,将原宅基地复垦,这样可以节省更多的建设用地指标,将这些指标与县城的机构或个人按照规定进行交易,所得的收入再补偿给原财政投入。

下面举两个现实中的例子。第一个例子是浙江省湖州市长兴县夹浦镇月明村的"宅基地整理项目"。月明村进行宅基地整理后,新增耕地面积 1 770 亩,可以发展苗木等效益农业,年增加产出 885 万元;同时也可以获取 1 770 亩建设用地指标,然后以每亩 2.5 万元卖给县城需要土地的机构,可一次性获得指标费 4 425 万元,农民花少量的钱就可以换到新的住宅,而且住得比较合理,比较集中,节约了土地指标,使得省下来的指标可以进行交易。第二个例子是成都邛崃市羊安镇仁和村新社区。成都是中国城乡协调发展试验区之一,农民住得非常分散,因此农民的建设用地占用量比较高,而四川又是一个缺地的地区,成都地价最高拍卖到每亩 8 800 万元的天价,那么应该怎么解决这一问题呢?仁和村新社区的做法和月明村的"宅基地整理项目"类似,对农村宅基地进行了整理,共节省建设用地指标 500 亩。这些都大大改善了土地的资源配置,同时也提高了农民的生活水平。土地指标如果是在小范围内进行交易,就难以实现其最高市值。进一步,我们应该促进跨地区、跨省的土地交易,让经济落后的地区把节省出来的土地指标转给发达的地区。然而,地方政府财力有限,规模推进要靠更一般的政策和制度。那么在土地资源配置中,怎样更大规模、更系统地利用价格机制呢?

20 世纪外汇指标交易的措施和方法有借鉴意义。此前中国由于创汇十分困难,要求企业外汇所得全部卖给国家,到了 20 世纪 80 年代,出现了外汇留存制度,并且开办了外汇调整中心,进行外汇指标的买卖,这一制度在汇率改革过程中起了重要的作用。1993 年汇率改革就是通过参考外汇调整市场的价格信号,将市场轨和计划轨并成一轨,人民币一天就贬值到市场价格。将上述方法应用到土地交易中,就是建立土地交易市场。城市的建设需要占补平衡,占用一块建设用地,就一定要在其他地方扩大农业用地,而通过农村建设用地的整理可以腾出一大部分土地,这些腾出来的土地就好比是企业留存下来的外汇指标,可以通过市场进行交易。2007 年 10 月,重庆、成都相继成为国家城乡协调发展试验区,重庆市政府网上公开征集意见,最后决定开办一个农村产权交易所,把周边农村经过整理后节省下来的土地指标放在交易所进行交易。2008 年 10 月 13 日中国第一个农村产权交易所在成都成立。2008 年 11 月 27 日,重庆也决定建立农村土地交易所。

成都和重庆都经历过地震,当地政府也将地震重建与土地制度改革结合在一起。在受灾的地区,每户家庭可以得到政府 1.5 万元到 2 万元的重建房屋补贴,但这些补助是远远不够的,尤其是在农村地区,重建家园不能仅仅依靠政府的力量。相反,通过"联建",农村将合法的建设用地腾出来,由城市出钱,一起规划建设住宅,就可以很好地解决灾后房屋重建的问题。成都市就针对这种情况,规划了一个地区,并在市中心设置了一个展销厅,公司和个人可以与该地区农民进行协商,按照市政府的规划,共同建设新的住宅。如果"联建"可以得到法律和制度的保障,那么它有可能成为促进新一轮经济增长的投资新来源。

第七届两岸经济发展研讨会简报之二

(2008 年 11 月)

2008 年 11 月 28 日，由北京大学国家发展研究院、中国经济研究中心和台湾"中央研究院"经济研究所联合主办的第七届"两岸经济发展研讨会"在中心万众楼举行。本期简报将介绍研讨会第二节的讨论内容。本场会议由北京大学中国经济研究中心陈平教授主持，有两位报告人发言，分别是台湾"中央研究院"经济研究所副所长罗纪琼教授和北京大学中国经济研究中心李玲教授。

罗纪琼（台湾"中央研究院"经济研究所副所长）：全民健保医院总额支付对住诊医疗质量影响

今天讲的题目可分解为三个要素：一是全民健保，二是总额支付，三是医疗质量。

中国台湾地区的社会保险与先进国家和地区的社会保险一样，都是从受雇者保险开始的。早在 1950 年台湾地区就有"劳保"，1958 年实行"工保"，1985 年示范"农保"，1989 年全面开展"农保"，1990 年开始施行对低收入者的"福保"。这几个保险刚刚开办的时候不是单纯的健康保险，而是所谓的综合保险，像有养老保险、劳工有失业保险、工伤保险、生育保险等，统统都混在一起，体系比较复杂。同时，虽然逐步开办的这些保险各自针对特定的人群，但保障内容的同质性很高，这造成了费用控制的一些问题。以"农保"为例，当时估算的保费率是 8.5%，但是经过"立法院"之后就变成 5.8%，后来发现保费率应该是 8.8%，才可能避免一开始就亏损的状况。"农保"一直持续到 1995 年"全民健保"开办，在此之前它每年都在亏损。从 20 世纪 90 年代初亏损 40 亿元新台币一直上升到 120 亿元新台币，在"全民健保"开办前亏损了 200 亿元新台币。不同的保险针对不同的人群，有不同的费率和计算费率的基础，还有不同的支付机制乃至不同的给付比例。这造成了不同的保险"费率向低看齐，给付向高看齐"，使得财务进一步恶化。

1995 年，台湾开始实行"全民健保体制"。由于其对全体人员实施统一保险，因此行政成本较多针对不同人群的保险，并且因为实行药品统一采购，我们有比较高的费用管控的能力，最近几年广受好评。

关于健康保险的影响，我们可以看到，在没有保险的时候，市场上是双边关系，加入保险的机制之后则成为三角关系，并多出两套制度，一是财务制度，二是支付制度，即一边是如何收钱，另一边是如何付钱。患者在看病时仍然是先去找医疗机构，但是看病的费用是部分自费，部分由保险付费。第三者付费必然导致道德风险的问题：病患没有激励节制，因为它是部分付费，而医生也有激励多用服务，另外更严重的是浮报虚报的行为。从这个三角关系，我们可以知道健康保险的本质。一方面，医疗市场存在严重的信息不对称，而且生病是性命攸关的，再加上医疗费用高且上涨迅速，病人往往因病而贫。因此，即使健康保险存在严重的道德风险，我们也认为它是必要的，非做不可。但另一方面，它是一个财务基准，任何财务基准，你要它永续，就必须要收支平衡。

医疗费用上涨一般说来有四个原因，一是人口老化，65岁以上的人花费的医疗费用是平均费用的4—6倍，在台湾地区是4.5—5倍。二是科技进步，各种癌症不断有新药出现，以前只有CT，后来有MRI，这些东西的费用都非常昂贵。三是保险介入，因为是第三方付费，患者和医院都有激励增加费用。四是物价上涨。由于这些因素的存在，你去研究健康保险史就会发现，它其实就是费用控制史。从比较广的层面来看，我们可以有以下几种控制费用的手段：保险给付、部分负担和支付制度。

先从保险给付的角度看。如果不付，这个费用就不成为保险的负担，自然就控制费用。可是从整个国家的医疗费用来看，如果保险能付的话，其实是比较省钱的。例如胃药，保险因为是独买，有时价格可以压到市场价的10%以下。我们往往为了避免压力规定保险负担为总费用的一个定额，但一般而言定率更有效率。还有一种办法是定额之上再加上定率支付，中国大陆的医保采用的就是这种制度。也可以从支付制度的角度来控制费用。例如在法国，患者看病现场保险不支付，患者先垫付后来向保险公司要求核退，这样一定比较省钱。另一种手法是在付钱给医生的时候实施严格的审查。

我们来看保险费用控制的沿革史，各地基本都大同小异，最开始一般都是按量计酬(fee-for-service)，各项服务分别计算报酬而后支付。因为有很多的细分项目，审查很不容易，于是一些国家就变成住院一天支付一定的费用，这样审查比较省事，但是这种控制价格的方式不容易控制数量，造成住院时间大幅延长。还有按病例计酬，实质上就是把服务打包定价。这些控制方法实质上还是控制价格。后来一些国家开始实施量的控制，如规定一个诊日只能看30个人，还有合理住院日，而医院应对的方式是在能做的那一天把所有服务拼命做完，费用还是得不到控制。因此，现在各国主要采用的方式都是从总额上直接控制费用。

台湾地区"全民健保"采用总额支付制度来控制费用。总额支付制度是指付费者与医疗供给者，就特定范围的医疗服务，如牙医门诊、中医门诊、住院服务等，预先以协商方式，订定未来一段期间（通常为一年）内健康保险医疗服务总支出（预算总额），以酬付该服务部门在该期间内所提供的医疗服务费用，并借以确保健康保险维持财务收支平衡的一种医疗费用支付制度。这项制度是从牙医部门开始，然后是中医部门，再然后是西医部门。总额支付控制一般有两种形态，一是规定支出上限，二是规定支出目标。支出上限的做法就是超出上限，全部费用的支付都打折扣。而支出目标是超过上限的部分支付打折扣。台湾地区总额支付制度在实际运作上，采用规定支出上限的方法，即预先依据医疗服务成本及其服务量的成长，设定健康保险支出的年度预算总额。每单位服务支付金额是采用回溯性计价方式，由预算总额除以实际总服务量而得；当实际总服务量大于原先协议的预算总额时，每单位服务支付金额将降低，反之将增加。由于固定年度总预算而不固定每单位服务支付金额,故可精确控制年度医疗费用总额。最严重的时候,申报 1 元的费用,支付打折到 5 毛钱都不到。这种总额支付制度下,医院不断地有方法应对,而制度也在不断变化,成为一场有趣的角逐。

那么我们来看一下总额支付的影响。在费用上这样强力的控制手段,会对资源分配和医疗质量造成什么深远的影响呢?

总额支付对资源在科别间的分配影响很大,我们知道,不同科别每单位服务的价格在总额支付之前就已经决定了,如果单价不合理,就会造成分配的扭曲。例如皮肤科的门诊量直线上涨,每个医生平均的年门诊量超过 1.2 万次,最多的可以到 2 万多次,而妇产科、小儿科没有这样高的门诊量。这就造成妇产科、小儿科的服务总费用占所有医疗费用的比重下降,保险支付也相应降低,导致了这些科别的亏损。现在有人已经开始担心以后找不到人接生,找不到人开刀。所以近几年台湾地区对外科的服务价格调整非常迅速,可还是不够。另外,总额支付对资源在层级、地区、权属之间的再分配都有很强的影响。医管局按照事先定好的总额向各医疗机构分配报酬,大家都在争总额分配这张饼的时候,大医院会比较占优势,因为规模效应可以压低单价。最后的结果就是资源向城市、向大医院倾斜,使医疗服务的提供更都市化、大型化、财团化。因此总额分配这种不分科别和权属,对费用统一控制上限,超过即一体打折扣的做法其实是有问题的,大家拼命地抢总额这张饼的状况也是有问题的。现在的提议就是一家医院一个总额。所有医院共同面临一个集体总额和每个医院单独面对个别总额的激励是完全不同的,不过依据过往费用计算个别总额的方案遭到医院的强烈反对,所以也没有做成。

我们接下来衡量总额支付对医疗质量的影响。从民众满意度来看,台湾地区的"全民健保"在刚开始实施时因为体系纷乱,满意度不太高,但走上正轨后多数时候满意度都超过七成,这个满意度也是非常高的。我用住院 30 日内的死亡率和出院 30 日内的再住院率,以及院内感染率来衡量医疗质量。美国一项类似的研究是看 DRG（Diagnosis Related Group System,按病例特征向医院支付保费）对医疗质量的影响,用的也是类似的指标,其研究结果显示 DRG 对医疗质量没有显著的作用。我用的资料是"全民健保"住院的明细资料,比较了总额支付实施前两年和后两年的变化,为了分离出总额支付制度的影响,我们控制了疾病的严重度,以及 SARS 的影响。

计量的结果显示,病患年龄越大,再住院概率、死亡概率和感染概率都越高,死亡率增幅递增,而再住院概率和感染概率增幅递减,这是很符合直觉的。男性的上述三个概率都显著高于女性,这很可能是因为男性拒绝去医院,去医院时疾病已经比较严重。同时我们可以看到,并发症项数越多,再住院概率越高,这也与直观相符。

在总额支付实施前,较高层级的医院,如医学中心和区医院,其遭感染的概率高于地区医院,说明这些医院中院内感染控制不好,这可能是因为床位占用率太高的缘故,它们的急诊室外常常排满人。而从再住院概率和死亡率来看,医学中心和区医院就显著低于地区医院。上面的结果其实都说明医疗资源向较高层次的医院倾斜。

我们看总额支付制度实施产生的影响,总的来说,除了死亡率有所下降外,其他指标都有不同程度的恶化,正如我刚才所讲,总额支付实施后大型医院不断努力提高服务供给量,造成了资源的倾斜和过度使用,由此造成了院内感染的增加和再住院率的上升。所以我们看到,总额支付制度对于医院服务提供激励的扭曲降低了医疗服务的质量,这应该引起我们的注意。

李玲（北京大学中国经济研究中心教授）：财政分权对中国医疗卫生的影响

今天我首先介绍中国医疗卫生受财政分权影响的背景，然后介绍我们用省级和县级的数据做的定量研究，最后给出一些政策建议。

最近《新京报》刊登了一条新闻：一个患病男子为得到免费治疗，故意犯罪。这是一百多年前国外的情景，在今日中国重现。下面我们首先来回顾中国的财政制度改革。中国的改革，从1978年以后，就是"包"字当头。从农村实施的家庭联产承包，逐步进入城市的承包。我们的财政体制其实也是从"包"字开始的，过去是统筹的，后来就开始"分灶吃饭"，也就是中央财政和地方财政的分开。当时这样做的背景是国有企业改革后，中央的财政收入下降，财政压力逼迫中央政府减少对地方政府的转移支付，并且把更多的责任压到地方政府肩上。尤其是1994年的分级财政改革，这项改革强化了地方政府承担公共服务的责任，并使财政收入向中央政府移动。1994年改革之后，中央政府财政收入大幅增长。

关于财政分权的研究，经济学有很多讨论。目前的研究基本上局限于中国财政体制改革取得的成就，着眼于财政体制改革给予地方政府巨大的激励。地方政府相互竞争的机制极大地促进了经济的发展，也可以说是"中国奇迹"的秘诀之一。但是关于财政体制改革对公共领域尤其是医疗卫生领域的影响的研究不多，定量的更少，多数是描述性的。

从数据上看到，财政体制改革后，卫生事业占整个财政支出的比重是不断下降的，占科教文卫费用的比重也是在不断下降的。也就是说，在经济不断增长的同时，政府在卫生领域支出的比重实际上是不断下降的。大家可以看到，政府支出占总医疗费用的比重从1981年的40%下降到2000年最低的15%，但同时个人支出从20%增加到2000年的59%，这也就是老百姓不断抱怨医疗体制的原因，费用在不断上涨，而政府承担的比例在迅速下降，个人承担的比例不断上升。而且，由于财政分权导致了卫生支出成为地方政府的责任，而地方政府的财力差异非常巨大，财力最高的省与最低的省在人均卫生支出上相差在十倍以上。

我们用1990—2000年省级的面板数据来分析财政分权改革对地方政府卫生支出行为的影响，主要想回答的问题是政府卫生支出的绝对量是否受到财政分权改革的影响，另外我们还想看政府对卫生领域的支出偏好是否受到财政分权改革的影响，尤其是财政分权的增强是否会导致政府更愿意将财政支出投入到经济领域，而非医疗领域。

我们用财政的自给度衡量财政分权的程度，控制变量包括用人均本级财政真实支出衡量政府财力，用人均实际GDP来衡量地区整体经济发展，用人均床位数和医务人员数来衡量医疗资源状况，另外我们还控制了城市化程度和公共卫生指标。固定效应模型回归结果显示，财政分权对卫生支出的效应显著为负，说明分权化越高，政府的卫生事业支出越低。GDP与卫生支出之间的关系也是反向的，说明经济的发展并没有使政府加大对卫生事业的投入。用卫生事业支出占财政支出的比重做因变量回归得到的结果是类似的。这说明分权化越高，政府会越偏好投入到经济部门。这是因为地方政府的主要政绩考核指标是GDP，所以偏好于用公共财政来发展经济而不是改善民生。

县级数据的结果也是类似的，利用县级数据回归时还控制了省与县的转移支付。总的结果是县级卫生支出及其占财政支出的比重都与县级财政总收入呈显著正向关系，这说明地方政府的财力是决定其卫生支出的重要因素。我们同时研究了不同的财政返还方式对卫生支出的影响，可以看到税收返还减少卫生支出，应该使用转移支付返还。

从定量研究结果来看，政府在卫生支出上的角色弱化与财政分权改革是相关的。国外很多研究认为，财政分权可以改善地方政府的治理绩效，但我们应该考虑国外的政治制度与我国的不同。国外地方官员由选举产生，那么改善民生必然是其最大目标，而我们目前的政绩考核指标使地方官员没有激励向公共领域投入资源。

我们同时也可以看到，从2003年起政府对卫生事业的投入已经有了非常大的改变。2003年发生的"非典"疫情使政府认识到医疗卫生的重要性，导致了中国医疗改革的转折。当然，尽管政府投入不断上升，我们的支出结构仍然是以个人支付为主，这与OECD国家呈倒置状态。另外，政府在促进支出均等化和转移支付方面仍然需要发挥更大的作用。我们的建议是，由于财政分权后地方政府的财力弱化，如果要实现公共支出在卫生领域的均等化，中央政府应该承担更多的责任，加大转移支付并且应该专款专用。另外，要重视公共卫生和防疫工作。我们还要注意完善促进公共卫生投入的激励机制。推动地方政府加强卫生投入的最有效的方式，是把基层初级卫生保健和预防的绩效指标，跟地方官员的政绩考核联系在一起。

最后，我觉得这场大的金融危机对于我们的医改是一个机会。这么多年来我们一直在争论医疗领域市场和政府的关系问题。从国际经验看，医疗领域市场就是失灵的，政府介入必不可少，而我们国内还在非常低的层次上争论市场能否独立解决问题。这场金融危机让我们看到市场是由无数个体构成的，出了问题找不到人负责。而政府是最终的责任承担方。无论是天灾人祸还是美国的金融房地产领域这样市场化程度很高的领域，都回避不了政府是最终责任人的事实。至于医疗这个本身就应该由政府承担的领域，政府必须义不容辞地加大投入力度并且加强监管。

第七届两岸经济发展研讨会简报之三

(2008年11月)

2008年11月28日，由北京大学国家发展研究院、中国经济研究中心和台湾"中央研究院"经济研究所联合主办的第七届"两岸经济发展研讨会"在北京大学中国经济研究中心万众楼举行。本期简报将介绍研讨会第三节的讨论内容。本场会议由台湾"中央研究院"经济研究所研究员周雨田主持，有两位报告人发言，分别是台湾"中央研究院"经济研究所所长彭信坤教授和北京大学中国经济研究中心副主任姚洋教授。以下是报告的具体内容。

彭信坤（台湾"中央研究院"经济研究所所长、教授）：跨国劳动力转移中的汇款——新经济地理的框架

彭信坤教授报告的论文来自他与藤田昌久（Masahisa Fujita）教授的研究成果。这篇文章主要研究的议题是国际间非技术劳动力移民及其移民寄回本国的汇款对两国工资和收入分配的影响。

据世界银行统计，移民汇款在一些发展中国家GDP的总量中占了非常大的份额。例如，海外移民汇回本国的汇款占苏丹GDP总量的20%；在海地，这个比例是22%，黎巴嫩是23%，等等。汇款是一些发展中国家除FDI外最大的外部资本来源，对这些国家的经济发展起到了极为重要的影响。但在新经济地理学或新贸易理论的研究框架中，尚没有文献对汇款和非技术移民进行准确的模型化。

彭信坤教授等人的研究基于克鲁格曼（1991）的"核心-边陲"模型，试图探讨这一问题。他们试图用模型论证，非技术移民从边陲国家向移民国家输出劳力，并向本国汇回部分收入，会对两国工人福利造成什么影响。结果表明，当汇款变得更容易时，移民比例更高。朝向核心国家的移民潮会提升边陲国家非技术工人的工资，同时降低核心国家非技术工人的工资。此时，两国间非技术工人的收入差距趋于下降，而核心国家内部，技术工人与非技术工人的不平等状况则加剧了。

彭教授等人的模型假设：核心国家同时生产工业品和农产品，边陲国家仅生产农产品。生产工业品需要固定数量的技术劳动力作为固定成本、一定量的非技术劳动力作为可变成本；生产农产品需要固定数量的土地和可变数量的非技术劳动力，且非技术劳动力的

规模报酬递减。其次，该模型还假设技术工人在国家间举家迁移，而对于非技术工人，仅个人移民去他国工作，且将部分工作收入汇回本国的家中。

基于上述假设，他们的研究关注下面两个议题：第一，新经济地理学框架下的"核心-边陲"的描述在理论上是否确实存在。第二，汇款成本、贸易成本和工业品之间的替代性对均衡时的移民比例、技术工人和非技术工人的真实工资有何影响，对核心国家与边陲国家之间的不平等状况以及国家内部的不平等状况分别有何影响。

彭教授等人的理论模型证明，"核心-边陲"的均衡存在性要满足以下三个条件：首先，边陲国家的非技术劳力有激励向核心国家移民；其次，核心国家的非技术劳力不会移民到边陲国家；最后，核心国家的技术劳力亦不会移民到边陲国家。

利用比较静态学的方法，彭教授等人还证明，随着贸易成本下降和工业品之间替代性上升，边陲国家非技术劳力的移民比率会上升；而该比例随汇款成本上升而下降。其次，核心国家非技术劳力的真实工资随汇款成本上升而上升，与之相反，边陲国家非技术劳力的真实工资则随之下降；核心国家以及边陲国家非技术劳力的真实工资都随产品运输成本的上升而下降，随工业品的替代率上升而上升。最后，核心国家与边陲国家非技术劳力的不平等状况都随产品运输成本和工业品替代性的上升而上升；而在核心国家内，技术工人与非技术工人的不平等状况随汇款成本上升而下降，随产品运输成本上升而上升。移民比例对核心国家和边陲国家不平等程度的影响不明确，依赖于参数的具体设置。

彭教授指出，该研究的贡献在于，在一个考虑移民汇款对经济影响的模型中，证明了"核心-边陲"均衡的存在性及其条件。在这个模型中，核心国家的生活成本有可能高于边陲国家，这比较符合现实，但在先前的"核心-边陲"模型，从未出现此结果。这一模型也证明，移民比率随产品运输成本和工业品之间替代性的上升而上升，随汇款成本的下降而上升。它还探讨了产品运输成本、产品替代性和汇款成本对国际间和国家内不平等状况的影响。

姚洋（北京大学中国经济研究中心副主任、教授）：结构转型与 Balassa-Samuelson 效应

姚洋教授演讲的内容是他与王泽填博士近期的一项研究成果。该项研究首次将结构转型与巴拉萨-萨缪尔森效应联系，考察两者的相互关系。

Balassa-Samuelson 效应（以下简称"B-S 效应"）是指，若本国可贸易品部门和不可贸易品部门生产率的比率的增长速度快于外国，那么本国货币的实际汇率就会相对于外国货币升值。因为可贸易品部门生产率增长速度通常高于不可贸易品部门生产率，因此根据这一理论，一国在经济赶超过程中会伴随实际汇率升值。

姚洋教授指出，在已有的文献中，很多发达经济体被证明遵循了 B-S 效应，其中最为典型的是新加坡和日本。然而，已有的文献也发现，B-S 效应对发展中经济体实际汇率走势的解释力要弱一些，特别是经济发展水平较低的经济体，它们在经济赶超过程中伴随的往往不是实际汇率的升值，而是相反。作为佐证，姚洋教授列举的中国、不丹、印度、马来西亚、巴西、泰国、印度尼西亚等国的例子，从长期来看，这些国家相对人均收入与实际汇率的走势相反。

姚洋教授等人的研究试图解释这一现象。他们的核心思想是，发展中经济体正在经历结构转型，劳动力被从农村挖掘出来，源源不断地输送到工业领域，当一国可贸易品部门生产率提高时，农村工人的进入会抑制工资的增长，从而导致 B-S 效应减弱。

在对相关文献进行概述之后，姚洋教授简述了他们研究所使用的示意性模型，随后将演讲的重点转入实证研究部分。他们的计量模型以 Rogoff（1996）、Bergin *et al.*（2004）和 Tica and Družić（2006）等人的模型为基础，以一国货币相对美元的真实汇率的增长率作为被解释变量，以购买力平价调整的相对美国的平均收入的增长率衡量 B-S 效应，以农村人口比重与相对人均收入对数的交叉项衡量结构转型对 B-S 效应的影响，并加入了其他几个控制变量进行统计检验。这些控制变量包括开放度、政府支出比重、投资率、贸易条件、石油进口占 GDP 比重、劳动力流动自由度等。

姚洋教授特别解释了控制劳动力流动自由度的原因。他指出，一个经济体的农村人口比重可能受到该经济体劳动力流动自由度的影响，一般来讲，劳动力流动自由度越低，则农村人口比重越高，因此，如果不控制劳动力流动的自由度，则农村人口对 B-S 效应的削弱作用可能是劳动力流动自由度较低造成的。

回归结果显示，B-S 效应显著为正，而"农村人口比重与相对人均收入对数交叉项"的系数在所有模型中都显著为负，即越处于结构转型早期的经济体，B-S 效应越弱，从而证实了他们提出的命题——结构转型会在很大程度上减弱 B-S 效应的影响。姚洋教授指出，相对人均收入的系数与交叉项的系数的绝对值之比基本上都在 0.8 左右，这意味着，若一个经济体的农村人口比重达到 80% 以上，其 B-S 效应就完全消失，甚至会出现与 B-S 效应相反的情况。这或许可以解释为什么一些发展中经济体的实际汇率随收入增加而下降的情况。

姚洋教授认为，该研究从理论和经验上证明了，以农村人口城市化为特征的结构转型是影响发展中经济体实际汇率的一个重要因素。一个经济体越是处于结构转型的早期，农村人口的比重越高，B-S 效应就越小；随着结构转型的提高，农村人口比重对 B-S 效应的削弱程度降低。发展中国家可以利用结构转型迟滞 B-S 效应带来的实际汇率升值，保持出口竞争优势。

第七届两岸经济发展研讨会简报之四

(2008 年 11 月)

2008 年 11 月 28 日，由北京大学国家发展研究院、中国经济研究中心和台湾"中央研究院"经济研究所联合主办的"两岸经济发展研讨会"在中心万众楼举行。本期简报将介绍研讨会第四节的讨论内容。本场会议由北京大学中国经济研究中心霍德明教授主持，有两位报告人发言，分别是台湾"中央研究院"经济研究所林忠正研究员和北京大学中国经济研究中心雷晓燕教授。

林忠正（台湾"中央研究院"经济研究所研究员）：总额预算、同侪制约与医疗冲量行为

本研究试图利用社会风俗模型来考察台湾地区的"健保制度"。问题的背景是，在某一时刻，社会中有的人身体健康，有的人不幸生了病。如果那些生病的人因为经济窘迫看不起病，问题该如何解决？一种可能的方法是政府为民众提供医疗保障，使民众面对相对较低的诊疗价格，比如台湾地区实行的"全民健保"制度。这种方式的优点是可以分散风险，但也有缺点。对于病人而言，给定相对较低的医疗价格，医疗服务需求就会增加。对于医院而言，医疗服务越多，收入越多。在这种情形下，医院甚至有动机主动创造需求，我们把这种行为称为医疗服务机构的冲量行为。

在医疗服务机构采取冲量行为的情况下，由于医疗服务量过大，健保制度常常入不敷出，有时候不得不调高保费。但调高保费的阻力很大，使健保制度常常面临破产的危机。另外一种方法是总额预算制度，即事先给定预算约束，采取浮动价格。诊疗人次多，单价就低，诊疗人次少，单价就高。这种方法的优点是可以控制预算，但这种制度下医疗服务机构的冲量行为会有另外一种影响：如果医疗从业人员采取冲量行为，医疗需求大，单位价格就会变低，结果会损害其他医疗院所的利益。这类似于囚徒困境，个体利润最优化的结果是每个医疗院所都会选择冲量行为，使最终均衡会偏离社会最优的均衡解。但是如果存在同侪制约，即医院同侪的压力会对冲量比较多的医院给予道德制裁，就可能有抑制冲量行为。

本研究利用 Akerlof 的社会道德模型解释同侪制约的效果。主要的发现是：①即使不考虑同侪制约的效果，总额预算制度本身也有自动稳定的机能。如果大家采取较多的冲量行为，医疗服务单价就比较低，冲量的激励就会下降；如果大家所采取的冲量行为较少，单价就会较高，使冲量的激励变高。在自动稳定的机制下，医疗服务机构的行为会收敛到均衡解。②同侪制约的存在会给冲量行为带来压力。同侪制约的压力越大，抑制冲量行为的效果越好。③如果同侪制约的压力大小取决于采取冲量行为的人数的多少，则存在两种类型的均衡，均衡的结果取决于制度的初始状态。

下面介绍一下 Akerlof 的社会道德模型。该模型有几个重要的假设：①人不单是经济动物，还会在意尊严和面子。②从先天角度而言，人的基因是自私的；但从后天角度而言，人要面对社会文化的约束。在这种约束下，人们会产生利他行为。③社会中存在既定的道德规范。社会中的个体会在意别人的看法以及社会中的行为规范。如果违反社会道德规范，个体会面临道德压力。这种道德压力，可能来自内在的约束，也有可能来自外界的评论。越多的人遵循社会规范，违反相应规范的压力就会越大。相反，如果大家都不遵守社会规范，违反规范的压力就会很小。在这些假设下，模型有一些基本的结论：①模型可能存在多重均衡。②模型中有一个临界值，这区别于经济学通常的边际分析。③在发生重大的变化之后很难重新回到原来的状况。例如某一企业开始薪水很高，员工工作表现也很好。后来突然减薪，员工会消极怠工。当经理发现这个情况，把工资重新调高，发现人们工作热情依然不是很高。很多的社会制度在刚刚建立的阶段非常关键。如果一开始没做好，后面要想改变，会非常困难。

在把 Akerlof 的社会道德模型用于总额预算制度分析时，本研究作了几个相应的假设：①医疗从业人员不仅在意经济报酬，还在意同侪和社会的评价。②个别医疗服务机构的冲量行为会损害其他主体的利益，因此在社会道德评价中，冲量行为是不好的。③冲量行为要承担违反社会道德规范的心理压力。④冲量的风气越盛，冲量行为的压力就会越小。在本文的模型中，假设医疗院所可以选择是否采取冲量行为。选择冲量行为意味着较多的服务数量，给定医疗预算总额，这时收入也相对较高。同时，冲量行为要承担更高的成本。假设厂商具有异质性，每个厂商采取同样冲量行为面临的压力不一样。这样就存在一个临界厂商，对于它来说是否选择冲量行为利润没有差异。根据这个临界值，我们可以把所有的医疗院所分成两部分。一部分选择冲量行为，另一部分没有选择冲量行为。由此可以计算出两种医疗院所总的比例。根据总的预算可以计算出每单位医疗服务的价格，由此计算医疗院所的收入。对收入作比较静态分析，可以得出以下结论：①如果越多的医疗院所采取冲量行为，医疗价格就越低。②同侪压力增加，冲量行为会减少。③医疗院所的冲量行为有两种效应。越多的医疗院所采取冲量行为，医疗价格越低，冲量的激励就会越小。同时，越多的医疗院所采取冲量行为，冲量的压力就越小，冲量的激励会越大。比较两种效应，如果前面一种效应比较强的话，体系的稳定性就会比较高。第二种"滚雪球效应"会增加系统的不稳定性。

最后对本次报告作出总结：①浮动价格制度本身具有自动稳定的机能。②同侪制约具有抑制冲量行为的效果。③社会规范的"滚雪球"效应可能带来社会规范的不稳定性。中国社会中有很多的现象，用纯粹的经济诱因可能没有办法解释。本文采用的社会道德模型，可以作为解释这些现象的一个参考。

雷晓燕（北京大学中国经济研究中心教授）：社会经济地位差异与慢性病：以中国成人高血压疾病为例

我今天报告的论文来自与北京大学中国经济中心赵耀辉教授、法国图卢兹第一大学经济学院尹尼娜合作的阶段性研究成果。这篇文章主要研究两个问题：①在中国，高血压的发生、知晓、控制和最终病痛状况会不会因为社会经济地位差异而不同？②如果会的话，社会经济地位发生作用的机制有哪些？

已有的研究发现：在发达国家，高收入群体高血压的发生率相对较低。在发展中国家恰恰相反，收入高的人高血压患病率比较高（Johnston et al., 2007; Colhoun et al., 2002）。也有研究发现高血压的控制跟婚姻状况和有没有参加医疗保险有相关性（He et al., 2002）。一些针对中国人群的研究表明妇女的社会经济地位与高血压患病率有关（Bell et al., 2002）。也有学者发现城乡（Hou, 2008）和地区（Gu et al., 2003）间的高血压患病率和知晓率存在明显差异。

在中国，心血管疾病已经成为成人死亡的主要原因之一。在心血管疾病中，高血压疾病尤其突出。和世界其他国家一样，中国有很高的高血压患病率。2001年的统计数据显示，在35岁到74岁的中国人群当中，有27.2%的人患有高血压。中国高血压患病人群还有一个突出特点，就是知晓率和控制率很低。数据显示在所有高血压患病人群中只有44.7%的人知道自己患有高血压，而能够采取有效措施控制病情的只有8.1%（Gu et al., 2002）。考察中国高血压疾病的现状，需要注意下面的一些背景：过去，我们国家医疗卫生系统面对的主要是流行性传染病，现在慢性病的问题已经越来越突出。同时，我国人口的健康状况正处于从营养不足到过度营养的转型阶段。在这样的双重转型时期，我们的医疗卫生系统有没有做好充分的准备，是值得深思的问题。另外，目前我国的收入不平等正在逐渐加剧。收入不平等会不会带来健康的不平等？这也是一个大家普遍关心的问题。

这篇文章的主要贡献有：①系统地研究了社会经济地位对高血压在中国的发生率、知晓率、控制率和最终病痛状况的影响。②本文不仅比较了城乡之间的差异，还比较了城乡内部的差异。同时我们还分不同性别、收入等级和教育程度来考察社会经济地位对高血压疾病的影响。③通过考察个体生活方式和社区诊疗条件的差异，给社会经济地位对高血压疾病的影响机制提供了可能的解释。

研究采用了2004年的中国健康和营养调查（CHNS）数据，其中包括高血压的主观和客观测量。数据显示45岁到80岁的人群是主要的高血压患病群体，因此我们选用了这一年龄段的人群作为我们的研究样本。结果得到的样本量为4 882。这里的高血压是指高压大于140毫米汞柱或低压大于90毫米汞柱。数据中有三次血压测量结果，我们采用了后两次测量的平均值。此外，我们定义的高血压发病人群还包括正在服用降压药的群体。在所有的发病人群中，我们定义那些报告曾有医生告知自己患有高血压的人群为知晓人群。同样也是在所有的发病人群中，我们定义血压测量值在阈值以下的人群为高血压已经得到控制的人群。另外，根据最终的实际血压测量结果，我们将全部样本分为尚有病痛人群和无病痛人群。这个指标是用来衡量当所有可能的措施都考虑之后，尚有血压高的情况。也就是说，如果高血压已经得以控制或者没有高血压，我们都认为其没有最终病痛了；而即使诊断有高血压，但通过吃药已经得到了控制，我们则认为其没有最终病痛了。这是一个可以衡量最终健康状态的指标。

统计结果显示高血压的发病率随着年龄增加而增加。高血压的患病知晓率却远远低于发病率，即很多人发生高血压之后并不知道自己患有高血压。最终病痛和发病率随年龄变化的趋势基本上一致，两者的差异很小。说明在中国成人中即使知道自己患有高血压，能够采取措施有效控制病情的人群比例非常小。比较不同收入等级的发病率、知晓率、控制率和最终病痛率，我们发现在城市随着收入的增加，这四个比率都有比较明显的先增加后减小的趋势，而在农村没有明显的变化趋势。因此，在下面的分析中我们将分城市和农村来考察社会经济地位对高血压疾病的影响。此外城市和农村间的高血压发病、知晓、控制、最终病痛率也存在显著差异。这种差异在男性和女性中同时存在。我们将通过控制区域和性别等变量的方法考察这些差异。

利用Probit模型，我们分别检验了可能影响高血压发病、知晓、控制和最终病痛的一些因素。这些因素包括：①个人的特征变量（包括年龄、年龄平方、性别、婚姻状态、是否为少数民族）和表征社会经济地位的变量（包括受教育程度和收入等级）。②个体生活方式的变量，包括是否吸烟、是否过度饮酒、是否肥胖。③社区诊疗条件变量，包括离社区最近的医疗诊所的距离、距离的平方项和医疗人员的数目等。在检验过程中，我们将上面三类变量依次加入模型。试图检验当加入个体生活方式变量和社区诊疗条件变量之后，社会经济地位对高血压疾病的影响是否会发生变化。除了对整个研究样本进行回归之外，我们还分别对城市和农村样本做了回归。

回归结果显示：①随着年龄的增加，高血压发病率、知晓率和最终病痛率都显著提高。城市和农村的情形有所不同。在城市，不同年龄间的差异主要体现在知晓率上，发病率和控制率在年龄间的差异并不是很显著。在农村恰恰相反，发病率和控制率在年龄间差异比较显著，而知晓率却没有显著差异。无论在城市还是农村，最终病痛率在不同年龄间没有非常显著的差异。②男性比女性的高血压发病率要高，但知晓率和控制率都要低一些，从而导致最终病痛率相对较高。在城市，男女在发病率上没有显著差异，而知晓率和控制率，男性较之女性要低。最终的病痛情况男性也相对较高。但是在考虑到个体生活方式后，差异就消失了。在农村，情形和总体样本类似，但在考虑到个体生活方式和诊疗条件之后，男性和女性在最终病痛上的差异变得更加显著。③农村的发病率比城市要高，但在加入社会经济地位变量之后这种差异就消失了。此外，城市的知晓率和控制率都比农村要高，导致最终病痛的差异不再明显。④不同教育程度的群体在高血压的发病、知晓、控制和最终病痛率方面没有显著差异。⑤总的来说，高收入群体有相对比较高的发病率、知晓率、控制率和最终病痛率。在城市，较高收入的人群具有最高的发病率、知晓率和控制率，但是最终病痛在不同收入群体之间没有显著差异。考虑到个体生活方式和诊疗条件，发病率和控制率在不同收入群体间没有显著差异。在农村，控制了个体生活方式和诊疗条件后，知晓率和控制率在不同收入群体间的差异就消失了。但是对于发病率和最终病痛率，不同收入群体之间仍具有显著差异，其中较高收入群体的发病率和最终病痛率最高。⑥个体生活方式和诊疗条件在解释社会经济地位对高血压疾病的影响机制方面起了很重要的作用。加入诊疗条件变量后，一定程度上减小了社会经济地位对城市地区高血压控制率的解释力。在农村地区，控制了个体生活方式和社区诊疗条件后，收入等级对于高血压的知晓率和最终病痛率的影响相对减小。在几乎所有情况下，肥胖及高血压与发病率、知晓率、控制率和最终病痛率都高度相关。

最后对本次报告做出总结：①数据显示，在 45 岁到 80 岁的中国人口中有 33％的人患有高血压，其中 68％的人不知道自己患有高血压，92％的人没有能够有效地控制病情。过低知晓率和控制率已经成为我国公共医疗卫生系统面临的严重问题。②城市人口比农村人口具有更高的高血压发病率，但农村人口健康方面的这个优势并没有导致最后的病痛比城市人口少，这主要有两个原因，一是社会经济地位的差异；二是由于农村人口相对较低的知晓率和控制率。这说明假如农村人口具有同等的社会经济地位，其健康方面的优势应该比较明显。③受教育程度对于高血压疾病没有明显影响。有两种可能的解释：一是每个人获得相关专业知识的机会相同；二是高学历人群所掌握的更多的知识并没有涵盖较多的健康方面的知识，以帮助他们判断自己是否患有高血压和控制高血压。④无论是在城市还是农村，收入差异对高血压的发病率、知晓率、控制率和最终病痛率都有显著的影响。⑤生活方式和诊疗条件对于高血压疾病具有影响。研究表明，城市和农村在诊疗条件方面存在很大的差异，这在一定程度上加剧了健康的不平等。研究最后呼吁公共医疗卫生系统需要对慢性病的预防和控制投入更多的关注。

第七届两岸经济发展研讨会简报之五

(2008年11月)

2008年11月28日,由北京大学国家发展研究院、中国经济研究中心和台湾"中央研究院"经济研究所联合主办的第七届"两岸经济发展研讨会"在中心万众楼举行。本期简报将介绍研讨会第五节的讨论内容。本场会议由"中央研究院"经济研究所梁启源研究员主持,有三位报告人发言,分别是台湾"中央研究院"经济研究所周雨田研究员、北京大学中国经济研究中心陈平教授、北京大学中国经济研究中心朱家祥教授。

周雨田(台湾"中央研究院"经济研究所研究员):中国金融自由化和全球市场相关性

2007年5月Engle在东京的一个讲座上提到了一个议题:中国股票市场和世界股票市场的相关性。我们的研究就是受此触动。中国2001年加入WTO至今已有7年,6年的过渡期已经结束,中国的开放程度也到达一个新高度。中国金融自由化改革是否加强了中国金融市场和世界金融市场的关联性?如果答案是肯定的,那么这种关联性是如何起作用的,以及它的意义何在?这就是我们此项研究的目的。

Engle 2002年提出的DCC-GARCH模型是目前该领域研究的标杆之作,我们的研究是这一模型的延伸。主要的创新在我们使用了股票在固定时间内最高价和最低价之间的价差(range),而不是传统方法中采用的股票收益率(return,即收盘价减去前一个收盘价)来衡量股票的波动率。经我们研究发现,股票价差比股票收益率能更好地反映波动率的变化。

两个金融市场之间的相关性和波动性是解释两个市场联动的主要指标。我们就是从跨市场的相关性和波动性着手建模。我们采用了两个模型:平稳转换条件相关性模型(smooth transition conditional correlation-conditional autoregressive range model,STCC-CARR)和动态条件相关性模型(dynamic conditional correlation-conditional autoregressive range model,DCC-CARR)。

有实证结果表明,两个金融市场的相关程度是随时间改变的。在金融不稳定时期,各国金融市场的相关性会达到最高水平。商业周期、跨国兼并等因素都会加强两国金融市场的相关性。为此，我们首先用 LM 检定跨市场相关性是否随时间改变。如果跨市场相关性具有时变的特性，并且是平稳转换的结构，就用有约束的 STCC-CARR 模型进行拟合。进一步，我们不对跨市场相关系数的变化方向施加任何约束，用 DCC-CARR 模型拟合，并对其背后原因进行探讨。我们的数据来源于美国、日本、中国大陆、中国香港等 9 个国家和地区的股票市场指数，时间从 1992 年 6 月 1 日至 2007 年 5 月 30 日。

STCC-CARR 模型的估计结果表明：从 1992 年 6 月到 2004 年，中国股票市场和其他国家股票市场的相关性接近于 0，条件相关性系数也没有结构性改变。但 2005 年之后，相关系数开始变得显著，且结构变动明显。对相关系数逐一分析发现，中国股票市场和香港地区市场关联性达到 0.239，明显大于与其他国家和地区市场的关联性。如果我们把样本扩展到至 2008 年的股票市场指数，相关系数的显著性会因此提高。

进而我们用 DCC-CARR 模型分析 2005 年后相关系数的结构性转变。研究结果表明，短期内相关系数可能会有大幅增加，尤其是 2007 年 2 月底中国股市大跌的那段时间。亚洲金融市场相互依赖性加深，并且这种依赖性逐渐扩散到欧美的金融市场。此外，DCC-CARR 模型的分析结果和 STCC-CARR 模型的分析结果保持了良好的一致性。

陈平（北京大学中国经济研究中心教授）：金融危机、金融监管与科斯问题

这次金融危机是我们检验各派经济学理论的千载难逢的机会。目前在美国已经形成了内因论的共识，即过度消费和金融监管缺失是引起金融危机的主要原因。在新古典经济学波动理论中，目前占据主流地位的是外因论，最著名的是弗里德曼和费雪的噪声驱动模型。该模型认为市场经济本身是内在稳定的，所有的波动都来自外部的冲击。美国的经济政策历来也是针对外国，它们一直把两大赤字归于外国的冲击。此次金融危机让它们难以从外部找到借口。

很早以前就有经济理论提出，市场经济本身是有内在的不稳定性的。此思想最早始于马克思的资本论，接着表达于熊彼特的"创造性毁灭"理论，凯恩斯也特别强调市场经济的不稳定是政府干预的主要原因。

然而，多数经济学家，尤其是相信金融有效市场理论的经济学家，不承认这种内在的不稳定性，支持 20 世纪 70 年代的金融自由化。其中最著名的理论是弗里德曼 1953 年文章对浮动汇率的支持。弗里德曼认为市场套利会自动驱逐套利者，市场无须政府干预。科斯的交易成本理论也给金融自由化提供依据，认为政府干预会增加社会交易成本。只有研究信息经济学的经济学家，从信息不对称的角度支持政府金融监管。

我认为此次金融危机非常大的危险在于现任美联储主席伯南克几乎全盘接受了以弗里德曼为代表的货币主义对大萧条的解释。然而，单纯的货币主义办法是无法解决问题的。在此我想先提醒大家注意几本被忽略的书：首先是 Temin 和 Peter 的 *Did Monetary Forces Cause the Great Depression?*（1976）与 Temin 和 Peter 的 *Lessons from the Great Depression*（*Lionel Robbins Lectures*）（1991）。这两本书很早就系统地从理论和历史上否定了弗里德曼对大萧条的解释。另外还有 Kingleberger 和 Charles 的 *The World in Depression，1929—1939*（1986）以及辜朝明《大衰退，如何在金融危机中幸存和发展》。辜朝明解释了凯恩斯主义和货币主义都不能解决大萧条的原因。

我开始对科斯的问题感兴趣始于三年前和周其仁老师的讨论。研究科斯理论有一个重要的地方值得注意：他1937年的文章和1960年的文章是自相矛盾的。受苏联计划经济体制的影响，在1937年的文章中科斯提出为什么需要企业的问题，认为垂直整合是有效率的。但在1960年的文章中，科斯表达了截然相反的观点，认为社会冲突完全不需要政府干预。

在金融部门中考虑为什么需要企业的问题，科斯的答案是为了节省交易成本。我的答案恰恰相反，我认为企业的存在是为了创造价值。科斯暗含的假设是经济是封闭的，价值是公认的，最后企业竞争变为成本最小化竞争。但是我们知道，商业银行和投资银行提供的服务是原来市场上不存在的，用科斯的理论无法解释金融市场上不断出现的兼并潮、拆分潮。

我的基本分析框架是经济体三层次论而非卢卡斯的二层次论。卢卡斯认为经济由微观和宏观两个层面组成，整个经济体可以用代表者行为来刻画。但我们知道宏观经济波动是如此之大，远远不是微观家庭的消费波动和企业的投资涨落能解释的，只能用中观的金融部门和产业结构的变动来解释。

科斯还认为市场竞争会自动降低交易成本。但根据科斯的测算，从1870年到1970年，美国的交易成本由25%上升到50%，和我们观察到的城市化和第三产业的发展趋势相吻合。市场竞争会自动降低交易成本违背市场分工的基本规律，也违背了热学第二定理，相当于一个永动机理论。

科斯的基本想法是，企业大小仅仅由交易成本和组织成本之间的平衡来决定的，没有市场和竞争对手。一个物种的大小取决于什么，和一个企业的大小取决于什么是两个平行的问题。蓝鲸是海里最大的物种，比陆地上最大的物种大象大得多，这是因为海洋的资源比陆地丰富。亚当·斯密说劳动分工取决于市场规模的限制。科斯讲企业大小规模只是取决于内部的组织，和市场大小没有关系，是奇怪的理论。其次，科斯的企业理论中没有竞争对手，企业规模的发展不考虑对手的规模和战略，这一点和现实相去甚远。我曾经向朱镕基建议拆分四大国有商业银行，通过加强竞争提高金融业的竞争力。朱镕基下去和大家一讨论，得到的结论很简单：我们拆分是不理智的，因为美国的金融业在兼并。企业的决策必然会受到竞争者的制约。

这次金融危机反映出科斯理论的一个潜在威胁。实际上科斯提出交易成本的概念并非为了研究制度，而是为了取消"反垄断"。早年科斯到芝加哥大学时，弗里德曼和斯蒂格利茨正在讨论反垄断的问题。科斯认为芝加哥大学的人在浪费时间，因为他认为垄断是一个有竞争力的策略。但当时他的想法没有市场，等他发明了交易成本概念后，他的观念得到了大家的接受。

美国20世纪70年代的危机过后最重要的趋势是，金融业兼并大大加强。在这次金融危机中，花旗银行兼并美林，紧接着花旗也出现了问题。我认为这是微观经济理论的一个最大的问题：整体等于部分之和。但我们都知道大数原理的合成佯谬：微观个数越少，宏观涨落越大。美联储救市的结果是加强金融兼并，下一个破产的也许是美国的州政府和联邦政府。

剩下的时间我想讨论金融危机对货币主义和科斯理论的挑战。美国的金融危机是内因问题。第一，经济过度消费和军事过度扩张造成长期财政赤字与长期外贸赤字，民主制度保护既得利益而拖延改革。第二，金融衍生工具设计错误。美国虚拟经济是实体经济的十倍。美国虚拟经济如果崩溃，我相信没有哪个国家的央行可以提供救助。

有趣的是金融监管的复杂性对新古典理论提出了挑战。传统的价格理论不适用：追涨杀跌违背需求曲线斜率为负的假设。产权理论不起作用：金融永远是用别人的钱赚钱，赔了归别人，赚了归自己。公司治理结构缺乏效率：短期效益不等于长期效益，必须对公司高管的期权加以限制。信息不对称也暴露了局限性：现有的会计准则是限制企业风险还是在放大企业风险？

到目前为止我已经参加了三次美国和欧洲关于如何改进国际金融秩序的讨论。我认为第一条要改进的是设立国际反垄断法和国际金融监管。美国为了保护本国金融企业的垄断地位而拒绝改革的态度，在此次金融危机的压力下有所动摇。第二，也就是最困难的，就是要改变以美元为中心的世界货币格局。目前美欧已经认识到浮动汇率严重的危害性。我认为未来将形成几大主要货币之间相对稳定的汇率体系。其前提是必须构造新的国际多元安全体系——我将之命名为新雅尔达体系。第三是金融监管采用多指标体系，即同时对价格和市场份额波动幅度与频率监管。第四是引入第三方监管，鼓励非政府和非营利组织的发展。

朱家祥（北京大学中国经济研究中心教授）：宏观金融稳定指数构建与应用

全球金融系统正面临自 1929 年以来的最大危机，对金融危机的监控和警报也因而被提升到一个新的高度。在 2008 年 4 月，我和霍德明教授曾经撰文指出：通过量化的金融稳定指标来看，目前是中国宏观金融状态 20 年来最不稳定的时刻。今天，我总结性地陈述对中国宏观金融稳定指数的前期研究。

一项研究的开始，首先就要对研究的对象给出定义。我们把金融稳定定义为一个经济体承受金融动荡（financial disturbance）的能力，宏观金融稳定指数就是衡量一个经济体承受金融动荡的能力指标。中国人民银行对金融稳定的定义是：一种状态，能使宏观经济健康运行，货币与财政政策稳健有效，金融生态环境不断改善，金融机构、金融市场、金融基础设施能发挥资源配置、风险管理等关键功能，而且在受到内外因素冲击时，金融体系在整体上仍然能平稳进行。

金融稳定在亚洲金融危机之后受到各国央行的高度关注，各国央行也在 IMF 的要求下编写年度金融稳定报告。中国人民银行也在 2005 年第一次编写报告。然而从常理推断，我们似乎很难期待一个国家的中央银行能把"国内金融是否稳定"这个问题的真实答案告诉全世界，因而这有赖于我们学术界从第三方角度对此做出独立的判断。

为量化金融稳定的抽象含义而构建宏观金融稳定指数，是一项庞大的工作。IMF 建议了 39 个金融健全指标，被称为 FSI（financial soundness indicators）。FSI 是一个三元变量，分别是宏观变量、微观变量和金融部门变量。其中又分为 12 个核心集（core set）指标与 27 个参考集（encouraged set）指标。核心集的指标全是有关金融部门的变量，除了管理健全性难以量化外，核心集指标与"骆驼"原则（CAMELS：capital adequacy, asset quality, management soundness, earnings, liquidity, sensitivity to market risk）大体一致。

欧盟央行在 IMF 金融健全指标的基础上，对会员国建议了一套 174 个宏观审慎指标（macro prudential indicators，MPI），主要的改动是添加了更多实质部门的变量。原因是欧盟央行认为:实质部门的不稳定性亦会波及金融部门,从而造成金融危机。

根据 FSI 和 MPI 的指标集,为监控金融稳定,把二百多个变量从高维缩减到一维,编制出一个可信赖的指标,是一个自然的想法,也是研究的最大困难所在。Frankel and Rose(1996)研究货币危机时提出了一个货币危机的二元反应模型,其中货币危机被定义为货币至少贬值 25%。模型的主旨是把重要的 FSI 指标信息汇总成 0—1 的实数,并进行金融危机的概率预测。

然而二元反应模型的构造过于简单,且不适合中国。原因主要有以下几点:①它只能决定 FSI 的统计显著性,无法探测到当前哪些变量是触发危机的关键;②IMF 的指标集不能很好地反映中国金融运行的状况;③到目前为止,中国并无显性的金融危机样本,也从来没有在中国观察到金融危机事件,但危机二元反应模型的方法就是把危机定义成为一个事件进行研究;④也是我们要强调的关键一点:危机和状态是两个不同的概念。金融危机是一事件,二元变量。而状态是一个连续的变量,即金融稳定是连续的状态变量。

第二种金融危机的研究方法是信号分析法(signal approach),即研究各个危机事件的预测能力,把各个 FSI 的稳健指标和危机预测能力做计量分析。Kaminsky $et\ al.$(1998)研究货币与银行危机提出了信噪比指数。信噪比 $=(n/N)\div(m/M)$。N:无危机的样本点,M:危机发生的样本点,n:无危机时的错误预警比例,m:有危机时的成功预警比例。

这种方法的不足之处有以下几点:一是缺乏事件预警能力,存在数据挖掘的偏误。单一指标的预警信号决定于阀值的设定。设得太高,不易适时发出预警;设得太低,容易发出太多的错误预警。阀值的设定来自大量的数据挖掘。二是缺少综合指数。如何加总 K 个 FSI 的信号?如果 $K=20$,其中 5 个指标发出预警,其余 15 个指标正常,那么综合信号的判定应该是什么?这又引出了一个阀值的问题。三是信噪比缺乏统计学理的检定,没有统计学基础。给定任意两个信噪比,无法在统计学的支撑下比较它们的差异是否显著。目前,朱家祥教授已经给出了信噪比的统计检定,但由于时间关系,不在讨论会上详细讨论。

第三种金融危机的研究方法是计分法。这种研究方法最为简单,也就是把 FSI 指标的时间序列值转换成 1—5 的评分,然后进行加总。得分的高低显然决定于对若干个 FSI 指标的评分,得分越高越不稳定。那么我们面临的第一个问题是,要对哪几个 FSI 进行评分?如何保证评分的客观公正?由于评分过程中主观任意性大,从而导致数据挖掘的偏误也较大。

为了弥补以上研究的不足,我们开始构建宏观金融稳定指数,即从二百多个变量中构建出一个指标,能比较好地衡量一个经济体的金融稳定状态。指数的构建要有内部及外部的合理性约束。内部合理性要求采用规范的统计方法;外部合理性则要求能解释相关的经济现象。

我们采用的主要研究方法是主成分分析法,原因是主成分分析法是维度缩减的最主要的规范统计方法。我们从水平(level)与波动性(volatility)两个维度看指标的稳定性,从而构建出宏观金融稳定水平指数和波动指数——这也是我们的创新点所在。理由很直观:如货币供给量和信用扩张水平过高,这可能引致不稳定。另外如果资产价格的波动性较高也会成为不稳定的前兆。我们认为指标稳定的维度必然不止两个,但是前期工作中我们主要从这两方面下手。

我们构建指数的基础是 IMF 和 KLR 的变量。20 个 FSI 和 KLR 变量分别是实际有效汇率、工业产出、国内信贷、外汇储备、M2、实际存款利率、贸易条件、GDP、政府信贷、实际总贷款同比增长、GDP 增长率、真实外债同比增长、CPI、固定资本形成总额、实际存款利率差额、进口额、出口额、基础货币、存款利率、贷款利率。我们采用的数据是来源于 IFS、EIU 和中国统计年鉴的 1985—2006 年度数据。

在我们选定的 20 个变量中，有 12 个是非平稳序列，8 个是平稳序列。我们对非平稳序列取一阶差分，并对进口额、出口额、基础货币进行 X-12 季节调整，同时对各序列标准化，使各序列方差均标准化为 1。

采用主成分分析法把 20 个变量聚集成宏观金融稳定水平指数。水平指数包括宏观因子和通胀因子，权重分别为 49.7% 和 18.7%。宏观因子主要包括进口额、出口额、基础货币、国内信贷、外汇储备、M2、工业产出、GDP、固定资本形成总额。通胀因子主要包括实际存款利率差额、实际存款利率、CPI。

水平指数和中国宏观金融历史事件观察有很好的匹配。如 1988—1989 年宏观经济"硬着陆"，水平指数也达到了历史的最低点。1993—1994 年宏观经济"软着陆"，水平指数也到达一个高峰。2001 年起，中国经济进入了新一轮快速增长，水平指数也是一路攀升，只是在 2003 年 SARS 的冲击下有过短暂的停顿，到 2008 年年初更到达历史最高点。

宏观金融稳定波动指数的构建方法是多变量的条件方差异质性模型（MGARCH）。波动性对应于直观的风险概念。如国内信贷的当期波动性决定于：前期信贷市场的冲击、前期外汇市场的冲击、外汇市场与信贷市场的相关性、前期国内信贷的波动性等。

我们对金融稳定概念的判断是，一定要这两个指标同时指向不稳定，才表示经济体进入了不稳定的状态，即金融稳定的研判必须同时考虑水平和波动指标。在 1990—1993 年期间，虽然水平指标急速拉高，但是波动指标相对平稳，在这期间没有金融稳定的立即威胁。同样，在 2002—2005 年间，水平指标亦急速上升。但是由于波动指标呈现缓慢下滑的趋势，在这期间也不存在金融稳定的忧虑。但是自 2005 年之后，水平和波动指标同步快速巨增，双双达到历史新高。因此我们在 2008 年年初一直向外界提醒：从 1988 年和 1994 年的经验来看，宏观金融的不稳定局面已经到来。

下面我们解释 MSI（金融稳定指数）的外部合理性，由于时间关系，在此我们只取三个方向进行说明。一是用 MSI 解释 CF（中国资本外逃）——套补利率差价和宏观金融稳定性指数。CID（套补利率差价）是影响资本外逃变化的内生因素，它反映了人民币和美元间的超额收益，刻画了套利因素。用 CID 作为 CF 的解释变量进行回归分析，DW=0.992 有伪回归的嫌疑。加入 CID 平方项减低了伪回归的可能，此时观察到套补利率差价和资本外逃具有显著的二次负相关关系。在第二个模型基础上，加入 MSI，R^2 从 0.68 上升至 0.79，DW=1.898 模型的显著性和解释力有了很大的提高。这说明金融稳定指标作为外生变量，较好地反映了宏观金融环境变化，与资本外逃呈显著的正相关关系。

二是用 MSI 解释中国股市回报率。把期限利差（term spread）、利润收入比（ep）、股息回报率（dy）作为股市回报率的解释变量进行回归，$R^2=0.3$，DW=0.82。把房地产企业景气指数替代 dy 放进回归方程，$R^2=0.52$，DW=1.126，同样存在伪回归的嫌疑。如果在回归方程中再加入 MSI，$R^2=0.76$，DW=1.98，伪回归嫌疑减少。实体经济和金融市场两者的波动对宏观层面的股息回报率具有显著的解释能力，而股息回报率（dy）对股市回报率的影响几乎为零。

三是用 MSI 解释外国直接投资（FDI）。没有 MSI 的初始模型中，$R^2=0.42$，DW＝1.99，Prob（F-Statistic）＝0.32。加入 MSI 后 $R^2=0.61$，DW＝2.15，Prob（F-Statistic）＝0.11。加入 MSI 后进而对模型修正，估计的结果是 $R^2=0.58$，DW＝2.27，Prob（F-Statistic）＝0.01，除截距项外，参数在5%的显著性水平下拒绝 F 检验的原假设。实证结果的理论分析如下，由于中国是新兴市场，市场规模的大小还不是影响或限制 FDI 的因素。虽然中国的劳动力成本在慢慢上升，但是相对国外仍然很低，因此在分析 FDI 决定时，也不是一个有效的变量。实际利率也不是影响 FDI 的重要因素。影响 FDI 规模的最重要因素是经济体的稳定性和开放性。稳定对中国 FDI 的决定模型起了重要作用，并且符号符合经济学直觉，代表开放程度的变量和汇率变量都显著，并且符号符合经济学直觉。

以上内容是我们前期研究的成果，目前 MSI 的研究仍在继续。主要的研究内容有压力测试研究、预警讯号研究、触发机制研究、国际验证研究。压力测试研究的核心问题是给定指数在未来的危险假想值，金融部门的主变量如何反应？研究方向是建立金融部门与宏观金融稳定指数交互作用的联立方程组。预警讯号研究的核心问题是宏观金融稳定指数如何预警危机？研究方向是在 T 期时，模拟金融稳定指数在 $T+1$ 期的分布，从而计算风险值 V。即如果 $T+1$ 期稳定指数的预测值在99%的置信水平下应低于 V，而 $T+1$ 期的指数实现值大于 V，则发出预警信号。触发机制研究的核心问题是排除危机的政策着力点。研究方向是创造金融不稳定的时序样本，提供概率预测，探究个别 FSI 引爆危机的潜在能量。国际验证研究的核心问题是考察方法论的普遍性。研究方向是，遵循现有的方法，能否对其他国家的金融危机有预警作用？或是对其金融稳定的状态有合理的评估？

最后我们有四点总结：第一，中国没有发生过金融危机，因此也很难在中国研究什么是稳定性；第二，由于中国没有发生过金融危机事件，因此我们研究的金融稳定状态，是一个连续的状态变量，为此我们构造金融稳定指数；第三，看待金融稳定有两个维度：水平和波动，并分别用两个指数刻画；第四，对 MSI 用内部合理性和外部合理性进行约束，使之客观科学并有现实解释力。后续的研究成果我们还会做进一步的报告。

第九届两岸经济发展研讨会之一

(2012 年 9 月)

2012 年 9 月 14 日，第九届两岸经济发展研讨会在北京大学国家发展研究院万众楼二楼举行。我们分四期报告此次会议的内容。本期报道台湾"中央研究院"经济研究所所长彭信坤教授和北京大学国家发展研究院卢锋教授的发言。

彭信坤（台湾"中央研究院"经济研究所所长、教授）：国际贸易和技术选择

彭信坤教授主要关注国际贸易中的中间产品问题，他认为内生的技术选择会增进中间产品贸易并最终促进劳动生产率的提高。

彭信坤教授指出近年来国际贸易中的一些现象和趋势。近年来，国际贸易量持续上升，贸易自由化导致发展中国家和新兴工业化经济体生产力不断提升，发展不断加快。贸易自由化以来的一个世纪，经济增长加速了至少 2%。需要强调的是，国际贸易中中间品贸易变得越来越重要，与降低最终品关税相比，降低中间产品关税会带来更大的生产力提升。相关的经验研究发现，厂商利用新进口的中间产品作为投入品会提高其生产力，各国之间的贸易自由化会使价格涨幅降低，竞争更加激烈，竞争又导致生产力的提升。

已有文献的研究主要集中在，技术外生给定下，研究中间产品贸易的种类、数量及集聚。彭信坤教授的研究主要侧重于，在技术选择内生的情况下研究中间产品贸易的种类和模式。彭教授展示了他们构建的关于中间产品贸易的动态一般均衡模型，分析投入品关税降低的影响。模型的主要目的包括：①阐明内生化的技术选择对中间产品贸易的重要性；②内生化产品涨幅；③内生决定可进口品和可出口品的种类；④分析贸易自由化对中间投入品贸易的内涵边际和外延边际的影响。其中，内涵边际效应指的是已有中间产品种类不变情况下的数量变化，外延边际效应指的是产品种类上的变化。

模型的建立在几个基本假设之上。假设该国是小国开放型市场，技术不太发达，国外市场决定了世界价格，并且可以提供满足国内所有需求的中间产品。假设最终产品均同质，生产中要用到中间产品和劳动力，中间产品生产厂商之间进行垄断竞争，需要资本、劳动和外生决定的技术研发。生产技术由过去的技术累积和参与研发的劳动力数量内生决定。

中间产品主要分为国内生产和进口两部分，而国内生产的一部分用来出口。由于进出口的部分都要被征收关税,因此这三部分中间产品分别面对不同的需求函数。通过动态最优化,可以求出在稳态情况下,中间产品的供给和需求函数。当中间产品的生产力效应大于投入品成本效应时,中间产品种类和需求量会同时增加。结果表明,如果进口需求的外延边际影响足够大的话,国内的贸易自由化会导致中间产品种类减少,国外的贸易自由化对中间产品数量影响不大,但是会导致种类减少。同时,贸易自由化会降低关税,使得竞争更加激烈,产品涨幅下降,劳动生产率提高。

彭信坤教授本研究的主要结论是:①国内外的贸易自由化都会导致出口产品和国内生产品种类的减少,但是对进口品种类的影响还比较模糊;②尽管平均技术水平有所下降,国内贸易自由化还是会导致产品涨幅降低,竞争加剧,生产力提高;③贸易自由化对最终产品生产厂商有利,导致最终产品的激增和生产力水平的提升。

卢锋(北京大学国家发展研究院教授):破解奥肯定律在中国不适之谜

卢锋教授揭开了奥肯定律对中国不适的谜题,并提出了广义奥肯定律和中国奥肯的关系。卢锋教授的演讲主要包括三个方面:①指出用奥肯定律的简单模型来看中国的数据会出现很多问题,通过回顾文献,发现已有的解释都不尽如人意。②对奥肯标准模型进行扩展,将中国劳动力市场变化的一个重要变量——劳动力转移,放入模型中。③统计结果发现,用新的模型来解释中国的现象会得到更好的结果。

首先,卢锋教授解释了奥肯定律的基本内容,是用增长率与失业率之间的统计关系,来描述宏观周期与劳动市场的联系。奥肯定律在短期宏观周期与劳动市场之间架起一座经验桥梁,又与自然失业率、潜在产出等基本宏观概念呼应,并具有简单清晰的政策含义,成为现代宏观经济学教科书的标准模型。但是它也有自身的局限性。一方面,失业率与劳动市场其他影响增长因素(如日工时、劳动生产率等)变动有同向联系。另一方面,不同国家的奥肯关系系数可能不同。奥肯定律曾一度在发达国家的数据中有较好的呼应,但是金融危机后,美国的奥肯关系也开始变形,受到挑战。

接着,卢锋教授提到在中国研究奥肯定律的背景。随着改革开放后中国经济体制转轨并初步建立市场经济架构,特别是20世纪90年代后期失业压力加大与就业目标重要性提升,学术界出现不少文献研究奥肯定律与中国数据的关系。由于一般认为经济增长有利于扩大就业,学界希望通过奥肯定律研究进一步定量把握这一关系,以便更好理解和设计促进就业的宏观政策。

然而,奥肯定律在中国"水土不服"。中国GDP增长率与官方失业率数据之间没有标准教科书奥肯定律所描述的显著反向关系。这一现象引发了学术界关于这一问题的大量研究。关于奥肯定律失效的解释主要有以下几种观点:第一,失业率数据不准确。然而采用不同方法得到调整的失业率数据,传统奥肯定律仍不适用。因此失业率数据误差并非问题根本所在。第二,经济增长方式问题。中国的发展强调投资导向,增长不合理,过于重工业化不利于就业。然而这些问题本身能否成立还需探讨,更重要的是,这些结构性因素或许会影响宏观运行与劳动市场之间参数的大小,而不应该影响联系的显著性。第三,现实失业可能是结构性失业或摩擦性失业,如果现实失业较大程度属于自然失业,失业率与宏观周期变动之间的统计关系自然减弱。但是这仍然没有正面回应宏观周期与劳动市场之间是否有关系这一奥肯定律的本质问题。第四,体制与结构快速变化。中国经济增长确实伴随体制和结构快速变化,然而这如何导致奥肯关系不能成立仍需探讨,例如在同一转型环境下,菲利普斯模型却能较好地拟合中国增长率与通胀率经验数据。

卢锋教授认为,奥肯定律"适应性谜题"的症结在于,对中国这样的转型经济,农业劳动力趋势性转移是劳动市场运行的基本特征。刻画宏观周期与劳动市场关系的正确模型,应适当引入农业劳动力转移这一基本变量。卢锋教授在借鉴学界已有研究成果的基础上,通过引入劳动力转移变量建构一个两部门广义奥肯模型。模型推导得出,劳动力转移率与失业率变动共同影响经济增长率。

最后,卢锋教授根据广义模型,将中国相关经验数据来做计量检验。从数据来看,中国农业劳动力占比从1978年改革前的超过70%下降到2010年的35.6%。农业劳动力转移数量由非农部门就业改变量加上失业数变化,再减去上期非农劳动力乘以非农经济活动人口增长率来刻画。农业劳动力转移率由农业劳动力转移数量比上社会劳动力总量得到。利用广义奥肯定律模型对中国的数据进行回归发现,农业劳动力转移率的系数显著而稳定,1%的转移率变动伴随2.2%—2.3%的GDP增长率的同向变动。但是官方失业率估计系数得到不合理的正号,利用调整后的失业率,其符号符合预期,但结果都不显著。常数项估计系数高达7.5%—7.6%,可以解释为没有劳动力转移下的经济增长率。如果用农民工的数量来测度劳动力转移量,计量结果显示,劳动力转移变量仍然高度显著,失业率变量仍不显著。利用多国数据来看,广义奥肯定律模型中劳动力转移系数的显著性与该国发展阶段存在显著联系。

卢锋教授总结,对"奥肯定律中国不适之谜",可通过引入劳动力转移项构造"广义奥肯模型"方式解决,标准教科书奥肯模型则可视为广义模型适合发达国家具体情况的特例。利用广义模型估计的中国奥肯关系,对讨论转型期中国宏观经济与劳动市场间的周期性联系,对认识宏观长期均衡与短期波动联系提供一种新视角,对分析中国政府充分就业政策目标有借鉴意义。

第九届两岸经济发展研讨会之二

(2012 年 9 月)

2012 年 9 月 14 日，第九届两岸经济发展研讨会于北京大学国家发展研究院万众楼二楼召开。我们分四期报告此次会议的内容。本期报道中央财经大学罗纪琼教授、北京大学国家发展研究院赵耀辉教授、雷晓燕教授的发言。

罗纪琼（中央财经大学教授）：老年保险给付制度诱因之探讨

欧债危机显著降低了退休职工的福利水平，进而引发民众的不满情绪，老年保险给付制度再度成为人们关注的话题。养老保险与福利水平紧密相连，罗纪琼教授主要研究中国台湾地区老年人是否有诱因在退休前三年提高其投保薪资以获得更高的老年给付。

台湾地区采用全民健康保险社会制度。台湾地区的劳工退休制度经历三个阶段，划分依据分别是 1950 年的劳工保险条例、1984 年的劳工基准法、2005 年的劳工退休金条例。基于以上保险制度安排，存在两种保费给付方式：第一种为确定给付，即保险人承诺于被保险人退休时，将按约定的退休办法一次支付定额退休金，或分期支付一定数额退休金予被保险人，这是世界范围内社会保险制度最普遍采用的给付方式。第二种为确定提拨，即由雇主固定提拨劳工每月工资的某一百分比至劳工个人退休金专户；劳工也可自行提拨；退休时可开始提领账户内的金额（加计利息）。而在台湾地区，以退休前三年平均月投保薪资计算老年人的给付。本文研究台湾地区老年保险给付制度中存在的道德风险，即退休前三年平均月投保薪资计算老年人的给付的制度安排是否影响老年人的投保薪资决策，以及这种影响的程度究竟有多大。

本文分析的对象为 2007 年符合退休条件者，实验组为 2007 年退休者，对照组为 2007 年及其后三年皆未退休者。建立的分析模型为双重差分模型（DID），探讨台湾地区年龄、性别等变量对于月投保薪资的影响程度。相关数据主要来自台湾地区被保险人异动档、老年给付档和投保单位档。

实证研究主要有以下结论：①不同类别的雇佣者中，已退休者月投保薪资高于未退休者的月投保薪资。模型回归结果显示，保险年资和月投保薪资间呈现显著的正相关关系，保险年资的平方和月投保薪资则有显著的负相关。这代表保险年资愈长的被保险人，其月投保薪资愈高；然而月投保薪资增加的速度，会随着年资的继续累积而减缓。②男性、年龄较大者其月投保薪资比女性及年龄较轻者高。从事服务业及其他类别工作的被保险人,其月投保薪资皆高于从事制造业者;居住在北部、南部及东部的被保险人其月投保薪资也高于居住于中部者。③时间趋势对于月投保薪资有负向影响。

在其他因素不变的情况下,退休者的月投保薪资比未退休者高,退休者退休前三年的平均月投保薪资也显著较高。这表明制度诱因影响确实存在。平均而言,退休者退休前三年平均月投保薪资高出未退休者10.7%。分职业类别分析,其中,渔业甲类会员月投保薪资增加27.3%,一般受雇者月投保薪资增加10.7%,职业工会会员月投保薪资增加9.0%。但是,当职业工会会员欲提升其投保薪资时,会受到劳工保险局的强烈关切,仅允许其提升至多15%,该政策限制了诱因机制所产生的效果。一般公司的受雇者,只要其投保单位(雇主)向劳工保险局申报其调薪情况,劳工保险局即会以次月一日起调整其月投保薪资。

新制财务对于投保薪资同样具有影响。欲降低或消除制度诱因的影响,而以投保期间最高60个月的平均月投保薪资为计算基础的新制,在本研究中证明其功效有限。要用更长的期间作为给付计算的基础,如仿效美国社会安全制度以最高35年,或德国以整个工作期间作为基础的做法,才能真正消除制度的不当诱因。然而以更长期间作为给付计算基础时,需合理反映各年的购买力(物价)差异,才能维持公平性。

赵耀辉(北京大学国家发展研究院教授):中国退休制度

伴随中国老龄化速度加快,引发的一个基本问题是如何让人们工作时间更长。赵耀辉教授主要通过最新搜集到的CHARLS数据研究中国当下退休模式,以及退休的影响因素,并且进一步分析城乡之间退休模式差异的原因。

这里我们对于退休有一个明确的定义,所谓退休,即不再从事任何经济活动。通过对CHARLS数据的统计整理,可以发现城市劳动力明显比农村劳动力退休早,城市劳动力平均50—60岁退休,而很大一部分农村劳动力选择70岁后退休。并且,这种城乡之间的差异性同时存在于男性劳动力和女性劳动力上,且在女性劳动力上表现得较为明显。

赵耀辉教授认为产生这种差异的一个主要原因在于退休制度。退休制度始于20世纪50年代,起初是城市国有企业员工需要在规定年龄退休,在1997年后覆盖到所有城市地区,一般男性劳动力60岁退休,女性劳动力50岁退休。但是,农村至今仍不存在退休制度。退休制度是一种人为的制度安排,使得劳动力不得不离开岗位。

另外一个影响因素在于,其城市劳动力拥有退休金,并且其退休金覆盖范围较广。城市里劳动力退休金的覆盖范围达38.1%,而农村仅为2.9%。其中两个潜在的原因是,首先,由于城市地区规定了并限制了退休年龄,需要配套建立相应的退休金体制,方能有效地保障城市退休劳动力的权益;其次,对于城市地区而言,退休金激励更为强烈。同时,就退休金金额而言,城市显著高于农村。除此之外,城市地区拥有更多的经济资源,即城市地区的人均消费支出明显高于农村地区。

赵耀辉教授的另外一个发现是,城市地区退休人员更倾向于为子女提供资金支持,而农村地区退休人员更愿意从子女那里接受资金援助。同时,从城市退休人员更多地寄希望于工资或退休金,而农村地区退休人员寄希望于子女更多一些。但是,农村地区子女的人均收入均低于城市水平,为什么农村地区退休人员仍旧期望子女更多呢?这是值得未来继续探讨的问题。

雷晓燕（北京大学国家发展研究院教授）：中国老年人居住安排：基于 CHARLS 数据的实证研究

雷晓燕副教授利用 CHARLS 数据对于中国老年人居住安排情况进行了实证研究。从传统观点来看，老年人养老来源以家庭养老为主。目前面临的主要挑战是：①由于中国老龄化速度加快，目前老龄人口比例为 13.3%，预测 2050 年会达到 30%，这样未来家庭养老模式面临严峻的挑战；②未来子女移民比例会大幅度提高，同样会对目前的养老模式提出挑战；③劳动力生产能力的下降。由此看来，未来养老问题将十分重要。

实证研究表明，中国独居老人或者与配偶居住老人的比例在逐渐提高（Pamler and Deng，2008；Meng and Liu，2004；Zeng and Wang，2003）。同时，多数学者表示老年人福利水平在逐渐降低（Benjamin *et al.*，2000；Silverstein *et al.*，2006；Sun，2002）。

本文利用 CHARLS 数据检验中国家庭老年人居住安排的影响因素。雷晓燕副教授将样本分为两个部分，一部分是从父母角度，建立整个家庭样本；另外一部分为子女样本，主要考察不同类别的子女如何安排其居住模式。其将样本分成三类，分别为与子女同住、居住距离较近、居住距离较远。

雷晓燕副教授发现，尽管很多老年人选择独居，但是他们的子女均居住在距离其较近的地方。子女之所以选择住在离父母较近的地方，主要原因在于：①子女给父母提供较少的经济支援；②子女更倾向于从父母那里获得经济支持；③子女会选择多种途径与父母保持联系，比如看望父母、打电话给父母等。

同时，男性、单身、有子女、父母提供住房、父母丧偶或低收入者更愿意同父母居住在一起。如果母亲为单身，其子女更愿意与其居住在一起。在城市地区，父母与子女更倾向于毗邻而居。在家庭固定效应模型中，其得到了与上面相同的结论。但是，城市和农村之间的差异较小。此外，也发现出生顺序影响家庭养老模式，比如，幼子更愿意与其父母共同居住。

不仅如此，研究得出，与给父母电话交流这种沟通方式相比，男性更愿意选择拜访父母作为其与父母交流的主要方式。而随着子女教育程度和收入的提高增加了其与父母交流的概率，同时其为父母提供的资金支持更多，这也暗示父母得到子女回馈随着人力资本投资的提高而提高。

就目前而言，中国独居老年人口数量逐渐增加，但是他们通常是有子女居住在附近来解决赡养问题，其子女数目多为三到四个。但是，随着未来人均子女数量的降低，居住安排会发生显著变化，这是值得未来继续深入探讨的问题。同时，目前赡养父母，子女之间有一定的分工，而未来随着子女数量的降低，多数家庭均为独生子女，独生子女需要独自承担所有赡养父母的责任，这也是未来值得深入探讨的问题。

第九届两岸经济发展研讨会之三

(2012 年 9 月)

2012 年 9 月 14 日，第九届两岸经济发展研讨会在北京大学国家发展研究院万众楼二楼举行。我们分四期报告此次会议的内容。本期报告台湾"中央研究院"经济研究所的周雨田研究员和北京大学国家发展研究院的徐建国副教授的演讲内容。

周雨田（台湾"中央研究院"经济研究所研究员）：2002 年至 2009 年间中国银行效率增长的来源

周雨田研究员对银行效率进行了研究，着重分析了 2002 年至 2009 年间 19 家银行生产率的变化。本次演讲主要从四个方面展开，首先是介绍此次演讲的研究背景，其次分析了本研究所采用的方法，再次展示了实证的研究结果，最后总结本研究。

在过去的 30 年，中国银行系统逐步进行改革，在许多方面都获得了巨大成功。中国的银行进步非常明显，不仅是量上，而且在品质上得到了很大的提升。银行业的总资产已经超过 60 万亿元，这是 1978 年的 300 倍。2009 年 9 月，中国银行业的资本充足率和拨备覆盖率（provision coverage）也超过了 10% 和 150%。中国工商银行、中国建设银行、中国农业银行和中国银行成为世界上最大的四家银行。

金融业的改革主要集中在使银行部分变得有效，提高银行部分的生产效率方面。本文着重研究全要素生产率的变化，并分解 2002 年至 2009 年间的中国银行业生产效率变化的来源。过去文献研究银行业效率的变化，总是采用 Malmquist TFP 指数或 Luenberger TFP 指数的方法。然而，这些指数都是加总层面的，如果我们想看各个要素的变化，那么这些指数缺乏一些洞察力。所以，本文想要克服全要素生产率指数和传统的率度量的缺点，采用一种新的衡量效率和生产率的改进的指标，过去未曾有人用过。

本文使用一种基于投入差额的全要素生产率指数（input slack-based total-factor productivity index，ISP）来克服传统指数的缺点，可以计算每一个个别生产要素生产率和效率的改进。这是本文方法上的独创和贡献。

我们首先假设生产技术模型描述了每个时刻多种投入用于生产多种产出的过程。Luenberger 生产率指数基于直接距离函数。如果 Luenberger 生产率指数小于零，那么这代表生产率在此时间内是倒退的；而当 Luenberger 生产率指数等于零时，这意味着生产率是在一定时期内保持不变；当 Luenberger 生产率指数大于零时，这说明生产率是在一定时期内是逐渐提高的。

Briec（2000）介绍了一个 Färe-Lovell 有效性测度，这个测度的优点在于其能够从边界上选择一个强有效的向量。全要素生产率能够分解为各个投入的生产率变化。

本文考虑三种投入和两种产出的模型，来调查中国银行业的全要素生产率变化。产出包括各项贷款和其他盈利资本。而传统研究中，劳动、资本和存款（fund）是传统的投入要素，资金意味着各项存款，资本是全部固定资产，劳动是一家银行雇员的总人数。

本文收集了 2002 年至 2009 年间 19 家中国银行生产率的平衡面板数据，包括中国的四大国有银行、国家控股商业银行以及许多城市商业银行。金融数据，包括资产负债表和损益表的各项都来自 Bankscope。由于 Bankscope 中雇员人数的数量非常不完整，因此劳动数据由各个银行的年度报告补充。所有的名义价格都采用 2009 年作为基数，由 GDP 平减指数进行调整。各项负债平均为 9 584.22 亿元，而全部银行活期和短期存款平均为 16 906.53 亿元。

我们首先来看行业层面的生产率分析。2002—2003 年，全要素的技术变化为 0.0649，其中存款引起的技术变化为 0.0483，资本引起的技术变化为 0.0219，而劳动引起的技术变化为 0.1244。2007—2008 年，全要素的效率变化为 -0.0369，其中，存款引起的效率变化为 -0.0005，资本引起的效率变化为 -0.0975，而劳动引起的效率变化为 0.0129。

我们再来看银行组合的生产率分析。国有银行、合资银行和各城市商业银行在由存款带来的投入效率上的变化是差不多的，但是国有银行在资本项目上带来的投入效率的变化上远超过合资银行和各城市商业银行。劳动方面，却是各城市商业银行的投入效率变化较高。

企业层面的实证结果表明，只有北京银行和南京银行能够在所有三种投入中提升边界，农业银行的全要素生产率却是负的，由技术进步导致的全要素生产率增加的只有 3 家银行，而 10 家银行的技术进步超过了效率从而带来全要素生产力的增加。

总体而言，ISP 指数有两个优点：第一，TIPI 指数能够在全要素的框架下，计算特定投入要素带来的生产率的变化。第二，TIPI 指数度量全要素生产率为各个投入带来的生产率变化的算术平方和。所以，我们可以找到全要素生产率的主要驱动因素。在中国，银行业的全要素生产力主要是技术进步尤其是资金的使用引起的。

徐建国（北京大学国家发展研究院副教授）：资产定价因子的可移植性

徐建国副教授为我们构建了一个中国股票市场的因子模型。本文的动机是找出影响中国股票市场的因子，从而将其作为中国股票市场分析的模板。中国股票市场是一个很大的资本市场，Fama-French 的因子模型在中国也许并不适用，但是中国股票市场也没有违反跨期资产定价模型等理论，那么中国市场是不是可以有自己的因子模型？中国的因子模型是不是可以与美国不同？跨期资产定价模型，资产套利模型等并没有指定特定的因子，那么中国股票市场可以建立自己的因子模型。其中，一般规律是适用的，但有少许不同。

先来看一下本文得到的结果。系统研究了中国 A 股市场上贝塔系数、股票市值、市盈率、市净率、杠杆率、流通股比率、成交量和超额成交量对回报率的影响后，发现股票市值、市盈率对回报率的影响显著，杠杆率对回报率的影响前期较强，近期减弱，其他因素无显著影响。市场平均回报率、股票市值，市盈率和超额成交量这四个因子可以解释大部分的 A 股回报率的变化。控制了这四个因子之后，其他因素对 A 股回报率无显著影响。在确立了 A 股市场的四因子模型后，进一步考察股票市值和市盈率是风险因子还是特征因子。证据表明，股票市值背后既有风险也有特征因素，而市盈率对回报率的影响只和股票特征有关。

本文所有数据都来自中国股票市场研究数据库（CSMAR）。个股的月回报率（经过分红分拆调整）、流通市值、总市值数据来自 CSMAR 的股票市场交易数据库，总资产、净资产、净收入数据来自 CSMAR 的上市公司财务报表数据库。这里去除了每只股票上市之后前 6 个月的数据，以去除新上市股票价格异常行为对结果的影响。股票市场建立初期的股票数量少，波动大，规律不稳定，因此本文将研究的时间区间选为 1995 年 1 月至 2012 年 12 月。

首先来看单个因子对回报率的影响。股票市值与回报率呈现显著的负相关关系，市值最高组股票（大股票）比最低组的股票（小股票）月回报率低了 1.93%，在统计上高度显著。市值高回报率小的规律与美国市场是一致的，与以前中国股市上的发现也一致。进一步的子样本分析表明这一规律在我国市场上很稳定，其中 1997—2001 年大股票比小股票的月回报率低了 3.83%，2002—2005 年高了 0.92%，2006—2010 年低了 2.32%。2002—2005 年间大小股票回报率差异反了过来，但是并不显著。

市盈率与回报率呈显著且稳定的负相关关系，但在市盈率很高时出现微弱的翘尾现象。1997—2010 年，市盈率从最低组到最高组，回报率下降了 1.63%，非常显著。需要注意的是，回报率并不是随着市盈率上升而单调下降的，而是存在一个翘尾的现象。从最低组到第 9 组，回报率从 3.22% 下降到 1.45%；从第 9 组到最高组，回报率从 1.45% 反弹到 1.58%，如果分组个数增加，翘尾现象更明显。上述规律，包括翘尾现象，在各子样本中均稳定出现。

过去一个月的超额换手率和回报率之间也存在负向关系。超额成交量和回报率之间却是存在一个倒 U 形的关系。

通过对双变量的分析发现，在控制了股票市值以后，市盈率对回报率依然有显著的负影响，超额成交量对回报率也存在负向关系。在中国，市净率不是一个很有效的影响因子，在控制了市盈率之后，市净率对回报率就没有显著影响了。为什么市净率这个指标在中国不适用？可能是在中国，净资产的核算存在许多猫腻，使得整个样本中市净率变得不可靠。

总结而言，本文系统研究 A 股回报率的规律，发现市值、市盈率和成交量能够稳定地预测回报率，而市净率和浮动只在 2002—2005 年这一时间段内适用。本文构建了适用于 A 股市场的市场平均回报率、市值、市盈率和超额成交量的四因子模型，这一因子模型不同于美国市场的因子模型。然后探索市值、市盈率因子背后的风险与特征因素，发现股票市值背后既有风险也有特征因素，而市盈率对回报率的影响由股票特征导致，与风险无关。

第九届两岸经济发展研讨会之四

(2012 年 9 月)

2012 年 9 月 14 日,第九届两岸经济发展研讨会在北京大学国家发展研究院万众楼二楼举行。我们分四期报告此次会议的内容。本期简报将报告来自台湾"中央研究院"经济研究所的黄登兴研究员和彭喜枢助研究员的演讲内容。

黄登兴(台湾"中央研究院"经济研究所研究员):全球大型企业的经营特征

在早期的产业组织或者国际贸易理论中,企业的规模通常并不是重点研究的对象,然而在现实经济中,不同大小的企业是非常普遍的存在。随着全球经济的发展,大企业在国际贸易中的地位越来越重要。在 20 世纪 70 年代,30% 的全球进出口贸易量是由大型跨国企业完成的,而如今,这一比例已经达到了近 60%。此外,不同国家的大企业数目以及其增长速度也是不同的。以中国为例,在 2005 年,被 Forbes(福布斯)列入全球 2 000 大企业(G2000)的中国企业数目仅有 21 家,然而到了 2011 年,列入 G2000 的中国企业数目达到了 121 家;短短 7 年间就增加了 5 倍,远远超过其他国家的大企业数目的增长速度。这些结果使得人们提出疑问:为什么会有大企业的出现?此外,为什么中国大企业的数目会增长得如此之快?

传统理论将大企业的形成主要归结为贸易与外资企业的刺激,以及国家资本主义两个原因。然而,遗憾的是,并没有太多的文献给予这两个解释以数据上的支持。黄登兴研究员的报告主要是以 2005—2011 年间的 G2000 大企业数据重点研究了两个方面的内容:①大企业的产业、国籍分布,即何种类型的国家的何种产业容易进入 G2000;②中国的优劣势产业及其特征。

首先,从 2005—2011 年 G2000 企业的产业分布数据结果来看,一般具有大的规模经济的产业比较容易产生大企业。例如银行业(banking)、资本密集产品行业(capital goods)、通信行业(communications)、保险行业(insurance)等。这一结果比较符合预期,也容易理解。

其次,从全球 G2000 企业的国籍分布结果来看,分布的影响因素较为复杂。首先,大企业的历史发展的路径依赖性较强,即一些传统的工业强国,在新的全球贸易环境下,国内大企业的数目是非常多的，例如美国、日本、英国、法国等。然而，这并不意味着其他国家的企业就完全没有可能进入 G2000，少数的新兴国家和地区如亚洲四小龙、中国等，可能会在一些非传统的产业上呈现出后来居上的"蛙跳现象"，例如中国台湾地区在电脑硬件产品行业的大企业数目就非常多。此外，内需市场效应（home-market effect）也是影响全球 G2000 企业的国籍分布的一个重要因素。所谓内需市场效应，又称为本土市场效应，是指拥有相对较大国内市场需求的国家往往更能培养出大企业。此外，资源禀赋以及 FDI 与区域地域因素也对全球 G2000 企业的国籍分布具有比较大的影响。

从上面的研究结果可知，影响 G2000 大企业国籍分布的因素主要有经济发展程度、资源禀赋、FDI 的外溢效果以及内需市场规模，其中，对中国大陆的大企业形成特别有利的因素是资源禀赋、FDI 的外溢效果以及内需市场的规模。

中国大型企业在 G2000 中显示出的优势产业主要是原材料行业（material）、资本密集产品行业、金融服务（diversified financing）以及建造行业（construction）。出现这样的结果主要是由于两个原因。第一个原因是中国的自然资源禀赋较高，这一点主要反映在重工业的优势上，即上游金属煤矿行业（mental and mining）、中游的钢铁行业（iron and steel）以及下游的重工业设备（heavy equipment）三个产业的优势上。其次，这些优势产业的发展则是归因于长期的经济增长带来的扩大内需市场的效果。

中国大型企业在 G2000 中显示的劣势产业主要是中间品生产行业（intermediate goods）、石油行业（oil and gas）、市场通路（market channels）、产品服务（production services）、通信（communications）以及保险行业（insurance）。中间品生产行业是科技含量较高的产业，中国在中间品生产行业上处于劣势，主要说明了中国在科技产业上，尚未完全脱离跨国公司的加工基地层次，没能从"中国制造"变为"中国创造"。此外，本应受益于内需市场的市场通路行业，却成了中国的劣势产业，这反映了中国企业在通路行销上的经营能力，与国际竞争对手相比较还有一定差距。

彭喜枢（台湾"中央研究院"经济研究所助研究员）：企业规模大小影响因素的实证研究

彭喜枢助研究员延续了黄登兴研究员的研究内容，对其提出的一些假说做出了严谨的实证探讨。同样，彭喜枢助研究员也认为虽然传统的国际贸易理论讨论的主角是国家，但实际上真正从事贸易的是各国的企业。一个国家如果有很多大型的企业，那么只要保持开放，国家在贸易上的表现自然会非常好。因此，探究什么原因决定了企业的规模是一个非常重要的研究内容。

报告首先提出了企业规模的四个影响因素，分别是市场规模、企业性质、经济发展程度和国内制度。对应地，报告提出了四种假说，并分别对其进行了实证研究。与影响因素对应的四个假说分别是内需市场假说（home market effect hypothesis）、跨国企业假说或者 FDI 假说（multinational enterprise hypothesis or FDI hypothesis）、经济增长假说（economic development hypothesis），以及国家资本主义假说（state-capitalism hypothesis）。报告的数据使用的是 2004—2010 年 G2000 中关于 16 个产业、48 个国家的大企业排名数据。企业的大小衡量依据于四个标准，即销售额、利润、资产以及市值。

首先检验内需市场假说。一般认为一个国家的市场规模大小对于大企业的培养是非常重要的，无论是在一个自给自足的封闭经济体中还是自由贸易的开放经济体中，一个大的市场总是能够在具有规模经济的行业培养出大企业来，因此，报告提出内需市场假说。在实证回归中，文章是用国家的 GDP 大小衡量该国家的市场规模。在基本的回归模型中，HME 的系数是正的并且也是显著的，这说明一个具有更大 GDP 值的国家更容易拥有大企业。此外，报告还对不同行业的内需市场假说做了研究，发现在资本密集产品行业、消费品行业、金融服务行业、原材料行业以及石油行业，内需市场效应的影响更大，而在消费服务以及市场通路行业，这一影响要比平均值小。这一结果说明，对于那些规模经济效应越大的企业，内需市场的影响越大。

关于跨国企业假说或者 FDI 假说的检验。从实际观察中就可以发现，一个国家的国有企业、跨国企业以及集团企业的规模通常都要大一些。导致这一结果的原因有很多，特别是对于国有企业以及集团企业，情况要相对复杂，因此，报告中重点的研究对象是跨国企业：跨国企业通常具有更高的生产效率以及更大的规模，在对外投资上也能够承受更大的固定成本。跨国企业假说以及 FDI 假说分别是从对外投资和对内投资的角度来说明的：跨国企业假说认为，一个拥有更多跨国企业的国家也倾向于有更大的对外直接投资值，这一服务更多的市场行为反过来会有利于跨国企业的成长，因此国家可能拥有更多大企业。FDI 假说则是认为，一个吸引更多对内投资的国家，通常在国内会形成一个有利于本国企业学习、发展的环境，使得本国企业逐渐壮大，因此也会拥有更多大企业。

从实证的结果来看，在基本模型中，对内投资影响以及对外投资影响的系数都是正的且是显著的。这一结果说明从平均结果来看，更大的对内投资值以及对外投资值都有利于大企业的形成。然而通过对于不同行业的研究结果来看，并不是所有行业这两个因素的影响都是正并且显著的，结果依赖于不同产业的特性。彭喜枢助研究员认为可以将不同的产业分成四大类，分别是共通型产业（universality）、本地型产业（locality）、聚集型产业（clustering）以及资源型产业（resources）。其中，共通型产业是指企业产品在全球均可以通用的那些产业，因此对内投资和对外投资都对大企业的数目有一个正向的影响，例如资本密集产品行业、中间品行业等；本地型产业则是指产品的地域性比较明显的产业，例如运输、建筑、通信、保险等，这些行业无论是对内投资还是对外投资的影响均不显著；聚集型产业是指那些聚集性较强的行业，例如银行、消费品、市场通路等行业，这些行业对内投资的影响是正向的而且比较显著，对外投资值的影响则不是很大；资源型产业主要是指原材料行业和石油行业。原材料行业的资源依赖性很强，因此对内投资的影响是正向而且比较显著，然而对外投资的影响则为零；石油行业由于一般是开采技术性的投入，因此对内投资影响为零，对外投资的影响为正且非常显著。

经济增长假说的检验。经济增长的影响主要是从两方面表现出来的。首先研究发现，发达国家由于工业化的历史比较悠久，各方面的技术都比较成熟，因此相对于一些殖民地国家或者发展中国家来说，大企业的数目要明显更多。但是这一结果并不说明新兴国家就肯定不能超越传统强国，在一些破坏性的创新行业中，新兴国家更容易崛起。这两个方面的猜想就是经济增长假说的内容。

为了证明假说的可信性，报告将不同的国家赋予一个虚拟变量，对此进行回归研究。结果发现，传统的强国，例如美国、日本、德国、法国等，经济增长对于大企业数目的影响是呈现负相关的关系,即随着时间的变化,这些国家的大企业数目在逐渐减少。而对于那些新兴国家,例如中国、印度、韩国、巴西等,经济增长对于大企业数目的影响则是呈现正相关的关系。这一结果说明,发达国家在 G2000 中大企业数目的比例正在逐步减少,而一些新兴国家在其中的大企业数目比例正在逐步增加。

国家资本主义假说的检验。Owens(欧文斯)在 2011 年的研究中提出,国家的制度和规范对于国内企业的影响是非常大的。国家资本主义假说认为,一个具有国家资本主义的国家更容易具有更高的企业集中度,因此在各个行业中大企业的数目都会相对较多。

从实证的研究来看,尚未找到非常合适的方法去验证假说的可信性。报告中依然使用的是国家这一虚拟变量来进行回归研究。从结果来看,并不能够完全说明国家资本主义一定能够有利于 G2000 大企业的形成,但至少对于中国、韩国还有印度这三个国家来说,国家资本主义的影响是不可忽略的。

最后,彭喜枢助研究员依据于实证研究的结果,提出了一些政策上的建议。首先,一个本国市场比较小的国家可以通过并购或者进行创造性革新的方式培养大企业。其次,政府应该降低贸易壁垒以吸引更多的对内投资。最后,一些新兴的国家可以通过创造性破坏的企业以追赶上传统的强国。

第五篇

国际贸易与投资

挑战、机遇与前景——欧债危机与中欧合作

(2012年5月)

2012年5月15日上午,由北京大学国家发展研究院、中国国际友人研究会和希腊驻华大使馆联合主办的"挑战、机遇与前景——欧债危机与中欧合作"报告会在北京大学召开。北京大学校长周其凤教授莅临致辞欢迎;希腊前总理西米蒂斯先生、人大常委会前副委员长成思危先生、中投监事长金立群先生发表演讲;欧盟轮值主席国丹麦驻华大使裴德盛先生、北京大学国家发展研究院副院长卢锋教授和中国国际问题研究所所长曲星先生参与讨论。

西米蒂斯(希腊前总理)

他主要分析了希腊爆发债务危机的原因和应对措施。他指出当前流行观点是希腊居民消费太高以及政府赤字太大导致当前债务危机。然而从国际比较来看,西班牙、葡萄牙和希腊都爆发了债务危机,但西班牙债务并没有超过国际警戒水平,因此消费以及赤字过高并不是债务危机产生的根本原因。

他认为当前希腊债务危机有三个深层次的原因。一是2007年美国次贷危机对银行业的影响,由此产生了银行业危机。经济危机和金融重组给银行业,进而给政府财政带来了巨大损失。二是欧元区内部国家发展不均衡。具体而言,北欧国家经济发展较好,南欧国家经济发展则较差。所以南欧国家缺乏竞争力,对外借贷增加,进而公共债务上升。三是欧元区公共管理体系不健全。

欧洲货币联盟(EMU)成立的目的是促进较不发达国家的经济发展,通过资源的自由流动实现欧洲经济整合。在这个漫长的过程中很多政策措施的预定目标都没有能够实现。欧洲北部和南部在经济上发展并不均衡,仅仅依靠市场是难以解决这种不均衡的,此时便需要政府参与其中。然而,欧洲缺乏一个统一的政府,导致了政治上并没有意愿来推动各个领域的发展。

此外,建立欧元时没有设计其他国家履行义务来援助出现债务危机国家的机制。所以2009年希腊出现债务问题时,没有国家对其进行援助,解决危机只停留在自救层面。当债务危机蔓延时,欧盟援助才提上议程。可以认为正是这些国家援助措施实施较慢,导致了危机的进一步蔓延。需要注意的是,对希腊救援方案一开始就附带债务削减条件,此后

一系列援助也都附带更为严格的紧缩条件，比如要求希腊三年内大幅削减赤字，这使得希腊经济情况持续恶化，失业率和贫困率不断攀升，罢工游行时有发生，希腊前景一片黯淡。

如何应对当前希腊所爆发的债务危机？希腊脱离欧元区可以说是一个解决办法。目前有75%的议员支持欧盟采取措施来应对当前的债务危机，50%的议员希望希腊能够留在欧元区，但是如果欧元区不能提供给希腊一个很好的发展空间和环境，希腊将不得不退出欧元区。然而，希腊退出欧元区使用新货币将是一个长期过程，存在很多有待解决的问题。比如，如何对新货币估值。即便新货币大幅贬值，对出口占GDP比重不高的希腊而言，积极作用仍十分有限。另外，退出欧元区应如何应对与各国货币和贸易交易，如何确定汇率也将是一个复杂的过程。这都不是短期能解决的问题。

那么依靠财政契约是否就可以解决当前的债务危机呢？如果不提高国家竞争力，这一方案也不可行。西米蒂斯先生提到了两种解决欧元区南北竞争力问题的方案。一是欧元区北方国家购买南方国家的产品；二是欧元区北方国家加大对南方国家的投资力度。前一方案遭到了以德国为首的国家的反对；后一方案由于这些投资项目难以盈利，在长期看来还有助长经济泡沫的风险，因此也不可行。目前，欧元区北方国家和南方国家真正能够展开合作的，便是共同建设支撑经济发展的基础设施项目，比如发展地中海地区的风电设施，进一步开发可再生能源。

另外，欧盟需要进一步增强欧洲国家之间的联系，使得国家间经济联系上升到新层次，在经济政策制定方面建立新的协调机制，实现经济政策的统一。同时，欧盟也需要进一步完善治理体系和框架，将政治领导人的意愿适时地转变为行动，积极推动经济和政治的整合。

最后，西米蒂斯先生展望了欧洲货币联盟的发展。未来，欧洲货币联盟不仅应该反映欧洲货币联盟内发达国家的意见，实现发达国家的利益，也应该反映欧洲货币联盟内较不发达国家的意见，服务于它们的切身利益，这样才能维持欧元区的稳定，促进欧元区国家的共同增长。

成思危（人大常委会前副委员长）

他首先说明主权债务危机的定义和类型，认为欧洲债务危机原因有三个。一是受美国次贷危机的影响。由于全球金融和经济危机影响，希腊在航运、旅游、侨汇上受到影响。二是国内原因。希腊国内产业竞争力不够强，借款投资效益不够好使还款能力受到影响。三是欧元区结构和制度上的原因。按照最优货币区理论，欧元区使用统一货币减少货币兑换之间存在的诸多因素，便于区内贸易的发展。欧元区成立之初整个发展还是不错的，使欧元区内发展程度稍微差一点国家得到了较多贷款。

但是欧元制度也有一些先天缺陷。一是货币政策统一了但财政政策没有统一。二是采用一种货币所以竞争力强的国家就有利。三是由于大家都用同样的货币，货币储备只能用欧元，当一个国家外贸出现逆差的时候，储备肯定在减少，它应对危机的能力就更受到影响。最后欧元区无法用转移支付的办法来解决内部不平衡问题。

如何应对债务危机呢？一个国家要想不破产，唯一的办法就是借新债还老债，或者与债权人谈判债务重组。出了问题后新债很难借到，只能求助于欧洲央行ECB或IMF。但是这也只是拖延，最终还是要还钱。此时只能依靠紧缩开支，减少福利，裁减公务员等一系列紧缩开支、出卖一部分国有资产来解决问题。但是这些都是不得人心的。因为一般老百姓只能接受提高福利，减少福利阻力就很大。出卖国有资产也会遇到这种阻力。因而凡是出现问题国家的政府，基本上在大选里都下台了。

欧元区前景只有两种可能。一是通过欧元区内部努力来解决。这便需要欧元区国家协商一致，需要互相妥协，找出可行的办法，而不是仅要求负债的国家一味紧缩，更重要的是要给它们经济发展的机会，通过经济发展来还债。当然，这也遇到另一个方面的阻力，如德国的民众现在就反对，为什么要把辛辛苦苦赚的钱援助那些国家呢？实际上，他们不了解，德国贸易百分之六七十是欧元区内的贸易，德国得到顺差大部分也是在欧元区内得到的顺差。如果欧元区出了问题，对德国自身也不利。这一点政治家反而十分清楚，所以，德国议会很顺利地通过了欧洲金融稳定基金总额提高措施。

另外一个可能性就是欧元区解体，希腊离开欧元区，其他一些国家也陆续离开。这样造成问题可能更严重。世界金融体系将受到很大打击。现在欧元是唯一能够跟美元抗衡的储备货币，如果欧元消失了，世界金融体系就可能回到过去美元独霸时的情况。另外，即使离开欧元区也不一定能通过货币贬值恢复竞争力，如果产品结构、产业结构没有改善，市场占有率较低，还是解决不了问题，事实上还会使欧元区经济进一步下滑。因为德国出口会减少，德国经济下滑；对希腊而言，出口占 GDP 比例不高，通过贬值办法提高竞争力效果有限，反而提高了进口成本。所以，从老百姓的情绪看，希腊等国家离开欧元区可能性是存在的，但从长远战略看，这种做法实际上得不偿失。

中国希望和相信欧元区的国家能够渡过难关。第一，欧元区国家总体上并不缺钱。如果欧元区国家采取一些措施，更多地发行内部债券，而不是靠外部债券来解决问题的话，还是可以筹到一部分资金的。第二，欧元区内部可能需要进一步加强财政纪律，加强对货币和财政开支的管理。第三，依靠国际支持。IMF 是一个重要的支持力量，IMF 的几个主要国家要能够协商一致，按比例出资。中国力量有限，不可能英雄救欧、英雄救美，但是在 IMF 的国际框架下，中国会尽其力量来帮助欧洲渡过危机。

最后，成思危先生分析欧债危机对中国的影响。一是中国外需减少和外贸顺差下降。二是由于欧洲、美国、日本还要继续实施刺激经济计划，保持低利率，这必然对发展中国家造成通胀压力。三是通胀压力迫使这些国家提高利率，在俄罗斯和印度，利率均超过 8%，巴西利率则为 12%，这对实体经济发展有不利影响。最后，因为债务危机要去杠杆化，去杠杆化就要撤回资金，这就会造成 FDI 减少。中国希望欧洲债务危机在自救的前提下，在世界各国共同努力下，能够得到妥善解决。

金立群（中投监事长）

金立群先生主要从两个方面分析此次欧债危机爆发的原因。首先是欧洲国家的社会福利制度。欧洲国家的社会福利制度也带来了诸多负面影响，并且负面影响在当前不断地扩大，比如优越的社会福利制度助长了懒惰情绪以及滥用社会福利的动机。一旦经济发展不足以支持当前的社会福利制度，那么社会福利制度对经济的负面影响便会越来越大，因为人们往往只愿意接受福利的提升而不愿意接受福利的下降。在欧洲民主社会中，支持福利提升、反对福利下降的政党往往会获得更多的选票。

政府对市场竞争中失败的人，应在为其提供社会福利实现社会公平的同时，又能提升有利于社会前进的激励和创新激励。如提供过于优越的社会福利，实行平均主义，这个国家必然缺乏前行动力。相反，如果社会福利提供不充足，导致巨大经济地位落差，这个国家也会不稳定。经过二战后60多年的发展，欧洲国家积弊越来越严重。二战后建立的社会福利制度已成为社会经济发展的负担，若还不减少这种"压舱石"，"大船"将势必下沉。这对于中国以及新兴市场国家无疑是一个很好的教训。社会福利制度的建立必须是经济发展水平所能够承担的，社会经济的发展需要不断地平衡公平和效率。

第二个方面是财政政策和货币政策之间的协调。欧元区实行统一货币政策同时仍保留着主权国家财政政策。这使得欧元区国家主要通过发行外部债券来融资，同时财政转移无法在欧元区内实现。欧元区民众还缺乏公民意识，他们没有意识到，救助于他人，帮助其渡过难关也是符合他们自身利益的。此外，货币政策的统一导致了竞争力不同的各国间差距持续扩大，对于竞争力较低的国家，他们再也无法通过货币贬值来增加竞争力，经济发展势必会减缓。

卢锋：（北京大学国家发展研究院副院长、教授）

欧债危机国共性特征是外债过多，因而凯恩斯式过度消费是表层原因，深层根源在于欧元体制导致缺乏竞争力国家持续外部失衡，同时又没有调节外部失衡手段，并且还通过一段时期"利差趋同"为负债融资接受外部失衡提供条件。还有一点根源是，欧洲一体化前期走得比较成功，但是20世纪80年代设计下一步一体化战略时，政治家和精英们急于求成，好大喜功，过于相信统一货币对更高度一体化的"倒逼促进"作用。

从逻辑上分析欧债危机有三种解决途径：一是通过流量紧缩降低存量债务，二是通过财政和政治联盟"内生性"解决，三是部分改造甚至放弃欧元体制。两年半危机治理实践主要倚重紧缩方案，然而最近希腊和法国的选情从不同角度显示出这一方案难以奏效。第二种方案甚至没有在欧盟政治决策和主流讨论中被旗帜鲜明地提出，显示其最终不过是一个理想化模式。欧元变局正在成为不断逼近的现实。

卢锋认为，由于多方面原因，国内对欧元变局可能估计不足。对美元"一币独大"弊端的认知，使我们对欧元替代作用有很大期待。人民币汇率争论显示，主流观点重视汇率稳定的意义，对汇率调节功能认识不足。另外看重通过人为制度和战略设计加以赶超的心态，在我国也有相当的社会心理土壤。这些因素使我们容易理解欧元设计的良好初衷，对其不符合规律和内在局限认识不够。

对欧元变局发生现实可能性重视不够，分析逻辑是认为代价太大因而不可能，这一流行思路的确有道理，然而忽视了关键一点：在欧洲选举政治环境中，对于像欧债危机这样久拖不决的困境，最终会由选民依据个体认知对问题做出决定性选择。"债务危机任何时候任何地点都是政治问题"，最终可能会通过政治流程并以独立于精英思维逻辑的方式加以终结。我们应从这一角度解读最新法国与希腊选情演变。如对欧元变局估计不足和缺乏应对，事变发生时我们可能会处于被动地位并遭受本可避免的损失。

曲星（中国国际问题研究所所长、教授）

在欧洲一体化建设中，存在结构性问题，设计上的问题和运行上的问题。结构性问题指的是欧洲国家发展不平衡问题。欧洲一体化最根本的原因是要消除欧洲国家之间的发展不平衡。这意味着北欧发达国家要有心理和现实准备，为南欧相对发展滞后的国家做出某些牺牲。问题是即便这些国家政府愿意作出牺牲，这些国家民众是不是愿意？如果欧洲一些发展相对滞后的国家陷入困境，而发达国家没有能力或者不愿帮助，那么欧洲、欧盟一体化还有什么用处呢？这是一个深层次结构性的问题，它涉及欧盟存在的意义。

设计中的问题就是主权财政和统一货币的问题。欧洲一体化在设计上没有到位导致了欧洲现在的局面。在各个国家经济发展水平不平衡的情况下，统一货币对不同的国家带来的是不同的经济效益。此外，欧元区还缺乏一个退出机制，即便存在 60% 的借债率、3% 的赤字率的规定，但是如果各国不遵守，又有什么办法呢？

欧洲一体化还存在运行中的问题。几年前，欧洲有一个非常深刻的讨论，即欧盟是应当先深化，还是应该先扩大呢？政治家往往是好大喜功的，这导致了在实际上深层次的设计问题没有解决的情况下，欧元区就扩大到了现在的规模，这在欧元区运行中是非常大的问题。

曲星教授对欧债危机持谨慎乐观态度。在欧洲国家选举中，选民最爱听的就是高福利、增加工资和减税。福利一旦提上去了就难以下来了，资金不够就必须借债。如果政府真正把紧缩做到实处的话，实际上意味着政治自杀。另外，在欧盟层面上，政策也是在不断地摇摆，不停地受到各个成员国国内政治的影响和干扰。欧盟达成的财政契约，意味着强化了欧洲财政纪律。但是，欧盟真正能够采取强有力的措施来解决问题吗？凡是危机时都需要一个强硬政府，可惜欧洲并没有。

裴德盛（欧盟轮值主席国丹麦驻华大使）

裴德盛先生结合北欧国家发展的经验阐述了其对欧债危机的观点。当前欧洲国家过于优越的社会福利制度对欧债危机的爆发有一定的影响。当一国支出不断增长并超过其收入时，负债便开始出现。如果社会福利制度得不到及时的改变，或者经济发展不能有所提高，那么负债所产生的问题将会越来越严重，最终导致危机的爆发。

然而，仅仅从福利制度的角度来考虑欧债危机并不完全合适，因为福利制度只代表了一国的支出，如果一国收入能够满足福利的支出，那么高社会福利也并不是一个问题。现实中这样例子有许多，除了西班牙，丹麦也是一个高福利国家，但丹麦债务率却比较低，它是社会福利和经济同步发展的国家，这又得益于工商界的发展和民众的努力，更得益于经济政策制定的适时及合理。

经济政策制定的适时及合理对于经济发展而言是十分重要的。中国政府所制定的"五年计划"都是十分有效率的，这一点值得欧盟国家学习。欧盟国家需要努力协调各项经济政策，促进各国的经济增长。另外，欧盟国家可以制定相关政策，大力开发可再生能源，并提高国家，尤其是较不发达国家的竞争力。欧盟也应当与中国不断加强联系，促进双边贸易往来。

最后，裴德盛先生也为中国的发展提供了建议，他认为中国也应当大力发展可再生能源，并且中国可以适时改革当前社会福利体系，像挪威和丹麦一样提高社会福利水平。一方面，社会福利水平的提高可以降低居民的预防性储蓄动机，提高居民的消费，促进内需；另一方面，中国高速的经济增长也可以支持当前社会福利的提高。

中国对外投资圆桌会议简报之一

(2009年5月)

2009年5月16日,由北京大学国家发展研究院、中国经济研究中心与澳大利亚国立大学东亚经济研究院举办的"中国对外投资圆桌会议"在北京大学中国经济研究中心举行。中国和澳大利亚两国的专家分别做了演讲和讨论。本期简报将介绍会议的演讲内容。本场会议有三位报告人发言,分别是国家外汇管理局国际收支司副司长管涛,中国社会科学院世界经济与政治研究所所长助理何帆和澳大利亚国立大学克劳福德学院Peter Drysdale教授。以下是报告的具体内容。

管涛(国家外汇管理局国际收支司副司长):从外汇管理局的视角看中国对外投资

作为对"走出去"战略的积极回应,国家外汇管理局近年来已逐渐解除对与境外投资(ODI)相关的资本流动的管制。具体表现在以下几个方面:①不再要求事先评估我国企业对外直接投资的风险;②企业境外投资产生的利润,可由企业自主决定保留用于境外企业的增资或者在境外再投资,不要求向国内缴纳利润留存的保证金和强制汇回;③不再限制用于境外投资的购汇额度;④作为试点,减少了对国内企业开展海外业务时融资工具的限制。

尽管在境外投资自由化上,中国已经取得了巨大的进步,但仍然存在很多或隐或显的限制。具体体现在下面几个方面:①居民个人没有途径进行境外投资;②境外投资的管理制度偏向于传统的绿地投资方式;③企业汇出外汇时仍然需要事前的审核;④行政手续不透明且复杂;⑤缺乏风险冲销的工具。

对于未来在境外投资上的外汇改革,我们会着眼于以下几点:在外汇管理局的指导下,取消仍然存在的事前审核;为个人参与境外投资提供渠道;解除对海外企业提供的金融工具的管制;在国内市场发展风险冲销工具;鼓励在境外市场上基于真实需求的风险冲销行为;发布稳定透明的管理政策。

何帆(中国社会科学院世界经济与政治研究所所长助理):中国境外投资——机会还是陷阱

受金融危机的影响,2008年全球的境外投资呈下降趋势,但是中国境外投资仍然有显著上升。以 2003 年为转折点，中国这些年的境外投资一直在迅速上升。为什么中国企业如此热衷境外投资呢？原因是多方面的，一些企业为了获得更多的资源和更先进的技术进行境外投资；也有一些企业开始意识到全球市场的重要性而开始进行境外投资；也有研究指出，中国近年来升高的劳工成本和更为严格的环境管制促使一些企业寻求像老挝这样的成本较低的国家和地区进行境外投资。根据 2006 年的数据，48％的境外投资属于资源投资，40％则属于市场和服务投资，只有 5％属于生产投资。因此中国企业进行境外投资的主要原因是出于对资源和市场的考虑。

2008 年以来的金融危机对中国的境外投资会带来什么影响呢？我认为可以从企业和政府两方面来考虑。就中国企业而言，这些年来我们的出口一直在稳步增长，企业积累了很多资金，有能力进行境外投资，同时越来越多的企业认识到了增强国际竞争力和进行境外投资的重要意义，对境外投资的需求在逐渐增大。因此我比较确定地认为，中国境外投资增长的趋势会持续下去，甚至可能加速。从政府的角度来看，正如管涛提到的，国家在逐渐放宽对境外投资的管制，原因是中国政府意识到，美国经济的泡沫破灭后，中国所持有的大量美元外汇储备有贬值的危险，为了维持外汇储备的购买力，中国政府会鼓励企业进行多样化分散投资，境外投资就是一种有效的方式。

中国现在进行境外投资，有很多很好的机会。第一，由于金融危机，很多国外企业发生了亏损或者面临流动性短缺，中国则没有这方面的问题，相反，由于中国企业高的储蓄率，我们甚至还有潜力进行投资；第二，金融危机爆发后，国际上能源和原材料价格普遍下跌，虽然现在稍有上升，但仍然处在较低水平，宜于投资；第三，出乎我们意料的是，国外如美国、欧洲国家、澳大利亚等，对中国境外投资的态度变得更为友好，而不像我们先前担忧的那样，贸易上保护主义抬头，政策上出现壁垒，我想这是因为尽管中国的出口在增大，但境外投资能够提供国外工人更多的工作机会，也有可能是因为它们认为中国在境外投资上缺乏经验，可以从中国投资的亏损中获利；第四，以前我们认为中国的比较优势在于廉价劳动力，所以"中国造"产品行销全球，但现在我们逐渐意识到中国还有一个比较优势就是做基建，中国企业可以投入到国外的基础设施建设中去，这也是我们现在看到越来越多的中国企业在国外从事铁路、高速公路和房屋的修建工程；最后，但并不代表不重要的一点，则是在金融危机的大背景下，中国市场仍然很稳健，所以跨国公司需要重新考量中国市场的战略地位，而它们也会更愿意和中国企业合作，帮助中国企业走出去。

中国企业在境外投资中可以得到众多的好处。首先，境外投资有助于外汇储备的多样化；其次，境外投资可以促进中国制造业部门的升级；再次，境外投资可以促进中国经济平衡增长，即境外投资可以降低中国的贸易顺差，避免未来外汇储备的继续增长；最后，境外投资也为"中国造"产品提供了新的市场和机会。

在境外投资时也有很多可能的陷阱值得引起我们的注意。一些学者指出，20 世纪六七十年代日本的海外投资失利，就是一个经验教训。在境外投资的过程中，有下面一些可能的陷阱我们需要小心避免：一是很多大型的跨国公司目前面临破产或倒闭，并向中国企业提出了兼并和合作的要求，但中国企业显然还没有准备好如何管理一个大型的跨国公司；二是在贫困地区市场的抢夺上要足够重视；三是中国在监管金融机构上缺乏经验；四是有过失败的先例，一些中国企业购买了国外企业的研发部门，却收效甚微。

所以我们的境外投资不宜操之过急，而是一步一个脚印，先易后难。我建议我们先加大对境外资源和市场的投资,在这方面我们已经有了很多成功的经验,风险也容易控制。另外我们也有很多的挑战要去应对:对于外汇管理局而言,流入国内的资本在增多,对资本的控制仍有必要,但难度在增大;我们也缺乏熟悉国外法律制度、能很好与国外打交道的律师人才;我们也需要审慎地设计制度以进行风险控制。

Peter Drysdale(澳大利亚国立大学克劳福德学院教授):中国在澳大利亚的资源和能源投资

从澳大利亚外国投资审查委员会(FIRB)审核通过的中国对澳投资项目情况来看(数据从 1993—1994 年度到 2006—2007 年度),中国对澳投资从 2003 年开始有了较快增长,但是与美国、日本对澳投资相比仍然很少。中国对澳投资主要集中于制造业、矿产开采和资源加工业以及房地产行业,尤其是在矿产开采和资源加工业上,2006—2007 年度审核的项目达到了 1 203 宗。

关于对澳资源的 FDI,澳大利亚政府的政策是友好的。我们欢迎外国企业对澳资源的投资,这能够促进澳资源部门的整合,在澳大利亚资源的生产和贸易中扮演了重要的作用。在审核项目时,我们考虑的不仅是项目对生产方的影响,也关心项目通过后对资源消费市场可能的影响。除了在一些领域有所限制,澳大利亚政府的政策是比较开放的。2007 年,境外对澳大利亚资源部门的投资达到了 770 亿美元,占到了当年全部 FDI 的 1/4。

中国目前已经成了澳大利亚最大的贸易合作伙伴,但中国还不是澳大利亚最大的出口市场。乐观地估计,这一目标在 2012 年或许可以达到。就现在来看,中国对澳资源部门投资的大动作,包括对力拓公司皮尔巴拉 Channar 铁矿,以及澳洲 Portland 冶炼厂的投资。虽然这些项目引人注目,但是与美国、英国以及日本对澳投资情况相比较,中国的步伐尚远落在后方,规模仍然很小。中国对澳投资的特点是结构很集中,在目前的投资提案中,中国提出了超过 300 亿美元的动议,但所持股份比例并不高。从比较引人注目的这十多个案例中可以看到,中国对澳投资的持股比例都低于 50%,大部分在 10% 到 20%。

澳大利亚如何在这些境外投资中获益呢?首先,这些对澳大利亚资源进行开采和加工的企业,无论是澳国内的,还是国外企业,都增强了澳大利亚的国际影响力;其次,澳大利亚政府通过征税和对境外投资在环保和社会公益上施加限制,也能收获很多;澳大利亚政府认为收益的再分配也是十分重要的,我们通过制定具体的税制来做到这点;澳大利亚政府也征收资源的租金税,并且是在岸业务与离岸业务都征收;有时澳大利亚政府也会采取定价转移的方式。

至于中国对澳的境外投资,学者、民间和政府机构都比较关注中国境外投资企业的国家所有权问题。这在最近中国铝业对力拓投资的案例中表现得很明显。在审核时政府会考量投资者的所有权问题,以判断是否会影响澳大利亚的国家利益。但我认为,虽然中国境外投资的很多企业是国家控股的,但中国境外投资并不寻求对资源企业的控股权,所以对于是否能够通过审核应该影响不大。中国企业在做出境外投资决策的时候,应该更多地在市场和政策因素上作些考虑。

中国对外投资圆桌会议简报之二

(2009年5月)

2009年5月16日,由北京大学国家发展研究院、中国经济研究中心与澳大利亚国立大学东亚经济研究局举办的"中国对外投资圆桌会议"在北京大学中国经济研究中心举行。中国和澳大利亚两国的专家分别做了演讲和讨论。本期简报将介绍会议讨论部分内容。

郜若素(Garnaut)(澳大利亚国立大学)

我想讨论一下当前金融危机下,中国和澳大利亚面临的国际宏观经济问题。中国当前存在的经济发展问题主要是资源使用过多导致了投资的低价值。在金融危机影响下,由于中国金融部门与世界金融部门的联系还不是特别紧密,中国经济所受到的冲击相当有限。另外,中国拥有大量的储蓄,可以支持中国经济的持续增长。金融危机也对澳大利亚经济产生了一定冲击,但是冲击的影响有限。一方面,澳大利亚有很多资源性部门,它们的资产负债结构相对较好。这是因为它们的负债与银行部门负债有很大区别,银行部门负债是由政府做担保的,而它们使用资源性资产做担保。另一方面,澳大利亚的金融部门与国际的金融部门之间也相对独立,银行信用度较高。虽然澳大利亚和中国受金融危机的影响不如欧美国家大,但是这次金融危机也敲响了警钟,它给了中国和澳大利亚两个国家一个很好的机会来对银行部门进行调整。

戈登·布劳威尔(Gordon Brouwer)(澳大利亚国立大学、澳大利亚总理和内阁部)

今天的讨论非常有趣。政府在海外直接投资中的影响是无法避免的。这一点很重要,因为政府一旦参与,我们就需要考虑参与的政治原因,即海外直接投资如何影响国家利益,这种影响可能是时刻发生变化的。我关心以下三个问题:第一是投资决策。中国企业和中国政府的结构正在发生改变,那么政府在企业投资决策中的作用也会发生变化,我们需要理解产生这些变化的原因以及中国政府正在发生的改变是否会影响到世界的转变。第二是投资主体,投资主体是属于消费者还是生产者?不同类型的投资主体具有不同的利益,比如澳大利亚投资者更多地是购买资源来消费,而中国正好相反,此外,生产和转移的过程,资金长期的支持以及澳大利亚自然资源发展的战略等都是值得以后继续研究的。第三是重要资产和重要企业所起到的作用。如何选择投资的市场和投资的资源是非常关键的。我们也需要知道政府在其中能扮演的角色。

周密(商务部中国海外投资研究中心)

中国的海外直接投资有四个特点。第一,中国的海外直接投资还处在一个初级的阶段。这一点可以从数据上看出来。虽然,2003—2007年间中国海外直接投资平均增长率为74.6%,进步很显著,并且在2008年,中国海外直接投资达到了456.5亿美元,与2007年相比增长了15.34%,但是与全世界相比,中国海外直接投资的数额还是相当小,在2003年,中国海外直接投资只占世界份额的0.5%,到2007年这个比例也只增加到了1.3%。第二,中国的海外直接投资基本上只局限于拉丁美洲和非洲国家。澳大利亚也只是中国第七大海外直接投资的国家。中国海外直接投资的产业也仅局限在采掘业和商业服务业领域。在2007年,中国海外直接投资中,中小企业海外直接投资的份额有所增加,国有企业的份额从81%下降到了71%。此外,中国的海外直接投资是全球工业转移的结果,在过去30年中,我们从发达国家,比如美国、日本、韩国的贸易和FDI中,学习到了很多经验和知识,这种全球工业转移的趋势依然在继续,中国处于走出去的阶段之中,这也是工业转移的必然趋势。第三,中国的海外直接投资主要集中在资源和能源领域,这可能存在政治上的限制。资源一方面可用于消费,比如美国消费大量的石油,另一方面石油也可以用于生产,中国进口资源进行生产,出口消费品,中国制造在全世界遍布。巨大贸易顺差产生的外汇储备使得外汇管理条例会有所放松,以便于中国利用外汇储备进行对外直接投资。中国也正在尝试引入机制使得投资的需求方和供给方的信息更加透明。第四,中国企业和澳大利亚企业的合作会形成一个双赢的局面。澳大利亚是一个资源和能源都相对丰富的国家,中国可以充分利用自己的比较优势与澳大利亚进行合作,使得这些资源可以得到更好的利用。

隆国强(国务院发展研究中心对外经济研究部副部长)

下面从政府和企业两个层面说明当前投资环境发生的变化。首先,政府的政策有了很大的变化,从初始的严格限制对外直接投资到现在有选择的鼓励,中国已经融入了整个全球经济之中。政府也在许多方面进行了自我改善,比如,增加了政务的透明度,精简了机构和程序,向投资者提供了信息和法规体系等公共服务,等等。但是这些方面依然有待加强,政府公共服务依然存在很大的改进空间。其次,从中国企业层面来看,中国企业已经融入了全球化之中,但是中国企业在硬件和软件环境上都处于劣势,在硬件环境上,中国企业还缺少创新和在世界市场进行营销的能力,也缺少金融的稳定性以及投资决策的科学性,在软件环境上,中国企业拥有很少的国际市场信息和知识,需要学习如何适应国际市场的相关法律和规定。比较特别的是,由于中国企业海外投资进入比较晚,许多高质量和低风险的资源都已经被其他国家的企业所占有,这使得中国企业海外投资通常是在伊朗、伊拉克等高风险的国家和地区,同时许多国家认为国有企业的单位生产成本比较高使得国有化对中国海外直接投资有不利的影响。

宋立刚（澳大利亚国立大学）

海外直接投资非常重要，它标志着中国现代化进程已经进入一个新的阶段。中国采取什么战略加入到国际贸易和海外直接投资中，需要由正式的研究机构来进行分析。我们的研究可以说是处于前沿的。其次，海外直接投资具有多维度的特征，它受到经济、政治、文化、法律等多方面的影响，这也就要求项目具有综合性，因此对项目调查的设计就显得非常重要。企业对法律规则改变的反应和态度，以及法律规则对企业绩效的反应都是要收集的信息。项目也要调查企业所有权问题的重要性，区别对待国有企业和非国有企业对法律规则改变后的反应和激励，比如在非洲国家不安全环境下，中小企业投资会怎么对法律规则改变做出反应。需要强调的是未来中国海外直接投资的结构将会改变，目前投资结构主要集中在资源领域，但是这种结构将会随着中国产业结构的调整和劳动力成本的提高而发生变化。这些都要求所做的调查应该更加全面。

沈明高（财经首席经济学家）

关于中国和澳大利亚的海外直接投资，我想阐述三个观点。第一是关于海外投资的政治因素。政治因素关系到两个国家的长期利益，澳大利亚通过在中国的投资不断测试政治风险，风险越高产生的回报也就越大，问题在于澳大利亚能否承受这种高风险，另一方面，中国也在不断采取措施减少这种风险，同时也给予政治风险很高的溢价。第二是关于消费影响投资的问题。新兴国家的崛起有这样一个现象，当它们消费增加时，投资也会增加，可以预见中国的消费将会对世界投资产生较大影响。应该怎么看待消费对海外直接投资和其他国家对中国直接投资的影响是非常关键的。第三是关于国有企业的问题，一般认为中国海外投资的背后都有政府的影子，但是日本和美国的海外投资也有政府的支持，所以问题的关键不在于投资背后的政府利益如何，而在于这些利益的影响是否有利以及如何减少政府在企业投资决策中的不利影响。此外，其他国家会发现它们从国有企业的海外投资中更容易获益，因为与私有企业相比，更加容易和国有企业进行谈判。

宋敏（香港大学）

首先，如何有效地控制国有企业的行为是中国海外直接投资研究的重点。其次，要研究中国香港地区对内地而言的重要性。在过去30年中，外国资本都是通过香港地区进入内地，现在，内地的资本越来越丰富，有人认为香港地区的作用正在下降。但我认为香港地区依旧很重要。这主要表现在以下三个方面。第一，香港地区具有很好的投资环境，比如说，完善的法律体系、国际语言的普及以及与其他国家和地区有很好的交流等。因此，如果中国海外直接投资需要走出去，香港地区是一个很好的中转站。第二，香港地区政府的管理形式。香港地区政府的管理形式使得香港地区拥有一个国际性的竞争环境并且所受到的政治因素影响较小，如果国有企业在香港地区经营了很多年，那么这些国有企业也应当可以在其他国家通过正常的经营生存。第三，香港地区可以作为一个风险对冲的地点，海外直接投资总是面临很多的风险，香港地区设计了很多风险对冲的证券，比如与人民币汇率相关的证券，这些证券可以进行交易来对冲风险。

余淼杰（北京大学中国经济研究中心）

我想探讨出口和海外直接投资的关系。出口和海外直接投资是一种替代的关系还是一种互补的关系？从以下这个实例中，就可以看出来。20 世纪 80 年代，日本对美国出口大量的汽车，从美国赚取大量的贸易顺差，这使得美国采取贸易战来平衡贸易的逆差，日本为了避免这种贸易战，对汽车出口实行了配额，这种政策在 1982—1985 年间实施得非常好，但是到了 1986 年，日本发现其出口汽车的配额竟然没有用完，原来，日本企业已经将汽车生产转移到了美国本土。经验研究发现，当一个国家生产率比较低的时候，它只能为本国提供商品服务，当生产率提高后，它开始出口商品，而一旦生产率进一步得到提高，海外直接投资就会出现。中国目前的情况放在 30 年前就是日本当时的情况。中国对美国的出口数额十分大，积累了巨额的外汇储备，这会导致中国海外直接投资的增长，这也是近年来中国海外直接投资的变化趋势。

卢锋（北京大学中国经济研究中心）

观察评论中国对外投资的几个特点。第一，中国海外直接投资的开始早。它发生在中国人均 GDP 为 2 000—3 000 美元的时候。这一点与通常发展经济学所认为的经济只有发展到比较发达和成熟水平后才会进行较大规模海外直接投资的结论很不一样。第二，中国海外直接投资的发展速度非常快，今年，中国在澳大利亚的直接投资就出现了显著增加。第三，中国海外直接投资的参与主体多样化，由初期的国有企业发展到如今的中小企业和国有企业都参与其中。第四，中国海外直接投资的动机多样化并伴随争议。有观点认为海外直接投资是利润、市场进入、能源安全和获取资源供给所驱动的；也有观点认为是全球产业结构调整的结果；当然也有巨额外汇储备的原因，利用这些外汇储备，就需要发展海外直接投资。第五，中国海外直接投资是在一个十分复杂的环境下进行的。近年不断发生中国企业并购外国资产引发广泛关注和争议，既包括国外投资一般性质派生矛盾，也与中国大国成长以及转型经济体制特点有关，因而面临十分特殊和复杂的环境。

中国对外直接投资国际研讨会之一

(2012 年 11 月)

2012 年 11 月 11 日上午,中国对外直接投资国际研讨会在北京大学国家发展研究院万众楼二楼举行。本次研讨会分两期报告,本次报告中国对外直接投资国际研讨会的第一场。来自北京大学国家发展研究院的黄益平教授做了开场发言,随后由来自斯德哥尔摩经济学院的王勋博士、中国社会科学院的张斌主任、澳大利亚国立大学的 Peter Drysdale 教授、中国人民银行金融研究所张雪春所长、国务院发展研究中心张永生教授和北京大学国家发展研究院王碧珺博士报告了自己的最新研究内容。

黄益平(北京大学国家发展研究院教授)

黄益平教授首先针对中国海外直接投资介绍了中国对外直接投资的发展历程以及本课题研究的基本情况。中国的海外直接投资在 1982 年之前可忽略不计,但是今天已达到了每年 700 亿美元,中国对外直接投资正以惊人速度增长,中国已成为世界上参与对外直接投资最主要的国家之一。作为一个发展中国家,中国为什么要进行对外直接投资?中国企业如何做出投资决策?中国对外直接投资又会对世界经济产生何种影响、对各国政府的政策制定与协调又有何种帮助?在黄益平教授看来,这些问题构成了研究中国对外直接投资的基本框架。

通过分析传统的投资发展路径理论可以看到:第一,富国更多地选择出口海外直接投资,而穷国多为进口海外直接投资;第二,企业多选择通过对外直接投资的方式来发挥其比较优势;第三,公司利用对外直接投资来提高其市场运营效率并获得更多的战略性资产;第四,绝大多数生产型企业从事对外直接投资,它们的次优选择是进行出口贸易,最后是发展本国市场。

黄益平教授提及了对外直接投资的生命周期假说,认为受生产成本和技术水平的影响,不同发展阶段的国家很可能呈现出不同的对外直接投资特征。中国的对外直接投资,不同于日本的效率导向型对外直接投资和美国的市场导向型对外直接投资,中国的对外直接投资主要目的是通过获取海外的战略性资产来加强国内的生产力。它出现于经济发展的初始阶段,而且并不会将工厂迁移至海外。中国这种技术导向的对外直接投资,其关键在于成本优势和中国充足的外汇储备。且伴随着经济发展,对外直接投资形态会不断演化,从中国式发展为日本式,最后变成美国式。在接下来的十年中,中国的中小企业将在越来越激烈的国际市场竞争中和越来越开放的资本政策下,成为国际经济舞台上的活跃角色。

王勋(瑞典斯德哥尔摩经济学院):对外直接投资:站在金融抑制的视角

王勋博士从金融抑制的角度分析了发展中国家对外直接投资的影响机制。他发现发展中国家目前已经成为世界对外直接投资的主要来源,发展中国家占世界总对外直接投资存量的份额从1981年的12.5%上升到2000年的22.6%,而2011年亚洲的发展中国家的对外直接投资占发展中国家对外直接投资总额的73%,主要国家和地区分别为新加坡、韩国、中国香港与中国台湾,对于新兴经济体的中国而言,其在对外直接投资中扮演的角色也越来越重要。王勋博士认为传统的对外直接投资理论并不能很好地解释发展中国家对外直接投资快速增长的原因。

站在金融抑制政策的角度分析,并基于目前的经济水平,王勋博士研究了影响对外直接投资的决定因素。金融抑制性扭曲了资产价格和资产的合理分配,进而导致经济结构的不均衡。然而,对于发展中国家而言,金融抑制性有利于其对外直接投资。

王勋博士利用全球面板数据进行了实证研究,证实了以上分析,即金融抑制对于对外直接投资有显著的正相关性,这种影响在发展中国家比较突出。在其看来,正是由于金融抑制扭曲了国内要素市场,导致一国经济结构失衡,进而影响了一国对外直接投资的水平。同时,王勋博士也进行了相关的稳健性检验,比如考虑对外直接投资的长期决定因素,内生性问题,检验不同收入群体的影响机制以及选择与金融抑制相替代的其他措施,都与以上结论保持一致。同时,王勋博士认为信贷控制和利率控制是影响发展中国家对外直接投资的主要因素。

张斌(中国社会科学院):中国外汇储备的收益

张斌主任主要探讨了中国外汇储备的投资收益。2011年中国的外汇储备额已经达到了GDP的42.5%。张斌主任提出一个问题,到目前为止3万亿美元外汇储备的投资收益如何呢?答案主要由以下四个因素决定,分别为币种结构、实际有效汇率、各货币资产收益率和资产结构变动。目前,美国和欧洲央行不断地推行量化宽松的货币政策,这些政策的后果就是货币背后的购买力贬值,或者是通过货币贬值的方式丧失购买力,或者是以通货膨胀的方式让这些货币丧失购买力,使中国的外汇储备资产的真实购买力价值面临非常严峻的挑战。

针对我国外汇储备的管理,张斌主任提出了以下几点建议。第一是增量上的,通过汇率手段或资本对外流出手段使外汇储备量保持稳定。第二是增加对外投资,遏制投机资本流入。将汇率手段用好,建立了真正有弹性的、反映市场供求关系的汇率形成机制,可以解决单边升值预期下的对外投资滞后和热钱流入问题。第三是存量上的,必须要有一个目标明确的外汇储备投资管理机构,比如建立对外投资养老基金。养老基金的目的就是把外汇储备的钱用来养老,同时,对外投资养老基金需要有公众对基金运行的监督机制。同时,张斌主任认为,外汇储备管理者需要综合考虑未来中国人口年龄结构变化、经济基本面变化以及外部环境的变化，制定符合公众利益的中长期投资目标。

Peter Drysdale（澳大利亚国立大学教授）：中国对澳大利亚能源产业的对外直接投资

Peter Drysdale 教授通过分析中国对澳大利亚能源产业的对外直接投资，指出澳大利亚是中国对外投资最大的合作伙伴国，中国对澳大利亚资源产业的投资尤为重要，其对澳大利亚资源产业增长了起到了推动作用。由数据可知，中国国有企业在澳大利亚的投资无论在规模上还是速度上都呈现快速增长，但是这种资源投资对于澳方来说，是否需要进行严格的审查呢？虽然澳大利亚政府非常欢迎外国直接投资，针对中国国有企业在澳的投资项目，澳大利亚需要做出一些政策响应，比如对澳国家安全的影响、对澳政府收入的影响、对澳经济环境的影响等。

张雪春（中国人民银行金融研究所所长）：海外直接投资的金融产品

张雪春所长带领在场嘉宾回顾了中国海外直接投资的现状，通过列举一系列的数字，展示了我国海外直接投资的迅速发展。2010 年的政府工作报告中强调了海外直接投资的重要性，并在"十二五规划"中制定了加快我国海外投资战略。具体有加强国与国之间的劳务合作、鼓励企业发展海外贸易、为发展紧缺资源鼓励海外合作等。

进一步，张雪春所长提出了金融服务对于海外直接投资的促进作用。首先，目前我国多种多样的金融产品和金融服务都为海外直接投资提供了一个良好的平台；其次，我国逐渐在加快金融机构国际化的脚步；再次，政府加大对私企金融扶持的力度，帮助其开展海外直接投资。此外，张雪春所长也向在场嘉宾列举了中国人民银行相关的政策支持，比如鼓励金融创新、鼓励以人民币形式的海外直接投资和贷款等。

但是，张雪春所长也提出了一些问题，比如我国的政策性金融机构的相关金融服务目前还不到位，另外，金融保护主义阻碍了我国金融结构国际化的道路，企业的风险管理机制还需要进一步的调整等。

张永生（国务院发展研究中心教授）：中国国有企业海外直接投资策略

张永生教授通过分析中国国有企业对外直接投资的策略，发现中国国有企业的海外直接投资在中国的经济发展中扮演着非常重要的角色，但这也增加了对国家资本主义的担忧。中国发展模式的转变为中国海外直接投资提供新的发展模式。中国的海外直接投资更应该服务于我国的经济增长和经济转型，进而为最大化国家利益服务。从中国海外直接投资的国际影响来看，中国的海外直接投资应该以促进国际市场的公平竞争，以形成一个共赢的格局，这与最大化我国效益是相一致的。最后张永生教授提出关于如何更好地管理中国国有企业海外投资的建议。

王碧珺（北京大学国家发展研究院）：金融约束是否抑制了对外直接投资

王碧珺博士利用中国民营企业数据，分析了金融约束对对外直接投资的影响。其选取的是浙江省 2006—2008 年的企业层面的面板数据进行回归。

　　王碧珺博士得到了如下结论：首先，更少的金融约束有益于我国民营企业的海外直接投资；其次，生产效率的提高并不能消除金融约束对于其海外直接投资的负面影响。以上结论表明，如果金融约束仍然存在，那么即使生产率再高、再有竞争力的民营企业也会丧失海外直接投资的有利时机。这对于我国海外直接投资的质量和收益有很大负面影响，同时，也有损我国企业的海外形象和声誉。

中国对外直接投资国际研讨会之二

(2012 年 11 月)

"中国对外直接投资国际研讨会"于 2012 年 11 月 11 日在北京大学国家发展研究院万众楼二楼举行。本期简报将报告 Rhodium 集团与彼得森国际经济研究所的经济学家 Dan Rosen、澳大利亚国立大学的 Luke Hurst 博士、诺丁汉大学商学院（中国）的华秀萍博士、北京大学余淼杰副教授的会议发言内容。

Dan Rosen（Rhodium 集团与彼得森国际经济研究所）：中国在发达国家的直接投资——欧洲与美国的案例

1978 年中国改革开放后，外国直接投资是中国经济腾飞的重要因素，它带来了资本、技术和管理等要素。可是最近几年，中国在发达国家的直接投资增长很快。Dan Rosen 将说明中国在欧洲与美国的投资模式特点，考察两个地区吸引中国投资的政策及其风险。首先，Dan Rosen 认为中国未来将产生大量对外直接投资并且会进入新阶段。改革开放后中国吸收大量外资，特别是于 2001 年加入 WTO 之后，中国成为全世界第二大对外投资目的地，2011 年国外直接投资的存量超过 1.8 万亿美元。但中国已经开始调整增长模式，这会改变它在全球投资中的位置，其中一个改变就是国外直接投资模式的改变。2005 年左右是一个转折点，受投资刺激的中国国内需求使得全球大宗商品价格上涨，中国的国有企业开始在全球寻找投资项目。2005 年中国的对外直接投资还低于 30 亿美元，到 2006 年就达到 200 亿美元，2008 年则超过 500 亿美元。到 2020 年，中国的 GDP 将超过 20 万亿美元，如果以当前对外投资额占 GDP 的 5% 计算，到 2020 年中国将会产生 1 万亿美元的对外直接投资。

中国前几年的投资地主要是发展中国家和资源丰富的国家，包括澳大利亚和加拿大。随着中国的结构性转变，中国的企业已经开始瞄准价值链的高端部分。2008 年之后中国对外投资模式的转变已经初见端倪，中国在欧洲和美国直接投资的增加就是证据。然后，Dan Rosen 介绍了中国在欧洲与美国的直接投资模式。在过去十年，中国在欧洲与美国的投资大幅上升，但主要是购买政府债券和低风险证券。由于中国想保持人民币汇率的稳定，积累了大量外汇，又不得不重新投资；政府出于安全考虑，不得不购买大量政府债券（主要是美国国债）。因为资本管制和中国公司在发达国家的竞争力较低，中国在欧美的直接投资只占总投资很小的比例，同时只占欧美国家吸收的国外直接投资总额的很小比例。Dan

发现 2008 年后中国在欧美的直接投资增长很快，如在美国的投资 2008 年以前低于 10 亿美元，2010 年就达到 58 亿美元。中国在欧洲与美国投资的产业不一样，主要是由于两个地区的资源禀赋、产业集聚、政策环境等不同。接着，Dan Rosen 分析了欧美应对中国激增的直接投资的政策反应。欧洲与美国一方面是欢迎中国的直接投资，因为可以增加资本、创造就业、增进消费者福利等，另一方面由于中国特殊的体制与地位，又担心国家安全、商业竞争、公众认可度等。最后，Dan Rosen 总结道：中国过去在欧美的直接投资额不大，但从 2008 年之后情况发生了变化，投资额开始激增，这给欧美国家带来了利益，同时引发了担心。到 2020 年中国企业可能要在全球投资 1 万亿—2 万亿美元，对很多国家来说都是一个很大的机遇，欧美国家应与中国一道解决好相关问题，促进中国在欧美的直接投资。

Luke Hurst（澳大利亚国立大学）：中国在澳大利亚的直接投资

澳大利亚和中国有互补关系，随着中国在澳大利亚的对外直接投资的增加，更加强了这种关系。中国结构转变使得进口资源与食物的需求越来越强劲，中澳之间的关系类似于早期日本与澳大利亚的关系。中国在澳大利亚的投资引发了公共讨论，有人担心中国正在控制澳大利亚的资源，会给经济等带来危险；对中国国有企业的不了解和关键产业的中国投资情况数据的缺乏加剧了这种认识。

首先，Luke Hurst 简要介绍了中国在澳大利亚投资的规模与结构。在 2010—2011 财政年度，被 FIRB 批准的中国投资申请项目价值达 150 亿澳元，仅次于美国（276 亿澳元）和英国（154 亿澳元），但中国在澳大利亚的直接投资依然仅占其吸收的国外直接投资总额的 1%。中国投资主要集中矿产开采及资源加工行业。悉尼大学数据库记录了 2006—2012 年完成的 116 次交易，中国直接投资额为 451 亿美元，其中矿产开采占 71%，石油和天然气占 11.8%。国外直接投资数据的解读要非常慎重，各个机构报告的数据并不一样，中国 2010 年在澳大利亚的直接投资 IMF 的数据为 48 亿澳元，中国商务部的数据为 20 亿澳元，Heritage Foundation 的数据为 33 亿澳元。除了数据的不一致，许多中国企业通过中国香港地区和新加坡对外投资。

然后，Luke Hurst 介绍了澳大利亚对中国直接投资的公众反应。澳大利亚一直依赖国外资本帮助开发自然资源，早期是英国、欧洲和北美投资者占主导地位，19 世纪 70 年代，日本成为重要的投资者。虽然国外直接投资做出了重要贡献，澳大利亚的公众对国外投资依然谨慎。澳大利亚公众对中国投资的态度与第二次世界大战后对美国、日本等的态度是一致的。中国在澳的投资由国有企业主导，澳大利亚担心投资不是为了利润，而是为了地缘战略。2008 年年度 Lowy（洛伊）调查显示，78% 的参与者反对中国国有企业的投资。Luke Hurst 认为高质量的数据对公众讨论及公众对国外投资的信心很重要。Luke Hurst 接着简要介绍了中国的制度背景，以及中国投资者的应对措施。中国的国有企业并不是同质的，分为中央国企和地方国企，现在越来越由市场规律驱动。不少学者对"国企投资是为了政治目的"的观点提出质疑。在澳投资的中国企业试图寻找本地合法性，采取措施缓解公众的焦虑，建立社会声誉。

最后，Luke Hurst 总结道：中国与澳大利亚有很强的经济互补性。中国在澳的直接投资对澳的经济有利，但是投资同样牵涉关于竞争、国家安全等公共政策问题。因为缺乏较好的投资数据与股权信息，对中国投资（特别是国有企业的投资）的焦虑被放大。对中国不同国企和改革动态的深入认识对两国未来投资的繁荣至关重要。

华秀萍（诺丁汉大学商学院（中国））：投资者保护的价值——来自中国跨国并购的证据

中国海外并购的越来越多，2011年就有350多起并购。在企业并购过程中，中小投资者由于专业知识欠缺、风险意识淡漠，自我保护能力不足，因此国家和企业都会有一些保护投资者的措施。并购数据的增加让研究这些投资者保护措施的价值成为可能。华秀萍研究了国家和企业层面保护特征的价值。

首先，华秀萍介绍了研究动机及所使用的数据。她的研究焦点是中国上市公司的跨国并购的价值，将考察跨国并购公告中涉及的国家和企业层面的投资者保护特征是否产生价值。投资者保护含义很广，国家层面的包括法律系统、法治（rule of law）、腐败指数、债权人权益等。中国的投资者保护包括所有者结构和审计质量等。华秀萍用到的数据是1997—2011年中国上市公司的1 705次跨国并购。这些并购按照证券交易所分类，上海证券交易占841次，深圳证券交易所占567次，香港证券交易所占152次。如果按行业分类，制造业占862次，金融保险、房地产和IT行业分别占110次左右。按照并购交易涉及的国家分，主要是美国、日本、澳大利亚、巴西、中国香港等国家和地区。然后，华秀萍介绍了计量模型及相关回归结果。

最后，华秀萍总结道：国家层面的投资者保护与并购效益的关系不确定，呈负向关系的有法治、腐败指数和债权人权益，呈正向关系的有一股一票指数（one share one vote index）。企业层面，两者的关系相对确定，如所有权机构、审计质量、资产负债比等有显著影响。

余淼杰（北京大学国家发展研究院教授）：生产率与对外直接投资——来自中国企业层面的证据

首先，余淼杰介绍了中国对外投资和企业生产率的情况。虽然在2009年，中国的对外投资存量只占全球对外投资存量的1.7%，对外投资流量只占全球对外直接投资总额的5.1%，中国依然排在全球对外直接投资的第五位，发展中国家的第一位。21世纪，中国企业的生产率也在快速上升。根据Brandt等人的研究，1998—2006年中国企业的生产率至少每年增长2.7%。那么企业生产率的提升是否促进了企业的对外直接投资？

然后，余淼杰介绍了研究使用的数据。他用到的第一个数据集是中国国家统计局每年统计的企业层面生产数据，数据包括国有企业和年销售额超过500万元的非国有企业，数据集提供企业利润、销量、资本等一百多个企业的指标。余淼杰用到2006—2008年中国浙江省的企业层面的数据，数据包括产权、行业、投资目的地、FDI类型等。然后，余淼杰简要介绍了数据处理方法和计量模型。

最后，余淼杰介绍了研究的主要结论：第一，控制企业生产率异质性后，发现生产率促进了企业对外直接投资。高生产率的企业不仅更大概率地进行对外投资，而且有集约边际的影响，生产率越高的企业，对外投资量越大。第二，在这些样本中，对外投资目标国的收入水平对企业是否对外投资决定并没有显著影响。第三，产业的资本劳动比对企业的对外直接投资决定也没有显著影响。

"我国承接国际服务外包政策研讨会"简报之一

(2007年5月)

2007年5月27日,北京大学中国经济研究中心举办"服务业国际转移的机遇和挑战——我国承接国际服务外包政策研讨会"。分四期简报报道这次研讨会内容。本期简报报道卢锋教授汇报中心专题研究部分结果。

卢　锋(北京大学中国经济研究中心教授):我国承接国际服务外包问题研究[①]

非常感谢各位领导、各位专家、各位企业家来中心参加这次研讨会。当代服务外包跨国发展正在推动新一轮服务全球化浪潮,承接国际服务外包对促进我国服务业发展、扩大就业以及提升对外开放水平具有积极意义。我国"十一五"规划和国务院2007年7号文件都提出要鼓励承接国际服务外包问题。我们研究侧重从经济学"产品内分工"视角分析当代国际服务外包特征属性,考察我国这一领域目前相对后进现状和根源,探讨承接国际服务外包所需政策调整问题。下面从四个方面汇报部分研究结果。

一、"承接国际服务外包"的概念内涵与发生机制

外包指企业或其他组织在维持某种产出的前提下,把过去自我从事的投入性活动或工作通过合约方式转移给外部厂商完成。如果转移对象是制造加工零部件或某种组装总装活动则属于制造外包,如果对象是服务品生产投入活动或者制造业内部生产性服务流程活动则属于服务外包。服务外包依据发包与承包企业空间和国别的分布关系,进一步分为国内与国际服务外包。依据国际收支账户对服务贸易的定义,如果发包方与承包方是同属某国企业则属于国内外包或业内所谓"在岸外包"(onshore outsourcing);如发包方与承包方是不同国家企业,则从发包方角度看是"离岸外包"(offshore outsourcing),对承包方来说则可以称作"到岸外包"(inshore outsourcing),总称国际服务外包[②]。承接国际服务外包指接受承担国外发包企业委托服务流程业务。由于比较优势规律等因素作用,我国企业

[①] 这是一份题为"服务外包经济学分析:产品内分工视角——兼论我国承接国际服务外包问题"专题研究报告的压缩稿。

[②] 如何把商业存在(FAT)看作服务贸易的一种类型并由此探讨国际服务外包对象范围,则需要对这一定义加以修改,相关问题有待专题研究。

现阶段较多作为承接方参与国际服务外包。

服务外包作为劳动分工深化现象虽早已有之，晚近 20 年前后服务外包展现出多方面的特征属性，成为当代经济全球化的新趋势。当代服务外包特点可以从以下几方面观察：一是软件和 IT 服务外包引领潮流，二是商务流程外包推波助澜并有后来居上之势，三是服务外包出现离岸化或国际化趋势，四是各类以承接服务外包作为核心竞争力的大型跨国企业脱颖而出，五是利用服务外包对各国发展战略层面意义已逐步展现，六是服务外包跨国发展成为经济全球化和国际经贸关系争论的新热点问题。

可以通过比较分析临界水平上一个特定服务流程工序从企业分离出去所带来的边际收益与成本去理解当代国际服务外包的发生原理。从经济学和管理学角度观察，特定服务流程从企业分离出去，利益来源大体可归纳为以下几类：通过比较优势和规模经济效应带来的成本降低利益，通过经验经济带来的学习效应和利益，通过改变成本结构增强应变灵活性的利益，通过生产系统网络化带来的竞争优势利益。服务外包派生成本大体被经济学广义交易成本概念所涵盖，主要包括信息传递成本，商务旅行和运输成本，与信息外泄以及合作方潜在机会主义行为相联系的风险成本，其他协调跨越国境经济活动的制度性交易费用等。外包虽然能够为发包企业降低生产成本和内部组织成本，然而是以广义交易成本上升为代价的。

服务外包潜在收益和成本平衡点决定经济合理性意义上外包的广度和深度，当代服务外包兴起的根本原因在于相关技术和制度条件演变通过大幅度降低外包边际成本而显著改变了上述平衡点的位置。一是当代信息技术普及运用与信息传递"距离死亡"状态出现大幅降低了远距离信息交流成本。二是当代各类运输成本因为技术进步和效率提升而降低，尤其是旅客航空旅行成本大幅度下降对服务外包国际化具有关键意义。三是当代多边贸易规则自由化进程推进，各国家发展战略开放取向调整，降低了国际服务外包制度费用。四是当代市场竞争更为激烈，战略互动关系更为强化的环境演变特点，使得企业对服务外包降低成本机遇更为敏感，而需求多样化和复杂化趋势则促进企业通过服务外包和灵活应变以谋求竞争优势。

二、我国承接国际服务外包的现状和问题

我国企业承接国际服务外包已取得多方面成绩。一是承接国际服务外包及相关业务达到了一定规模。依据国际收支账户统计口径，2005 年我国计算机和信息服务出口 18 亿美元，进口 16 亿美元，顺差 2 亿美元；海关统计软件出口约 7 亿美元；承接国际商务流程外包（BPO）估计为 3 亿—4 亿美元。二是已形成一批初步具备一定规模国际服务外包业务能力、在某些特定市场具有较强国际竞争力的国内企业。三是随着跨国公司在我国业务规模扩大，同时受到我国快速增长的国内市场的吸引，已在我国建立一批承接服务外包业务的分公司、基地和研发中心。四是一批城市把服务外包作为重点发展产业，政府部门、地方政府、业内机构合作展开的服务外包推介、培训和研讨活动日趋活跃。

虽已取得初步成绩，但我国参与国际服务外包与这一领域先行国家比仍存在相对落后问题。一是从软件出口和承接国际服务外包市场规模看，不及印度软件和服务外包出口 1/10，也落后于爱尔兰、菲律宾等国。二是从承接国际服务外包的内容构成看，在发展潜力较大的商务流程外包领域目前还仅有少数成功案例。三是从承接国际服务外包的区域分布看，主要来自日韩等邻国发包业务，在欧美等全球主流市场整体竞争能力比较弱。四是从企业规模和素质角度看，国内企业与其他领先国家还有较大差距。五是从跨国公司投资角度看，来华设立分支机构主要是受到我国国内业务吸引即属于"寻求市场"型服务业投资，把我国作为承接国际服务外包中心的"寻求效率"型服务投资比较少。

世纪之交我国高层官员和业内人士访问印度，大都认为我国与印度存在5—10年差距，乐观估计差距也有两年。3年前一些业内权威人士认为我国3—5年将在全球信息技术服务外包市场中扮演重要角色，在非语音业务流程外包方面有能力与印度竞争。这些乐观估计都有道理，然而与实际情况对照存在某种反差。如印度承接国际服务外包从2001/02年的62亿美元增长到2005/06财年的约240亿美元，2010年预计增长到600亿美元。经过十几年开放竞争历练，印度企业已开始在某些细分市场上创造出具有国际竞争力的软件产品，并开始在其他国家投资建立承接国际服务外包基地。我们虽有明显进步，然而与印度相比差距可能并未缩小。

其他一些发展中国家近年大力发展承接国际服务外包并也有不俗表现。菲律宾承接国际客服中心外包已成为印度重要的竞争对手，菲律宾2006年承接国际外包收入达到36.3亿美元，菲政府正在积极鼓励企业扩大财会、软件、医疗、动画制作等复杂度较高部门的外包业务，预计2010年外包业务收入将增长到124亿美元。巴西也着力发展承接国际商务流程外包，近年承接外包规模增长到5亿美元左右，业内人士认为2007年巴西将进一步被国际外包市场认可。另外俄罗斯、马来西亚、一些东欧国家等也正在调整政策适应服务全球化浪潮。与这些国家比较，我国在某些方面也有相对不足之处。我们需要加快发展，避免在新一轮服务全球化浪潮中被边缘化。

三、我国承接国际服务外包相对落后的原因

可以把影响一国承接国际服务外包的相对竞争力因素分为几种类别：硬件基础设施、人力资源、发展路径、制度和政策因素。首先从电信以及与商务旅行相关基础设施角度看，我国与其他主要承接国际服务外包国家比较具有相对优势。不过承接国际服务外包的企业通常集中分布在特定聚集区内，即便是全国整体基础设施发展较为落后的国家，也可能通过在特定区域大力投资较快超越这一因素约束，因而我国这方面的整体良好条件对承接服务外包相对竞争力的积极作用有限。另外在电信基础条件方面我国也存在不利因素。业内人士反映，我国电信网络国际联结和信息传输能力相对不足，国际大容量数据传输速度较慢，企业应对网路意外中断的能力脆弱。另外我国电信资费一度偏高对企业竞争力也有不利影响。

其次从相关人才资源条件角度看，我国与印度等国比处于相对弱势，表现为从业人员英语水平较低，满足业内要求的技能人才不足，复合型高端管理人才更为缺乏，改善这方面的瓶颈约束具有重要意义。不过讨论行业长期成长表现时需要看到，人才资源在较长时期仍是可能对市场需求和价格信号做出反应的内生变量。如果相关政策调整促进我国比较优势得以充分发挥，承接国际服务外包行业的发展能够产生足够需求并表现为相应的人才报价，人才瓶颈制约应能通过教育系统调整、企业内部培训和劳动者学习不同途径加以应对和缓解。

再次从整体经济发展路径角度看，我国制造业等部门的强劲发展势头客观上增加了开

拓国际服务外包市场的机会成本。我国当代体制转移和经济起飞从改革推动农业快速增长起步，随后一段较长时期制造业作为最主要可贸易部门在改革开放环境中高速增长，一定阶段通过对人才、资金和其他资源的"虹吸"效应使得发展国际服务外包行业面临较高的机会成本约束。对比之下，印度较晚实行自由化和全球化体制改革，在制造业等传统可贸易部门尚未全面起飞之前，倾注全国人才和政策资源鼓励软件和服务外包，从而使这一行业发展得收鹤立鸡群之效。可见我国整体经济发展路径特点也具有一定程度的解释作用。

最后需要讨论我们对这一行业认识和相关政策因素影响。我国有关这一问题认识大体可分三阶段。一是 20 世纪 90 年代，有关部门和少数企业开始就借鉴印度经验和承接软件外包进行探索，然而这一问题尚未进入决策层优先考虑层面。二是世纪之交前后，鼓励软件产业确立为国家优先目标，18 号和 47 号文件对我国软件业发展发挥了重要推动作用，不过承接软件和国际服务外包仍未引起足够重视。三是晚近 3—4 年间，决策层与学术界有关认识发生实质性突破，并在"十一五"规划和 7 号文件中得到明确阐述。从这一过程看，我国有关承接国际服务外包的认识一段时期相对滞后，相关政策调整也相应滞后。

一是有关电信管制政策调整滞后。承接国际服务外包的一些重要业务如呼叫中心、IDC 等需要利用电信网络信息传输平台开展业务，然而本质上属于外向型现代服务业，不同于主要针对本土市场的电信增值业务。依据我国电信管制政策有关规定，这些业务被看作是电信增值业务，并实行许可和审批管理制度，业内人士认为这方面政策调整滞后不利于承接国际服务外包大规模发展。与此相联系，有关政策不允许已成立合资企业经营国际服务外包业务，外资在我国设立离岸外包企业不仅要申请经营许可，还要有合资比例规定，不利于跨国公司在我国建立在线服务提供中心并进行相关基础设施投资。

二是相关行业协会职能改革滞后。印度全国软件和服务企业协会（NASSCOM）作为行业自治管理机构，对行业发展发挥了重要推动作用。我国原先政府机构对口建立的有关行业协会，虽然在推动行业发展方面做了不少有益工作，然而不同程度地存在服务意识和能力不足的问题，如何更好地发挥行业协会对一个新兴行业成长促进功能仍有待探讨。与行业协会应有功能弱化或虚置状态相联系，政府主管部门对行业的直接管理和干预较多，有时又出现越俎代庖和事倍功半的情况。这些都涉及市场经济环境下如何更好地界定政府、中间组织与企业职能划分等深层改革问题。

三是有关人才培养政策调整滞后。印度在人才培养方面不仅扶持印度理工学院（IIT）这样的教育机构培养行业精英和高端人才，还鼓励国家信息技术学院（NIIT）这样的民办教育机构大批量培养国际服务外包所需要的普通人才，良好政策框架下教育机构与业内组织互动配合，在满足行业发展人才需要方面发挥了重要作用。我国在出台针对性解决这一行业人才瓶颈政策方面也比较滞后。以这一行业迫切需要具备英语能力和其他技能的普通人才而言，虽然不同类型的学校在招生和扩充专业方面做出了一定程度的响应，然而在如何通过有效政策调整推动相关人才培养仍有很多工作需要研究开展。

四是相关税收优惠政策调整滞后。这一点与印度等国比较有明显表现。印度 1991 年开始对软件与 IT 服务企业长期实行 20 年的税收优惠政策，包括免除企业所得税、进口资本品关税、采购国内投入品流转税等，优惠对象的企业范围后来扩大到承接商务流程外包企业，实施平台从早期的软件园推广到近年的经济特区，目前仍在讨论 2009 年以后继续实施优惠政策的问题。我国被认定为软件生产企业可享有增值税超过 3% 的部分即征即退，新创办软件企业自获利年度起享有企业所得税"两免三减半"等优惠政策,对专门承接信息技术和商务流程服务的外包企业严格来说没有税收优惠政策。

需要指出,部门性大力度优惠政策虽能刺激特定行业较快发展,然而也可能会由于产业政策的扭曲效应对整体经济运行效率带来消极影响。在我国目前已建立社会主义市场经济体制的基本框架背景下,对部门性特殊优惠税收政策需要采取审慎立场。从这一角度看,我们不必完全模仿印度的做法,而应着眼于自身的优势条件,主要通过减少干预扭曲与利用市场力量推动这一行业发展。不过考虑承接国际服务外包多方面积极意义及其国际竞争含义,也考虑印度等国的大力度优惠政策以及我国这一领域相对落后背景,适度实行税收优惠也具有某种务实性与合理性。

2006年年底财政部等四部局发布鼓励技术先进型服务企业试点文件,对这类企业提供"减按15%的税率征收企业所得税""合理的工资支出可以在企业所得税税前扣除"等税收优惠。文件规定"技术先进型服务企业"范围包括从事软件、IT以及商务流程外包业务企业,因而是鼓励承接国际服务外包税收政策调整的新举措。虽然把"技术先进"作为优惠对象企业的主要识别标准是否适当在理论上还可以进一步探讨,基于上述有关部门性优惠政策的综合考虑,应肯定这一政策调整具有积极意义与合理性。

四、我国发展承接国际服务外包的措施建议

当代服务外包是产品内分工原理对服务业生产方式以及其他行业生产性服务投入进行重组和变革的产物,由此派生的服务流程国际转移正在推动形成服务全球化新潮流。随着国际服务外包成效显现以及印度等国承接国际服务外包的能力出现瓶颈,加上发达国家发包企业分散风险战略考量,近年出现国际服务外包的进一步发展和重新布局形势,为我们改变这一领域相对落后状态提供了难得机遇。我们应把承接国际服务外包与促进国内服务业发展目标结合起来,与我国扩大就业和经济结构调整的目标结合起来,用当年参与制造业国际分工的理念和行动呼应服务全球化新浪潮。

科学理解承接国际服务外包涉及与发展制造业以及区域发展战略关系等问题。制造业大发展对建立现代物质生产能力和基础设施,为大批农村劳动力转移提供现代就业和促进经济结构转型都具有不可替代的意义,对中国这样的大国经济成长尤其是一个必经阶段。今后我国制造业(包括通过加工贸易实现的外向型制造业)需要进一步发展,在发展中提升结构并应对和解决环保、生态、资源等方面的挑战。承接国际服务外包有助于提高生产性服务流程效率,将对发展提升制造业产生积极作用,因而二者总体具有相互促进而不是排斥的关系。另外还要更好地认识承接服务外包经济活动在区位分布与空间聚集方面的特征属性和内在规律,注意避免过多地区蜂拥而起大量投资造成资源浪费。

针对承接国际服务外包经济属性以及我国这一领域的发展现状和问题,从减少管制扭曲、培育市场力量、兼顾溢出效应、着眼于国际竞争等多方位角度考虑,建议实行以下具体措施。

第一,把承接国际服务外包看作外向型现代服务部门,取消从电信增值管制角度对这一行业实行的许可和审批手续。建立国际服务外包企业专网,提升企业间跨地区大容量数据传递能力。进一步深化电信体制改革,放宽市场准入,引入竞争机制,改进管制政策,通过合理降低电信资费减少承接国际服务外包以及其他企业运营成本。

第二，建议鼓励国外大型跨国公司来我国设立国际服务外包提供中心或服务基地，建议降低承接国际服务外包领域外商直接投资政策门槛，把承接国际服务外包列入国家鼓励外商直接投资行业目录。建议商务部把鼓励承接国际服务外包外资企业基础设施和政策优惠条件作为整体投资环境推介内容。

第三，改进和完善相关立法和执法。研究承接国际服务外包业务流程涉及的新的知识产权关系，总结我国业内实践经验并借鉴相关国际经验，改进和完善知识产权立法，降低承接国际服务外包交易成本。对承接国际服务外包涉及新的业务合作形式和关系，包括合同标的、交付方式、产品质量等方面新内容，加快完善与国际商业惯例相适应的法律规章建设。

第四，在政府有关部门指导下，建立真正由业内企业主导和企业家自行管理的国际服务外包行业协会。鼓励新协会在规划行业发展、与政府和公众沟通对话、建立行业数据库、定期举办各类交易会和推介会等方面承担全方位职能。建议把建立国际服务外包协会作为社会主义市场经济环境下转变政府职能和培育行业中间组织的行业试点。

第五，考虑承接国际服务外包具有国际竞争性质以及印度等先行国家早已实行大力度税收优惠政策的背景，建议在一定时期对我国承接国际服务外包实行特殊优惠税收政策，包括对承接国际服务外包业务收入免征营业税等流转税，对承接国际服务外包企业降低企业所得税，对其研发费用实行税前抵扣等。

第六，鼓励大学和各类职业学校大力培养不同层次，既懂软件和相关技术又具备外语能力的人才。采取有力措施提升我国基层中小学英语和外语教员的水平和能力，改变我国内地英语教学水平低、公民外语普及率低的问题。建议利用目前国家财力和外汇储备比较充裕的条件，每年大批派遣包括县、乡级基层学校英文和其他外语教员到国外培训，通过一代人的努力使我国英语和外语教学能力得到根本改进。

第七，重视和加强对国际服务外包统计工作。由于国际服务外包是新生事物，正规统计相对薄弱，目前有关数据主要来源于业内咨询公司研究估计，质量难免存在较多问题。建议政府统计部门、行业协会和学术界相互合作，在研究国际服务外包概念和指标体系的基础上开展常规统计，为观察这一行业发展以及政府管理提供科学依据。

"我国承接国际服务外包政策研讨会"简报之二

(2007年5月)

2007年5月27日,北京大学中国经济研究中心举行"服务业国际转移的机遇和挑战——我国承接国际服务外包政策研讨会"。分四期简报报道这次研讨会内容。本期简报摘要报道国家商务部高虎城副部长与国务院政策研究室江小涓副主任的指示和评论。

高虎城(商务部副部长)

非常高兴接到林教授邀请,再次到北大中国经济研究中心与大家交流。我印象中十几年来中心在林教授的领导下始终在关注和研究一些新兴经济现象,关注与中国经济发展特别是对外经济领域的发展趋势。这次我也非常高兴看到卢锋教授花很长时间研究服务外包问题。正如报告中所讲,这一领域实际上是近三四年才得到重视的,假如说有一批先驱研究人员和一些政府相关人员很早就在关注这一领域的话,能够形成大家比较统一的认识也不过是最近三四年的事。从经济理论角度上说,服务外包和其他产业外包受到类似规律支配,基本原理好像没有根本性突破,也不应该有新的突破。如报告中分析的,服务业外包发展也是受到成本与效益比较的基本经济规律支配。我感到欣慰的是这是一个比较实用的报告,对当前国际服务外包业与中国服务外包业进行比较,对我们发展中现状以及应该采取的措施进行了深入分析。相比以前成果,我认为这个报告比较全面,视野比较宽,谈的问题比较有深度。

接到林教授邀请后,我跟商务部的有关同志做了一些研究,准备了一个发言。大体上是在这些年来方方面面工作形成的共识和在国家政策基础上进行的一些提炼。我愿意从这个角度给大家点一点题目,让大家了解作为负责这方面工作的国务院职能部门之一的我们对这个问题的看法、评价以及下一步要采取的措施。

一、全球服务外包业发展现状

20世纪90年代以来,外包成为经济全球化的一个重要内容,我们认为这是一个潮流。近几年来服务外包的发展比较快,以IT业作为基础,国际离岸服务外包发展更为迅速,在服务外包和产业外包当中,现在我们所关注和重视的是以IT产业为中心的一些领域,实际上涉及的领域不止这些，比如我们在化学和医药领域服务外包的发展情况可能还没有引起足够重视。

服务外包之所以会成为一个引人注目的新潮流，根本原因在于成本与效益平衡关系变化为其提供了基础。2005年全球服务外包市场规模达到6 000多亿美元，2006年达到8 600亿美元，这些还不是已经定型的统计，不同来源数据有一些差距，但是大体上差不太多。联合国贸发会议预测未来几年全球的外包市场将以每年30%—40%的速度增长，2007年的市场规模将达到1.2万亿美元。美国相关咨询机构也估计2007年全球离岸外包业务将增长到500亿—600亿美元。

在这个领域当中表现比较突出的是印度、爱尔兰、以色列、菲律宾，它们比较早地抓住国际软件业发展契机，大力承接了来自欧美的软件服务外包，迅速发展成为软件业大国，并且形成了国际上比较著名的软件外包的接包服务中心。根据美国一些公司估计，到2008年，印度软件产业产值将达到850亿美元，其中承接外包出口估计将达到500亿美元。印度国家软件协会预测，到2008年仅全球计算机用户电话服务中心即话务中心这个领域，就将为印度提供110万个就业机会和210亿—240亿美元收入。爱尔兰2004年软件与信息服务业销售额达到500亿欧元，其中也是80%以上出口。菲律宾2006年外包业务达到36亿美元，比2005年增长了72%，创造了26万个就业机会。菲律宾发展之快，很大程度上得益于它是亚洲英语最好的国家，这与美军长期驻留、天主教信仰、学校教育等因素相关。语言是很重要的问题。大家可能知道互联网最早的雏形产生于欧洲，在20世纪80年代初，欧洲企业的会计、报税包括海关统计全部都已经网络化了，虽然和今天比还有一定差距，但是已经相当发达。但到了90年代初期，欧洲纷纷将自己当年花费巨资建设的网络废掉，进入互联网。这个问题牵涉很多因素，其中一个因素就是文化。

二、我国发展服务外包的意义和机遇

经过二十多年来改革开放，我国制造业发展已经取得举世瞩目的成就，我们也注意到由于资源和环境制约，我国粗放式发展模式弊端和不可持续性正在日益显现。换句话说，我们的发展有两方面内容：一是我国必须发展其他产业；二是工业和制造业也必须转变增长方式。我讲机遇和意义着重强调的是第一点，就是应该注重和发展其他的产业。因此，加快服务业的发展、推进经济结构的转型升级，已经成为我国经济发展当前面临的迫切任务。大力发展服务外包，不断提高国际服务产业转移的规模和水平，是新的形势下转变经济增长方式、转变外贸增长方式，特别是提高利用外资质量和拓宽利用外资的领域、化解就业压力、推进我国产业结构从根本上调整的一个最佳路径。商务部这几年花了很大力气在利用外资方面大力推进服务外包。

发展服务外包很多优势与我们产业方面利用外资优势是一样的，比如说我们的社会、我们经济发展的速度、劳动的成本等。但是作为发展中国家，我们还有两个很重要的优势，一个就是我们的人才。尽管在语言上可能存在很多缺陷，但是我们的基础非常雄厚，劳动力的质量相当高。换句话说，只要稍加培训，我们的软件企业作为接包企业的发展丝毫不会比其他国家差。这是一个很大的优势。第二个优势是我们的硬件。目前我们讲的很多的是IT产业，中国这些年的硬件投资不错，硬件应用的程度、范围包括先进程度都是世界一流的。从应用上来说，中国在某些方面还领先于其他国家。这都为我们创造了发展这方面业务的条件。事实上这几年这方面有一个很好的例证，就是我们和日本、韩国在这方面的合作。由于程序编程与文化、思维等都有关系，我们和日韩的文化有相似性，地域比较接近，接受起来也比较快一点。但是，欧美方面的发展就弱一点，而恰恰欧洲与美国是需求最大的区域。

意义我也就不详细谈了，包括扩大就业、转变增长方式、拓宽开放领域、结构调整等。眼下国外经济界有这么一句话，虽然不严谨，但比较形象，有一定道理——中国是世界工厂，印度是世界办公室，欧美是世界董事会。有点简单化，但是从一个角度说明在分工上我们所处的位置。我想我们有条件成为世界上另外一个办公室，是否能成为董事会还是需要假以时日，需要去努力。但是成为另外一个办公室，我认为是完全可以做到的。

三、我国服务外包现状与目前存在的问题

近年来，我国十分重视发展服务外包，明确提出要主动承接国际服务业转移，促进现代服务业发展。研究服务业需要注意一个背景因素，就是我们是从计划经济走过来的，计划经济的显著特点之一就是不重视服务。无论哪个方面服务都是短缺的。大家回忆一下，当年改革开放时，推开门做生意就能赚钱，极不重视服务。看一看我们法律建设，如果说过去三十年在工业化道路上，完成了其他国家一百年、两百年甚至更多时间立法的话，那么我们服务业的立法还比较苍白。表现之一就是文件多、法律少。以超市为例，我们同样叫家乐福，但是中国的家乐福与法国和美国的家乐福是不一样的。我们超市的通道不够，结算不够，在管理上还存在很多应该进一步提升的问题。这说明在一定时期，我们注重工业发展，对服务的规划少，对服务业立法不太重视。

我们重视服务外包也是近几年的事。2006 年，商务部牵头组织并且会同信产部、科技部开展了促进服务外包业发展的"千百十工程"，力争在"十一五"期间在全国建立 10 个具有一定国际竞争力的服务外包的城市基地，推动 100 家国际著名的跨国公司将其外包业务转移到中国，培育 1 000 家取得国际资质的大中型中国服务外包企业，鼓励全方位承接国际服务外包业务，实现 2010 年服务外包出口额在 2005 年 9 亿美元的基础上翻一番，即 18 亿美元。力争 5 年内培训 30 万—40 万承接国际服务外包所需的实用人才，吸纳 20 万—30 万大学生就业。截至目前已共同认定深圳、上海、大连等 11 个城市为服务外包基地城市。第一项认证工作我们做得不错。这几年，在中央和地方两级政府的大力推动和企业的努力下，应该说中国企业承接国际服务外包的增势是很快的。

下面说一下我们和国际上的差距，特别是和印度、菲律宾、爱尔兰等国的差距，我们认为主要是表现在六个方面：

一是对服务业外包的认识程度不够。这是一个新兴行业，在很长时间内大家的认识还不到位，还没有达到对制造业等其他产业那样更广泛的共识。

二是服务外包承接企业的规模小，服务能力较低。目前印度已经有三百多家软件公司通过了 ISO9001 流程标准国际认证，有上百家企业获得软件"能力成熟度模型"（CMM）5 级认证。中国通过 ISO9001 标准认证的企业寥寥无几，通过 CMM5 级认证的企业只有二十余家。我国服务外包企业规模小，实力有限。服务外包企业目前还难以支持长期的项目，无法承接来自欧美的软件大单，主要还是从事低附加值、技术含量不高的低端外包服务业务，比如数据输入、简单编程等。换句话说，在服务外包分工方面，我们还处于下游地位。

三是符合条件的服务外包人才短缺。①缺乏大量的、具备特定外包要求、较高外语能力、熟悉外包和商业文化的技能型人才。②缺乏能够带领大型技术团队、承接复杂外包工作的高级管理人才。根据有关方面的调查，中国教育机构的培养模式导致目前只有10%的工科大学毕业生能够胜任国际服务外包业务。现在商务部力主并推动了由政府和行业开展的对服务外包技能人才的培训。培训的目标并不是针对某一个行业，而是针对整个服务外包业。换句话说，这些培训是基础的，人才接受培训获得能力具有某种通用性。

四是投融资渠道少，资金短缺，缺乏配套资金的支持严重影响了该行业的发展。我们看到，中国的服务外包企业处于成长期，其中相当一部分是股份制企业或者民营企业，资金积累少，申请银行贷款能力较差，投融资方面困难较大。这也是我国目前服务外包业普遍面临的一个问题。

五是与服务外包相关的政策制定相对落后。已经出台的政策包括2000年18号文件、2001年六部委680号文件，然而很多政策如跨国并购管理政策、项目外包税收政策等与国际外包发展市场不太配套，主要表现在：①现有法律法规过于笼统，各部门在解释方面没有经过很好的协调而出现解释方面的偏差，容易给企业造成困惑。②在税收和人才培养方面与印度存在较大差距。我国对软件企业的定义范围比较窄，仅仅是拥有自己软件产品的企业才享有扶持政策，而从事软件咨询、软件培训、软件测试的企业或者中介机构就不能享受这些扶持政策。这限制了我国软件行业以及相关的支持软件行业发展的整体行业发展。③对服务外包市场准入规定过严，制约了企业业务门类和经营范围的扩大。因为一种服务外包产品会产生出其他一系列产品，严格说来，究竟能产生多少我们还是在摸索当中。④知识产权的保护政策和体系还不够完善，不利于我国服务业发展和产业结构升级。

六是服务外包的配套设施尚不健全。这包括运行器速度问题、线路问题、费用过高问题等。

四、我国服务外包发展思路

大体包括12个方面内容。一是加强对全球服务外包发展趋势和他国经验的学习与研究。因为这是一个新兴的行业，本身还在发展当中，但是有些国家走得比较早，发展比较好，有些经验值得我们借鉴。

一是选准服务外包发展突破口。我们认为当前应该以信息服务外包特别是软件服务外包作为发展重点，尽快提高我国外包企业的规模。未来应将商务流程外包作为主要发展方向，大力承接国内外制造业企业的服务外包，由低端做起，向高端发展。

二是加强对已经进入我国重点服务外包企业运营状况的跟踪，从中积累经验。

三是大力开拓欧美市场。

四是加大服务业利用外资、积极吸引国际知名服务型企业。

五是加强国内企业的引导，积极发展外包业务。国内企业由于受传统文化的影响，多数追求"大而全"的生产活动，不大习惯于在整个市场当中有效地配置资源，也不大愿意把自己的业务发出去。对此应加强宣传和引导，使其熟悉并且逐渐接受服务外包业务，将不适合自己企业开展的业务发包出去，交给其他企业来做。

六是大力扶持服务外包品牌企业，与"千百十工程"联系在一起。

七是加强服务外包的知识产权保护。九是加强企业和高校在服务人才培养方面的合作。我们商务部也要采取一些措施支持企业和高校合作、联合培养适应市场需要的专业人才。

八是做好服务外包统计工作。有关部门应该加强与服务业企业和服务业行业协会的联系，共同协商和制定切实可行的服务外包统计方法，做好服务外包的统计工作。这是一项基础工作，不仅包括我们常规统计工作，还包括海关统计工作。

九是推进服务外包数据库建设，使企业能够做到资讯、经验等方面共享。

十是加快建立服务外包行业的行业协会。中介组织建设问题在其他行业也存在。就服务外包而言，行业协会应当在技术、标准、人才、政策制定方面发挥综合作用。我们在和有关部门研究这个问题。但是也应当承认，社会主义市场经济下，政府转变职能形成的中介组织应该发挥什么作用，功能如何完善，还需要进一步探索。目前有些行业协会发展得很不错，但也有一些根本性问题需要我们共同研究和探讨。这么大的一个经济体，这么宽泛的领域，这么迅速发展的经济，在政府转变职能过程中，中介组织的作用不可或缺，但是不能简单地借鉴他国经验，因为我们有很多特殊问题。比如行业组织建设进程中我们是选择自愿制还是"业必入会"。如果是"业必入会"，那么就需要立法，企业从诞生之日起就必须加入。如果是自愿制，就意味着中介组织是竞争性的。另外，在中介组织建设过程中地方、中央、行业应该各自发挥何种作用，这都需要在制度安排上结合我国政府转变职能要求加以探讨。

江小涓（国务院政策研究室副主任）

感谢毅夫先生邀请我来参加这样一个重要的课题报告会，不仅听到卢锋教授报告的研究结果，也很幸运地听到高副部长对这个问题的全面阐述。北大中心活动我只要能来就一定会来，因为中心研究一直都是既贴近学术前沿，又非常关注现实。卢锋教授署名发表的研究我一定看，他的《产品内分工》是我的博士生不多的必读资料之一。我很高兴今天能来参加这样一个高档次研讨会。下面谈一些我个人想法。

我对这些问题感兴趣也有三四年时间了。我们正在做一个课题，有二三十人的研究团队，包括日本教授，大概已经亲自面访了一百二十多家企业，我本人也看过十几家企业。我知道研究这个问题的难度，这是一个很困难的研究领域。我在社科院财贸所工作时就把服务经济作为研究重点之一。我深深体会到制造业问题与服务业问题相当不同。制造业问题比较类似，服务业行业特点更大，很难从这个行业转到另一个行业，有时基本的框架都用不了。特别是教育、医疗这些带有公共品性质的行业，特殊性和研究困难更多。研究服务贸易又比研究产品贸易困难得多。服务贸易与产品贸易不一样，不一定要有跨境交付，消费者移动可以，自然人移动也可以，所以服务贸易做起来挺困难，再进入服务外包就难度更大。现在我们研究了七八个行业，分报告合在一起大概已超过40万字，每个行业都有其具体情况，比如保险、金融、软件行业，日资企业在华外包、美资企业在华外包，都有不同情况。东西很多，串起来难度很大。

首先还是定义问题。认为把业务交给外面企业就是外包，整个产品交出去不叫外包，我对这一点没有异议。但是我们看在国内很多企业没有把业务包出去，比如动漫产业。阿童木是日本一个大企业在中国找了一堆人做，连独立核算都没有，只是给工人发工资，没有成立企业，但它是跨境的。这种情况在设计、动漫、文化产品制作中有很多，是一个内部企业行为，但是跨境在中国做，算不算外包？这不是个案，类似的情况挺多的。如果不算外包。在统计上很大一部分内容就没有包括进来。

还有原先的跨国公司在本土做研发与设计，在中国做制造的外包。现在把研发和设计转到中国来，只是把原来在中国的企业又扩了一下，就是把一个企业内部分工调了一下位置，不再出口。另外，过去跨国公司在我国流通、物流都是自己做，现在包给中国企业做，都没有发生跨境，而是中国子公司把一部分业务包给中国企业。总之，形式非常复杂，理解起来有相当难度。

国际服务贸易的四种形式中三种与要素流动有关，只有一种是跨境商品或者服务流动。要素移动算是服务贸易，所以应该算是服务外包。比如跨国公司到中国来，设立服务企业，向中国当地企业提供服务，应该算国际服务外包。如果定义将出口作为一个非常重要的标志，上述两种行为都不能计入，对象口径可能偏窄。一个比较实际的问题是，在印度没有大量制造业，在中国有大量制造业，所以在中国本土，这些大量外资制造业向中国的本土企业外包如果在外包定义中不能得到反应，就会有很大一块内容没有涵盖进来。在印度，这不重要，因为它的制造业不够发达，但在我国这一块要大得多。当然，如果只考虑最终产品和服务跨境流动，我们就只取服务贸易中的第一种，就用跨境交付来定义服务外包，那也可以，关键是要清楚定义，然后再来看数量。

再一个是理论分析适用性问题。卢教授提出的产品内分工分析框架是我看到的一个很好的研究，这份报告思路是把产品内分工理论运用到服务外包领域中，直觉上我也同意。我在与团队成员讨论时，也希望能有一个比较一致的分析框架，但是在理论分析上还是感到有一定问题。林教授做比较优势研究，比较优势与要素禀赋理论发挥作用有一个假设前提，就是两个国家之间的要素不流动。可是服务贸易中很大一块是讲要素流动，即使是最窄意义上的服务外包也伴随大量要素流动。理论基础性前提改变后，运用模型可能需要做相应调整和修改。我也想直接用，然而觉得有几个过不去的地方。

另外实证经验也不完全支持。我们的实证工作还存在一定问题，但是起码可以证伪。比较优势解释在制造业中得到较好证实，即制造业加入加工贸易比重较大的行业，通常就是劳动密集型行业即人均占有净资本量较少行业。比如机械制造业，人均占有净资本量12万元。12万元以上进入加工贸易对象几乎没有，最密集对象集中在4万—8万元区段。这就验证了林教授从比较优势角度提出的解释理论。但是在服务业中间，在我们非常有限的案例基础上难以证实。所以从比较优势理论角度解释可能还存在一定问题。

另外从规模经济角度解释的实证证据也不明显。制造业规模经济建立在产品大体具有同质性的基础上，同样产品单位时间产量扩大，伴随平均成本下降并产生规模经济。服务业规模经济不是体现在标准化产量上，而好像是体现在投入能力方面。比如提供服务可能非常个性化，然而能力形成可能存在显著规模经济。所以服务业规模经济与制造业加工贸易体现的规模经济存在差别。我也认同规模经济是一个重要的解释视角，但是觉得还需要更深入分析。

第三就是国际比较，我觉得中国和印度比还存在很多问题，最关键的就是我们国内存在一个庞大的外向型制造业大量吸纳服务外包，最后没有跨境，生产要素跨境进来了，但是没有再交付出去。我们和印度存在差距，但是未必如现在的统计数据显示得这么大。我们目前国内各行各业，千军万马，也是很活跃的。

上面是一些理论性问题，下面是政策含义问题，我希望研究能增加预测性。所谓预测性，就是要找突破点。高副部长找的突破点是软件信息业，另外可能还有其他一些行业。对每个行业逐个分析之外，是否还能提出一套标准来，把诸如双方工资率差别、是否需要消费和服务同时在场等因素作为识别标准，从而为企业、行业协会、政府政策等不同层面提供更具有一般意义的分析建议。

最后是优惠政策问题。我的疑问就是为什么要有优惠政策，为什么市场不行。现在行业发展都要优惠政策。过去制造业是这样，现在服务业也是，最后没有优惠政策的行业可能倒是例外了。这可能也有问题。为什么说市场不能促进资源跨境流动与优化配置？我想要具体讨论。如果政府进行了不适当的管制和干预，造成垄断等市场扭曲，确实需要减少政府对市场的干预与扭曲。还有一种是市场失效，需要政府发挥作用。这两种情况还是需要区分一下。另外还有一个与国际上其他国家拉平的问题。不能一讲这个行业要发展，政府就要给优惠政策。

"我国承接国际服务外包政策研讨会"简报之三

(2007年5月)

2007年5月27日,北京大学中国经济研究中心举行"服务业国际转移的机遇和挑战——我国承接国际服务外包政策研讨会"。分四期简报报道这次研讨会内容。本期摘要报道发改委产业政策司刘治司长、外管局资本项目司刘光溪司长、发改委外经所张燕生所长、国务院发展研究中心外经部张小济部长的指示和评论。

刘治(发改委产业政策司司长)

我先从发展服务外包作用和意义上补充几点。第一,发展服务外包可能是促进我国服务业甚至是促进工业发展的一个重要的切入点。刚才提到"七号文件"是我们历时两年多时间参与起草完成的。我们在起草这个文件时也研究了一些问题,比如如何发展我国服务业,如何改变服务业相对落后的现状,加快服务业的发展要从哪些方面切入。在"七号文件"中我们强调生产性服务即面向生产的服务业,其主要特点是污染小,有利于产业结构转变。"七号文件"中有关生产性服务的内容中描述是"大力发展面向生产的服务业,促进现代制造业与服务业有机融合、互动发展。细化深化专业分工,鼓励生产制造企业改造现有业务流程,推进业务外包"。从产品内分工角度看,就是要把生产企业中的服务流程部分分离出去。另外,我们对工业提出几个目标,包括增加值在"十一五"期间要增加3个百分点,就业增加4个百分点,服务贸易到2010年要增加到4 000亿美元,大概每年要增加20%。"七号文件"认为承接国际服务外包是实现以上目标的重要切入点。

第二,发展服务外包的确是我国转变外贸增长方式的重要内容。可以回忆一下改革开放后我国制造业的发展情况。从某种程度上讲,制造业发展也是先从加工贸易开始,然后带领整个制造业的发展,所以我们的"世界工厂"并不是凭空产生的,而是先进行来料加工,承接制造业加工一部分,当时可能是劳动最密集、成本因素占主要部分,技术比较简单的部分。我们认为服务贸易发展也可以从承接服务外包这一点起步。我国服务业发展比较落后,与发展中国家差10个百分点,与发达国家差得更多,如何通过承接服务外包赶上去是一个很现实的问题。我国贸易总体来讲是顺差,但服务贸易是逆差,大约为100亿美元,服务贸易占整个贸易的10%左右,所以服务贸易发展潜力比较大,承接服务外包是实现这种转变的一个最重要的方面。

第三，从整个国民经济增长方式转变的角度看，发展服务外包也是一个重要方面。从去年开始国家发改委一直在呼吁"节能减排"，节能减排是我们促进经济增长转变的重要抓手，在国务院报告中也提出"一抓三促"，促进节能减排，促进增长方式转变，促进结构调整。服务外包恰恰满足这方面的要求，比如能耗少（例如 IT 产业基本上没有什么能耗），污染少（基本上没什么污染），符合我们整个经济增长方式转变的要求。我们节能减排的任务很重，去年没有完成，今年虽然没有做完整统计，但第一季度表现并不乐观，耗电量的增速比较大。所以要完成"十一五"计划的目标（节能 20%，减排 10%），要扎扎实实推动和促进承接服务外包发展。

下面从政策措施角度谈几点看法。我们现在正在按"七号文件"的要求，组织各部门制定配套政策措施。"七号文件"提出了一些原则性要求，绝大部分内容仍需要细化，需要具体政策措施来支撑，形成一个发展服务业的完整政策体系。我们已经向国务院汇报了各个部门应该承担的工作，应该由哪些部门来具体牵头和制定法规措施。对于服务外包我们也在做一个专门会议安排，正如我刚才所提到的，它是一个重要的切入点，具有方方面面的意义。

我们现在要做的工作包括：①促使现有的生产企业把它的服务业的部分分离出来，这个要从税收特别是返税上理顺，并不一定要给优惠政策。比如物流，企业为什么要有自己运输队而不愿利用企业外专业物流公司？一个重要原因是在企业内部做可以抵扣进项税，在外则不可。所以我们与税务总局等部门联合进行试点，探索如何通过完善税收制度促进企业把现代物流这一部分分离出来。②放松管制，特别是对国外一些 IT、金融、财会以及一些教育培训行业等要进一步扩大开放。③"七号文件"提出针对民营企业要有公平的待遇，对外资开放的要对民营开放，对本地区开放的对本地区外的也要开放，要从体制上进行更深一步的改革，特别是对外开放要进一步扩大。

刘光溪（外管局资本项目司司长）

中心这份报告确实下了工夫，体现了几个特点。首先是系统性。从经济学原理角度进行了比较系统的分析，并结合国内外实践进行考查。我们投资处处长马少波负责的工作与服务外包有关，他也认为该报告是目前国内相关领域对这一问题学术和政策研究的重要成果。还有一个特点就是比较。在市场经济中生存需要比较。一般的研究报告结论无非是近期看弊大于利，中期看利弊相抵，长期看利大于弊，典型的八股文，我一律不看。大家可以看到，这份报告给我们提供了具体附件，告诉我们具体情况怎样。比如爱尔兰人口只有三四百万，发展软件效果很显著；而印度在很多方面是不如我们的，它十亿人口，搞软件搞的再好也只是一小点。再比如印度的班加罗尔，其基础设施和管理等方面比我们差得多，因此从比较中我们要看到自己的长处和短处，我们可能差就差在人才这一方面，印度、爱尔兰等在语言人才方面有优势，但归根结底还是劳动力成本优势。我还是认为服务外包可能是边缘性服务产业，不应抬得太高。全面比较使这篇报告有一定说服力。

接下来从我个人角度提出几个需要反思的问题。我认为服务外包也和其他产业发展一样，是干出来的。然而不是说货物贸易就不再重要了。美国有 1996 年贸易顺差，我们还早着呢。是不是说我们这几年的外商直接投资出现了一些问题就应该降一降？我们现在面临的是发展带来的高级问题（high class issues），没有发展就没有这些问题。是不是因为我们是制造业基地就应该发展服务业？服务业和制造业发展是两码事，不能混为一谈。

我们要进行产业结构调整，但这并不是说因为我们服务业目前在整个国民经济中占比较低就要大力发展服务业，或者因为节能减排等原因就要大力发展服务外包。引用厉以宁教授的观点，重化工和装备制造业还是我们的根本。美国制造业占比是比我们低，但它们水平很高，够我们学很长时间。外商直接投资、产业转移进来的主要还集中在日用消费品部类，像装备制造业、高精密仪器等方面，我们还有很大差距。需要特别注意的是美国的农业和制造业很发达，服务业发达是建立在前两者的基础之上。我们要集中发展为生产所提供的服务业，不宜片面强调提高服务业比例等目标。

我们要实现科学发展观和经济增长方式、贸易增长方式转变，这些都很重要，也和服务外包有联系。然而外包不过是对外寻求必要的技术援助和人员服务，不应夸大其重要性。另外我们是否已经具备发展的条件，这个要看具体的情况。

为什么要有优惠政策？我认为在今后的发展中给予优惠政策应该慎而又慎，应该并且可以利用市场发挥资源配置的基础作用。有人说必须提供优惠政策，否则就不能公平竞争。我们的改革就是把以前扭曲的东西治理过来，把对商品和要素的扭曲纠正过来，而不是做本应该由市场做的事情。今后政策的重点在于降低交易成本，至于投入成本等交给企业家去考虑。对于服务外包，有些地区已经做了很多的工作，但这个问题归根结底还是认识高度问题，企业家要扎扎实实地干。理论分析最重要的作用就是促使决策层在国家层面上做出更加适合发展的制度环境（包括公平）决策。这应是这一篇好报告的根本出发点，也是本报告的特点。

张燕生（发改委外经所所长）

我非常同意在座各位对这份报告的肯定，我想谈我的三个观点。第一，如何看待服务业外包？服务业外包最重要的我认为还是由基本的供求关系决定的。现在我们讲全球失衡，全球失衡是什么格局呢？美国、英国是货物贸易的最大逆差国，日本、德国、韩国、中国是最大的顺差国。但是若从服务贸易的角度看，我们会发现三大顺差经济排名分别是美国、英国和中国香港，三大服务贸易逆差经济分别是日本、德国和韩国，中国服务贸易很少。从中我们可以发现，日本和德国仍然是世界上净的产品的提供者，美国和英国是净的服务的提供者。再来看服务贸易外包，服务外包导致的结果是什么？为什么软件是服务外包主要部分呢？背景非常清楚，是因为IT革命，IT革命产生的是新经济推动的对服务特别是与IT相关的服务的巨大需求，这是一个全球性的需求，具有很大的规模效应，第二，确实产生了新的服务，新的服务的发展结果是，成本成为制约其发展的最重要因素。第三，全球化的开放为世界范围内的配置服务创造了条件。

从供给的角度来看，服务贸易对人员的素质要求比较高，规则和秩序比较好，尤其是财产权和知识产权的保护，因此全球化的综合供给能力是很重要的。印度是最大的供给者，为什么不是中国？这是由服务业独特的需求和供给因素决定的，中国在这方面没有比较优势，而印度以及以色列、爱尔兰、菲律宾都占据了相应的服务区段，并且有相应的成本和资源等优势，所以有了较快的发展。因此，前面的各位领导和专家都提出了很好的问题，我们要问，下一轮的需求和创新会怎样？在IT方面中国落后，那是不是中国在下一轮必定还落后于印度？中国能不能在下一轮的供给（生物、医药）中占据一席之地以满足特定的需求浪潮？需要正视的是，在生物、医药方面，印度目前是大大领先于我们。因此研究服务外包不能简单化，中国如何才能捕捉住未来发展的机会是很重要的问题。

第二，服务发展大体分四个阶段：第一个阶段是前店后厂，实际上是把资本品的研发、设计、关键零部件的生产配置在境外，仅仅把最简单的劳动密集型的工序和环节放到境内来做，在这一方面，卢老师作了很深入细致的关于工序分工的研究。第二个阶段就是资本品研发设计仍然在境外，开始制造一些零部件，部分关键设备逐渐形成生产能力。第三个阶段是资本品研发和设计仍然在境外，开始形成贸易采购、综合物流、售后服务和全球维修的服务链条。第四个阶段就是我们现在所谈的服务业外包的问题，就是把属于服务的部分纳入全球化跨国公司的体系内部。我们现在的重点是第三阶段，开始考虑、探索和准备第四个阶段，外包可以讲是我们下一个阶段的重点。

我也承认需要好的政策，但是实际发现我们现在有很多好的政策，但政策的有效性存在问题。比如我们最近对 2004 年 27 万家企业进行了摸底，规模以上有研发行为的外资企业为 3 300 多家（共 5.7 万家），而中国认定的开发区内和区外的高新技术企业总共 400 多家，占比很低。很多名为高新技术的企业实际上并没有研发行为，却同样享受了税收减免等优惠政策。再比如我国海关统计的高新技术进口的比例是 3%，出口的比例是 29.9%，美国现在说中国已经是技术的出口大国，中国成为美国在技术上竞争的重要威胁。但是实际对数据的研究发现，很多都是有问题的，对于技术进出口的管制的有效性非常差。因此，谈到政策，我们说，政策是重要的，但政策有效性更为重要，在制定政策的时候要考虑怎么能够保证政策按着目标走，这也是我们发展服务外包过程中应该注意的问题。

第三，我始终认为引进来和走出去都是手段而非目的，服务外包也是如此，我们的目的是引进一个外部压力，刺激国内服务业的发展，通过主要发展生产性服务业加快我们发挥"干中学"效应，提高我们制造业的竞争力。从实施措施角度看，要吸收发展制造业教训，不能单纯为发展外包而发展外包，要重视促进内外资的优势互补，充分利用交流的平台，公平竞争，不能厚此薄彼。我也同意前面所讲的要纠正现有的扭曲，充分发挥市场的作用，如果仅仅是引进技术而没有本土化创新，也是不可行的。此外，要形成一个多元化的市场体系，比如大连可能更多的是和日本、韩国加强联系，深圳和香港增加联系等，充分利用各自的优势，形成一个高效的服务网络。

张小济（国务院发展研究中心外经部部长）

我的问题是服务外包到底和制造业、加工贸易一样是一个一般性问题，还是有更特殊的意义？印度通过承接服务外包是不是能够从长远方面在更核心领域里得到更多东西？从短期来看，承接服务外包是一个无污染、解决就业的新领域，中国很需要。如果能够证明服务外包比劳动密集型加工贸易对中国长远发展更好，在将来的全球化中我国介入这一领域，能够得到一个更长远的二三十年以后的重大利益，领导人才可能把这件事情作为一个战略，否则它只是更大领域中的一部分。

证明这一点是一个挑战。这份报告还没有证明这一点。如果除了解决就业和增加收入，印度通过服务外包在未来二三十年的长远发展中，能够突然把中国甩在后面，甚至延伸到制造业。印度在做制造业时，效率会成倍提高，一下子把我们现在的传统做法完全颠覆，那将是一个很大的挑战。否则我们看到的数据处理中心，也只不过是一个劳动密集型工作。我们可能没有看到印度和欧美之间交流。印度人在欧美的服务业大公司里能够比中国人更多接触到管理的核心。关键是把它放到更长远来考虑，二三十年以后会怎么样。

我们正在研究中印联合研究双边自贸区。比较后发现在最优势领域里中国并不输于印度。实际上目前印度已经有大量企业到中国来，现在主要是做培训。很多大学里都有印度人联合办的培训中心，他们把软件拿过来，我们了解是怎么做的。印度人觉得这个领域是他们的优势，希望我们向他们开放。

欧美大公司现在大量外包，外包给它带来很大好处。外包实际上是发包人赚大钱，印度人赚小钱。现在欧美那些大公司管理软件不敢自己做，拼命花钱请专门公司做。IBM 有这么大的市场是因为美国大公司都互相竞争请最好的公司做。它们发现带来的好处太大了，不只是降低成本，更重要的是管理效率大大提高，不只是用一个印度人或用一个美国人那么简单。如果将全球外包市场看作一个整体，不考虑国际承接这些概念，美国本土外包量更大，印度只是一小块。

大家在寻求什么，除了制造业的发展以外，大家更多地从管理、服务里追求效率。形势的紧迫性可能要再描述一下，不仅是简单地降低服务成本，决策层还应该有更深的认识。发改委主要围绕着生产性服务，中日韩三国服务自贸区主要也是谈论相互开放制造业相关服务业。因为亚洲都是以制造业立国，现在的格局已经是这样了，所以第一需求就是与制造业相关的服务业。对于物流，大家都说我们现在的潜力还很大，如果仓库减少一些，码头耽误时间减少一些，成本可以大大降低，效率可以大大提高。简单拿数字一算，效益都是巨大的，大家都明白。但是服务外包领域，是瓶颈式文体或是更长远的问题仍有待研究。

另外一个问题是中国是不是什么都要做，我们不能给人一个印象，中国人非要把印度人手里这一块也要抢过来，或者跟在后面也要学。可能有些事情能分一点，但是我们目标也不能是既要做"工厂"，又要做"办公室"，最后还要做"董事长"，什么都做。中国因为是大国，所以很容易有这种想法，小国想都不会去想这种事。我们还是应该更开放地去想，从比较优势来讲，我们的最大利益是什么，最中心任务是什么。

如果我们非要在这个领域做，我们的目的不仅是在短期增加一个劳动力出口的市场，还要看有没有更长远的影响。知识经济或者全球化以后，制造业最后竞争关键环节恐怕会转变，都说世界是平的，印度的劳动成本比我们低，恐怕将来决胜要靠一个新的方面，如果忽然发现印度人在这个新的领域还是走在我们前面，同时成本上又比我们低，那就麻烦了。不过至少现在还没很直接地看到。

最后对于政策法规，印度的整个体制比我们差得远。印度政府里甚至都不敢谈"自由贸易"这个词。印度人在别的方面都很保守，有很多管制，但是在服务外包这个领域却是完全开绿灯，它在这方面的优惠政策，恰恰是弥补其他方面的不足。当年我们为什么给外资优惠政策，因为计划经济产品调拨价格低得多，不给税收优惠，外资不会进来。印度现在也是为了矫正扭曲，不得不采取的办法，我们是不是一定要学？

更重要的是很多管制以及法律的不健全。发包企业很强调安全，比如银行的服务中心，如果出了问题，整个系统可能要瘫痪。我去看过，印度的基础设施并不好，外国公司要花钱建立自己独立的备用电源，万一停电也不会间断。我问他们为什么选择印度，他们说印度的法律比中国好，中国法律没有安全感。这方面差距太大了，不仅是一部法律的问题。这个系统里涉及很多安全问题，我们法律上很模糊，没有一个清晰的感觉能够保证外包业务的安全性。我们最大的挑战恐怕在这里。可能我们跟日本、韩国的服务贸易相对好一些，它们在这方面不像欧美抠得那么严。欧美如果觉得法律体系不足以保障，根本不敢干。

各部门都可以写一些文件、出台一些原则性的政策建议，但这恐怕不足以解决跨国公司的问题。我愿意多听听企业在接单时来自对方的要求，一定要有更针对性的东西。

"我国承接国际服务外包政策研讨会"简报之四

(2007年5月)

2007年5月27日,北京大学中国经济研究中心举行"服务业国际转移的机遇和挑战——我国承接国际服务外包政策研讨会"。分四期简报报道这次研讨会内容。本期报道四位业内资深人士的指示和评论。

杨冬(大连软件园负责人)

中心这份报告是我目前所看到的国内从经济学理论层面研究服务外包的最好的一份报告。第一是理论探讨有新意。报告从产品内分工理论角度对服务外包进行分析,我觉得非常有道理。比如大连有一家简柏特公司,专门做BPO(商务流程外包)业务,它专门有一个部门对公司业务流程进行解剖,通过解剖鉴定会提炼出来某一个业务流程是否适合外包,然后会设计一套方案,实际上是运用产品内分工分析思路作为工具。第二是分析思路非常清晰,对一些问题的分析,对主要制约因素的提炼,都非常简洁到位。比如通信的问题,政府经常强调中国的通信设施非常好,实际上问题是非常严重的,包括资费、稳定性以及国际交互方面对我们企业影响非常大。第三是通俗易懂,去年我们配合商务部提供很多建议,觉得说清楚这件事情是比较难的,但是我感到这份报告通俗易懂。

结合报告对服务外包问题的分析,我介绍一下大连在这一领域的发展情况。2000年以前,大连企业早已用自发朴素的方式开展服务外包业务。2000年大连申报"软件产业国际化示范城市",为此市政府组织成立了一个863课题组进行专门研究,结果确定大连把发展软件出口作为一个战略目标。我们当时提出要把大连做成中日产业合作战略门户,大连成为第一个主动引导软件出口发展的城市,吸引了一大批日本企业,大连本地外包企业也从自发经营纳入一个系统性快速发展过程。另外国内很多其他优秀软件公司也都把它们对日出口业务放在大连,形成大连目前的发展规模。

经过这几年积累,我们开始吸引一些欧美跨国公司把日本业务放到大连。2003年6月吴仪副总理到大连考察,高度评价和大力支持大连实践,当时还没有清晰的服务外包概念。2003年年底,商务部和发改委共同评定六家软件出口基地,大连当时排在第一位。大连2004年提出要做IT外包中心时曾引起很大轰动。在此之前,大连做服务外包遭到很多非议,包括一些院士专家学者持比较否定的态度。不过大连一直坚持在做,2003—2004

年开始进入快速发展时期，吸纳了大量企业。去年商务部提出了"千百十工程"具有里程碑意义，对这个行业拉动作用非常明显。而在此之前我们做了很多努力，包括与信产部等部门联系推动都没有结果。

现在大连的发展非常好，去年一年就引进了6家世界五百强企业，现在370家企业中有75%外资企业，其中日资企业占了30%，29家世界五百强企业在园区内设置了全球软件研发和运营中心。这些企业规模发展很快，很多企业在两三年里发展到一两千人的规模。这样一个发展速度可能是生产自主软件产品企业今后一二十年都无法做到的。而且现在已经有7家超过2 000人的专门做外包的企业，像IBM、惠普已经有2 000人，它们今年的目标是再增加一倍。

刚才张部长谈到需要研究为什么要发展这个产业问题，我们觉得这个产业将来是吸纳大学毕业生的重要产业，其他产业很难做到。从这个角度看，无论对创建和谐社会还是解决产业结构提升问题都很有意义。我们希望有更深入的理论研究，今天的报告说明学术界已开始把这一现象提升到一个最高层面来研究。

最后我想提几个建议，看看在政策设计依据上能否有更深入的研究。第一，江主任提到的定义问题，从我们对这个行业的经验来看，可以从业务最终产品的交割对象来划分，一种是纯粹境外的，只要交割对象是境外的，都是这一类。第二种是China-to-China，已经进入中国的服务外包的机构，可以再把它的一部分业务转包给中国其他企业，实际上是用外汇交易，最终成果也是服务于国外的。第三种是服务外包企业作国内的服务外包项目，比如惠普做国家开发银行的服务外包，它是用人民币来计算，从大的方面来看也属于服务贸易。

但我个人认为真正能够改变出口结构的应该是前两种，前两种应该首先进行政策扶持，前两种如果解决好，刚好满足了商务部提出的"千百十工程"，"百"靠工资把业务转移过来，"千"是中国外包企业提高。然后在时机成熟的时候，再来扶持和推动纯粹的国内外包业务，这可能更符合大的方向。从这个角度，今天报告把服务外包作为一个特殊经济形态来探讨它的政策非常有意义，与制造业来料加工相比，服务外包确实是一种特殊类型。

第二，从政策设计方面讲，为什么支持这个产业，它和来料加工相比到底有什么推动作用？业内有些说法，从国内增加值来看，服务外包是来料加工的20倍，印度200亿美元的软件出口给国内创造的增加值相当于中国制造业4 000亿美元创造的价值。还有从单位GDP能耗方面到底能给我们带来什么样的价值。从税收角度来说，比如在印度要花很多钱住很差的宾馆，给软件企业免除的税收可能从其他服务业创造价值上体现出来。免除一项增加另一项，这和经济创造的总价值到底是什么样的关系都需要研究。我们看到印度从政府能够操控的层面给企业免税，但是其他方面成本都是挺高的。

第三，对跨国公司的政策。以前的十八号文件和四十七号文件，更多是对国内企业而言。比如Oracle在印度有近2万人但在中国只有1 000人；EDS在印度和菲律宾有几万人，在中国才刚刚开始做。很多东西在制约它的发展。简柏特公司全球28 000人，中国只有2 000人，已经是中国最大的一家BPO外资企业了。这些跨国公司在印度都很大，好几万人规模，我们好像觉得自己的企业成长几万人才有价值，实际上从拉动就业创造价值的角度来讲，跨国公司在中国的规模发展一样有价值。政策研究在这两方面应该兼顾，不能厚此薄彼。

王自更（西安软件园负责人）

前几天卢锋教授到西安做有关服务外包的调研，通过交流我们感到收获很大，这次专程来参加这次研讨会。大家对服务外包特别是对基于 IT 服务外包发展的认识越来越深刻，西安对这个问题也越来越重视，尤其是对内陆城市来讲，相对于沿海城市，发展服务外包的意义更大一些。因为在制造业大发展的过程中，我们不占区位优势，不占政策开放优势，沿海地区发展更充分。面对服务业国际转移的大趋势，我们认为大力发展 IT 服务外包是千载难逢的好机会。这个行业没有地理位置的特殊要求，改革开放政策先后影响相对少一些。这个行业和沿海地区在同一条起跑线上，更多的是人力资源，这也恰恰是西安的一个优势，西安在校生有 80 万，每年毕业生有 20 万。

西安市当地政府包括我们高新区也非常重视产业发展，今年 4 月份先后出台了很多政策。作为一线人员，我们更关注如何来做这一块，怎么能够促使 IT 服务外包企业更好地发展。商务部已经提出来"千百十工程"，在全国认定了 11 个服务外包基地城市，西安也是其中之一。

我们到日本推荐我们的企业时见到的客户，还包括我们接触的美国客户，他们最关心的就是信息安全。这方面如果光靠地方政府出台一些措施是不够的，可能效率很低。从地方来说，各地出台了很多政策。刚才大家提到要不要优惠政策，我们的体会还是需要有政策。有了政策，可以加快进程。从国家和国家之间来讲，区域竞争来讲，往往也有这些方面的要求。事实上各地为引进企业，采取了不少措施来满足这些需求。既然大家都面临同样的问题，那么国家出台一些措施可能更有利于承接国外跨国公司业务转移，地方结合一些具体举措，效果可能更好一些。

到底是支持跨国公司还是培养当地企业？我认为两方面是相辅相成的关系。西安从事服务外包企业有 80 家左右，其中 50 家左右从事对日本外包，20 多家从事对欧美外包。还有一些企业做国内业务，比如联想的神州数码做国内业务，但是西安这些企业规模都比较小。这个行业是要靠规模才能取得比较好的收益。有外国公司进来会培养一批人出来，对培养当地企业也非常有好处，我也觉得是两方面都要兼顾。

方发和（东软公司负责人）

我讲几点看法。第一，服务外包的必然性。主要是服务从过去的个性化走向工业化（service industrialization），所有过去制造业特征在服务业体现出来。一是成本，产品的利润越来越薄，成本是一个很重要方面。二是从二次工业革命之后服务业走向流程化、标准化、专业化。三是服务业对质量、对客户满意度更加敏感和重视。所以发展服务外包不能和制造业分开，它们有共同的特质。

现在有一个误区，认为发展外包初期技术含量很低，没有创新。事实上印度通过发展外包，提高了管理水平，与发达国家有了更为紧密的结合。刚才张部长也说到不只是解决就业，从更长远角度看，在战略上有更重要的意义。

我在来之前看到 5 月 22 日普华永道做了一份最新调研报告，采访美国的这些 CEO，目前有87%认为外包是一种必然性。刚刚谈到重要的一点，中国不只是承包国，还是很大的一个发包国。虽然目前的企业在发包方面还不是很成熟，借助发达国家企业老总的看法，就是要做核心业务，把别人做的更好的非核心业务发包出来。在中国推动服务外包时，必须兼顾到中国是一个重要的发包国家，政策上鼓励中国企业多利用外包作为竞争策略之一。

第二，中印比较问题。在世纪之交很多媒体认为中国三五年之间会超过印度。生产性服务业外包在中国有较大优势。比如BPO里面有一块研发外包，去年Duke大学调研结果显示，全球研发外包中国占41%，印度占22%。这是我们的一个优势，与我国制造业比较发达有关。过去这些公司把制造分包出来，现在把研发分包出来。东软去年第一次做超过1亿美元的外包业务，其中60%和产品研发外包有关。全球五大手机制造商四个都是我们的客户。中国需要在这一基础上继续发展。

外包是一个大趋势。东软目前是第一家超过万人的本土公司，去年超过1亿美元。很大程度上是对日为主，因为在东北，有地缘优势。Forrester的John C. McCarthy在5月22日发布了一个报告，标题是China's Diminishing Off-shore Role，中国的服务外包的走势实际上在相对消退，这对我们是一个警示。

目前阶段，我们站在本土企业角度来看，还需要有一些倾斜扶持政策。主要有两方面，一是人才，现在并不愁没有生意做，而是我们没有可以接活的人，高端的复合型人才是比较欠缺的，尤其是对欧美的业务。中国有2 500所大专院校，1 600万在校学生。我们的人才不缺，把人才变成人财，需要政府架一个很好的平台，需要企业和学校合作，培养大批专业人才，并且还要很快行动，在较短时间内有改进，商业世界是分秒必争的。另外，还应吸引更多海外软件外包专业人才回来，可以实行一些优惠政策比如个人税收优惠。

第二个方面是可以帮助这些企业走出去，去年我们花了不少精力，在海外市场上做了很大投入，今年被评为全球外包100强，亚太10强首位。这里需要很多市场方面的投入。作为一个公司，这方面压力很大。推动一个中国品牌，这方面鼓励政策非常有必要。我们需要多鼓吹中国有足够的条件来做中国的服务。中国不仅是"世界工厂"，还是"世界办公室"。我也同意政策鼓励跨国企业进入中国，跨国企业在印度人员成长和中国人员成长上是不成比例的。外国企业增加会给本土企业带来一些压力，但从总体来看增加竞争对于行业发展是好事情。

曾松（北京博思商通资讯负责人）

我简单讲几个问题。如果我们不去重视服务外包，是不是有可能被边缘化？现在全球在谈论知识经济，服务外包是知识经济的一个表现方式。谈到交易，外包是一个交易行为。服务外包是一个世界的趋势，如果我们不去认识，可能会被边缘化。

服务外包产业很大，与制造业联系紧密。最早从EMS（电子制造服务）开始，如朗讯、波导、海尔发展过程中涉及很多电子制造服务。制造业从原始设备制造商（OEM）和原始设计制造商（ODM），现在更多谈到EMS，加起来这个产业确实很大。很多开发软件没办法算软件产值，实际上已经包含在有形产品里走出去了，很难算。平狄克新版《微观经济学》介绍高尔夫球杆案例，设计、生产、原材料、销售、广告等环节连接八个国家，不知道这个产品是哪个国家的，这正是全球化经济现象。

　　如果不做我们会落后，因而涉及政策问题。政策实际上是让我们跟上甚至赶超全球化发展形势。围绕这样一个目的制定政策，实际上就是提供较好的发展环境。商务部前不久在大庆开了一个会。大庆作为资源型城市需要转型，将来石油用完了怎么办？麦肯锡有一个英国专家说大庆可以转向做石油领域服务外包。这些问题都可以进一步研究，寻求对我们有利的发展机遇。

"开放宏观视角下中国劳动市场"研讨会简报之一

(2011年6月)

北京大学国家发展研究院中国经济研究中心（CMRC）于2011年6月12日下午在朗润园万众楼召开"开放宏观视角下中国就业增长"研讨会。会上卢锋教授代表"CMRC就业课题组"汇报"就业扩张与工资增长（2001—2010）—开放宏观视角下中国劳动市场"报告主要观点。人社保部原副部长、中国就业促进研究会张小建会长，天则经济研究所学术委员会张曙光主席，发改委社会发展研究所杨宜勇所长，中国人民大学劳动人事学院曾湘泉院长，社科院人口与劳动研究所张车伟副所长，中国社会科学院世界经济政治研究所张斌研究员，北京大学国家发展研究院宋国青教授等领导和专家发表了评论和意见。我们分五期简报报道这次研讨会主要内容。本期报道卢锋教授发言上半部分内容。

卢锋（北京大学国家发展研究院教授）

卢锋教授分五个部分简要汇报了十多万字的专题报告内容。

一、"量价齐增"：中国近年劳动市场事实特征描述

进入21世纪后中国宏观经济迎来新一轮景气增长，劳动市场在积极就业政策促进下出现非农就业规模和农业劳动力转移快速增长的局面。在劳动报酬方面，正式职工工资持续增长，农民工工资也改变了一段时期的增势迟缓状态开始较快增长。中国劳动市场运行呈现"量价齐增"的基本事实特征。

20世纪90年代末，我国面临宏观经济不景气和下岗失业人员激增困难的问题。2002年中央召开全国再就业工作会议，决定从宏观政策取向、扶持再就业、提升劳动市场灵活性等五方面采取应对措施，这些政策逐步丰富发展，成为以扩大就业为基本方针的积极就业政策体系。2007年8月人大常委会通过《就业促进法》，确立就业工作在国家经济社会发展中突出地位。

依托新一轮宏观增长，得益于部门政策支持，加上市场环境下劳动者择业行为调整作用，中国就业形势在21世纪第一个十年尤其是"十一五"时期明显好转。数据显示，2000—2009年第二、第三产业新增就业12 370万人，其中2005—2009年间新增8 360万

人，与新中国历史上其他连续十年或五年期比较创造了最高记录。2005—2009年间农业劳动力净减少5560万人，超过历史上任何一个五年期相同指标减少量，也超过此前各个时期净减量的总和。非农就业空前扩张，使20世纪末一度加剧的城镇失业压力明显缓解。

非农就业扩张伴随劳动者工资的较快上涨。从正式职工工资增长的情况看，计划经济时期职工工资增速缓慢近乎停滞，改革开放时期职工工资增速大幅提升，1978—2008年年均增长约7.2%，30年累计增幅约7倍。但是改革时期不同时段职工工资增速也有明显差别，如1991—1998年间年均实际增速为5%，1999—2009年均实际增速近13%。近年农民工工资也显著上升。2002—2009年农民工月工资名义增加1.21倍，年均增长12%。用同期消费物价指数调整的不变价工资增长88%，年均增长9.4%。

对1979—2010年中国农民工工资初步估测结果显示，改革时期中国农民工名义工资长期呈增长趋势，年均增速趋势值约为9.3%。实际工资趋势值变动具有阶段性特征：20世纪80年代前中期显著增长，随后十来年相对停滞，晚近十余年较快增长。农民工相对全国职工平均工资比率值早年较高，80年代末以后持续下降，进入21世纪后降势趋缓，近年企稳并出现回升动向。

二、转型仍将持续，就业压力犹存

经济现代化伴随就业转型的一个共同线索，是农业劳动力占比以传统农业社会80%—90%高位为起点，持续下降到10%上下甚至更低水平。我国农业劳动力占比在计划经济时期下降较慢，从20世纪50年代初的83.5%下降到70年代末的70.5%，近30年下降13个百分点。改革开放初期农业劳动力占比下降到2009年的38%上下，30年共下降30多个百分点。从日韩等东亚经济体的经验看，农业劳动占比降到40%上下后仍会较快下降。有理由相信，中国经济如能持续较快增长，农业劳力占比在未来20年仍会以年均1个百分点以上的速度持续下降，到2030年达到13%上下甚至更低水平。

一国总劳动力在农业和非农部门之间分配，农业劳动力占比是两部门劳动力数量分布的函数，因而在给定未来总人口和总劳动力预测结果的前提下，了解未来农业劳动力就能预测农业劳动力占比值变动。农业劳动力变动主要受三个变量影响：年轻新进入量、年老新退出量、向外新转移量。如不考虑非农劳动力转回农业部门就业的偶然情况，非农劳动力变动受新进入和新退出因素的影响。

通过建立农业劳力比率变动贡献因素分解模型，利用历次人口普查提供的人口和劳动力分布数据，可以估测给定未来农业劳动力占比下降的前提下农业新进入量、退出量、转移量及其对农业劳动力占比下降的各自贡献。假定未来20年我国农业劳动力占比年均下降速度分别为1.1%，可以对中国未来劳动力供给面因素变动提出几点预测性判断。

随着我国农业劳动力占比预测值逐步下降到2030年的13.9%，农业劳动力总数将从目前的约2.9亿下降到1.12亿。农业劳动力年均转移量将从"十一五"时期的700万多人，逐步下降到此后的400多万人。农业劳动力向外转移高峰期已过，但是向外转移趋势仍将长期存在。从2005年农村劳动力年龄分布金字塔形状观察，未来农业转移劳动力年龄将显著增长。

农业劳动力的退出和转移是推动农业劳动力占比下降的重要因素，数据显示随着农业劳动力平均年龄增长，退出量将超过转移量成为推动农业劳动力下降的最重要因素。据测算,农业劳动力因为年老退出劳动力队伍对未来农业劳动力占比下降的贡献率,将从"十一五"时期的29%上升到"十二五"时期的39%,到2025—2030年将高达61%。在这个意义上,农业劳动力占比下降将越来越成为人口老化所派生的结果。

与"十一五"时期年均非农就业实际年均扩大量约为1 476万人相比较,模型估测结果显示"十二五"时期需年均创造非农就业1 078万人,此后三个五年期年均就业创造量分别为795万、817万和628万人。比较两个更长时期,1990—2010年20年间实际年均创造非农就业岗位1 200万多个,未来20年年均需创造829万个。我国非农就业创造压力仍将长期存在,但是未来非农就业岗位需要提供量在趋势意义上将逐步下降。未来非农就业岗位数量增长仍具有重要意义,同时结构匹配、内涵、工作质量等因素在就业管理中的优先度需显著提升。

三、晚近宏观景气增长基本面条件与不平衡表现

2002—2003年以来中国开放宏观经济新一轮景气增长,受发展阶段和微观机制方面积极因素支持,在基本面上具有经济合理性,由此推动就业增长代表劳动市场转型的阶段性成就。另一方面,受汇率和利率等基本宏观价格变量尚未理顺等体制性因素影响,开放宏观经济运行面临内部和外部不平衡的困扰,对就业扩张引入脆弱性因素并潜在地累积调整风险。

用1978年不变价衡量实际GDP从2001年的3万亿元增长到7.5万亿元,10年增量为4.5万亿元,而20世纪80年代和90年代的GDP可比增量分别为0.6万亿元和1.74万亿元。由于人民币汇率"先贬后升",用美元衡量经济规模增速近年提升更为明显。选择投资、出口、外汇储备等基础性宏观经济变量观察,中国在这些指标上的全球总量占比都有不同程度较快提升,成长为世界最重要经济体之一。由于工业化和城市化高速推进,中国对基础金属原材料和能源的消费增长较快并超出早年预期。从增量比较和增量贡献比角度看,中国已成为世界最重要的经济体之一,在全球范围内的重要性更加凸显。

晚近时期景气增长具有基本面条件支持。第一是坚持改革开放、选择开放型市场经济发展道路提升我国潜在总供给能力的表现,第二是城市化快速推进、大国规模经济效应得以发挥的结果,第三是技术进步、人口红利和人力资本积累的结果,第四是生产率追赶规律发挥作用的结果,第五是资本回报率增长并推动资本形成快速增长的结果。中国经济增长的驱动因素和支撑条件,与发展理论和国际经验具有一致性,又与中国规模和体制条件相联系具有特征性。

不过21世纪第一个10年经济高增长,也伴随总需求扩张所积累的内在矛盾。体制政策调整滞后和增长偏快派生的不平衡、不协调、不稳定问题,在总量失衡、外部失衡、政策失衡三个方面都有表现。总量关系上的失衡因素,表现为总需求扩张偏快偏强,通货膨胀压力挥之不去,资产价格间歇性飙升。简单定量分析结果显示,过去30年出现过3次连续3年或更长时期的总需求扩张偏快情况。第一次是1983—1985年,总需求扩张偏快累计超过长期趋势增长率为8.52个百分点。第二次是1992—1995年,连续四年总需求扩张偏热,累计超过长期趋势增长率11.3个百分点。第三次是近年的情况,总需求扩张偏快,估测累计超过10个百分点。

货币和总需求过度扩张通常伴随通货膨胀压力并表现为一般物价上涨。观察13种物

价指数均值和标准差，2003年以来呈现"四快四慢"特点：存量资产价格增长较快和增量商品价格增长较慢，进口品价格增长较快和出口品价格增长较慢，农产品价格增长较快和制成品价格增长较慢，原料和投资品价格增长较快和消费品价格增长较慢。

顺差型外部失衡是新时期开放宏观运行面临的新挑战。货物贸易顺差从2000—2003年年均不到230亿美元，增长到2008年的2 900多亿美元。经常账户顺差从21世纪初的不到200亿美元大幅飙升到2008年的4 360亿美元。由于直接投资和整个私人资本账户也有相当规模的顺差，十余年来中国经济一直在"双顺差"环境中运行。"双顺差"定义性导致外汇储备超常增长：从21世纪初的1 600多亿美元飙升到2006年年底的万亿美元，现已突破3万亿美元。

顺差型外部失衡持续扩大是国内外多方面因素共同作用的结果。从外部条件看，当代国际货币体系和美国等发达国家的宏观政策提供外部背景条件。从国内看，鼓励出口政策和人口结构演变有一定影响，利用当代"产品内分工"条件发展加工贸易也有一定解释作用。不过从宏观均衡机制角度分析，更值得重视的根源在于生产率追赶背景下我国汇率体制弹性不足，使得汇率这个开放宏观经济基本价格变量未能充分发挥调节作用。

宏调政策失衡集中表现为宏观工具运用过于宽泛和多样化带来的矛盾和问题。近十年的宏观调控实践显示，受我国"宏观管理习惯"的影响，加上汇率动态低估限制作用，利率对宏观形势变动的反应明显迟滞。在汇率和利率两大基本价格工具难以灵活顺畅调节的背景下，总需求管理过多依赖数量性、部门性和行政性干预措施，"宏观调控微观化"问题有增无减。由于与开放市场经济基本环境不相适应，现有宏调工具组合运用效果递减，宏观政策架构亟待调整。

"开放宏观视角下中国劳动市场"研讨会简报之二

(2011年6月)

北京大学国家发展研究院中国经济研究中心(CMRC)于2011年6月12日下午在北京大学朗润园万众楼召开"开放宏观视角下中国就业增长"研讨会。会上卢锋教授代表"CMRC就业课题组"汇报专题报告主要观点,有关领域领导和专家发表评论和意见。我们分五期简报报道这次研讨会主要内容。本期简报报道卢锋教授汇报课题主报告的下半部分内容。

卢锋(北京大学国家发展研究院教授)

一、中国就业扩张面临新矛盾与潜在风险

21世纪头十年特别是"十一五"时期非农就业与工资较快增长,是我国劳动市场转型发展的阶段性成果,也是贯彻实施积极就业政策的重要成就。劳动供求关系演变扭转了世纪之交失业压力加剧的困难局面,为在较为宽松的环境下推动就业形势向更高阶段发展奠定基础。另一方面,从开放宏观与劳动市场相互关系的角度观察,就业扩张也面临新矛盾与新困难,并存在潜在的调整风险。

一是非农就业总量扩张偏快。长期看非农就业岗位增长是就业工作的基本目标之一,不过从宏观均衡角度看,特定时期就业扩张也存在过犹不及的问题。观察我国过去30年非农就业增量与GDP增长率对其长期趋势的偏离,二者年度波动存在显著关联。经验证据显示,宏观经济大体均衡时非农就业年均增长1 100万人,总需求超过潜在总供给1个百分点,就业扩张在可持续水平上超过131万人。

过去10年非农就业增加1.27亿人,尤其是2005—2009年新增8 360多万,显著超过上述估计经验关系提示的大体均衡与可持续增长水平。非农就业超常增长对缓解一段时期劳动力市场工作岗位供不应求的矛盾具有重要积极意义,但是也面临可持续问题和潜在调整压力。

二是就业创造外需依赖度偏高,与宏观增长外向度偏高失衡相联系,就业扩张可能过度向制造业等可贸易部门倾斜。估计结果显示,2002—2008年制造业就业增长约3 400万人,占到总非农就业增长的35%左右,占同期总就业人数增长的九成以上。制造业就业快速增长有利于缓解20世纪末工业部门大量工人下岗的压力,满足非熟练农业劳动力快速

转移对就业岗位的需求，但同时会加剧我国就业结构中工业比例偏高的问题，也会加剧相对低端农民工市场用工短缺的矛盾。

观察2005年100多个国家就业部门分布的数据，我国就业分布在国际比较意义上存在"一低两高"的特点：服务业就业比例明显偏低，农业就业比例显著偏高，以制造业为主体的工业就业比例也偏高。考虑近年我国制造业增长较快，可能会进一步提升我国工业部门就业的比重，从而使我国在国际比较意义上工业就业比例偏高的问题进一步发展。

三是农民工"用工荒"与大学生"就业难"并存的结构性矛盾。这个结构性矛盾既有劳动市场供求关系变动的原因，也与开放宏观运行超预期波动相联系。一般制造业员工六至七成是30岁以下的年轻工人，电子"代工企业"年轻员工比例更高。但是2000—2009年间16—30岁新增经济活动人口"先减后增"，但是总体净减少3 200多万人。大学扩招使高校毕业生从2002年的133.7万人急剧增长到2009年的531.1万人。相对低端劳动力供给减少，大学生就职需求超常增长，推动形成上述结构性困难。

宏观经济波动特别是货币和总需求超预期扩张也会加剧民工荒。如经历世纪之交多年通货紧缩后，2003 2004年出现经济过热形势具有某种超预期性，构成当时"民工荒"现象似乎"突然发生"的宏观背景。2010年也有类似特点。超强刺激政策推动2009年信贷超常扩张，总需求超预期V形回升使2010年农民工紧缺问题再次加剧。农民工供求关系状态成为折射超预期货币与总需求冲击及宏观涨落的重要指标。

宏观经济运行与劳动就业形势存在两个方向作用的互动关系。一方面，开放宏观经济基本相对价格扭曲派生宏观失衡因素，会传导为就业扩张总量和结构失衡，对就业转型稳健推进引入调整风险。另一方面，如果超出宏观均衡基准约束理解充分就业，把就业优先方针实际解读为就业数量最大化，也会在客观上对宏观失衡产生助推作用，最终不利于非农就业长期可持续增长。

展望未来，比较合意的情形是在国内外经济环境大体平顺的环境下，政府通过加快实施宏观和就业组合改革措施主动调整，从而有效化解宏观经济与就业增长累积的矛盾。从防患于未然的角度看，也不能排除内外部环境出现小概率事件意义上转变并对中国就业形势产生较大冲击。美国等发达国家的经济因深层矛盾激化发生新一轮衰退甚至爆发财政危机，国内宏观经济运行发生较大波动甚至"硬着陆"，是就业政策需研究关注和对冲防范的小概率特殊风险。

二、开放宏观与就业政策配套改革建议

基于开放宏观视角下对我国劳动市场观察和就业形势的判断，建议"十二五"时期把开放宏观与就业政策结合起来进行配套改革。改革内容和目标包括：以汇率和利率改革为枢纽点加快调整完善开放宏观政策架构，确立以宏观均衡为基准的充分就业目标，加快改革培育现代劳动市场体制，充实和完善积极就业促进政策。

宏观政策的基本方针是管好货币、稳定币值、平滑总需求波动，为中国经济持续快速追赶提供相对稳定的货币与宏观环境。为此应在总结晚近十年宏观调控新经验的基础上，从提升汇率和利率两个基本价格变量灵活性入手，改革和完善大国"开放宏观政策架构"。同时应加快推进土地、资源等要素领域改革，增强宏观价格参数对总需求调节的传导效果。要减少对信贷、投资、股票上市、房地产等部门数量性的直接干预，切实治理"宏观

调控微观化"。

充分就业作为现代宏观政策目标之一，要求把总需求及其决定的短期经济增速调节到与长期潜在总供给增速大体一致，把实际失业率调控到与自然失业率水平调节大致相等的状态。政策含义一方面要实行就业优先方针促进就业，另一方面又不宜人为刺激就业过度扩张。如果脱离宏观均衡基准，把充分就业理解为就业最大化，虽在一段时期能使就业快速扩张，但宏观失衡调整规律会导致就业波动，从长期看反而不利于实现充分就业的目标。

中国30年宏观与就业涨落关系经验证据显示，以宏观均衡为基准界定充分就业目标，对中国这样正经历农业劳动力转移和就业转型的经济体也有借鉴意义。在宏观均衡的基准上确立充分就业目标，在宏观政策方面要求更好地运用与开放型市场经济基本原则兼容一致的参数型、价格型调节手段，更好地实现管好货币、稳定币值与平滑总需求目标。在就业政策方面把就业扩张与就业深化结合起来，把就业数量增长与质量提升结合起来。

在推动就业转型过程中建立培育城乡一体化劳动市场体系，是我国经济发展和市场制度建设的重要内容。过去30年我国在打破计划经济城乡分割、国家统分统配劳动力配置体系，推动现代劳动市场体系的建设方面取得长足进步。我国城乡二元结构改革在一些重要领域仍明显滞后，劳动市场体系的某些结构环节仍不能适应经济发展需求与建设和谐社会的要求。应实行配套改革措施加快推进城乡一体化劳动力市场制度建设。

要加快推进户籍管理体制改革，加快推进农地制度改革，把农地与户口改革结合起来形成改革合力。要加快推进完善对进城打工农民工子女给予与城市居民平等公共教育服务方面的改革，推进完善普惠城乡居民的劳动培训、职业介绍和社会保障公共服务网络建设。要针对新时期劳资关系矛盾多样化的新情况，在尊重工人和员工基本公民权利的前提下寻求化解矛盾的方法。要关注研究农业补贴过度增长对就业转型的潜在不利影响，适应形势发展加快改进劳动工资统计方法。

假定我国农业劳动力占比持续稳步下降，"十二五"时期我国平均每年仍需要创造提供1 000多万非农就业岗位，此后15年平均每年仍需600—800万非农就业岗位。要完成我国就业转型历史使命，必须在深化改革和治理失衡的基础上推动国民经济稳健较快增长，继续实施完善就业促进政策，把就业规模扩张与质量提升结合起来，在可贸易部门和内需部门创造与充分就业目标相一致的工作岗位。

我国经济仍处在快速追赶阶段，扩大制造业等可贸易部门就业仍大有文章可做。随着传统部门结构调整，要着力创造与我国要素禀赋结构变动相适应、增加值更高的新兴就业岗位。要呼应全球服务业调整趋势，大力承接国际服务外包。推动面向内需就业增长的意义更为重要，内容更为复杂，需要更为细致的"深耕细作"努力。要清除体制障碍，降低交易成本，培育商业信誉，疏通内需商路，完善内需就业创造的体制和经营环境。要重视在传统部门创造面向内需的新就业机会，鼓励企业利用新技术平台扩大面向内需的新就业岗位。

"开放宏观视角下中国劳动市场"研讨会简报之三

(2011年6月)

北京大学国家发展研究院中国经济研究中心(CMRC)于2011年6月12日下午在北京大学朗润园万众楼召开"开放宏观视角下中国就业增长"研讨会。会上卢锋教授代表"CMRC就业问题课题组"汇报专题报告主要观点,有关领域领导和专家发表评论和意见。我们分五期简报报道这次研讨会主要内容。本期简报报道张小建会长、杨宜勇所长、曾湘泉院长的评论和指示内容。

张小建(人社部原副部长,中国就业促进研究会会长)

张小建会长认为,人社部和国家发展研究院的此次合作研究,对就业形势的判断、对就业政策的研究以及对政府决策都可以产生重要影响。此次课题研究注重宏观层面和市场实证层面相结合,把理论研究与实际实践的考察紧密结合,由此提出的观点和建议很有价值和说服力,一方面可以为政府决策提供参考,另一方面可以渗入到政策制定和执行者的思想与理念之中,在今后的政策制定中体现出来。结合这次研究课题报告,张小建会长谈了三点看法。

第一,我国政府"十二五"规划中将实现"充分就业"作为经济社会的"优先目标"是一个重要方针。就业是民生的头等大事,将就业优先作为战略确定下来,说明把保障和改善民生摆上了重要议事日程。当然,在实践层面,就业优先与GDP优先仍在竞争之中,要真正做到民生为本、就业优先,将这种执政理念真正贯彻下去,还需要继续努力。充分就业不是没有失业,也不是仅有数量扩张。我们目标是把开发就业、素质就业、平等就业和稳定就业这四点综合起来,并且要有相应的制度和政策支持。充分就业有两个最重要的指标:就业增长和工资收入增长。这也是以后考核地方政府是否做到就业优先的依据。课题组报告分析"非农就业增长"和"工资收入"是重要切入点。同时报告分析主线是农村劳动力转移。"十二五"及今后的十年,中国就业面临的最大问题是农村劳动力的转移。

第二,我国在"十二五"期间就业形势面临的最大变化,就是要实现经济发展方式的转变。过去的就业增长,主要依托的是出口加工型的、投资扩张型的经济发展,这种格局将会因为经济发展方式的转变而发生重大转变。当我们下决心淘汰落后产能,淘汰高能耗和高污染企业的时候,我们要看到它可能造成大量新失业。另外,中小企业在未来十年将成为中国就业的主阵地、主要增长点。中小企业的发展如果受到影响，就业也势必受到影响。虽然已经出台了诸多鼓励中小企业发展的政策，但是中小企业仍然享受不到应有的政策支持，甚至没有享受到应有的参与平等竞争待遇。目前，中国出现了"就业难"和"招工难"的双重困难，究竟是供大于求还是供不应求，众说纷纭，将之归因于"刘易斯拐点"和人口红利的用尽，还是着眼于市场配置中的企业、劳动者以及政府部门现存的问题还值得再探讨。如果太过于着眼于刘易斯拐点和人口红利用尽，国家就没别的办法推动改革，就会忽视市场配置中的种种问题。

第三点是相应的对策措施。"十二五"已经确定要实行积极就业政策。积极就业政策包括四个要素：①在治理失业的问题上，不仅要实行失业保险制度，并且要更加注重促进再就业。救济解决不了根本问题，由就业取得劳动收入才是根本。②在促进就业增长中，不仅要广开就业门路、开发就业岗位和机会，并且要大力提高劳动者素质、开发劳动者的就业能力，后者比前者更重要。③在促进就业的各种形态中，应该更加注重鼓励劳动者自主创业，以创业来带动就业。④在解决就业的过程中要注重发展环保型、节约型、可持续性的"绿色就业"，提升就业质量，实现体面劳动，而不是以资源环境为代价。

最后，就业政策不能仅应一时之急，而要考虑长久之效。课题组报告强调要在发挥市场机制上下工夫是正确的。政策不应限制市场机制，不应违背市场规律，而应是顺应市场，使市场更好地发挥基础性作用。还要致力于将就业政策和经济政策更好地衔接配套，达到提高就业数量的同时更好地提高就业质量，实现经济发展与就业增长的良性互动。其中良性互动有三层含义。一是发展中"高增长"与"高就业"应该同时实现，避免出现"高增长、低就业"，也要避免出现经济过热和就业过度。二是在产业结构调整中，劳动力能够得到较好的调整和配置，避免产生高失业，也避免产业转移过程中的大起大落。三是更加注重人力资源的开发和利用，并由此产生推动经济和就业发展的双重效果，使经济的健康发展和就业的"量质齐增"同时实现。课题组报告提出将就业短期增长和长期增长结合起来，考虑在长期增长中保持均衡和防止失衡，这些意见是非常重要的。

杨宜勇（发改委社会发展研究所所长）

杨宜勇所长肯定了卢锋教授的研究团队工作对人社部工作产生的积极影响。他表示卢锋教授的汇报激起的思想火花让他想起北大校长周其凤在清华大学百年校庆谈话中提到北大校训"自由之思想，独立之人格"。自由的思想是建立在独立人格的基础之上。

杨宜勇所长十分肯定卢锋教授"就业目标优先亦不能过火"的建议，能提出这样的观点需要勇气。卢锋教授在报告中针对传统刘易斯模型设定的质疑以及改进也十分值得肯定，如果对该模型进行深入的研究和改进将会产生深远的影响。杨宜勇所长同意整个报告的基本观点，并对其中的某些要点进行了点评。

首先，杨所长肯定报告提出的 21 世纪中国劳动力市场"量价齐增"的说法。过去 10 年走过来不容易，2001 年中国被接受为 WTO 成员方，2002 年正式开始实行相关条款。当时就有很多人士说加入 WTO 会使中国损失 2 500 万个就业机会，全国上下一片恐慌。实质上，加入 WTO 后——相当于第二次改革开放——中国的就业机会并没有减少。同时，此次美国金融危机也并没有对中国的就业产生实质影响。中国的开放不仅没有遭受损失，反而使发展大大提速，就业岗位也有一定程度的增加。同时中国也获得了自我增长的动力和内在机制,这些都是"量"的维度。

从"价"的维度来看,最初加入 WTO 的时候,国外的工会到中国同领导层谈判,要求政府不能让工人领取一个低水平的工资并且工作过长时间。他们这样做不仅是为了保护中国工人阶层,也是为了保护本国工人,但是外国工会的这种谈判并不是全世界无产阶级联合起来的标志。上述现象本质上是在全球金融一体化局面下,资本家的联合使得工会有一种保护旗下工人群体的诉求。具体的措施包括一些贸易政策,也包括为保护国内一部工人而变相要求我国工资水平提高的条款。从国内角度看,当前推行"以人为本"的科学发展观,提高了劳动力的工资。从经济学角度来看,刘易斯拐点是对工资增长的一个很好的解释。同时,当一个国家进入中等收入水平的时候,其公民会更加重视公平公正,这也会给工资产生一个上涨的压力。马斯洛的五阶段需求理论也可以对工资上涨提供一定的解释,即温饱之后,工人对其他层次的需求要求工资伴随增长。

其次,报告对过去 30 年农民工名义工资调查显示年增长率为 9.3%。杨所长指出,过去 30 年,中国实际 GDP 年均增速约 10%,通胀平均每年为 5% 上下,因此农民工名义工资按此计算没有和 GDP 同步。未来的"十二五"规划提出名义工资要同 GDP 增速保持同步,是很难实现的。国民收入的三分法包含政府、企业和居民,而今年第一季度,GDP 增长 10%,财政收入增长 25%,央企利润平均增长 47%。由此可见,在不加任何约束的条件下,若想在财政收入和利润增速快于 GDP 增速的条件下实现工资收入同 GDP 同步是一件非常难的事情。

最后,报告中提出农村劳动力转移是推动我国就业结构转型的最直接因素,这一点应该放到中国工业化和城镇化的背景下来考察,特别是二次工业化是推动农村劳动力转移以及城镇化的动力。针对报告中对未来 20 年农村劳动力可转移数量的预测,杨宜勇所长认为,考虑到未来的人口红利减少和老龄化,需要重视中老年劳动力的开发和利用。未来增加劳动力并不能仅仅依靠多生孩子,还需要适当延长退休年龄。此外,未来的人口红利也应从量向质转变,从比较优势向竞争优势转变,从体力优势向智力优势转变。之前中国以"世界工厂"自居,今后应该立志做"世界的办公室"。

杨宜勇所长认为,沿海地区局部显现的民工荒问题,原因是中西部经济的增长促使农民工就近就业。但在开放宏观条件下,用工荒并不是一个严重的问题,广东就已经有不少东南亚过来工作的廉价劳动力,每月工资 100 美元。东南亚一些国家劳动工资仅为每月 50 美元。在这个角度上,中国可以利用外来务工人员解决用工荒问题。改革开放 32 年来,农民工都是以"同工不同酬"的方式进城,这是中国改革开放取得一枝独秀成绩的重要原因。但这一不公平的现象亟待解决,否则会产生一系列的问题。

曾湘泉(中国人民大学劳动人事学院院长)

曾湘泉教授认为,卢锋教授的研究结果有几点很值得肯定:①将宏观研究与就业问题联系起来。传统上中国关于就业的文献很少与宏观经济问题结合起来,中国研究宏观经济的人则不关注劳动、不研究就业。②将短期与长期结合起来。中国目前在这个领域的研究很多都侧重于一些短期的问题,譬如金融危机期间媒体大肆渲染的民工荒问题。③将理论分析与实践相结合,研究建立在经济学分析框架基础上,同时重视对中国实际情况包括对基本数据的考察。

关于这个报告需要进一步去研究的问题，曾教授认为主要有以下几个方面：第一，报告中的结论大都很好，但有些结论可能还只是一些假说，还需要一些实证的研究。譬如说，关于农业补贴增加转移成本，其实就是农民工保留工资的问题。2004年就出现过一次民工荒，当时是因为取消农业税，增加了农民外出机会成本。现在出现的民工荒是什么因素造成的呢？却没有人做实证研究。

第二，从发达国家的历史以及库兹涅茨的理论来看，经济发展的长期趋势很清楚。中国的问题是"十二五"期间或者未来十年，技术进步与土地流转制度的变化会对就业和农村劳动力转移产生怎样的影响。

第三，报告里提到"以汇率和利率改革为枢纽，加快调整和完善宏观政策架构，以宏观均衡为基准的充分就业目标"。这里面有两个问题需进一步讨论。一是政策上需要怎么抉择。譬如说汇率问题国际比较经验如何？人民币汇率要是波动起来又会有什么后果？有观点认为正是由于考虑就业目标限制了汇率调整，这个问题值得讨论。一是利率调整对就业又有什么影响？我们的研究需要对此做出判断，这些问题不可回避。第二，什么样的就业水平才是充分就业。曾湘泉教授认为，中国的失业问题主要表现为自然失业率较高，70%—80%的失业属于自然失业，譬如大学生就业难在经济高速发展时期就出现了，体现了我们的教育应对市场变化的能力很差。与就业信息相关中介服务发展也还相对滞后。

"开放宏观视角下中国劳动市场"研讨会简报之四

(2011 年 6 月)

北京大学国家发展研究院中国经济研究中心（CMRC）于 2011 年 6 月 12 日下午在北京大学朗润园万众楼召开"开放宏观视角下中国就业增长"研讨会。会上卢锋教授代表"CMRC 就业问题课题组"汇报专题报告主要观点，有关领域领导和专家发表评论和意见。我们分五期简报报道这次研讨会主要内容。本期简报报道张曙光主席、张车伟副所长的评论发言内容。

张曙光（天则经济研究所学术委员会主席）

张曙光主席认为，卢锋教授团队课题报告探讨了中国就业转型的供给面与需求面因素，就业体制与就业政策。报告结构合理，逻辑清晰，资料翔实，论证充分，在理论上有一定深度，对现实的把握也比较准确。报告在理论上创新值得肯定。一是提出超越刘易斯拐点的解释。卢锋教授分析了刘易斯拐点的几个假定，发现农业边际产出不变与非农部门工资长期不变的假设不符合中国现实，并提供一个不同于刘易斯拐点假说的解释。二是将开放宏观与就业问题相联系，填补了国内研究的空白。本次报告会如果有央行和发改委的官员参与讨论，各方也会得到诸多启发。接下来，张曙光主席谈了谈报告中值得商榷之处。

第一，报告经常提及"多样化的宏观政策"，这一提法不够准确。当前政府本就经常将宏观调控政策与行政手段混为一体，报告中更应将二者加以区分，而不应采用"多样化的宏观政策"之类的表述将二者混同。再者，报告对行政手段弊端的分析可以进一步加强。如果政府过多依赖行政指令等其他手段，央行则很难成为重要的宏观调控部门。

第二，报告第 63 页提到"从实际情况看，大学生就业困难主要表现为当年求职难度增加和初始就业率较低，由于经济增长较快和政府针对性扶持政策，经过调整绝大部分毕业生还是找到不同工作"以及"新增大学毕业生进入劳动市场时，接受比较简单的操作加工的相对低端工种就业岗位的意愿和概率下降"。对此提法，有两点质疑。第一，目前大学生就业率没有客观数据，因此并不能完全认同"绝大部分毕业生还是能找到不同工作"这一观点。第二，扩招后大学生接受低端工种就业岗位概率并非下降了，反而是上升了。

报告中对大学扩招持基本肯定态度，但应加强对扩招弊端的分析。

随后，张曙光主席就教育失衡和大学生就业问题发表了一些自己的看法。目前教育危机严重，主要表现在学校生态恶化、高校官僚化、知识生产工厂化、教学管理数字化、学术评价政治化和道德化、学生行为失序等方面。教育失衡一方面表现在基层教育扭曲，中小学成为知识灌输的机构，缺少对学生素质与品行的关注。另一方面表现在大学扩招致使学历教育过度，而职业教育欠发展。学历教育过度造成就业市场的扭曲与失衡：大学生就业首选政府部门与国有企业，就业渠道过于单一。同时高学历者在低端岗位就业，大学生与农民工竞争岗位，接受较低的工资，在此情形下教育收益率明显下降。因此教育应该适当、适度，报告应更充分讨论高等教育过度扩张的后果。

解决教育与就业问题的一种方法是中小学小班化上课。目前中小学班级规模过大，老师在课堂上不能充分答疑解惑，于是课外辅导班市场蓬勃发展，形成恶性循环。如果推行小班上课，比如一个班 20 名学生，学生可以接受更良好的教育，大学生毕业可以有更多机会谋求中小学老师的职位，这是一种双赢的选择。

张车伟（中国社会科学院人口与劳动经济研究所副所长）

张车伟所长认为课题组报告运用现代经济学方法进行分析，非常有助于读者理解劳动力市场与宏观经济之间的联系。他尤其认同报告中两个观点。第一，报告提出一种不同于刘易斯拐点的解释，在中国套用刘易斯拐点假设解释劳动力市场转型并不合宜。中国经济增长与农业发展紧密联系，农业部门源源不断地为非农部门提供劳动力，成为经济发展的支撑，这也是中国与其他发展中国家的重要区别。第二，报告系统梳理了近几十年农村剩余劳动力的工资，对读者理解中国经济具有重要意义。报告发现，20 世纪 80 年代前后农民工名义工资增幅和水平高于职工工资，后来农民工货币工资相对下降，这与张车伟所长去年的研究结果吻合。去年的研究发现，20 世纪正规部门职工工资与就业人员平均工资之比小于 1，而最近几年这一比重逐渐升高并已经超过 1。这意味着中国经济的失衡和扭曲主要来自劳动力市场。

接下来，张车伟所长对报告中的三个观点提出了自己的理解。第一，如何理解近年来劳动力市场的量价齐增？劳动力扩张毋庸置疑，但是关于劳动力工资的上升仍存在疑问，因为近年来劳动报酬总额占 GDP 的比重逐年下降，意味着劳动力的价格在不断降低，其他新兴经济体在快速增长时期也出现过相似情形。中国目前缺少职工工资总额的数据，GDP 核算时采用的工资总额中还包括个体从业人员的收入，而其他国家在统计工资总额时仅包括工薪者的工资收入。张车伟所长通过其他方法估算了职工工资总额占 GDP 的比重，1992 年为 33%，目前约为 30%；同时，职工人数在最近几年呈缓慢上升趋势。这意味着工薪人员的平均报酬实际在下降。

第二，报告中提出中国近年总需求偏热，致使通胀压力高涨，那么逐渐下降的劳动力报酬如何支撑总需求的过快增长？这可能主要源于投资需求增长过快和外需过旺，而居民需求其实不足。这意味着中国经济结构调整需要更深入的研究。

第三，报告从开放宏观的视角解析劳动力市场，其中讨论了利率与汇率工具。汇率对应相对劳动生产率，也即中国劳动力的相对价格。中国劳动者报酬偏低，即人民币汇率被低估的另一面。利率对应资本的相对价格，当前的负利率意味着中国劳动力在自身收入偏低的情况下还进一步补贴资本，因此投资需求很难抑制。但话说回来，中国近三十年经济的高速增长，与利率和汇率的扭曲紧密联系，也与失衡的经济模式相关。所以如果将汇率大幅升值并调整至均衡状态，那么中国大部分的竞争优势就被消除了。而且汇率升值有利于进口部门，但百姓很难从中获益。因此，未来经济结构调整需要更多地考虑百姓利益，考虑国内利益，循序渐进地进行调整。

"开放宏观视角下中国劳动市场"研讨会简报之五

(2011年6月)

北京大学国家发展研究院中国经济研究中心(CMRC)于2011年6月12日下午在北京大学朗润园万众楼召开"开放宏观视角下中国就业增长"研讨会。会上卢锋教授代表"CMRC就业问题课题组"汇报专题报告主要观点,有关领导和专家发表评论和意见。我们分五期简报报道这次研讨会主要内容。本期简报报道张斌研究员、宋国青教授的评论发言内容。

张斌(中国社会科学院世界经济与政治研究所研究员)

最近,宏观经济学研究的焦点转向了中国劳动力市场。研究经济潜在增长的学者开始研究劳动力供给问题,研究通货膨胀的学者开始研究劳动力成本问题。事实上,经济潜在增长的确与劳动力供给有关,但是认为通货膨胀是劳动力成本上升结果的观点则不能成立。卢锋教授的报告提供了这方面证据。经济增长周期波动和就业增长周期波动的图表数据显示,经济增长周期波动是导致就业增长周期波动的原因而不是结果。如果用结果来解释原因,在逻辑上便是错误的。

卢锋教授的报告主要从开放宏观视角出发讨论中国的就业问题,开放是导致中国就业总量和结构发生变化的一个主要原因。为了阐明这个问题,张斌研究员将就业问题定义为劳动力从农村向城市转移的问题。

对于任何一个时间序列,都可以划分为趋势性成分和周期性成分。从趋势性成分来分析,开放是就业增长的一个非常重要的力量,它能够解释过去十多年间中国就业的趋势性变化。进一步加大开放力度会使得贸易部门包括出口部门和进口替代部门的劳动生产率快速提高,劳动生产率的提高将直接导致以出口为主的制造业部门工资的增加,由此吸引农村劳动力逐步进入该部门,从劳动生产率较低的传统部门转移到劳动生产率较高的现代部门。这是解释农村劳动力不断进城的趋势性因素。

制造业部门的生产率提高之后,制造业产品供给大幅度增加,由于劳动力的转移,相比较而言,农产品价格提高较为迅速。过去一二十年间,中国农产品价格呈现一个上升趋势。农产品价格的提高对农业部门就业有正反两方面的影响。一方面,农业部门更有利的相对价格会加剧资本深化的过程,拖拉机的使用可以说明这个问题。资本深化会减少对农业部门劳动力的需求，促进农村劳动力的转移。另一方面，农业部门更有利的相对价格会提高农产品的边际价格，由此导致农村劳动者工资的提高，降低了农村劳动力转移的积极性。从周期性的成分来分析，就业周期的波动在很大程度上取决于宏观经济周期的波动，那么通货膨胀是由劳动力成本提升导致的论点便是错误的。因为这一论点将因果关系颠倒了。劳动供给并不是解释通货膨胀的一个重要因素。决定通货膨胀更多的是经济周期和需求因素，这些因素导致了通货膨胀，带动了劳动力成本的上涨。

张斌研究员谈到报告重视的利率和汇率问题。利率是跨时间的价格，汇率是跨产品的价格，这是两个最重要的开放宏观经济的价格，它们和就业总量和结构问题有密切联系。中国就业存在两个问题。第一，劳动力就业的结构问题。在中国农民工找工作较为容易，大学生找工作较为困难。这主要是中国的经济结构导致的。大学生找工作，进入制造业部门的比例相对比较少，而进入服务业部门的比例相对比较多。但是中国的服务业发展又相对滞后，在世界各国的横向比较中，中国服务业占GDP的比重是较低的。这一个问题和汇率问题有紧密的联系。中国的汇率被低估，保护的便是从事出口和进口替代的制造业部门，大量资源便会进入制造业部门。在这个过程中，对非制造业部门尤其是服务业部门就会形成歧视，中国当期的发展是牺牲服务业的发展来支持制造业部门的发展。由于服务业处在一个不利的位置上，那么对服务业就业的扩张就会形成不利的影响。因此，如果汇率保持一个僵化的水平，过分强调对出口和进口替代部门的保护，那么就意味着歧视了服务业部门的发展，相应地服务业就业机会也就减少，由此出现大学生就业难和农民工就业较为容易的这一就业结构特点。

第二，劳动力就业的总量问题，与中国利率问题有很强联系。由于银行贷款对象主要是大型企业和地方政府，非市场化低利率保护的主要是大型企业和地方政府。如果利率市场化，导致利率提高，那么大型企业和地方政府的债务负担就会变得更加沉重。但是，值得注意的是，贷款给大型企业和地方政府，并不能带来更多就业，因为它们从事的主要是资本密集型产品生产，而且它们在资源配置过程中的效率也较低。相反，如果是市场化利率，利率得以提高，真正反映了资金价格水平，那么生产效率较低的企业便无法从银行获得贷款，而生产效率较高的企业将会获得银行贷款。一般情况下，中小企业的生产效率比较高。这意味着，如果利率得以市场化，将有助于解决中小企业融资难问题和有助于中小企业发展，而中小企业是促进劳动力就业增长主要力量。利率市场化也就因此促进了劳动力就业的增长。

宋国青（北京大学国家发展研究院教授）

宏观经济研究对象和不同阶段热点问题有密切联系。比如20世纪80年代，研究宏观经济的学者就需要研究农业问题。前几年，石油价格高涨时，研究宏观经济的学者就需要研究石油问题。现在，研究宏观经济就需要研究企业增长和劳动就业的问题。对经济增长产生重要影响的便是劳动力人口的增加。结合卢锋教授的报告，宋国青教授阐述了其对中国劳动力就业问题的思考。

中国数据反映了一个情况，便是2009年劳动力就业增长已经十分缓慢，但是这里面可能存在较大的误差，特别是根据退休年龄来计算的农村劳动力部分，没过退休年龄的人口算为劳动力人口，过了退休年龄人口就不算为劳动力人口，这个计算实际上是存在问题的。事实上,按照卢锋教授报告中的观点,劳动力是否参与劳动并不能以退休年龄为标准,确切地说它是一个分布,比如 65 岁的人群中可能有 33% 还会继续从事劳动生产,67 岁的人群中可能有 28% 从事劳动生产,参与劳动与否是工资水平、工资增长率和社会保障等其他变量的函数。按照中国人口普查数据来计算,劳动力增长率是负增长,如果将误差考虑在内,那么劳动力人口增长率便可近似为零增长。如果同期 GDP 潜在增长率是 9%,那么这就意味着劳动生产率增长率为 9%,并且农业劳动生产率增长率自 2003 年以来比其他行业劳动生产率都要高。

从人口就业的情况来看,中国的指标与韩国 1975 年较为类似。韩国自 1975 年到 1995 年间,非农就业平均增长率约为 5%,GDP 增长率从 10% 下降到 5%。即便中国当前劳动力人口还是一个正增长,不久的将来劳动力人口增长率也将会成为一个负数,并且下跌幅度也会比较大。考虑这样一种情况,如果农业部门劳动力转移 1%,那么由于非农业部门劳动力基数较大,非农业部门人口就业增长会小于 1%,再加上约 3% 的劳动生产率的增长率,GDP 平均增长率最多也就是 4%。如果中国 GDP 增长率是 4%,这就会造成严重的社会经济问题。因此,从劳动力数量增长上来看,现实情况是悲观的。

从乐观的方面说,为什么中国劳动生产率每年能提高 9% 呢?这可能是劳动力质量、人力资本有大幅提高。每年增加 1 500 万劳动力,其中接近 1/2 是学生,有 1/3 是本科毕业的学生。退休的约为 1 000 万,由于现在退休的劳动力基本是 20 世纪 50 年代出生的人口,在那个年代大部分人口都是农村人口,即使考虑到考上大学这一从农村转入城市的因素,现在退休的劳动力大部分也应当是农民。如果考虑到劳动力的质量和人力资本,劳动力人口增长仅仅用增加的大学生就业人口和减少的农村退休人口进行相减是否合适?

在 20 世纪 80 年代,中国劳动力人口平均增长率是 3%,而现在几乎接近于 0,预计在不久的将来,劳动力增长率会转变为负数。可见,中国的人口红利,最显著的效果是出现在 20 世纪 80 年代,而现在中国的人口红利已经逐渐消失。90 年代以来,劳动力人口增长率一直处于下降趋势。即便如此,中国可以利用提高人力资本和完善大学教育来弥补劳动力人口数量增长的放缓。

接着,宋国青教授阐述了工资和利润的关系以及二者关系对宏观经济的影响。在收入分配中,劳动所得份额是在逐年下降的。需要注意的是,劳动力工资增长速度可以比劳动生产率增长得更高,但是不一定会引起劳动所得份额的变化,这在一定程度上,取决于生产函数形式。韩国从 20 世纪 70 年代到 90 年代,劳动所得份额上升了 15 个百分点。因为劳动所得份额的上升是在劳动力人口增长率下降的情况下实现的,所以单位工资上升幅度非常大。对于中国而言,工资大幅上涨对长期经济增长影响会怎样?

有观点认为,中国应当关注投资增长率过高和生产能力过剩的问题。如果劳动就业依然保持增长,劳动所得份额持续下降,劳动力产生所谓过剩,在这种情况下,中国经济增长还是可以维持的。但是,如果按照韩国的发展规律,劳动所得份额大幅增加,会导致投资回报减少,而投资回报减少将会导致投资不足。这是为什么有些人认为最低工资管制不太好的原因。如果制度和政策过多强调保证工资增长,资本所有者的利益将会受到损害,投资激励也将削弱,这也可能就会对国民经济产生不利影响。

事实上,中国劳动所得份额在一定程度是被高估了。初次分配和再次分配要进行区分,初次分配涉及的是工资和投资报酬率,再次分配涉及的是个人收入和企业盈利。从初次分配来看，全球劳动所得份额都在下降，中国的情况可能更特殊，下降速度更快。但是，从初次分配的角度来考虑，私有部门和农业部门中的劳动力获得的基本上是竞争性工资，但是对于国有部门而言，国有部门存在较高的垄断利润，更有理由去增加工资，再加上隐形福利，其劳动者获得的是垄断工资，而不是竞争性工资，这会使中国劳动所得份额偏高。如果没有国有部门，那么中国劳动所得份额下降趋势将会更显著。如果国有部门的垄断工资还在上升，市场工资也在上升，那么就会出现工资侵蚀利润，对投资产生不利影响。

"生产网络、附加值和贸易统计改革"简报之一

(2012 年 9 月)

2012 年 9 月 25 日至 26 日,"生产网络、附加值和贸易统计改革"国际会议在北京大学国家发展研究院万众楼二楼举行。我们分三期报告此次会议的主要内容。本期报告来自 Keio 大学的 Fukunari Kimura 教授、亚洲开发银行邢予青博士和美联储 Galina Hale 博士的演讲内容。

Fukunari Kimura(Keio 大学教授):东亚的生产网络

东亚制造业部门的生产网络,尤其是机械制造业部门,是全世界最先进的。东亚的生产网络已经发展到工业分散化和聚合化同时存在的阶段,这既包括厂商内部交易和厂商间交易。Fukunari Kimura 教授强调这种生产网络的建立具有很强的政策含义。对于发展中国家来说,可以利用产业转移缩短与发达国家的发展差距,并且通过协作增强对外部风险的抵御能力,跨国公司可以发挥当地企业的竞争优势从而增强自身的竞争力,技术外溢以及人力资本的积累又可以帮助发展中国家摆脱贫困陷阱。对于发达国家来说,通过建立跨国公司控制生产网络可以增加就业,延缓制造业被迅速挖空的窘境,同时可以增强产业的稳定性和适应性。

Fukunari Kimura 教授指出,现在国际贸易的态势不同于过去我们在国际贸易教科书上看到的,发展中国家往往只出口原材料和初级产品。从目前的数据中来看,发展中国家在机械产品的出口和进口上都拥有很大的份额。与美国和墨西哥之间单纯的厂商内部交易为主的生产网络相比,东亚地区的生产网络既包括厂商内部交易,又包括厂商间交易。东亚地区,手机生产和机械制造的生产网络较为发达,纺织业的还不太成熟,而粮食生产基本上不存在生产网络。

Fukunari Kimura 教授认为生产网络的理论基础还不是很成熟,但是首先要明确的是,不需要给"生产网络"一个唯一明确的定义,而应该根据具体案例以及政策含义来定。生产网络的形成既包括工业分散,也包括工业聚合。工业分散可以分为地理上的距离分散和生产分化两个维度,其形成基础是生产模块化及连接它们的服务网络,生产模块化可以利用不同地区的要素优势降低成本,而服务连接也可以降低运输、通信等成本。通常来说,生产分散可以分为两个阶段,第一个阶段是生产和销售的分离,第二个阶段则是指生产各

个环节的国际劳动分工,这种分工在亚洲发展得最成熟。新经济地理中的理论认为,工业集聚和工业分散有不同的作用。工业集聚效应主要体现在,工厂之间垂直化的生产联系可以使得生产更趋近市场并且可以共享技术外溢的成果,工业分散效应则体现在分散工资上涨、土地价格激增、交通堵塞和环境污染的风险,并且可以利用各自的区位优势。

最后,Fukunari Kimura 教授提到,除了理论基础,实证方面也存在三个方面的问题:第一,已有的数据主要研究的是机械零配件之间的生产贸易,但是衡量其他产业的贸易存在一些困难。第二,由于厂商内和厂商间贸易数据很少,很难准确刻画两个维度的生产分散。第三,刻画交易的速度、频率和稳定性都难以实际操作。

邢予青(亚洲开发银行):苹果手机贸易、生产网络和全球失衡的争论

邢予青博士的演讲以苹果手机的生产为例,通过研究全球生产网络中的结构性因素,重新审视中美双边贸易的不平衡问题以及人民币汇率对贸易不平衡的影响。

首先,邢予青博士描述了一台苹果手机的生产过程。一台苹果手机的生产主要分布在五个国家,由八个厂商分别生产,最后在中国深圳进行组装。对于一台苹果手机,五个国家制造成本所占的份额由大到小分别为,日本占 33.9%,德国占 16.8%,韩国占 12.8%,美国和中国分别只占 6% 和 3.6%。

接着,邢予青博士提出了一种更准确的核算贸易流量的方法——增加值法,并深入探讨了这种方法基于的实际背景,即"美国—东亚—中国"之间的三角贸易。这种三角贸易实质上是在新的全球化背景之下,发达国家利用发展中国家的廉价劳动力优势进行产业转移过程中产生的,它是一种新型的生产网络。以一台苹果手机的生产为例,产品主要在美国加州设计,主要的零部件在亚洲各国生产,并且在中国完成组装,最后根据订单由中国直接向美国欧洲等国家出口。从目前的贸易数据来看,一台苹果手机的出口售价为 178.96 美元,以年生产量 1130 万台计算,那么中国的出口量高达 20 亿美元,而美国直接向中国出口的零部件只有 1.22 亿美元,美国的贸易逆差高达约 19 亿美元。而实际上,中国出口一部苹果手机所获的收益不过 6.5 美元,总收入不到 7 300 万美元,相比于 19 亿美元的贸易逆差,两者相差悬殊。正是由于目前的贸易数据不能真实地反映生产链分布,因此统计数据错误地夸大了中国的出口和中美之间的贸易不平衡。邢予青博士认为,基于目前的三角贸易,中国的高科技产品出口应该被更准确地划分为加工贸易出口和其他。从 2010 年的数据来看,通过进口关键零部件进行加工组装贸易的高科技产品占总高科技产品出口的 80%,这些产品应该被称为"组装的高科技",它们与传统的服装等低级产品贸易并无二致。从数据上看,由于中国向东亚其他国家进口零部件进行组装,因此与大部分新兴的东亚经济体存在贸易逆差,而与北美欧洲等产品需求国存在大量贸易顺差。中美之间巨大的贸易顺差仅仅是因为中国成为东亚各零部件生产国的组装基地及产品销售平台。这种贸易顺差可以解释中美贸易总顺差的 60%,中德总顺差的 90%,和中日总顺差的 100%。邢予青博士同时强调,这种增加值衡量方法与 GDP 衡量法得到的结果一致,与产品生产源地原则倡导的思想也一致,但是与厂商所有权归属是独立的,两者并无关联。

最后,邢予青博士分析了人民币升值对中美贸易不平衡的影响。他认为人民币升值只能小幅度地影响在中国组装(生产)的产品的生产成本。由于美元才是计价单位,因此如果苹果手机不因为中国组装成本上升而提高零售价格,那么人民币升值对苹果手机贸易的

影响非常小。并且，不同于传统的贸易理论，由于苹果手机的生产纯粹是一种"加工组装贸易"，因此如果人民币升值10%，造成产品出口减少9.1%，同时也会造成产品进口减少5.0%。由此看来，即使人民币升值，中美之间的巨大贸易顺差还是会持续。

Galina Hale（美联储）：中国制造中的美国元素

目前，美国对中国的依赖似乎过大。从某种方面来说，这确实有道理。美国向中国的进口总量达到美国总进口额的18%，相当于美国GDP总值的2.6%，中国已经成为美国最大的进口源地。然而，另外一组被忽视的贸易数据表明，美国出口到中国的贸易量同样很大。其中，美国对中国的出口占到美国总进口额的7%，相当于美国GDP的0.7%，中国同样是美国出口产品的第三大目的地，仅次于加拿大和墨西哥。许多舆论认为，中国经济的快速发展似乎对美国经济造成了巨大的威胁，然而Galina Hale博士认为中国经济对美国的影响被过分夸大了。

首先，Galina Hale博士阐述了这份研究的初衷，即探究通过进口产品传导，中国的通货膨胀究竟会对美国产生多大的影响。通过分析中国CPI和美国个人消费支出指数的时序数据，可以看出，美国个人消费支出指数变化明显小于中国CPI的变化幅度，两者似乎有正相关的关系。然而，要研究通胀如何通过进口产品影响美国经济，主要应该看进口产品价格指数的变化。从时序上看，进口产品的价格具有将美国个人消费支出指数拉低的正面作用。当然，仅仅由此来判断是片面的，所有商品的价格都有一个根本影响因素，那就是能源产品的价格。如果将西德州中级原油的现货价格与其他三个价格指数相对应，可以看出，这四者之间都有一定的正相关关系。Galina Hale博士认为运用回归分析来确定这几者之间的因果关系很困难，她提出采用计算方法来估计美国公民消费中的中国产品份额究竟有多少。这种方法可以估计出中国制造产品对美国个人消费支出的直接和间接影响的上限，但是它的弱点在于，没有考虑竞争性价格造成的一般均衡影响。

接着，Galina Hale博士描述了具体计算方法并展示了计算结果。从计算结果中可以看出，美国公民个人消费支出中88.6%都是美国制造，中国制造只占到2.7%。这主要因为，一方面美国公民消费的67%为服务，而服务不能进行贸易；另一方面，中国制造份额最大的两类商品，家居产品和服装鞋帽，都只占到美国人日常消费的很小份额。当然，中国产品不只是作为消费商品，它们也有一部分可以作为投资，主要包括电脑和软件。虽然从最终产品总额来看，中国制造产品的出口量很大，但是许多昂贵的核心部件都是美国制造的，因此中国制造的份额也很少。总体上来说，大约82%的美国个人消费支出都是美国本土制造，因此，中国通货膨胀的潜在外溢影响非常小。

最后，Galina Hale博士分析了美国这个经济体对能源产品的依赖性有多大。当能源和其他商品价格上涨的时候，一个担心就是这种价格上涨会带动其他所有产品和服务的价格上升。使用同样的计算方法可以得到，这种价格上涨对于与它直接相关的商品影响较大，但对其他类型影响很小。由于在美国，个人消费中的很大一部分是服务，服务中需要的能源很少，因此美国个人消费支出受能源产品的影响也有限。

最终的结果可以表明，在美国，对应个人消费支出累计上升10个百分点，而商品价格只上升2个百分点。这种影响不能被忽视，但远没有想象的那么大。从时序上来看，由粮食和能源主导的核心价格上涨对个人消费支出的间接影响很小，但是长期来看，它们确实可以较好地测度个人消费支出变化的主要成因。

"生产网络、附加值和贸易统计改革"简报之二

(2012年9月)

2012年9月25日至9月26日,"生产网络、附加值和贸易统计改革"国际会议于北京大学国家发展研究院万众楼二楼会议室召开。我们将分三次简报报告此次会议的内容。本期报告北京大学国家发展研究院的余淼杰教授、国际投入产出分析小组的Satoshi Inomata、世界贸易组织的Christophe Degain 三位嘉宾的演讲内容。

余淼杰(北京大学国家发展研究院教授):企业出口强度与中间品贸易成本:来自中国企业的实证研究

企业进口中间品的贸易成本下降会怎样影响企业内销与出口的决定?余淼杰教授使用中国制造企业的生产和贸易数据,发现企业面临的中间品关税下降显著提高了企业出口强度即出口占销售的比例。

中间品关税下降通过两个途径影响企业出口强度。首先当中间品进口关税下降时,企业可以进口更多种类的中间投入品,成本下降利润增加,更多企业可克服出口的门槛。另一方面,生产出口品的部门由于有更好的国外进货渠道,可以使用效率更高、质量更好的投入品,故当企业可以使用更多更便宜的中间进口品时,就促进了生产出口品部门的发展。其次,当企业可以使用更多进口中间品时,生产出口品的部门因为可以更有效率地使用进口投入品而得到扩张,如此出口相对于内销的比重也得以增加。余淼杰教授在经典的Melitz(2003)企业异质性模型的基础上构建了一个简单理论模型并进行计量实证检验。

在实证研究部分,余淼杰教授在企业层面构建了中间品关税指标,这个指标同时考虑普通贸易和加工贸易。使用产品层面的贸易数据和企业层面的生产数据,并进行筛选、合并和检验,以确保合并数据具有较强的代表性。计量分析进行固定效应回归,同时处理了其中存在的各种内生性问题。发现企业中间品关税指标的下降有可能不仅来自中间品关税本身的下降,还有可能来自企业自身对加工贸易比重的调整。用Heckman两步法控制了企业自主选择更多加工贸易带来的内生性,并用工具变量处理了企业中间品关税指标中涉及的内生性问题,以及企业游说政府可能造成的内生性。

最后,余淼杰教授使用了不同的计量方法和不同的度量方式进行了稳健性检验。使用了一阶差分回归控制时间趋势带来的共变性,使用分位数回归处理残差项的非正态分布,

最后在企业中间品关税指标的度量中考虑了全部中间品的使用，控制企业进口中间品的异质性。所有这些稳健性检验，都得到了与之前分析一致的结论，即企业中间品关税的下降显著提高了企业的出口强度，扩大了企业出口占总销售中的比重。

该文研究结果填补了关于贸易自由化与出口销售研究的空白。此外本文还具有相应的政策含义。首先本文结论证明多年以来国家实行的加工贸易政策和税收优惠政策在很大程度上促进了企业的出口强度，说明加工贸易的确是扩大出口比重的重要途径。其次提示中间产品的贸易自由化可以进一步扩大企业出口占总销售的比重，在如今全球需求疲软出口不景气的世界经济背景下，可以通过降低企业面临的中间品关税以及其他投入成本促进企业出口。

Satoshi Inomata（国际投入产出分析小组）：全球价值链与贸易增值：东亚的透视

Satoshi Inomata 证实了东亚地区国际产品贸易结构的多样性和高互补性，而这种产品的高互补性是深化东亚各国经济的依存度的起因和结果，由起初的日本高度关注区域整合问题，逐渐过渡到中国。Satoshi Inomata 认为东亚的这种全球价值链模式是应用比较优势理论的产物，该贸易模式促进了各国之间的贸易往来，同时也创造了更多的就业机会。下面是 Satoshi Inomata 对该贸易模式的具体介绍。

Satoshi Inomata 展示了 1985—2005 年东亚国家中间品的跨国供应链不断深化和演变的过程。1985 年东亚国家的跨国供应链较单一且很分散，主要以日本为核心，包括印度尼西亚、马来西亚和新加坡；到了 20 世纪 90 年代初，供应链开始在日本周边区域扩展，加入了韩国、泰国和中国台湾地区；1995 年，形成了以日本、美国、马来西亚、新加坡为核心的供应链体系；2000 年，中国进入该系统，与韩国和中国台湾地区建立了贸易合作；直到 2005 年，东亚跨国供应链条的扩展更为广泛和深入，形成了以日本、美国、新加坡、马来西亚和中国为主要供应链环节，辐射到周边国家的紧密的供应链网络。可以发现，中国在这段时间国际贸易发展迅速，其产品供应链条与东亚其他各个国家联系更加密切。

Satoshi Inomata 接着介绍了 1985—2005 年东亚国家与美国之间的贸易合作。可以看到，在这 30 年中，东亚与美国的贸易合作正在不断加强，同时中国在这其中扮演的角色变得更加重要。东亚其他各国主要为中国提供产品零部件，而中国则为美国提供最终消费品，在这一生产过程中，实现了最终产品的价值增值。通过与美国建立贸易合作关系，整合了东亚国家价值链并实现产品的价值增值，也可以通过这样的合作关系提高技术水平。

Satoshi Inomata 进而针对中国各个区域进行比较分析。基于 1987—1997 年的数据发现，中国华南地区经济增长率高达 300%，华东、西北地区增长率超过 250%，相对而言，东北、华中地区增长率低于 150%。各个区域在这 10 年间逐渐实现制造贸易的转移，逐渐由华南地区向内陆地区转移。

分析全球价值链与贸易增值问题的价值在于，首先，基于国际产品分配格局，提供了一个现实的双边贸易格局，完整地展现了国际贸易价值链体系的演化过程；其次，通过对贸易链条的整理，可以有效避免国际贸易中贸易商品的重复计算；最后，基于以上两点，更加利于进行国际贸易对于经济增长进行更好地评估。

Christophe Degain（世界贸易组织官员）：世界贸易组织倡议"世界制造"模式

Christophe Degain 通过解释其倡导"世界制造"的原因，说明倡导"世界制造"的目的和实现"世界制造"的工具。他认为倡导"世界制造"对于国际贸易发展以及实现全球产品增值有不可磨灭的作用，该倡导可以进一步诠释全球价值链和贸易增值的内在含义。

Christophe Degain 之所以倡导"世界制造"，原因在于：第一，较低的贸易税率以及国际贸易政策激励机制。国际贸易的一些优惠政策，比如税收优惠政策，可以更好地鼓励生产厂商进行国际贸易生产和制造。第二，国际消费者保持较高的需求。通过国际贸易，可以更大地激发消费者的消费潜力，满足更大范围内消费者的需求。第三，基础设施与技术发展迅速。伴随世界制造，可以更好地提高本国生产技术水平，实现产业升级，同时也能借助优势资源，改善基础设施建设。基于以上原因，Christophe Degain 认为"世界制造"模式有巨大挖掘潜力。

更深层次来看，推动世界制造在世界范围内有着深远意义和价值。第一，通过推进"世界制造"，促进贸易中的价值增值，进而带动贸易发展。第二，"世界制造"政策是进一步实现全球价值链和贸易增值的途径。

如何对世界制造产品进行统计分析呢？Christophe Degain 认为分析"世界制造"政策的工具可以采用投入产出分析法或者统计分析方法。但是，度量"世界制造"存在一定的困难，原因在于：首先，出口加工产品依赖于进口服务或产品；其次，本土国家的价值链不仅包括出口产品同时也包括进口产品；最后，事实上，所谓的本地制造产品并非本地制造产品，很多都是在国外加工制造而成，反之，宣称国外进口的产品有很大可能是本地制造产品。可以看出，由于产品数量统计的复杂性增大了度量"世界制造"的难度。

基于"世界制造"的倡导，Christophe Degain 进一步以飞机制造业为例进行说明。在飞机制造业，一架飞机的各个组成部分均可以分别制造生产，最后组装成整体。建立在比较优势理论上，各个国家可以基于其自身的比较优势，选择生产其优势产业，这样更有利于节约成本提高效率，并且能够提高世界的生产能力，并实现产品的又一次价值增值。

对于度量"世界制造"未来可能的发展方向有以下四点：第一，在公司或产品水平上设立案例研究方法，以更好地理解全球价值链。第二，对于贸易价值链分析，创新或改良旧有的统计方法，比如，利用投入产出表。第三，建立国际普遍认可的度量方法。第四，提出利用投入产出模型，并辅助政策制定。

Christophe Degain 认为该理论未来有以下发展前进方向。首先，促进降低国际贸易的交易成本，主要手段是降低税率，各国政府提供可以降低贸易成本的基础设施服务或技术；其次，为跨国企业提供更多的便利条件；最后，政策的创新和移植是推动政策改善的又一法宝。

"生产网络、附加值和贸易统计改革"简报之三

(2012年9月)

2012年9月25日至9月26日,"生产网络、附加值和贸易统计改革"国际会议于北京大学国家发展研究院万众楼二楼会议室召开。本期简报将报告亚洲经济研究所(IDE-JETRO)研究员孟渤博士,美国国际贸易委员会(USITC)委员王直博士和OECD科学技术产业专管部门经济学家Norihiko Yamano博士的演讲内容。

孟渤(亚洲经济研究所研究员):中国国内价值链及与全球市场的联系

随着全球化日益加深,不仅各国之间的联系更加紧密、贸易往来更加频繁,在一国内部的各地区之间要素流动也大量增加。全球价值链和贸易附加值等国际化的概念同样可以扩展到国内层面,用于分析地区之间的情况。

Xing and Detert(2010)指出中国在iPhone供应链上得到的附加值不到4%,此文引起激烈讨论。根据孟渤等人的研究,若考虑把中国当成一个整体放在全球价值链中考察,在没有区分加工品与非加工品时,2005年中国出口到美国的产品中国内附加值超过70%,这个比例相比4%是相当大的。孟渤博士认为iPhone案例只是将注意力集中在特定产品上,而不是中国国内生产网络在价值创造中的角色。孟渤博士希望将垂直分工和TiVA(贸易附加值)的概念运用到中国经济体中,不仅能帮助抓住中国国内价值链的特征与演化,而且为理解中国的国内价值链与全球价值链的联系提供了一种较好的方式。

孟渤博士回顾了研究价值链的相关文献。案例研究类的文献有Linden et al(2009)、Dedrick et al.(2010)和Xing and Detert(2010),他们集中研究特定行业或者特定产品的全球生产链。基于投入产出的文献有KWW(2008)、Inomata et al(2009)、Yang(2009)、Timmer(2010)、Sterher(2012)等。关于中国地区间的文献有HioKi(2004)、Zhang and Zhao(2006)、Meng and Qu(2008)等。研究全球价值链有一个重要的指标——垂直分工率(VS share),用于衡量出口中进口含量(import contents of export)。孟渤博士把这个概念扩展到一国的地区之间得到地区出口中进口含量、地区流出中进口含量等四个指标,这些指标能反映一个地区在国内与国际供应链中的参与度。另一个指标是TiVA,TiVA是一个地区因为其他地区最终需求导致的直接或者间接的增加值。比较优势指标也是一个著名指标,是使用出口份额比计算得到的。由于出口涉及多国创造的附加

值,因此可能会造成错误认识。作者建议用 TiVA 度量的比较优势指标。TiVA 比较优势指标不但可应用到国际贸易中,而且可应用于国内地区之间的贸易中。

孟渤博士实证研究使用了两个数据集。一是 IDE-JETRO1997 年中国跨地区投入产出表,二是中国工信部(CSIC)2007 年中国跨地区投入产出表。得到如下一些实证结果:①简单计算发现 1997—2007 年中国的 GDP 平均每年超过 10%。沿海地区是 GDP 增长最快的地区,服务业与制造业是增长最快的部门。②通过计算地区之间的双边贸易在地区之间总贸易中的份额,并发现没有大的结构性变化。但在 1997 年南部沿海地区是最外向型地区,2007 年东部沿海成了最外向型地区;1997 年有部分地区之间的双边贸易非常小,在 2007 年这些地区的双边贸易份额有所增加,这说明地区之间的双边贸易更加平衡。③分析各地区的 VS(垂直分工)指标会发现内陆地区不但可以直接向全球市场出口商品,也可以为其他地区提供零部件,参与到国内供应链,从而间接参与全球供应链。④孟渤博士还展示了最终流入产品(inflow-products)的消费引致的跨地区附加值、最终流出产品(outflow-products)的生产引致的跨地区附加值,以及基于贸易附加值的显示比较优势(RCA)指标及变化模式。

孟渤博士总结如下:①地区之间的附加值创造、分布变得更加平衡,主要得益于地区之间在中间品的垂直分工的不断扩大。②大部分内陆地区通过提高国内价值链的参与度成功增加了附加值。③1997—2007 年间,中国的全球价值链参与度的提高主要是由于内陆地区的参与。④跨地区基于 TiVA 的部门比较优势与跨部门基于 TiVA 的地区比较优势呈现集中趋势,间接地反映出整个国内价值链效率提高了。

王直(美国国际贸易委员会委员):总出口核算与全球价值链

随着全球化进一步深化,开始形成全球价值链。各国进出口增长很快,贸易变得更深更广。与此同时,各国政府的贸易统计存在不少问题,可能会引起错误的认识,有学者提出过 TiVA 和 VS 等度量方法,同样存在一些问题,王直博士等提出了总出口核算框架,试图解决有关问题。

第一,研究动机。包括如下:①试图通过将总出口划分成不同组成部分,在 TiVA 度量方法与政府贸易统计数据建立一个准确的关系。②希望为贸易附加值估计提供一个可观测的基准,为国家和国际统计机构提供一个修正现有政府贸易统计数据中错误信息的方法。③帮助政策制定者和公众理解到底政府贸易统计数据真正的意义,防止得出错误结论。

第二,提出理论框架。首先,王直博士回顾了相关文献。2001 年发表在 JAE 的一篇文章指出,一个国家可以通过两种方式参与垂直分工,相对应度量出口中国内与国外含量(domestic and foreign content)即度量 VS 有两种方法:①进口中间品生产出口。②出口中间品到其他国家,中间品被用于生产他国出口。上述度量方法有两个关键假设。一是出口生产和内销生产所用到的进口原料比例是一样的。对许多做加工贸易的发展中国家不成立,因为做加工贸易进口大量原料,加工后出口,与生产本国消费品不同。二是进口的中间品是 100% 国外生产的,否则,会低估出口中的国内附加值份额。这对于许多发达国家不成立,因为它们进口产品中包含是本国出口的高附加值的中间品。

2006 以来,有学者提出了度量贸易分工的新方法——TiVA,出口附加值与 VS 度量方法有不同。附加值是一个净值概念，不允许重复计算。VS 度量涉及到多个国家的总出口价值，比如 A 国生产出口，B 国可能用 A 国的出口产品生产它的出口。

然后，王直博士指出有必要在贸易统计中引入重复计算部分。现有两种度量方法，即贸易附加值与垂直分工方法存在一些缺点。①TiVA 与 VS 度量方法一般情况下不相等，但在文献中被替换使用。②没有一个统一的框架提供统一的核算并确定这两个指标之间的关系。③不能识别总出口中全部的组成部分。许多研究只好仅仅集中看贸易附加值，而直接忽略了政府贸易统计数据中重复计算部分。另外，一国的出口附加值会小于总出口有两个原因，A. 使用进口生产出口；B. 出口中的部分国内附加值（DVA）会经过海外加工后重新回到该国。两个国家的出口中附加值比例（VAX ratio）可能是一样的，但是上述 A、B 两者占比是不一样的，因此还要知道一国总出口中重复计算部分的结构。

Wang 等人提出了一个理论框架。他们的方法是，将总出口划分为三大块：出口附加值，返回出口国的中间品的国内附加值，国外含量（foregin content）。这三大块又可以各细分为三部分，共九部分。这个方法能够得到国内附加值、返回国内的国内附加值、国外附加值和重复计算的中间品贸易等不同部分的总出口核算框架。

第三，实证结果。通过这种核算方式会发现，美国出口中重复计算部分的约一半会通过进口回到美国，中国的重复计算部分主要来源于国外附加值。从中可看出在全球生产链中美国与中国所处的位置。作者还构造了两个指标——总比较优势指标与国内附加值调整后的比较优势指标。使用总贸易数据，含中间品贸易时比较优势指标中国排第 1，不含中间品贸易时中国排第 6。若使用国内附加值数据，含中间品贸易时比较优势指标中国排第 19，不含中间品贸易时中国排名第 17 位。而美国则由排 26 位上升到 16 位，从被称为有比较劣势部门变成有比较优势部门。

最后王直博士总结道，他们提出了一个能将总出口完全分解成九个不同部分的统一的核算框架，现有的 VS 和 TiVA 度量方法可用这九个部分的线性组合表示。通过识别政府贸易统计数据中哪些部分是重复计算，及重复计算的来源，在 TiVA 与政府数据之间建立了一个正式的关系，这也为国际统计机构报告贸易附加值提供一个低成本的可行的方法。

Norihiko Yamano（OECD 科学技术产业专管部门经济学家）：使用国家之间投入产出系统得到的政策讨论

全球价值链不断完善发展，国家之间的生产网络日益复杂，这使得研究国家之间的进出口显得十分必要。有许多收集国家之间投入产出的数据库，利用这些数据库能够帮助政策制定者认清经济形势，帮助制定合理的政策。

第一，ICIO 系统的含义。国家之间投入产出数据库（ICIO database）是记录各国关于中间品和最终品双边贸易往来的一个系统。这种数据库一般会记录诸如本国投入量、从某个国家进口中间品的量、向某个国家出口中间品的量和向某个国家出口最终品的量等经济变量。这些数据对于研究国家之间的贸易往来和全球价值链具有十分重要的意义。目前国际上比较有名的投入产出数据库有以下几个：①日本的 IDE-JETRO，包含 1975—2000 年、2005 年和 2008 年的数据；②欧洲委员会收集的世界投入产出数据（WIOD），包括 1995—2009 年的年度数据；③悉尼大学的 EORA，包含 2000—2007 年的年度数据；④OE

CD ICIO，有 1995 年、2000 年、2005 年和 2009 年的数据。

多地区投入产出数据（MRIO），是指将单个国家的投入产出表与不同国家或地区的双边贸易数据外生地关联起来。一个理想的投入产出数据库应该包含：①完美的有终端使用分类的国际商品与服务的贸易流动；②不同种类的商品与服务的消费与投资活动；③每个国家不同部门的完整的国际采购信息；④额外需求的影响因子，如体育活动能创造的就业岗位；⑤特定中间品的需求，如能源、钢铁等。

第二，ICIO 系统的使用。提供有效的政策干预需要以实证数据为基础的证据。首先需要调查数据，其次从样本观察值得到的估计，再次要有指标，最后要有模型。那可利用投入产出数据对全球化做什么分析呢？主要有：①国家之间的生产网络识别；②国家之间直接或间接的依赖程度；③国外需求对本国经济的影响；④国外需求为国内创造的就业岗位。接着，Norihiko Yamano 博士展示了使用投入产出数据库得到的一些实证分析，如亚洲中间品贸易网络的示意图，2008 年美国、印度和中国等国外需求引致的 GDP，1995 年和 2008 年全球供应链引致的服务业附加值等。

第三，相关政策领域。直接与国家之间的投入产出框架有关的政策领域包含几个方面：①贸易方面包括总贸易平衡还是附加值计算的贸易平衡，识别贸易源头等；②产业政策包括不能贸易的部门角色定位，如何鼓励创新等；③发展方面包括基础设施建设，投资便利政策等；④管理宏观经济冲击，如灾难、经济危机等。

第四，问题与挑战。目前的投入产出数据存在一些问题，因此带来一定的挑战。比如，现有双边贸易数据在不同国家之间不平衡，发展中国家服务业贸易数据不完整，双边贸易数据库与国际投入产出数据库需要调整等。另外，MRIO 框架没有涉及资本积累过程，资本所有权和收入转移等问题。

第六篇

汇率及相关问题

关于人民币汇率问题的思考与政策建议（上）

（2006 年 12 月）

北京大学中国经济研究中心于 2006 年 12 月 12 日下午举办了人民币汇率问题小型研讨会，会上来自中国经济研究中心、中国社会科学院、银河证券以及发改委的部分教授、学者和官员针对近来颇受关注的人民币汇率问题，从理论和实践两个层面进行了讨论，并为我国在今后一段时间的人民币汇率改革和面临的问题提供了相关政策建议。我们分三期简报介绍研讨会内容，本文为第一期简报。

林毅夫（北京大学中国经济研究中心教授）

人民币汇率近几年来成为国内外关注的焦点，人民币汇率的问题包括三个方面：第一是汇率管理体制问题，最适合我国当前发展阶段的汇率管理体制是固定汇率、浮动汇率、或是有管理的浮动体制？第二是汇率水平问题，到底人民币目前的币值是不是严重低估，国内外经济当前诸多问题是否由此引起，人民币是否应该大幅升值？第三是外汇储备现在已经超过万亿美元，高居全世界第一，如何应对管理巨额外汇储备所带来的挑战，以及如何利用外汇储备充裕带来的改革机遇以推动国民经济又好又快地发展。在这三个问题中，第一、第二个问题相对单纯，核心是人民币币值是否被严重低估，是否需要大幅升值。本文将在对第一个问题进行简要讨论后，集中力量讨论第二个问题，最后再回答第三个问题。

一、汇率管理体制问题

对于汇率管理有三种可能体制：一是固定汇率，二是完全的自由浮动，三是介于两者之间的有管理的浮动。国内外学术界普遍的看法是，对于发达国家来讲，最合适的是接近完全自由浮动的体制；对于发展中国家来讲，最合适的是固定汇率或是小幅度的有管理浮动汇率体制。从理论和国内外的经验来看，目前采用的小幅度有管理的浮动汇率制度是适合我国当前发展阶段的汇率管理制度。

二、人民币币值是否严重低估、需要大幅升值

1997 年东亚金融危机发生后，当时国际金融界投机人民币会大幅贬值，2003 年以后

则反过来投机人民币升值。人民币应该升值的问题最早由日本政府在2003年春的七国峰会上提出，接着美国跟进，国会上有些议员认为我国币值严重低估，大量向美国出口廉价商品，导致美国巨额贸易逆差，抢走了美国的就业机会，使美国经济萧条，失业增加。

目前支持我国人民币币值严重低估，应该大幅升值的主要论据有四：一是我国的真实汇率严重低估，需要经由名义汇率的大幅升值才能恢复真实汇率的均衡。二是我国这几年的贸易顺差很大，2005年达到1 020亿美元，2006年估计要超过1 500亿美元，表明我国汇率严重低估。三是日本政府认为人民币币值低估，我国向世界输出通货紧缩，以及美国政府认为人民币币值低估导致美国对华贸易的大量逆差。四是我国外汇储备已经超过1万亿美元，表明人民币币值低估，引来外汇升值预期，必须大幅升值才能制止对人民币升值的投机。以下我分别分析上述观点正确与否。

1. 人民币真实汇率是否严重低估

这一个观点是由北京大学中国经济研究中心的卢锋教授根据Balassa-Samuelson效应的理论模型，整理了我国自改革开放以来制造业和服务业部门工资和单位劳动成本的相对变动的大量数据并与13个发达国家的相关资料进行了比较后提出的，工作做得非常细致。卢锋教授认为"Balassa-Samuelson效应假说"适用于我国，并且由此认为当进入20世纪90年代以后，尤其最近10年，可贸易部门的劳动生产率相对于不可贸易部门劳动生产率快速提升，而且，相对提升的速度比发达国家快，所以，应该经由名义汇率的大幅升值来实现真实汇率的升值。

可是在运用"Balassa-Samuelson效应假说"来推论我国真实汇率乃至名义汇率变化时有一点应该注意，可贸易部门和不可贸易部门相对工资的变化并没有服从上述效应假说成立的条件。"Balassa-Samuelson效应假说"成立的中间传导机制被违反了，1990年年初以前我国人民币真实和名义汇率的贬值就不能认为是由于可贸易部门劳动生产率的提升慢于不可贸易部门劳动生产率的变化造成的。1990年年初以前人民币的贬值，主要原因应该是在改革之前为了推行重工业优先发展战略，人民币的币值被高估，以降低重工业所需的机器设备的进口成本，改革开放初期人民币的贬值是从高估的汇率向均衡汇率的回归。必须说明的是，在卢锋教授的文章中也提到了这一点可能性。

当然，1990年年初以前我国人民币汇率的变动不能用"Balassa-Samuelson效应假说"来解释，并不代表这个假说就一定不适用于我国后来的情形。不能从20世纪90年代中期以来，我国可贸易的制造业部门劳动生产率相对于不可贸易的服务业部门劳动生产率提高很快，而推论出我国名义汇率自1997年以后未调整，我国的真实汇率已经严重低估，并进而推论出我国需要经由名义汇率的大幅升值来实现可贸易部门和不可贸易部门相对劳动生产率变动所要求的真实汇率的升值。

2. 外贸顺差扩大是否由于人民币币值低估

受到一国汇率水平影响最大的应该是经常账户。如果币值严重低估，国内可贸易商品的价格在国际上的竞争力就强，出口就会越多，同时国外可贸易商品的价格在国内就会越高，进口就会越少，因此，经常账户盈余的绝对量和相对于贸易总量以及相对于国内生产总值的比例应该都很大；反之，如果币值严重高估，经常账户盈余的绝对量和相对于贸易总量以及相对于国内生产总值的比例应该都很小。即使2005年我国的贸易盈余增加到1 020亿美元，贸易盈余占进出口总额的比例只有7.2%，低于1998年、1999年的13.4%

和8.1%。从上述贸易盈余的绝对量和相对量的实际情况可以得知，1998年以来国际上有关人民币的投机，如果真是居于我国人民币币值的高估或低估而来，那么，1998年、1999年应该投机人民币升值而非贬值，2003年、2004年应该投机人民币贬值而非升值。对人民币的投机不是根据人民币币值的实际状况，还可以从贸易盈余占国内生产总值比重的国际比较而得到印证。如果我国人民币的币值比其他国家低估，那么，我国贸易盈余占国内生产总值的比率应该比其他国家高。但是，我国贸易盈余占国内生产总值的比例在东亚经济中处于最低水平。从我国这几年的贸易盈余状况来看，人民币的币值并没有严重低估。

3. 日本的通货紧缩和美国的贸易逆差是否由于人民币值低估引起

这些年来国际金融界炒作人民币汇率，究其原因都不在于人民币币值的真实情况。1998及其后几年炒作人民币贬值是因为东亚其他经济的汇率大幅贬值。2003年以后炒作人民币升值首先是利用日本政府和美国政府对中国政府施压。但是美国和日本对中国的指控并不成立。国际通货紧缩的原因和美国政府赤字的原因主要都不是中国汇率低估。实际上，2002年到2005年的4年间，日本对中国的出口从534.6亿美元增加到1004.1亿美元，贸易顺差从50.3亿美元增加到164.2亿美元，对中国出口和贸易顺差的大量增加是日本走出通货紧缩的重要原因，因此，日本政府将再也没有理由和借口重提人民币币值低估的不实指控。2003年以来美国政府提出人民币汇率的问题表面上看起来是中美贸易之间中国的大量顺差所致，然而，究其真实原因同样是因为美国国内的政治需要。如果人民币大幅升值，美国总的贸易逆差会增加而不是减少。而且这些生活必需品的价格提高后，减低了美国一般家庭对国内生产的其他产品和服务的购买力，美国的国内需求会降低，经济增长的速度会放缓，美国的失业问题可能会更加严重。对于人民币升值不能解决美国贸易赤字和国内的失业率问题，美国国内的许多学者和政府官员也是非常清楚的，固然居于国内政治的需要，美国政府尤其是国会或许在将来还会重提此事，但是，美国政府将不至于搬起石头砸自己的脚，真的要我国大幅升值。美国政府应该也清楚我国采取的灵活小幅度有管理浮动对中美两国经济来说都是最有利的制度。

4. 人民币大幅升值是否可以减少我国的贸易顺差和外汇储备

近10年来我国的外汇储备急剧上升，10年扩大10倍，从1996年的1050亿美元增加到今年的超过1万亿美元。不过，日本和中国台湾地区的经验表明，汇率大幅升值既未能减少外贸顺差，也未能减少外汇储备的增加，而且很可能会对我国经济产生巨大的不利影响。所以，人民币大幅升值既未能减低我国经常账户的盈余，也很可能不能减少外汇储备。如果，外汇储备真的显著下降，国民经济将为此付出难以承受的巨大代价，因此，试图以人民币大幅升值来达到降低外汇储备的目的无异于饮鸩止渴。

三、外汇储备过万亿美元所带来的挑战与机遇

有数据显示，长期以来作为全世界第一大外汇储备国的日本一直到1994年外汇储备才超过1000亿美元，可是现在也已经接近1万亿美元。可见，我国外汇储备从1996年的1050亿美元迅猛增加到今年超过1万亿美元，外部环境的改变是主要原因。其原由可能有两方面：一是由于信息产业发展使国际资本流动的猛增，增加了发展中国家包括我国资本账户的盈余。二是美国自20世纪90年代中以来外贸赤字占国内生产总值的比例不断增

加,使和美国贸易关系密切的其他国家积累了大量经常账户的盈余。上述外部环境短期内不会有太大的改变,我国的外汇储备很可能将会继续增加。如何应对外汇储备过 1 万亿美元以及未来继续增加给国民经济带来的挑战和机遇,是我国当前外汇和外经贸政策所应该研究的重要问题。

首先是要稳住预期,抑制外汇升值投机。在人民币投机压力消失前,外国金融投机家可能会利用我国资本账户管制上的一些合法渠道,例如投资于我国的房地产,来进行人民币汇率和房地产的双重投机。因此,我国也有必要对房地产的投机进行必要的管制,防止房地产业的泡沫化。另外,从事进出口贸易的企业也会利用高报出口价值、低报进口价值的方式来虚增贸易盈余,然而,一个企业国内外的账户最终总要有实际的支付,只要明白了人民币汇率不会大幅升值,从事贸易的企业利用虚增盈余的方式来获利的动机也会消失。

其次是要抓住机遇进行外资、外贸体制改革。在有管理的浮动汇率制度之下,我国除了坚持每年根据国内经济的可承受力,对人民币汇率采取自主、灵活、小幅度的调整之外,还应该利用目前外汇储备充足、国内经济较为宽松的机会,对我国的外资、外贸政策进行必要的改革。双顺差以及在连续 27 年国内生产总值年均增长 9.6% 和高储蓄倾向下,我国的资金也出现了相对富余。"双缺口"条件下形成的政策已经不适应我国当前经济发展的需要,因此,有必要对这些政策进行相应的调整和重新的定位,外贸政策应该以鼓励我国企业利用国内、国外两个市场,实现资源的最优配置为目的。

最后是要完善外汇储备管理体制。在外汇储备已超过 1 万亿美元,未来还可能继续增加的情况之下,管好、用好如此庞大的外汇储备实现外汇资产的保值增值是一个亟须思考并采取行动的问题。国内的有些学者如左小蕾、夏斌、杨帆等建议学习新加坡、韩国、挪威等国家的做法,对外汇储备进行积极管理,即在满足储备资产必要的流动性和安全性的前提下,对外汇储备实施分档,将富余储备交由专门的投资机构进行管理,拓展外汇储备的资产种类,提高外汇储备的整体收益水平,这是一个值得考虑的建议。但是,外汇储备本质上是中央银行以人民币的负债换来的资产,所以,对外汇储备的积极管理要有保值增值和风险意识,要按国际游戏规则专业运作,加强公司治理,切忌不计成本、势在必得的"暴发户"行为和心态,也要淡化中国企业海外发展的政治色彩,只有在深入研究和了解所要投资的国家和地区的文化、法律和制度,对发展的环境和获利可能有足够和充分的了解后,才谋定而后动。

余永定(中国社会科学院教授)

一、关于长期双顺差和高额外汇储备的影响和治理问题

人民币应该升值,但一次到位的大幅度升值在中国是不现实的。甚至像中国台湾地区那样,两年升值 30% 以上,中国经济的承受力可能也有问题。但有一点应该很明确:升值是符合中国自身利益的,正如在 1997—1999 年不升值是符合中国自身利益的一样。中国对于升值问题应该采取积极态度,而不应该把升值看作是迫于美国压力不得已而为之。2003 年以来我之所以主张升值,非常关键的一点是升值可以推动中国的经济结构调整、有利于消除双顺差。1957 年,英国经济学家杰弗里·克洛舍(Geoffery Growther)提出国际收支结构变化的六阶段假说。根据这一假说,一个国家的国际收支格局会经历六个不

同发展阶段：年轻债务国、成熟债务国、债务偿还国、年轻债权国、成熟债权国、债权减损国。

发展中国家在起飞阶段，由于国内的收入水平不够高，同时又想赶上发达国家，总是存在投资-储蓄缺口。在这个时候需要引进外资来弥补本国资源的不足。如果真正有外资流入来弥补本国资源的不足，经常项目就必须是逆差。如果一个国家经常项目是顺差，这个国家就是资本输出国、而根本没有真正利用外资来弥补本国资源的不足。这是主流经济学或非主流经济学家都接受的道理。这也是世界银行判断一个国家是资本输入还是输出国的标准。中国人均收入在世界上是128位，但却是资本输出大国。以经常项目顺差来衡量，2005年中国是世界第三大资本输出国。从资源配置的角度来说，这种国际收支结构不合理。

中国的问题不仅在于由于贸易顺差导致经常项目顺差过大，而且有进一步扩大的趋势，更严重的是，中国在保持巨大贸易顺差的同时，还有巨大的资本项目顺差。这会导致双重的资源误配置。第一，你本不该有大量的贸易顺差，但你已经有了，而且看不到什么时候这种情况会发生变化。第二，你是引资国，引了资以后，又没有把外资的流入转变成经常项目逆差。双顺差引起的双重资源误配置导致了外汇储备的急剧增加。对中国目前来讲外汇储备增加又多了一层危险——美元贬值导致了外汇储备购买力大幅度下降。如果美元进一步贬值怎么办？积累外汇储备在目前也是不得已而为之，但中国的问题是你寄存的太多、时间太长。

双顺差在很大程度上成为结构性问题。去年中国贸易顺差是1020亿元，加工贸易顺差是1400亿元，如果加工贸易在贸易中的比例越来越高，贸易顺差就可能越来越大。即便让汇率升值也不可能很快消除双顺差。解决中国经济的不平衡必须使用一揽子综合治理措施，包括刺激内需的政策，取消对外资的优惠政策等。总而言之，我们要消除各种各样的价格扭曲，让市场发挥更大的作用，让市场发现最优进、出口量。

汇率太低，不仅引起资源跨国配置不合理，而且会导致资源跨代配置不合理。应该看到：第一，汇率是在起作用的；第二，确实汇率不是问题的全部，也可能不是最主要的部分。但是无论如何，我们应该把汇率作为调整我们国际收支不平衡、解决双顺差问题的一个重要工具．在主张汇率不升或缓升的论点中，最有力的是关于汇率升值对就业影响的论点。这种观点认为，升值太猛，出口产业受到的打击太严重。例如，纺织业就业是1900万人，而平均收益率是3.5%。如果一年升值5%，很多企业可能要倒闭，许多工人会失业。这个观点值得重视。但这种观点也不是没有问题。收益率是3.5%是一个平均数，并不是所有企业的收益率都是如此。升值之后，有些企业倒闭了，有些企业不倒闭，这样的话，可以使资源向好的企业集中，能够推动企业的升级换代，可以改善贸易条件。从长期来看，利大于弊。当然在过渡时期政府有很多工作要做，要使那些失业的人尽快找到工作做。如果我们光去升值，最后产生什么后果都不管，肯定要产生问题。但是，有消极作用并不是我们不动的理由，我们应该用谨慎而积极的态度来看待升值。

二、关于升值的空间有多大的问题

首先要看企业对升值的承受力。虽然升值增加了企业的经营困难，但很多企业承受能力比人们预期的强得多。一旦升值，企业的反应应该是提高价格。而价格的提高往往导致销售量的减少（至于减少多少则是另一个问题）。国内一些经济学家认为升值不会减少我们的贸易顺差，因而我们不应该升值。我实在搞不懂这里的逻辑是什么。如果我把东西卖得贵一点，卖的数量不会减少，收入也不会减少，那我为什么不应该提高价格呢？把产品白白送给别人岂不更为干脆。而且一般来说，升值肯定会减少贸易顺差。

还有关于影响就业的问题。美国的经验，凡是经常项目逆差增加的时候，都是就业好转的时候，因为经常项目逆差是跟经济速度相连的，经济增长速度高了，进口就多了。经济偏热时期恰恰最容易解决就业问题的时候。如果中国这几年不抓紧时间解决这个问题，如果未来中国经济增长速度下降，失业问题就更难解决了。我们老是错失良机。如果从2003年开始升值，每年升值5%，现在恐怕已经接近于完成升值过程了。我们也不至于看着外汇储备增加到1万亿元而不知如何是好。现在经济形势很好，如果我们再拖延，就会进一步失去时机。

总而言之，升值肯定有空间的，具体怎么掌握，是操作上的问题。中国台湾地区在1986年到1988年，不到两年升值33%，那个时候大家都怕失业。但升值以后没有问题，也没有见到大量的企业失业，而且台湾地区由于有大量的金钱投资IT产业，使经济进入新阶段。日本1985年的经济处于衰退真正出问题的并不是升值，而是后来的扩张货币政策。中国经济形势同当时的日本正好相反。中国经济现在是偏热（2003—2004年更是如此），中国现在需要执行紧缩性货币政策，而当时日本执行的是扩张性货币政策。同样是升值，结果肯定将是不一样的。中国对汇率问题应该是以平常的心态，升点降点，多点少点都没有关系。为了保险起见，我同意采取比较慢的升值方针，但是我感觉我们可以进一步增加升值的幅度。缓调、微调固然有其好处，但其害处也是十分明显的。缓调、微调不足以扭转结构日益恶化的趋势。矛盾的积累将使未来的调整更加困难。由于调整不到位，在预期的引导下，外资的源源流入将刺激资产泡沫的发展，甚至将为中国今后发生金融危机创造条件。

当然，升值不会完全解决贸易顺差逆差的问题，并不能使贸易顺差消失。日本升值之后20年还是大量贸易顺差，中国台湾地区升值了十多年、二十年也是大量贸易顺差，但是升值可以促进国际收支平衡的实现。均衡汇率下，国际收支中并不一定是没有贸易顺差，只要国际收支平衡，没有升值的压力，外汇储备不大量增加，中央银行不需要大力干预，这就是国际收支实现了平衡。此时的汇率就是均衡汇率。当然，由于体制上的问题，中国政府还必须对外汇市场进行干预，我们的汇率制度也还不是自由浮动。盯住一篮子汇率制度并不是自由浮动汇率制度。但是，无论如何，我们应该尽快抑制外汇储备的暴涨，尽快使中央银行能够把精力集中在实现既定的货币政策目标上。

关于人民币汇率问题的思考与政策建议（中）

（2006 年 12 月）

北京大学中国经济研究中心于 2006 年 12 月 12 日下午举办人民币汇率问题小型研讨会，会上来自中国经济研究中心、中国社会科学院、银河证券以及发改委的部分教授、学者和官员针对近来颇受关注的人民币汇率问题，从理论和实践两个层面进行了讨论，并为我国在今后一段时间的人民币汇率改革和面临的问题提供了相关政策建议。我们分三期简报介绍研讨会内容，本文为第二期简报。

左小蕾（银河证券首席总裁顾问）

人民币升值问题的出现和 2002 年美国的两件大事密切相关。第一件事，纳斯达克从 5 000 点跌到 1 000 点，意味着美国的高科技行业出现了瓶颈，出现了经济周期的正常反应——库存过剩，也就是产能过剩。第二件事，就是"9·11"事件，这件事对美国经济的冲击也很厉害，所以美国经济从 2001 年开始进入了一个比较低迷的下滑阶段。面对这种情况，美国政府出台了一系列政策来促进经济的恢复。从 2001 年开始，美联储连续降息，从 7.5% 降到 1%。宽松的货币政策为后来的全球流动性过剩、全球资产价格泡沫、包括人民币升值的问题埋下了伏笔。

美国的贸易一直都是逆差。2001 年以前，美国的"新经济"高速增长，利率在比较高的水平，吸引了大量的资本流入，资本账户下的巨额顺差，使美国的国际收支平衡没有遭遇任何困扰。特别是当时美国财政还是盈余，没有造成全球经济失衡的担心。美联储从 2001 年开始降息，发了很多货币，美元相对走弱，这不利于吸引投资，如果没有足够的资本流入来平衡贸易逆差，会引起国际收支不平衡的问题。在这个时候，中国的加工出口贸易开始发展。日本人开始紧张，如果美国经济出问题，或者美国市场的日本产品被中国出口产品替代，对于日本经济复苏显然是不利的。其实日本和中国的出口产品不在一个层次上。于是人民币升值的问题被日本提了出来。当时这种声音还不是很强烈，因为一直到 2003 年，中国的贸易基本保持平衡。但是已经引起了许多讨论和关注。

2002—2003 年，国际经济环境开始形成一个新的生态环境。美国增发了很多货币，日本的零利率政策实际上也是在发货币，中国和其他发展中国家开始增加对美国的出口。那些发出去的货币就变成了"欧洲美元""亚洲美元""石油美元"。全球化的趋势下，世界经济形成了一个动态的均衡：美国人得到了全世界最好、最廉价的产品——发展中国家通过出口获得美元，然后拿着这些美元投资于美国的资本市场。这种动态的均衡使美国人得到最廉价的产品，保障了美国经济能够在通胀的环境里推动经济逐渐复苏。但是这种情况被解读成"中国输出通货紧缩"和"人民币被低估"。人民币升值的压力开始升级。

后来有些情况发生了变化，使人民币升值的压力越来越大。美国的财政赤字快速膨胀，使美国经济复苏出现很大变数。美国两大赤字成为全球经济失衡的主要原因。美国和日本发货币的影响开始显著。2004年，美国乃至全球的房地产价格开始走高，石油价格开始走高，黄金价格走高，大量的钱在全世界寻找新的投资机会，资金在全球范围内流动。全球过剩的流动性通过私募基金向全世界有投资机会的市场渗透，包括中国。当年，中国的资本账户出现大幅增长，达到2100亿元，而贸易顺差只有320亿元，剩下1700多亿元都是通过其他途径进来的。中国的外汇储备快速上升，到2004年，人们的注意力被引导到人民币升值的问题上，把这个问题推到了历史的前台。

我这里想强调的是，国际上的过剩流动性输入是中国外汇储备快速上升的重要原因。中国的双顺差不完全是人民币低估所致，因此也不能靠人民币升值来解决。在全球化的趋势下，任何事情都要放到国际大环境中去分析，不能像过去那样孤立地就事论事，否则就会犯错误。

对目前的汇率状况和外汇储备水平我有三个观点。第一，人民币升值不会解决两大顺差问题，甚至会加大贸易顺差。根据经济学理论，汇率升值国家的净出口应该是下降的。但这一理论有个重要的假设前提，即该国的贸易结构以一般贸易为主。中国的出口贸易结构较特殊，是加工出口贸易。2005年数据显示我国的一般贸易逆差是440多亿元，加工出口贸易是顺差1400多亿元，也就是说所有的顺差都是加工贸易所致。在这一结构下，本国货币升值降低了加工所要进口的半成品的价格，会鼓励进口更多的中间产品加大贸易。

第二，改变"人民币稳步小幅升值"的预期。现在这种"人民币稳步小幅升值"的政策建议是很危险的，因为这实际上是彻底消除了投机人民币升值的风险，不但不能阻止国外资本的进入，最危险的是国际资本流入在5—6年内几乎没有风险，在鼓励它们进入的同时，流入的资本放心地进入房地产行业、进入资本市场，推动资产价格上升，赚取大大高于美元与人民币之间利差的收益，降低机会成本，在资产价格上涨和人民币升值上获得双重回报。一旦有风吹草动，这些增值了的钱就会快速流出，不要认为资本管制有绝对的管制效应，它能流进就能流出去。所以说，打破"人民币稳定小幅升值的预期"非常重要，当然"人民币稳定小幅升值"更不能成为政府默认的人民币的汇率政策。从长期看人民币汇率机制需要更大的灵活性，而且应该推进资本账户可自由兑换。解决这两个问题的时间选择非常重要。比如亚洲金融危机的时候，人民币一定不能贬值。因为当时时间不合适，贬值没有用，而且会带来更严重的危机。什么时候做这件事？怎样做这件事？都需要仔细考虑。

第三，应该改变我国外汇储备世界第一的看法。我们所说的外汇储备只是官方储备，它和实际的外汇资产、外汇持有支付能力是不同的概念。有材料说日本民间持有外汇1万多亿美元，加上官方持有的9000多亿美元，达到了近2万亿美元，是我国1万亿外汇储备的3倍。另外，日元是国际结算货币，在某种意义上特别在亚洲贸易中日元在某种程度上与美元的地位是一样的，而人民币不是完全可兑换货币。在这种情况下，不要过高估计我国外汇储备的支付能力，不要盲目认为我们的外汇储备是第一。有人曾经说，中国这么多外汇，到美国资本市场上投资国债会影响美国的债券市场的利率，会影响美国经济。这种说法没有道理。美国国债市场每天交易量是 8 000 亿—1 万亿美元，我们的全部储备只相当于一天的交易量。而且我们的外汇储备中只有 1/3 是以美元资产来持有的，并且这 3 000 亿美元是通过十几年的积累达到的，怎么影响美国经济？在这个问题上我们应该有自知之明。

怎么处理这个问题？最重要的是解决两个顺差的问题。先看贸易顺差。世界银行最近的研究显示，中国应该通过降低国内"储蓄-投资"的差异，最终实现国际贸易的平衡。在中国 40% 以上的高储蓄率中，企业储蓄、政府储蓄占很大的比例。企业储蓄不分红盲目投资，增加了过度投资的问题。如果政府储蓄和企业储蓄降下来，并且这些减少的储蓄额用于社会保障和教育投入，那么储蓄减投资会降低好几个百分点，贸易顺差也会相应下降。特别是社会保障体系的完善会减少"审慎储蓄"，增加当期消费，有利于推动内需增长模式，减低对外需的依赖。

因此贸易顺差的问题是体制改革的问题，是内部失衡的问题。通过内部结构调整来解决贸易顺差是根本的办法，而且是长治久安的办法，能够帮助我们实现从粗放投资型的增长模式向消费型模式转移。我们可以用适当的政策来实现结构性的转变，既解决顺差，又解决产业结构调整，同时又达到了增长模型的转移。如果只是就事论事解决外贸顺差，可能会带来很多负面的或者没有预期到的后果。

还有一点需要注意，当年日本买美国资产的情形和现在全世界买中国资产的架势很相似，但实际是不同的。在日本购买美国资产，推动资产泡沫的时候，美国在逼日元升值而本币美元在贬值，最后是日元大幅升值使日本在美国的资产不值钱，最后把资产还给美国，退出美国市场，日本经济开始衰退。而今天外资在中国推动资产泡沫的时候，人民币在升值预期当中。中国经济一旦出现问题，原来涌入的资金大规模撤走，我们不仅受到资产泡沫破灭的冲击，还受到产业结构严重失衡带来的冲击。

短期内要解决经常项目顺差，需要改变人民币稳步小幅升值的预期。现在有一种"噪声"调控的现象，就是在各种场合各种会议上利用国际的平台不断地施加压力，以此来影响一些国家和地区的政策。还有一些国际机构由于本身的利益不断进行似是而非的"吵"作。我们不能不让别人说，但要注意怎么样去听。不管别人怎么说，我们都应该以中国和中国人民的利益为主，要有自主的"一定之规"。人家一说，就主动做出一些动作去回应，实际上是名副其实被别人牵着鼻子走，比外汇快速积累造成的货币政策更没有独立性。如果我们不停地用回复似的方式回应，等于放任"噪声"调控，也无异于放弃货币政策的独立性，把货币政策交到"噪声"们的手上。我们要排除这些"噪声"，不要给市场发出错误信号，这很重要。

霍德明（北京大学中国经济研究中心教授）

中国大陆目前的汇率状况、改革的时间跟中国台湾地区历史上很相似，而且发生的一些现象也是相似的，所以我趁这个机会和大家交流一下台湾地区的金融改革经验。首先，台湾地区的金融改革是受到外生因素的刺激和推动。比如 20 世纪 70 年代的石油危机引发了利率自由化改革。当时台湾地区的体制非常僵硬，大家觉得必须要先解决利率问题。从

70 年代中期到 1990 年间推行了利率自由化改革，使利率真正反映市场中资金的供需状况。这是很长一段路，走了十几年。其次，台湾地区汇率改革也受到国际因素的影响。1985 年的广场会议引起了日币升值运动，同时带动台币不得不跟着升值。在以前台湾地区也有资本管制，但 1982 年就有 QFII 单向的资本流通，特别要注意 1985 年年底台湾地区也实施 QDII。有一些实际数据，在 1986、1987 年间台湾地区的 M2 年均增长率在 30% 以上。汇率从 1986 年开始缓慢升值，使人们形成升值的预期希望更多地持有台币，因此 1986、1987 年的 M2 大幅增加。这就导致了 1988 年、1989 年、1990 年台湾地区资产价格上涨，房地产市场和股票市场火热。这两点跟大陆有些类似的地方。

1988 年蒋经国去世后台湾地区的很多财团希望开放金融机构，这些外生因素导致了 20 世纪 90 年代初期台湾地区金融机构的开放。另外，台湾地区在 1997 年亚洲金融风暴中的危机处理相当成功，在当时以及接下来的几年里台湾地区的经济增长都没有失衡。这也要归功于汇率政策灵活，预防性汇率贬值的确有正面效果。台湾地区也有失败的经验，2000 年以后尤其是随着台商很多到大陆来投资，台湾地区金融业困在岛内没有办法发展起来，毕竟是市场非常小的地方。台湾地区现在的金融业在受制于金融政策这方面是非常大的失策。

回顾了台湾地区的金融经验以后，来看看中国大陆的金融改革。很显然，到现在为止大陆的利率自由化还是一个问题，贷款利率有一定程度的自由化，但是存款利率基本上没有自由化。这让我们很难判断市场的均衡利率水平。最近央行要搞基础利率，这个利率到底是多少？怎么定？都很难讲。

大陆如何解决汇率问题最根本的在于资本管制能否持续有效。如果资本管制一直能够持续有效，那么汇率放在什么水平都没有太大关系。在这样的前提下可以慢慢升值。但我担心随着未来时间的推移，资本管制的可控程度会越来越松。所以我的建议是，以现在资本管制的可控程度，我们可以大幅放宽汇率浮动的区间，允许在一年内一步升值一步到位，这样做最大的好处是消除对人民币升值的预期心理。公众有升值预期是件很可怕的事情。我们必须认识到国际金融有太多的套利管道。比如中国人在国外注册一家公司就可以利用人民币升值预期来套利。将来很难用管理外资的方式来有效防止套利，不如趁现在能很有效地管制资本赶快让人民币一步升值到位。

总之，大陆的金融改革和台湾地区不一样。台湾地区是迫于外面的压力不得不改，大陆是自行式改革，可以有很多自己人的交换意见。现在人们都有人民币升值的预期，我们就应该在还能有效进行资本管制的时候，将人民币尽快升值到位，等到将来不能控制资本管制了再去做就太晚了。

关于人民币汇率问题的思考与政策建议（下）

（2006年12月）

北京大学中国经济研究中心于2006年12月12日下午举办了人民币汇率问题小型研讨会，会上来自中国经济研究中心、中国社会科学院、银河证券以及发改委的部分教授、学者和官员针对近来颇受关注的人民币汇率问题，从理论和实践两个层面进行了讨论，并为我国在今后一段时间的人民币汇率改革和面临的问题提供了相关政策建议。我们分三期简报介绍研讨会内容，本文为第三期简报。

宋国青（中国经济研究中心教授）

首先讲一下关于宏观经济情况的估计。今年外贸顺差比去年增加了80%（但主要是由进口下降带来的），去年是1 020亿美元，今年1 800亿美元，11月本身是234亿美元，估计第四季度应该会超过700亿美元。当然，这里面有季节因素，剔除季度因素，单月顺差约为183亿美元，简单乘以12后，一年的顺差是2 000多亿美元。估计明年不会有大的调整，顺差会达到2 500亿美元。现在说海关数，国际收支平衡表内再加300亿美元，明年按照国际收支平衡表计算的顺差差不多就是3 000亿美元，也就是说，由外贸顺差再加外资进来所产生的外汇储备增量会达到3 000多亿美元，更为重要的是，没有丝毫迹象表明这个增长速度会降下来。

从现实的角度看，不断增长的高额外汇储备导致央行的独立性丧失，因为M2增长率在很大程度上开始由外汇储备决定。现在M2大概是23万亿元，一年正常增长16%—17%，也就是说明年增长不到四万亿元就足够了，但是外汇储备贷款一上就来3 000多亿美元。忽略其他小项的计算，央行的货币发行额应该等于贷款加外汇储备贷款，如果外汇储备贷款超过3 000亿甚至达到4 000亿美元，马上面临的一个情况是，央行拥有自主独立货币政策的贷款发放量要零增长，甚至其绝对量也会出现下降。而对于目前的外汇储备增加，我们束手无策。尤其重要的是，现在的问题不是绝对额，因为按趋势看一年增加3 000亿美元外汇储备不会是什么问题，这样算来10 000亿美元并不是个大的问题。最根本的在于增量部分太大，而且增量的增长速度太快。

下面我给出自己对于这个问题的逻辑分析。汇率高低、顺差多少，很难用一个指标来直接比较，但一个比较关键的指标是投资报酬率。资金（储蓄）要么出口产生顺差，要么在国内投资。如果国内投资报酬率高，出口顺差会减少；如果投资报酬率是负的，就不会在国内投资；如果报酬率很低，投资在某种程度上也在进行，但数额相比会减少。那么当前中国的投资报酬率到底怎么样，这个问题比较复杂，我们先看为什么要出口。原因很简单，储蓄太高，但国内能容纳的投资不是太高，所以要出口。如果说国内能容纳的投资本身相当高，那储蓄会越来越多地放在国内投资上，从而会逆转出口顺差，但这还得加一个条件，高的投资回报率不是短期的，而是可持续的，比如现在增加投资，未来15年到20年报酬率仍然相当高，比如说维持在10%以上的水平。但是，现在的情况不是这样，在认为中国投资报酬率很低尤其是增加投资报酬率很低的情况下，投资的未来收益率是负的，还不如出口顺差产生的收益。

为了分析中国的投资报酬率到底怎么样，我们可以将整个经济分为国有、私有和外资三个部分，看各个部门的投资报酬率如何。现在中国工资增长率比经济增长率低很多，这说明经济增长的部分被税收和利润拿走了，意味着投资报酬很高，如果投资报酬很低，对应的应该是工资增长率比经济增长率更高。关于这一点有一个问题不好解释，即投资太高，投资报酬率不是绝对水平上高，而是说趋势在上升。劳动力增长率用就业人口增长率来衡量差不多每年为1%，今年也就勉强1%，资本的增长率可能是10%—20%，两个增长率放在一起，显然最终是投资太高，那就出现资本报酬率下降，但现在看到的数据是资本报酬率不但很高，而且还在上升。

接下来从收入分配角度考虑消费率低等问题，也就是收入分配要调整，政府的税收应该降低。因为企业利润受市场行为影响比较大，所以收入分配调整主要是政府利益的调整。现在一个突出的问题是国民消费率按年率2%的速度在下跌，没有一点逆转或趋缓的态势。通过收入平衡表分析可以看出，问题还是出现在收入分配上，个人分配所得拿得太少，政府税收一直在增加，20世纪90年代税收增长率很高，比经济增长率高很多。政府部门储蓄这两年在猛涨，虽然中国储蓄率高，但储蓄率增长的部分主要是政府和企业，不是私人。又由于个人消费倾向没有什么变化，所以导致消费率下降的原因是居民收入份额的下降。如果这个趋势不变，消费率每年肯定按两三个点往下降，投资跟顺差加起来每年也会按两三个点往上涨。又由于投资绝对额很大，投资往下压1个点，顺差恨不得涨10个点。因此，必须调整收入分配，在万亿元的量级上做文章，减税等措施由于作用有限，根本解决不了问题。

如果收入分配的趋势不变，除了调整汇率，我实在看不到其他解决问题的途径。从统计报表可以看出，人民币升值和汇率变化对于出口有相当大的影响。这几个月出口猛涨跟汇率的变化关系密切，汇率一调，出口就受影响。对于汇率调整多少可以解决问题，意见很不一致。从尽可能接近均衡这一点说，可以先求出中国现在能接受的最大的顺差增长率。比如第一步能不能把顺差和增长率限制在20%以内，两三年后再压到10%以内，五年、十年以后，再让增长速度降到更合意的水平，肯定不能一刀切。把这个算出来再倒推汇率，就可以确定我们应该选择什么样的汇率调整路径。

以此为标准再来看去年到现在的人民币美元汇率。从去年到现在美元的真实汇率上升了一点点，基本没有太大的变化，这是因为美国通货膨胀率比中国高。现在中国能接受的通货膨胀率很低，几年平均下来也就是一点几，美国要高一些。要是汇率相差几个点，扣除三四个点的通货膨胀率，剩下一两个点可能还赶不上新增长的升值因素，根本不解决问题。为了防止这种情况发生，升值幅度恐怕每年需要 7%—8%。由此引发的必然是热钱和实质资本的进入，但热钱和实质资本进入由于资本管制不会产生太大的问题。

卢锋（北京大学中国经济研究中心教授）

中国汇率低估问题讨论，从 2001 年英国《金融时报》评论文章开始已延续 5 年多。我国单个经济政策在国内外引起如此广泛关注，分析观点和意见在学术界出现如此大的分歧和争论，在我国经济政策史上也属罕见。汇率作为调节开放经济与外部经济联系的基本价格变量，具有牵一发而动全身的复杂影响，对这个经济发展实践提出的重大问题，确实需要把理论和现实结合起来进行深入探讨。

我采取的是"务虚"方法，就是从比较长期和理论分析的角度来研究，为梳理自己的认识写了几篇研究论文。我的看法可概括为两点。一是有关争论集中在人民币名义汇率调整问题上，然而从经济分析角度看问题在于实际汇率是否失衡，因而需要树立实际汇率概念。二是需要以我国经济发展为视角，分析在经济快速追赶背景下人民币实际汇率长期变动是否存在趋势和规律，作为把握短期问题讨论的参照。

在汇率政策讨论中建立实际汇率概念和分析视角，是国际经济学理论的常识性要求。实际汇率是利用名义汇率调整得到的两国相对价格。一个盒饭 8 元钱，这个名义价格还不足以显示盒饭贵贱，需要与其他物品和服务名义价格比较才能得到显示其相对稀缺度的实际价格信息。依据类似道理，开放经济体调节内外经济关系的基本价格变量是实际汇率，名义汇率影响需要在实际汇率的基础上加以定义和阐述。

从长期分析思路看，人民币汇率争论的实质在于要回答一国经济快速成长并逐步缩小与发达国家差距的追赶过程中，其本币实际汇率是否存在某种变动趋势？如果存在这方面趋势，如何在经济学理论和国际比较经验基础上阐述其发生机制和经济学逻辑？如果这方面趋势能在一般理论层面得到解释，如何结合我国经济发展经验证据现实分析人民币近年是否失衡？

国际经济学的 Balassa-Samuelson 效应理论构成从这个角度讨论的起点模型。名称有点生僻，经济含义其实简单，是要解释国际价格比较领域的一个司空见惯的现象。如果把 100 美元用汇率兑换为不同国家货币，在穷国能够买到比富国更多的物品，也就是穷国物价比富国低，或者说穷国的市场汇率平价高于购买力平价因而二者比率即实际汇率小于 1。以我国现阶段情况为例，2005 年汇率转换人均收入 1 740 美元，用 PPP 转换人均收入为 6 600 美元，说明我国物价比美国这类富国便宜 3 倍以上，相对价格不到 0.3。

Balassa-Samuelson 效应引入两部门劳动生产率差异等假说解释这类现象。假设反应各国产出或消费品中包括"可贸易品"和"不可贸易品"两部门商品，假设可贸易品部门国际劳动生产率差异较大，即穷国生产率远低于富国；不可贸易部门劳动生产率国际差异较小。国际贸易使可贸易品价格大体可比，穷国相对国外很低的劳动生产率，导致该部门相对国外很低的工资水平。然而一国内部劳动力部门间流动性对两部门工资产生趋同性影响，结果不可贸易部门虽然生产率与国外差距不大，由于工资与可贸易部门大体均衡也远远低于国外水平，从而使该部门价格也相应低于国外水平。由于一篮子产品价格包含两部门产品，穷国非贸易品价格相对国外较低，导致一般物价相对国外较低，因而实际汇率并不像购买力平价假设的那样等于 1。这个理论简洁清晰，对国际相对价格差异提出了一个逻辑一致的解释，并得到广泛国际比较经验证据的支持。

把这个解释运用到经济发展过程中，可以获得对我们研究问题具有重要认识参考意义的推论。如果该理论对给定时点处于经济发展不同阶段国家相对价格差异具有解释力，把它运用到一国经济追赶动态过程中对其实际汇率变动也应具有解释力。依据 Balassa-Samuelson 效应的逻辑，一国经济如能发生持续追赶过程，其生产率提高的结构属性会内生出本币实际汇率升值趋势。可见 Balassa-Samuelson 效应并不是一个全面解释均衡实际汇率的理论，但是对不同国家实际汇率差异或者一个国家经济发展不同阶段实际汇率变动，提供了一个长期供给面因素的理论性解释。

不妨用一个思想试验进一步说明这一点。假如"神力佑助"使我国经济一夜之间赶上美国，人均收入与美国大体收敛，依据 Balassa-Samuelson 效应推测，人民币实际汇率会在一夜之间升值3倍左右，使人民币市场汇率与购买力平价大体一致。当然，中国这样的大国即便能有幸实现追赶，至少也需要几代人的长期努力，因而上述实际汇率变动在现实世界只会作为一种趋势性力量逐步展开。然而上述讨论说明，如果我们相信中国经济追赶有望持续，给定目前我国不到0.3的相对价格水平，人民币实际汇率迟早需要进入升值通道。在这个意义上，人民币实际汇率升值是我国经济发展成功带来的问题，也是管理一个成功追赶进程所难以避免的问题。

问题在于，人民币实际汇率升值阶段何时到来？对这个问题需要通过观察我国经济发展实践的经验证据寻求解答。观察我国经济的发展实际情况，观察人民币汇率争论情况，可以看出最近几年人民币实际汇率升值开始变成重大现实问题。问题确实较早在外国媒体中提出，甚至被国外某些不怀好意的政客借题发挥，然而我们不能因为外国人首先提出，就认为它注定是伪问题。2001年《金融时报》那篇题为"中国廉价货币"的文章，用日本果农面临中国水果竞争压力作为人民币低估的证据，认定操纵汇率是日本和中国经济追赶的基本战略，逻辑和推论都错得离谱！然而也不必否认，正是这篇奇文在错误的时间和地点，用错误的对象和推论，提出了一个有意义的问题。对此不必因人废言，也不必因言废事，而应以我国经济追赶客观需要为目标，结合我国经济发展现实理性分析问题背后的规律。

如果发生可贸易部门劳动生产率"相对相对"追赶，依据 Balassa-Samuelson 效应假说本币均衡实际汇率需要升值。问题在于这一升值是通过名义汇率升值实现，还是通过一般物价较快上涨实现，抑或通过二者某种组合实现。Balassa-Samuelson 效应理论提出的1964年，布雷顿森林国际货币体系仍如日中天，固定汇率制是讨论现实经济问题的普遍假设，因而有关原始文献没有特别讨论通过名义汇率升值的可能性。然而从理论和经验分析上看，可以假设由 Balassa-Samuelson 效应发生的实际汇率升值要求，有可能通过物价变动实现，也可以部分甚至完全通过名义汇率升值实现。

可以通过一个简单修改模型对 Balassa-Samuelson 效应提出一个拓展表述，得出可以通过名义汇率变动实现 Balassa-Samuelson 效应派生的实际汇率升值要求。分析实际汇率升值具体方式，关键取决于劳动生产率快速增长的同时，工资是否与劳动生产率同比例增长，即单位劳动成本是否变动。从理论上看，如果可贸易部门劳动生产率与工资同方向并且同比例增长，那么实际汇率升值通过物价变动实现。如果可贸易部门工资增长低于劳动生产率增长，该部门单位劳动成本下降，实际汇率升值则至少部分需要通过名义汇率升值实现。

可见从 Balassa-Samuelson 效应角度观察人民币汇率变动趋势，关键要考察两方面的经验证据。一是考察我国可贸易部门"相对相对"劳动生产率变动，推测人民币实际汇率是否发生趋势性变动。我在研究中以制造业作为可贸易部门代表，服务业作为不可贸易部门代表，仔细整理估测改革开放以来两部门劳动生产率数据，并与美国等 13 个 OECD 图象的同类数据比较，发现 1995 年以来我国可贸易部门"相对相对"劳动生产率增长近一倍，对人民币实际汇率引入升值压力。对照现实情况，人民币实际汇率在 1994—1997 年间明显升值，然而 1998 年以后到 2005 年"汇改"前反而呈现贬值趋势，由此推论人民币实际汇率可能存在显著低估。

二是考察我国可贸易部门单位劳动成本相对变动，推测实际汇率升值是否需要通过名义汇率升值实现。数据显示 1995 年以来我国制造业单位劳动成本相对发达国家呈现下降趋势，不同度量指标累计下降幅度在 30%—40%，对人民币名义汇率引入升值压力。对照实际情况，人民币兑美元以及有效名义汇率虽然在 1994—1997 年间明显升值，然而 1998 年到 2005 年汇改前也表现出贬值趋势，由此推论人民币名义汇率可能存在显著低估。

由于 Balassa-Samuelson 效应并不是完整的均衡实际汇率理论，讨论人民币汇率问题，还需要考虑把模型没有包括的其他重要变量。例如我国计划经济时期为推行进口替代战略而人为高估人民币汇率，改革开放时期消化汇率高估扭曲一段时期内要求实际汇率持续贬值。另外研究晚近时期人民币均衡实际汇率的变动，还需要考虑经济景气周期变动以及东亚金融危机外部冲击影响等方面因素。我在系列研究论文中分别考察了这些因素，结果发现上述人民币汇率低估判断仍能成立。

维持一个低估汇率并非不可能，然而要承担国际收支失衡所带来的直接和间接代价。与商品价格人为高估会导致供过于求和过量库存的道理相类似，汇率低估即外汇资产价格高估，会导致贸易盈余和外汇储备过量增长。我国近年外汇储备超常增长并在去年年底超过 1 万亿美元，一方面与当代产品内分工为微观基础的经济全球化环境下我国经济开放成长具体模式有关，另一方面也与人民币汇率低估存在联系。经济规律的客观性在于，你可以不接受汇率低估判断，然而无法遮掩外汇储备激增提示的国际收支失衡；好比过去我们不承认汇率人为高估，但是难以杜绝外汇黑市交易一样。

汇率高估和国际收支失衡的代价之一，是外汇储备占款机会成本太高具有负面福利效应。过去近半个世纪美国长期国债平均实际收益率约在 3 个百分点，考虑管理庞大外汇资产实行组合投资存在特殊困难和风险，考虑人民币实际汇率升值趋势，未来 10—20 年间万亿规模外汇储备资产用本币——人民币衡量的实际年均收益率期望值可能很低，不排除等于零甚至为负值。我们最近研究国内工业资本回报率，仔细分析数据发现我国资本回报率晚近时期持续强劲增长，近年真实回报率约在 10%。过量外汇储备显然对国民福利带来不小的损失。

从宏观经济管理和市场经济体制改革的角度看，汇率低估使得运用货币政策调节经济景气面临约束和困难，因而不利于控制和改变宏观调控微观化倾向，对健全和完善社会主义市场经济体制也有不利影响。在我国经济快速追赶阶段，外部贸易摩擦难以避免，然而汇率低估会使这方面压力更为严重。相关政策需要权衡利弊做出选择。我认为政府 7·21"汇改"是一个明智而务实的政策调整。我完全同意各位提出解决国际收支失衡需要采取综合措施，然而允许实际汇率升值应当是其中一项必要且重要的内容。

"人民币汇率政策讨论会"简报（上）

（2010年4月）

2010年4月1日，北京大学国家发展研究院举办CCER论坛讨论人民币汇率政策改革问题。论坛由北京大学国家发展研究院巫和懋教授主持，卢锋教授、姚洋教授和黄益平教授发言，中央财经大学金融学院张礼卿院长和清华-布鲁金斯公共政策中心肖耿主任评论。我们分两期报告论坛概况。

卢锋（北京大学国家发展研究院教授）：大国开放追赶需要弹性汇率制——以中国发展为本位求解汇改难题

针对新年伊始美国学界政界掀起新一波批评人民币低估浪潮，我国政府义正辞严地表示汇率政策绝不屈从外部压力，我国学界指出人民币升值并不能真正解决美国问题。这些无疑都是正确和必要的。

回顾近十年的有关争论，我们也需反思如何使人民币汇率改革讨论跳出"国外施压、国内反弹"的被动反应模式。应把汇率改革和升值与外国人的诉求切割开来：不能因为外国人有诉求，人民币就一定升值；反过来，也不要陷入误区，因为外国人有动静，我们就讳言升值，致使错失改革良机。应转变视角，以中国经济发展长远利益为本位，探讨人民币汇率改革与可能升值问题。

以我国发展为本位求解汇改难题，关键要确定适当标准，特别要结合我国实际情况研判。从经济分析角度看，可以提出五个衡量标准探讨。第一，看长期追赶和结构调整标准。我国正在经历大国经济追赶的过程，可贸易部门劳动生产率从20世纪90年代中期以来一直保持强劲追赶势头。依据Balassa-Samuelson效应原理以及德国、日本等大国经济追赶经验，经济长期追赶客观要求本币实际汇率趋势升值作为其展开形式。另外允许汇率这个开放经济的相对价格变动，向企业提供我国经济相对竞争力动态信号，有利于通过市场机制推动经济结构调整。

第二，看外部平衡和贸易条件标准。我国2002—2009年贸易顺差累计达1.12万亿美元，我国外汇储备目前已达2.4万亿美元。储备过量增长的背景下，实行更为灵活的汇率制，因应基本面因素变动适当升值，或有利于调节国际收支失衡，或有利于改善我国贸易条件从而增进国民福利，或者兼而有之。

第三，看合意总需求标准。长期范围内总需求增长并非经济成长的瓶颈。我国改革时期虽有短期总需求不足和通缩，但主要困扰还是间歇性通货膨胀和增长偏快偏热类型宏观不平衡的问题。2003年以来主要面临经济增长偏快和通胀压力挥之不去的形势。目前增长重回快车道，管理通胀预期成为主要矛盾。这时增加汇率弹性，允许适当升值，可促进宏观均衡并改善贸易条件。

第四，看完善开放宏观政策架构标准。开放经济需要建立完善与机会平等原则一致的总需求管理框架。盯住或准盯住汇率制不利于灵活利用利率工具，面对各类冲击和宏观不平衡压力，不得不采用五花八门的替代工具调控，导致"宏观调控干预微观"的问题。另外不同程度内生于我国总需求增长的大宗商品进口价格飙升，构成冲击我国宏观稳定的新挑战，增加汇率弹性对此也有积极调节功能。

第五，看做大做强人民币标准。当代国际货币体系危机，本质在于中国和一批新兴经济体的追赶，要求调整和变革国际货币体系的原有秩序和制度。在夯实中国经济发展基础的同时，推进人民币逐步实现资本项目完全可兑换，培育人民币国际化因素自然稳健生长，是当代国际货币体系改革多重议程中最为能动的因素和最为本质的内涵。从长期看，要想人民币茁壮成长，不能老是挂在一个或多个相对走下坡路的大国货币上。我们要有信心，在务实调整汇率政策的基础上，深化改革夯实发展基础，管好货币维护宏观均衡和币值稳定，最终实现做大做强人民币的目标。

可见从中国发展本位分析，我们应加快改革现行汇率体制。基本取向应是"脱钩换锚"：与美元脱钩，也不准备刻意与其他一篮子货币或SDR之类的世界货币挂钩，而是转向"盯住"因应我国产出和支出结构变化而动态调整的国内一篮子商品劳务。汇率改革应成为更为广泛宏观政策改革一部分，中心目标是"管好货币、稳定币值"，为我国经济在战略机遇期持续稳健追赶提供必要的宏观均衡环境。

改革目标模式可以坚持"有管理的浮动汇率制"，实质要求是让汇市供求因素真正在边际上对汇率发挥决定作用，关键措施是对央行汇市数量干预加以限制。可以考虑选择"干预定量、价格放开"的改革思路，对汇率机制进行实质性改革并增加汇率调节弹性目标。

黄益平（北京大学国家发展研究院教授）：以我为主，兼顾外部环境——回归有管理的浮动汇率制度

中国的汇率制度改革，应该回归有管理的浮动汇率制。对于人民币汇率水平，短期内强调管理，长期则要由市场决定。应该注意的是，汇率长期均衡是基于一国劳动生产率等基本面因素，我们不能用长期均衡水平来指导短期汇率政策。

短期而言，我国很难实现汇率自由浮动。我国的汇率改革是一个异常复杂的问题，而不仅仅是汇率水平的低估。举例而言，我国目前的资产价格泡沫问题相当严重，如果资本市场开放，占GDP比例为180%的存款可能流向国外。此外，我国还面临要素价格扭曲问题。在诸多扭曲性因素没有改善之前，单纯放开汇率管制很可能最终使汇率达到某一伪均衡水平。尽管短期对于汇率的管制要适度放松，但在具体操作的同时应保持谨慎，同时强调理顺我国存在的各种扭曲问题。

人民币汇率低估问题同样引起了国际上的关注。诺贝尔经济学奖获得者克鲁格曼准确地分析了中国在汇率低估条件下宏观经济的具体表现，但是其推演的结论却存在严重问题。他指出人民币汇率低估导致美国丢失 140 万的制造业就业机会是不可能的。美国制造业就业机会流失始于 20 世纪 70 年代，中国真正成为制造业中心近三五年才开始。此外，美国经常账户大规模逆差从 20 世纪末就已开始，而我国经常账户顺差大幅上升是 2004 年以后。克鲁格曼作为经济学家建议财政部指控中国操纵汇率，支持白宫采取贸易保护措施是错误的。

人民币问题之所以受到广泛关注，根本原因在于我国已经从一个小国变成了一个大国。对于大国经济而言，不能用小国心态来处理问题。我们在策略选择上基于自身利益是无可厚非的，但同时还要考虑对其他国家的影响，否则很可能由于利益冲突导致我国陷入困境。

保持人民币汇率稳定的策略对他国具有重大影响。美元汇率贬值趋势不可避免，原因在于其经常账户持续的大规模逆差。由于我国采取盯住美元的策略，造成美元汇率调整很困难。最终的结果是发展中国家汇率也无法调整，只能是日元和欧元升值。发展中国家的逻辑在于其发展模式同中国类似，外需对于经济发展具有重要意义。如果发展中国家单独升值将导致其贸易顺差下降，不利于其经济发展。然而，汇率得不到相应调整会鼓励热钱大量涌入，不利于其宏观经济的稳定。对于日本和欧元区经济而言，汇率升值很可能影响其经济复苏。因此，中国作为一个大国，需要人民币汇率具有更大的弹性。

至于改革时机，其实去年年底最为有利。2009 年年末，我国的出口开始复苏，经济增长开始走上加速通道，通货膨胀由负变正。而从目前来看，是不得不改的机会。众所周知，2010 年是贸易保护年，如果汇率不动就会非常被动。一旦美国开打贸易战，对于拥有巨额顺差的中国而言，伤害会非常大。

尽管短期来看，美国财政部不会指责中国操纵汇率，但是面对中期选举的压力，美国政府必须有所行动。如果美国百姓都接受了克鲁格曼和一些政客的看法，美国政府可能最终会迫于压力同中国展开贸易战。

对于中国而言，目前的主要任务是改革汇率形成机制。改革的目的是建立一个比较完善的由市场决定的汇率机制，真正实现盯住一篮子货币。2005 年改革，仍保留了过多人为干预因素。对于此次改革，需要注意的是避免对所有的双边汇率规定一个区间，否则从数学上看结果是无解的。

姚洋（北京大学国家发展研究院教授）：中国汇率制度未来应从固定走向有管理的浮动

固定汇率对中国这样的大国还是有利的，因为它有助于充分利用闲置的资源。但根据 Balassa-Samuelson 效应，单纯固定名义汇率是无效的，因为实际汇率会自发升值，因而固定汇率对于一国的长期经济增长没有影响。中国的问题是很多资源闲置，采用固定汇率制度可以把资源吸引到增长最快的部门，即出口部门。中国现在处于很特殊的时期，正当人口红利的最高峰。因此我们要充分利用人口红利，通过出口带动经济的增长。从这个角度看，固定汇率对处于快速结构转型过程的中国是有益的。不仅如此，Balassa-Samuelson

效应的普遍性也未必成立。对于日本和新加坡，Balassa-Samuelson 效应确实存在，但对于印度、巴西、泰国等发展中国家，并未显现 Balassa-Samuelson 效应，一个重要的原因就是这些国家还在进行结构转型。

对于中国汇率偏离的程度，可以采用数量方法进行估计。根据我们的计算，早期的人民币汇率是高估的，而现在确实是低估的，但低估的程度并没有想象的那么高。在 2008 年 6 月份金融危机之前，我们只低估了 6.2%。

汇率低估带来的一个问题是我们通过出口，积累了大量的外汇储备。优化这部分外汇储备形式的储蓄，对我国经济未来健康发展具有重要意义。从目前来看，大量资金用于投资基础设施建设和买美国国债，但人力资本方面投资上则相对较低，另外民生建设上投资也远远不足。因此，未来调整的方向应该是在人力资本、民生建设等方面加大投资。

在国际贸易方面，汇率低估增加了贸易摩擦。但是我们应该看到，人民币升值无助于缩小中美贸易不平衡。关键在于美国向中国出口的商品种类有限，而且即使人民币升值，也很难大幅提升美国商品的竞争力。另一方面，人民币升值对于美国产品在本地的竞争力提升意义不大。根据一些学者的研究，人民币升值 1%，美国的进口品价格仅提高 0.3%。此外人民币不升值也很难影响其他国家。由于人民币只是盯住美元，因而对于随美元波动的人民币而言，对其他国家的影响不大。

对于克鲁格曼的观点，即人民币低估使得中国在向世界出口商品的同时也出口了大量的储蓄，导致了世界经济的增速下降 1.5%，这个同样没有依据。目前世界经济增速的下降是结构性的，而人民币盯住美元，使得美元无法贬值，其实是对世界经济的贡献。

其实美国可以采取很激进的手段迫使人民币升值，美联储可以直接将国债利率降低到很低的水平，甚至拒绝中国购买美国国债。这样一来即使中国持有的美国国债能够产生利息收益，也不足以抵消中国央行冲销过程中产生的成本。因此可以预见，美国不会把中国列入汇率操纵国。用萨默斯的话来讲，现在是"金融恐怖平衡"，没有任何一方会单边改变这种局面。

因此，汇率归根结底是中国的问题。关于汇率制度的选择，应坚持"以我为主"。目前的固定汇率制度确实存在问题：首先是过量储蓄没有充分利用，导致大量浪费。其次是通胀压力的问题，不利于短期宏观稳定。但我们也要警惕升值的风险，如果升值后经常账户盈余没有下降，反而造成资产泡沫膨胀，对我国经济将相当不利。从历史上看，1985 年广场协议后，美国的经常项目赤字和日本的经常项目盈余确实在短时间内不同程度下降。随后，日元基本上完全浮动，但并没有对美国和日本经济产生多少积极影响。

从长期来看，我国应实行一种有管理的浮动汇率制度，不必死守固定汇率。管理的浮动汇率制度基于中国的经济基本面因素，以中美劳动力增长速度之差作为升值的参考基准。对于参考基准的选择，可以考虑中美真实经济增长率之差减去真实工资增长率之差，或者单位劳动力成本增长率之差减去中美物价上涨速度之差。

从数据上看，中国对美国的竞争力在增强，人民币名义汇率升值空间相当大，2000—2008 年，名义汇率的升值空间高达 74%。2005—2008 年，升值空间为 14%，但实际汇率升值了 21%，但考虑到 1994 年"汇改"之后人民币汇率长期固定，升值的速度和幅度还是可以接受的。总之，汇率制度的选择要考虑长期经济增长和短期宏观稳定，以我为主，以中国的实际需要为根本出发点。

张礼卿（中央财经大学金融学院院长、教授）

卢锋教授详细阐述了人民币升值的必要性，特别强调从中国发展的本位来思考这个问题，从不同角度分析人民币汇率体制应当改革的理由。我更想强调他提出的第一点理由，即人民币升值对于推动中国经济结构的转型和调整具有非常重要的意义。

在过去几十年里，中国成功实现了外向型的经济增长。出口作为中国经济增长的支柱，对中国经济稳定高速的增长做出了重要贡献，但这个结论的正确性是有条件的。中国现在必须进行结构性调整，逐渐从过度外向的经济增长转向更注重内需的发展道路，人民币升值恰恰能够起到积极的推动作用。至于短期稳定方面，在通货膨胀时，升值作为一种收缩的力量，能够稳定宏观经济。但在操作层面上如果实施得不是很审慎，可能导致更多游资流入。一旦游资的流入失控，那么短期内反而会加剧通胀的压力。

人民币汇率的改革是一揽子工程，需要进行一系列政策的搭配和组合。单独进行汇率的改革，可能不会达到预期的目标。例如升值对企业产生压力后，受损企业会动员一切力量去消除升值带来的负面影响，其中包括向政府要求补贴等。如果游说成功，改革的初衷就未必实现。另外在调整汇率机制的时候，如果不能有效控制进一步升值的预期，会导致更多资本流入，因此加强对短期资本流入的管制，应该成为汇率改革的重要环节。

姚洋教授认为 Balassa-Samuelson 效应在中国不太明显，原因是中国的劳动力市场没有实现充分就业，我同意这一观点。我也很赞同姚洋教授认为中国没有合理利用外汇储备的观点。中国虽然是全球第二大经济体，但仍然是发展中国家，是一个资本高度稀缺的国家。我国大量外汇储备以海外投资的形式流向美国，购买美国国债，回报率很低，这是很荒谬的。但为什么会这样？一方面是过去外向型经济增长的结果，另一方面也是一定时期宏观经济政策失误的结果。应该进行调整，更合理地利用国家的储蓄，例如可以加大西部地区的基础设施建设。

中国需要从根本上解决失衡的问题。汇率是解决方法之一，但关键是改善国内消费不足、投资不足的局面。很多人认为中国的投资率偏高，但我认为中国在未来较长的一段时间里，可能仍然需要依靠较高的投资来维持内需。

黄益平教授强调了生产要素价格扭曲的问题，我认同他的判断。如果国内生产要素价格没有完全理顺，放开汇率利率、取消资本管制，可能会导致更多的市场扭曲。需要补充的是，在讨论汇率时，实际汇率由国内价格和名义汇率决定，我们经常仅仅关注名义汇率的变动，而忽视了国内价格的影响。当国内价格被压低时，即使调整了名义汇率，实际汇率也可能被低估。因此在谈论汇率升值的时候，一定要在实际汇率的层面上讨论。既可以在国内要素价格不变的情况下调整名义汇率，使实际汇率升值；也可以不调整名义汇率，通过国内价格上涨的方式来使实际汇率升值。选择哪种方式要看时机。当国内有明显的通胀压力时，应该注意保持物价的稳定；而当国内有通缩压力时，保持名义汇率稳定、促使价格上涨，可能更为有利。

"人民币汇率政策讨论会"简报（下）

（2010年4月）

2010年4月1日，北京大学国家发展研究院举办CCER论坛讨论人民币汇率政策改革问题。我们分两期报告论坛概况。这是第二期简报。

肖耿（清华-布鲁金斯公共政策中心主任）

人民币实际汇率为什么要升值？卢锋教授强调，可贸易部门劳动生产率追赶推动了人民币实际汇率升值。姚洋教授认为，这一点在发展中国家不一定成立，主要原因是发展中国家有很多的剩余劳动力。Balassa-Samuelson定理的条件是充分就业，这在日本和中国香港地区是成立的。

黄益平教授和卢锋教授都强调了汇率对于经常项目失衡具有调整作用。汇率也是一种价格，如果价格不是市场化的，那怎么调整所谓的非均衡呢？姚洋教授指出中国存在许多扭曲，比如剩余劳动力。这种情况下，如果让汇率完全市场化，可能会出现经济体没有效率，或者巨大的财富重新分配等后果。

我认为中国过去面临人民币升值压力的主要原因是中国工资和CPI上涨太慢。通胀率太小，导致所有的压力都集中在人民币升值上。对于中国这样一个GDP增长率超过10%的国家，CPI如果才1%或者2%，那就太低了。更重要的是，在计算通胀的时候，像房地产市场和股票市场的价格上升都没有计算到里面。现在房价上涨太快，如果计算到CPI里面，人民币反而应该贬值。中国的劳动力很廉价，制造业的原料成本很低，但城市住房的价格却非常高，因此统计口径上的问题使中国的通胀没有被正确估算。

前面几位教授没有提到汇率对资本存量的影响，实际上中国的外汇储备是有泡沫的。举个例子，十年以前美元比人民币更值钱，但是过去几年所有的老百姓都希望把账户上的美元换成人民币，原因就是存在对人民币升值的预期。为什么会有升值的预期？因为我们对通胀的容忍度特别低。而如果通胀率不上升，就一定会产生人民币升值的压力。在这种情况下，大量的美元被中央银行所吸纳，外汇储备就不断上升。而如果我们可以允许比较高的通胀，外汇储备的泡沫就可能逐渐破灭。一个理想的状况是老百姓的账户上既有美元，又有人民币，可能还有欧元等其他货币。因此在讨论人民币汇率时，资产泡沫是值得研究的。

卢锋（北京大学国家发展研究院教授）

讨论人民币汇率问题，一方面要结合中国现实情况，另一方面也要借鉴经济学理论常识。从理论上看，Balassa-Samuelson 效对讨论经济追赶与本币实际升值具有借鉴意义。这是长期效应，讨论一两年的短期情况不一定适用。考虑我国 20 世纪 90 年代中期以来可贸易部门生产率长期持续追赶，这一理论对于理解目前情况有相当认识价值。运用时要注意一些方法方面的问题。例如把人均收入相对增长等同于 Balassa-Samuelson 效应定义的"双重相对生产率增长"，可能导致识别 Balassa-Samuelson 效应时误判。另外 Balassa-Samuelson 效应揭示生产率追赶要求导致本币趋势实际升值规律，这一规律既可能通过实际升值表现出来，也可能通过政府和公众不愿升值而面临种种派生压力表现出来。在这个意义上，近年外汇储备超常过量飙升及其福利损失，可以看作这一规律的折射或扭曲反应。

姚洋（北京大学国家发展研究院教授）

研究 Balassa-Samuelson 效应，必须利用跨国数据。我想强调的一点是，升值能不能解决中国所有的问题？是不是人民币汇率升值后中美的贸易问题就能解决？除非像有人建议的一下子升值很多，比如 20%，否则可能是无法解决的。但问题是现在出口占中国经济增长的 40%，突然升值 20%，对中国是不能承受的。那么缓慢升值能否解决中国的贸易盈余问题？我觉得也不能，因为中国的进口只有 2.3% 是消费品。

一个可能的解决途径是政府多消费少投资。中国政府过多的基础设施建设，可能太超前了，是对资源的浪费。更好的办法是减少消费，或者把财政盈余直接拿给老百姓消费。比如基础设施建设可以交给民间投资，像现在浙江的很多公共服务就是由私人而不是政府提供的，也做得很好。

中国是穷国，但同时还是资本输出国，这是不正常的。中国的收入分配越来越集中到高收入的人群中，这对中国的房地产市场和消费品市场都造成了不利的影响。中国的结构转型还有很多难关需要克服，不能仅仅把目光聚焦在汇率上。

黄益平（北京大学国家发展研究院教授）

首先，关于热钱的问题。缓步升值，尽管在一定程度上会鼓励升值预期，但我们没有更好的选择。热钱的问题是不可能杜绝的，一个重要的表现是我国的资本账户管制有效性在下降。因此，我们应该主动增加人民币汇率的弹性，让国内的企业和金融机构学会对冲汇率风险。

其次，单纯依赖汇率调整不足以解决我国经济失衡的问题。要解决我国的经济失衡问题，需要一揽子的政策方案，包括要素市场调整、国有企业改革和政府行为的转变等。当然，如果汇率不动，单靠其他一揽子手段也很难从根本上解决经济失衡的问题。

最后，实际汇率升值有两个途径，即名义汇率升值和通货膨胀。最好的方案是双管齐下。如果不动汇率，只靠通货膨胀来实现实际汇率升值，存在较大困难。尤其是对于发展中国家而言，通货膨胀的治理难度更大，而且其政治后果相较于名义汇率升值而言也更为严重。

陈平（北京大学国家发展研究院教授）

我讲几点意见。第一，经济的发展从来都是不均衡的，汇率问题尤其如此，根本找不到所谓的长期均衡汇率。在美国和英国的霸权时期，它们都采取固定汇率制度，这种制度下金融危机的频率远低于浮动汇率制。

第二，讨论要素价格扭曲，如果假设"世界是平的"，在劳动分工的条件下，汇率是垄断竞争而不是完全竞争，因此要素价格扭曲的源头在于美国主导的不合理的国际金融秩序。如果不改变不合理的国际金融秩序，单靠国内调整来适应这种国际金融秩序，是行不通的。

第三，天下没有均衡价格，只有竞争价格。因此汇率的制定取决于国家目的，是刺激出口还是保证自给自足。战后德国和日本因为持续的贸易顺差，最后在美国逼迫下才升值，而不是自己主动调整的。

我认为中美贸易战是不可避免的，当前中国应对的最好方法就是让汇率盯住美元。天下没有长期均衡汇率，只有可持续的汇率，目前中国的汇率是可持续的，没有必要去改变。中国是唯一对抗国际游资成功的国家。美国货币政策失效的原因是大量欧洲美元的存在，而不是人民币的币值过低。如果美国硬要人民币浮动，那么可以要求美国拿条件来交换。

黄益平（北京大学国家发展研究院教授）

欧美崛起时确实采用金本位制，但后来发现这个制度维持不下去，于是从1944年就改为布雷顿森林体系。事实上，固定汇率制度下的金融危机也并不少，像金本位制时英国几乎每两年发生一次金融危机。为什么后来采用布雷顿森林体系？就是因为金本位制太死了，难以维持。布雷顿森林体制一是美元盯住黄金，二是其他货币盯住美元，并且允许这些货币在失衡的时候进行调整。

美国这次要求中国汇率升值，是不是想把中国搞垮？我不认同这个观点。事实上，提出舒默法案的参议员也知道，人民币升值不能给美国带来就业机会，对美国经常项目的逆差没有太大帮助，贸易保护也是不好的。这些参议员的言论实际上是在代表他们所属的群体的利益，例如代表美国失业的纺织工人，而不一定是出于阴谋论。

最后，均衡汇率是否存在？我认为是存在的，但是不同的估算方法得出的均衡利率有多大的误差和扭曲，这个存在争论。另外，我认为现在的汇率体系，从政治和经济等多方面看，都是无法持续的。

姚洋（北京大学国家发展研究院教授）

过去德国、日本和韩国都是在美国的压力下升值的，但是中国不一样。世界充满了很多的不确定性。中国过去成功的一个经验就是慢慢走，在走的过程中解决掉很多问题。汇率问题怎么解决，也只能慢慢摸索。并不存在最好的汇率制度，而是需要在实践中不断调整。

张礼卿（中央财经大学金融学院院长、教授）

的确有人提出阴谋论，但是很难找到证据支持这个观点。美国人给中国施压主要是出于自身的利益，倒不是有意要把中国搞垮。有人说，美国对中国汇率制度施压，短期是要解决贸易保护主义问题，长期是要遏制中国的崛起。这个短期理由很充足，但这个长期理由并没有依据。

虽然我们不清楚人民币要升值多少，但巨额贸易顺差表明我们存在严重的贸易失衡。名义汇率升值作为一种政策手段，虽然未必完全有效，但用总比不用好，否则中国的贸易顺差和外汇储备会越来越多，在向国外提供廉价商品的同时又提供了廉价资金，对中国这样一个发展中国家，这显然是不合理的。因此要强调，允许人民币升值是出于中国自身的利益考虑，而不是迫于美国的压力。如果不明白这一点可能会陷入误区，认为美国越是要我们升值，就越不能升值，这是一种非理性的情绪化做法。重复一句老话，"不要拿别人的错误来惩罚自己"。

在人民币汇率升值的过程中，扩大浮动幅度的同时要加强资本管制。一定要先改革汇率制度，再放松资本管制。虽然资本管制的效果不一定尽如人意，但管总比不管好。如果金融市场不能为境外投资者提供丰富多样的金融工具，境外投资者可能会通过一些不合法的灰色渠道把资金输入中国，这就带来了金融风险。因此要审慎地对待资本市场，在一定程度上加强对短期资本流动的监管。

最后，解决中国严重的外部失衡问题，一是靠调整汇率，二是靠扩大内需。这两个工具都要用。汇率的作用不能低估，但不是单独调整汇率就能够解决一切。

提问阶段

提问：人民币升值后会不会重蹈日本的覆辙？升值的价值取向和直接目标是什么？汇率升值的收益在长期，卢锋教授从是否满足五个"有利于"角度分析汇率改革，但中国政府能否承受汇率升值造成的短期社会成本如结构性失业等？

张礼卿教授：很多人认为日本"失去的十年"是因为日本在美国压力下日元升值而造成的，但是我不同意这个观点。

普遍认为，20世纪80年代中期由于日美贸易严重失衡，日元是在美国的压力下升值的。问题出在日本的货币当局错误地预测了日元升值的后果，因为担心升值会造成经济低迷而拼命地放松货币政策，以抵消货币升值带来的冲击。但实际上日本在升值的同时贸易顺差还在扩大，结果过于宽松的货币政策导致80年代末日本的泡沫非常严重。这个时候日本又错误地急刹车刺破泡沫，最后出现了所谓"失去的十年"。

回顾这个故事，可见主要原因不是升值，而是两次错误的政策：错误地估计升值时经济的收缩，以及在出现泡沫的时候错误地急刹车。

人民币升值可以推动中国经济结构的转型。过去中国的发展很成功，但如果继续走下去会是一个错误的战略。从过分依赖出口转向依赖内需，是升值最主要的目标。短期冲击可能会存在，但是这个成本是必须要付的，否则结构调整很难启动。现在就是需要付出短期代价的时候。政府可以同时有所作为，例如减税、花钱对工人进行培训等。出口部门确实有一些企业需要退出，而很多是大量消耗资源的"三高"企业，它们的退出对中国反而可能是好事。

卢锋教授：我赞同张教授的观点，需要重新研究日本经验和日本经济追赶阶段日元汇率的政策得失，在人民币汇率讨论中广泛流行的有关日本经验和日元政策解释及其对人民币汇率政策类比需要商榷。例如，20世纪90年代后日本经济增速大幅放缓，直接原因是股市房市泡沫破灭后导致经济衰退，深层根源则是日本进入"最富裕国家俱乐部"后经济稳态速度回落。把当时日本经济困境解读为由于政策失误导致"失去的十年"过于夸张。

认为日元升值使经济一蹶不振更是缺乏依据。日元20世纪70年代升值43%，同期经济年均增长率5.3%，失业率平均值1.7%。1985—1988年日元汇率升值近一倍，同期经济仍保持平均4.5%的增长率，1989—1992年仍保持4.9%、5.1%、3.8%的较高增速。第二次世界大战后德国经验也不支持本币升值注定自毁长城推论。马克从20世纪50年代—70年代升值13%，随后的10年升值1倍，到90年代中期进一步升值15%左右，然而德国经济至今仍未"失去"。

1981—1985年日本累计顺差1 153亿美元，日元升值势在必行，但是日元汇率政策确有失误。例如日本未能坚持以我为主设计汇率改革政策方针，未能妥当应对和处理外部压力。更重要的是，日本宏观政策与汇率政策组合设计上出现严重偏差，集中表现为试图利用低利率人为刺激经济导致资产泡沫。日本利率从1985年的5%下调到1986年的3%，1987年进一步下降到2.5%，并在这个历史超低水平上维持了2年。结果股票市场指数从1985年的1.3万点上升到1989年的3.89万点，六大都市土地价格指数在1985—1990年间上涨2倍。等到1990年日本央行把利率提到6%刺破泡沫时，日本经济已深陷资产泡沫泥潭并不得不进行痛苦调整。

肖耿教授：人民币升值或贬值意味着大量财富的重新分配。汇率波动是一个不必要的过程，汇率是价格水平的参照系，理论上讲稳定的汇率就是好的，这就是为什么历史上用得最多的是固定汇率制度。中国存在很多价格的扭曲，比如用于制造业的土地很便宜，而用于房地产的土地又太贵。价格的调整需要有稳定的汇率作为参考系。我主张在结构调整完成之前维持稳定的汇率，等到国内的价格全部放开后再调整汇率。目前，固定汇率可能是我们最好的选择。等若干年后扭曲减少了，金融业加强了，才应该完全放开汇率制度。

姚洋教授：现在中国最大的问题是资产价格大涨和通胀压力太大。汇率不同于一般的商品价格，是调整收入分配的一个很重要的手段，但我们常常忽略。调整产业结构，是否存在更公平的调整方法，我想这需要政治家的智慧。

"人民币国际化与中国金融对外开放政策"研讨会简报(上)

(2012年3月)

2012年3月9日下午,中国社会科学院世界经济与政治研究所与北京大学国家发展研究院在北京大学国发院致福轩联合举办"人民币国际化与中国金融对外开放政策"研讨会,两个机构研究人员就相关问题进行了热烈研讨。我们分两期简报报告研讨内容,本期简报报道余永定、巫和懋、张宇燕等人发言的主要内容。

余永定(中国社会科学院世界经济与政治研究所研究员)

作为世界第二大经济体,中国需要拥有一个具有国际地位的货币。中国2009年开始推行人民币国际化,进程较为迅速,这一过程提出了一些需探讨的问题,甚至显现一些负面效果。当前各界讨论热点已从人民币国际化转向资本项目自由化,有必要对过去关于人民币国际化的讨论进行概括性梳理分析。

余永定研究员首先对国际化货币进行了定义。国际化货币是指在本国以外也能得到很大程度认可的货币,它在国际范围内能够发挥计价、结算、价值储存等基本功能。作为一种国际化货币,有必要对它的计价和结算功能进行区分,然而在人民币国际化政策的推进过程中,计价货币和结算货币区分并没有受到足够关注与重视。当人民币作为结算货币时,它似乎就自然而然地被假设成为计价货币。事实上,计价功能和结算功能并不必然地联系在一起。一种货币可以是计价货币,发挥计价功能,但它并不一定是结算货币,发挥结算功能,反之亦然。特别提款权(special drawing right,SDR)是一个例子,它是IMF创建的一种储备资产和记账单位,是一种计价货币,但不是一种结算货币。

余永定研究员接着分析了我国推行人民币国际化的目的。人民币国际化的目的并没有明确的官方说明。从学术界讨论角度来看,推行人民币国际化有以下几个目的:一是减少中国企业面临的汇率风险;二是减少美元计价资产和外汇储备;三使中国金融机构筹集资金更有效率,进而加强它们在国际金融市场上的竞争力,并促进上海金融中心的建立;四是降低企业的融资成本和交易成本,促进了中国的边境贸易;五是推行人民币国际化最终可以使人民币成为国际主要的储备货币,中国也就不用向美国交铸币税,反而还可以收取其他国家的铸币税。

人民币国际化是否实现了以上的目的?从人民币的交易功能来看,人民币贸易结算量急剧增加。人民币贸易结算量占中国总贸易量的比重从 2010 年的 2.5% 上升到 2011 年的 9%。从人民币的价值储存功能来看，中国香港地区人民币存款量急剧增加。2011 年年底香港地区人民币存款超过 6 000 亿元。但是以上进展有明显局限性，因为人民币贸易结算量和香港地区人民币存款量急剧增加都与人民币升值预期有关。如果人民币升值预期发生改变，那么人民币贸易结算量和香港地区人民币存款量的变化趋势都会发生逆转。因此还不能认为人民币国际化取得了预期效果。另外，人民币国际化并没有减少企业面临的汇率风险。调查显示，许多中国企业虽然用人民币结算，但是商品依然用美元计价。一旦计价货币选定，汇率风险就已经确定，用什么货币结算一般对企业规避汇率风险没有影响。人民币国际化也并没有减少美元外汇储备。由于进出口人民币结算的不对称性，人民币进口结算往往高于人民币出口结算。这导致在贸易顺差的情况下，美元外汇储备不减反增。

当前一个观点是进出口人民币结算的不平衡是人民币国际化初期不可避免的情况，因为外国人没有人民币，只有通过进口才能将人民币输出。这个观点并不正确。因为货币国际化首先是要求货币成为计价货币，而不是结算货币。即便外国没有人民币来支付其进口，这也不妨碍它们用人民币来计价。问题在于这些国家不愿意用人民币计价。

然后余永定研究员阐述了人民币国际化的路线图。人民币国际化路线图采取的是功能法（functional approach），即根据国际化货币的基本职能，从简单的方面入手，逐步扩大人民币在各个职能领域中的使用范围。人民币通过进口结算，流到境外；鼓励非居民持有人民币资产。随着非居民持有人民币资产的增加，人民币出口结算也将增加。人民币逐渐成为国际上的交易媒介和价值储存手段，最终成为储备货币。

这一路线图也存在需要探讨的问题。是否应该以人民币作为结算货币为人民币国际化的起点呢？事实上，结算货币选择是由从事交易企业决定的。政府所能做的是给予企业选择计价、结算货币的自由。比如，日本出口企业普遍不愿意用日元计价而宁可用美元计价，并且日元出口计价比重始终高于进口计价比重。这与日本的产业结构、企业组织、企业市场定价行为等因素相关的。由于日本出口产品主要销售到美国，所以日本企业为了保持市场份额而选择了以美元计价。

人民币回流机制初衷与现实并不一样。人民币回流机制的初衷是，人民币资产的海外持有得到较高回报，从而增持人民币海外资产，从而增加人民币的出口结算，加强人民币作为国际流通手段的作用。然而流通手段和价值储存手段是相矛盾的。在理想状态下，人民币出口结算，外国企业再次用人民币购买中国产品，人民币回流。此时，人民币完全是流通手段。但是香港地区居民持有人民币资产，意味着人民币充当了价值储存手段。此时人民币已经回流，投资于国内金融市场，无法再充当流通手段。现实中可以看到，当香港地区人民币存款急剧增加之时，人民币出口结算比例很低。当香港地区居民抛售人民币资产之时，人民币出口结算比例上升。这也是当前路线图存在的问题。

最后余永定研究员对人民币国际化与资本项目自由化关系进行了分析。目前看来，人民币国际化并未实现当初设定的目标，在许多方面适得其反。但是资本项目自由化，特别是短期资本跨境流动合法化得到了推进。事实上，人民币国际化的每一个关键步骤都以资本项目自由化的相应步骤为前提，人民币国际化的路线图隐含了相应的资本项目自由化的时序。然而，与人民币国际化相对应的资本项目自由化时序与理论和实践中得到共识的资本项目自由化时序并不完全一致，甚至相互冲突。比如，与出口结算货币选择的自由化对应的是短期资本流动的自由化,而理论和实践中,在汇率和利率都缺乏灵活性的条件下,短期资本流动不应当开放。因而,人民币国际化进程应该从属于资本项目自由化进程,回避资本项目自由化的讨论,以人民币国际化为名推动资本项目自由化将导致资本项目自由化进程失去控制,人民币国际化也难以为继。

巫和懋(北京大学国家发展研究院教授)

首先,巫和懋教授从人民币离岸市场与金融自由化方面对余永定研究员的主题报告进行了评论。人民币国际化没有达到其原来设定的目标。当前以人民币结算的贸易额有所增加,但是大部分贸易依然以美元计价,而人民币计价才是人民币国际化中最重要的部分。事实上,商品是否以一国货币来计价主要取决于微观因素,而不是宏观因素。我们之前对日元的研究也表明,即便要承受一定的汇率风险,日本企业也不愿意贸易以日元计价,因为日本产品主要出口到美国,以美元计价可以获得更大的市场份额。

从企业层面而言,如果一个国家产品有良好的品牌和较强的营销能力,那么它便拥有较强的议价能力,就能够提出用本国货币来计价。如果中国仍然出口低附加值的产品,出口企业议价能力较弱,也就难以改变以美元计价、以人民币结算的事实。中国要推行人民币国际化,强调人民币计价,必须要加强企业的竞争力,提升微观个体在国际市场上议价能力。因此,人民币国际化主要不是由中央银行推动的。由中央银行推动人民币国际化可能会造成套利套汇的现象,并不会改变市场上商品以何种货币计价的事实。

当前中国存在一个奇怪现象:一种货币,两个市场,两个价格。这便造成了人民币套汇空间的存在。中国香港地区人民币存款的增长非常迅速,2011年9月香港地区人民币存款为6 000多亿元,这是非居民持有的人民币资产。换言之,该存款是用美元交换得来的,这意味着美元的短期流入,造成了中央银行美元外汇储备增加。此外,抛补利率平价在中国并不成立,这便又产生了额外套利机会。套汇和套利的存在,构成福利损失的来源。可以认为,套汇和套利行为是短期资本流动的另一种表现形式。流入的短期美元资本不仅增加了中央银行的外汇资产,而且获得了巨额的收益。流入的短期美元资本所获得收益归根到底还是由中国央行和民众来支付。

其实,人民币国际化路线图的背后还有着政治经济学的含义。中国当前存在的问题是,利率过度压低。结果导致获得贷款的企业得利和老百姓受损。显然这些企业所属利益群体不愿意利率自由化。同样,汇率低估是为了鼓励企业出口,出口企业从中受益,而消费者则因为进口商品支付更多而受损,显然这些企业所属的利益群体不愿意汇率自由化。这些利益集团对金融自由化构成阻力。金融危机发生后情况发生某些变化,因为人们普遍对美元反感,希望人民币能够取代美元,有可能借人民币国际化形成新的利益群体。

巫和懋教授还谈及中国台湾地区金融自由化的经验。台湾地区经济规模比较小,台湾地区金融自由化开始于1980年,其背景是1960—1980年间快速的经济增长、较高的外汇储备、较高的民间储蓄率、健全的政府财政和较低的通货膨胀率。

在利率自由化方面,早在1976年,台湾地区便建立了货币市场,以浮动利率引导民间资金流入货币市场,货币工具包括商业本票、国库券、可转让定期存单、承兑汇票,并且政府免征营业税,采取优惠税率、分离课税。1980年,利率自由化正式启动,货币市场利率由市场供需决定,它成为"中央银行"调整利率的参考,但是此时的银行利率仍有上下限。1984 年 11 月,"中央银行"放宽贷款利率上下限,由银行决定基本贷款利率,并且允许银行自主决定存款利率。

在汇率自由化方面,台湾地区于 1979 年 2 月废除固定汇率制,远期外汇市场的上下浮动区域为 2.25%,该政策实行至 1989 年。1980—1985 年间新台币币值稳定,1986—1988 年间,经常项目顺差较高,资产价格飙升,台币相对于美元升值近四成。1989 年 4 月"中央银行"废除中心汇率制度与各项限制,即期汇率由各银行自行订立公告。1987 年 7 月撤除所有与经常项目相关的外汇管制,并允许居民持有外币。个人每年汇入金额逐年提高,由初始的 5 万美元提高到 1989 年的 50 万美元,进而到 1990 年的 200 万美元。1992 年个人汇出入金额为 500 万美元。企业自由持汇额从 1995 年的 2 000 万美元上升到 1997 年的 5 000 万美元。在遭遇 1997 年亚洲金融危机之前,台湾地区利率与汇率市场已基本实现自由化。金融危机发生后,"中央银行"逐步调高利率,并于 1997 年 10 月让新台币大幅贬值,经过价格调整,台湾地区得以安然度过亚洲金融危机。

从台湾地区的案例来看,金融自由化在较为稳健的财政政策与物价背景下通过四个步骤实施。第一步是利率市场化。先实现正的真实利率,再建立各种期限的利率指标。第二步,汇率市场化。建立即期、远期、期货等汇率市场体系。第三步,健全资本市场如股票、国债、公司债市场。第四步,开放资本项目。

张宇燕(中国社会科学院世界经济与政治研究所研究员)

张宇燕主要从人民币国际化的量化指标、推行人民币国际化的背景以及原因三个方面谈了自己的理解。

首先,张宇燕提出了人民币国际化的量化指标。人民币国际化达到怎样的程度才算实现了人民币国际化?这需要一个量化的指标来进行判断。如果人民币在计价、结算和储备货币中所占比重与中国的 GDP 和出口占世界 GDP 和出口比重大致相当时,那么就可以认为人民币已实现了国际化。另外,人民币国际化没有出现在官方文件中,它只是学者和官员私下讨论的一个问题,并没有一个明确的中国国际货币金融政策来推行人民币国际化。官方表述也只是间接涉及人民币国际化,比如胡锦涛主席在第一次 G20 会议上提出的关于国际货币体系改革的四项主张,其中第四项就是要推进国际货币体系的多元化。

其次,张宇燕对推行人民币国际化的背景进行了进一步说明。既然官方没有正式的表明要推行人民币国际化,为什么大家还这么热衷于讨论人民币国际化呢?这其中的背景可能有以下四个方面。第一,中国的崛起。中国的经济实力迅速提升,按照购买力平价计算,中国 GDP 在 2006 年超过了日本,并且在 2011 年更是日本 GDP 的两倍。中国经济和贸易地位已经迅速的崛起,但是中国金融体系还相对薄弱,这与实体经济的地位是不相符的。第二,金融危机。国际货币体系成了此次金融危机的主要原因之一。美元体系遇到的麻烦便是人民币崛起的机会。第三,回应全球失衡。中国外汇储备的不断增加被认为是导致全球失衡的一个主要原因,为了应对全球失衡,中国提出了加大对外投资,实施"走出去"的战略,这都与人民币国际化紧密相连。第四,中国国内货币银行体系的改革。1985 年,中央银行与商业银行分离;1995 年,商业银行与政策银行分离;2005 年,商业银行上市。可见,中国货币银行体系改革是十年一大步,下一步改革的路径可能与人民币国际化有关。

最后，张宇燕对推行人民币国际化的原因进行了分析。推行人民币国际化的结果并不尽如人意。然而，为什么仍然还有人提出要推行人民币国际化？这主要有以下三点原因。第一，推行人民币国际化是推动国内金融市场改革的一个重要手段，这是一个"倒逼"机制。美国高层官员曾表示美元有两个支撑，庞大的金融市场以及完整、透明和公正的司法体系。人们之所以愿意持有美元资产，把美元当成国际货币，正是因为美国具有发达的金融市场和完善的司法体系。反观中国，资本市场的发达程度还较低，司法体系也不健全，这两点才是人民币国际化能不能成功、能走多远的更深层次的原因。第二，推行人民币国际化是要避免中国走"亚元"和亚洲货币合作的道路。人民币国际化提出正是讨论亚洲货币合作最热烈的时期，我们不希望亚元限制中国未来的发展，也不希望亚洲货币合作成为中国未来发展的束缚。第三，推行人民币国际化是为了实现储备资产的多元化。人民币国际化并不一定按照计价—结算—储备的顺序进行，它可以通过外汇储备互换直接实现。中国可以直接用人民币购买其他国家的货币，使人民币成为其他国家的储备资产，同时也使得本国的储备资产能够多元化。

"人民币国际化与中国金融对外开放政策"研讨会简报(下)

(2012年3月)

2012年3月9日下午,中国社会科学院世界经济与政治研究所与北京大学国家发展研究院在北京大学国发院致福轩联合举办"人民币国际化与中国金融对外开放政策"研讨会,两个机构研究人员就相关问题进行热烈研讨。我们分两期简报报告研讨内容,本期简报报道周其仁、张斌、高海红、宋国青等人发言的主要内容。

周其仁(北京大学国家发展研究院教授)

人民币国际化成为当前的热门话题有其历史背景。1994年汇率并轨曾导致当年外汇储备增长300亿美元,基础货币投放近3 000亿人民币。和2005年"汇改"相比,1994年外汇占款增加只相应减少了央行再贷款的基础货币投放,没有物价上涨压力,出口和外汇储备增加令各方感到满意,因此朱镕基在1994年12月份的一次讲话中认为汇率并轨是中国经济改革取得的重大成绩。

随着经常项顺差不断增加,外汇储备剧增,外汇占款逐渐成为央行基础货币投放的基本通道,国内通胀压力开始显现。国内学界最早注意到人民币升值问题的两家机构分别是国发院和社科院,余永定和宋国青当年都发表了论文和报告,且观点一致地认为需要对人民币盯住美元的汇率政策尽快进行调整。此观点决策层有所了解,但当时没有被采纳,直至2005年才开始调整人民币汇率。

此后人民币小幅升值的过程中,伴随通胀压力不断加大,政府管制增加,国内经济失衡加剧。对国内流动性过剩,易纲有一个形象的比喻:锅里、缸里和杯子里都满了。面对通胀,虽然央行将存款准备金率提高到20%以上,发行央票回笼货币并多次加息,但仍无法有效控制货币供应。由于缺乏有效的货币政策,决策层对经济过热只能一个部门一个部门地管,一个行业一个行业地出台措施,其代价是政府行政管制不减反增,商业银行改革和利率市场化改革也因此受到阻碍。

为了兼顾出口导向战略和减少国内通胀压力,央行提出要提高人民币贸易结算比例,鼓励人民币跨境结算、货币互换,也就是学界讨论的人民币国际化命题的背景和前身。对此,市场的反应很有意思。大陆金融机构认为由于缺乏回流机制,境外企业持有人民币的意愿很低,人民币贸易结算缺乏市场,开始反应比较冷淡。中国香港地区的金融机构很积极,认为机会难得,有生意做。市场发展符合香港地区金融机构的预期,人民币贸易结算的回流机制不但没有减少外汇储备增加的压力,反而为市场提供了套利套汇的机会。只要人民币汇率形成机制的根本问题没有解决,人民币套利套汇的市场行为就不会停止。

改革没有路线图,很多改革只是副产品。人民币国际化就是人民币汇率机制改革的副产品,但这个副产品让上海人非常不高兴。从上海的政府到民间,有一种观点认为提出人民币国际化是中央政府给香港地区送大礼,把金融中心机会让给香港地区。压力总有释放机制。设想上海也开放离岸金融市场,套利套汇做大的结果是什么?一个可能是离岸金融市场不成功,另一个可能是套利套汇的代价太大,套利套汇压力倒逼人民币汇率机制改革加速,并将资本项开放提到议事日程。

张斌(中国社会科学院世界经济与政治研究所研究员)

张斌研究员主要报告加快对外金融开放的目的以及金融开放的内容与次序问题。他总结并提出了加快对外金融开放的原因,然后基于优化国际投资头寸表和实验评估的两个视角对金融开放的次序进行论述,并强调了中国学者应积极参与国际货币体系和国际金融体系规则修订改革的建议。

讨论金融开放涉及两个问题:为什么要加快金融开放?金融开放内容与次序是什么?对第一个问题,官方和学术界有一些解释。从政府推进工作的角度看,贸易开放已经基本完成,金融开放成为下阶段中国对外开放的主要任务。但这个理由不充分,并没有什么成熟的理论支持贸易开放完成后就一定要金融开放。

从贸易开放的经验来看,加快开放会倒逼国内的市场化改革和完善相关制度建设。但是通过资本项目自由开放、人民币国际化能否倒逼国内金融体系改革值得怀疑。当前人民币国际化带来资本流动确实会给央行操作带来新的压力,但是这个压力是不是能变成改革动力现在看不确定。利率市场化和更具弹性的汇率形成机制改革目前是有压力,但这两项改革还没能形成完全对接。利率市场化最终可能会涉及大企业、地方政府等利益集团的问题;汇率市场化可能更多地与出口企业相关联。这两项怎样与金融开放对接?目前为止还未看到成功的倒逼。

对加快金融开放原因比较认可的解释是,金融危机前我国经济增长模式基本上属于出口导向型,制造业和工业部门为主导,出口与房地产对经济的贡献较大。出口和房地产部门发展天然解决了抵押品问题,银行风险管理较低,银行主导的简单金融服务能完成从储蓄向投资的成功转换。金融危机后出口导向模式越走越难,内需导向型的经济增长对金融服务和风险管理的要求与之前不一样,需要有更有利的金融贸易条件和更复杂的金融服务才能满足内需导向发展的需要。加快对外金融开放会更好地服务我国从外需导向型向内需导向型经济结构的转型。

加快金融开放可改善金融贸易条件。决定居民富裕程度的两个传统要素是,人均劳动生产率和商品贸易条件,一个是生产能力的问题,另一个是交换能力的问题。另外还需考虑第三个要素即金融贸易条件,也就是金融资产的相对价格。比如同样收益率的国债会因为主权信用评级差异而价格不同,同样规模的私人部门融资会因为计价货币不同而付出不同的成本。金融危机期间经验显示,对外净资产规模、货币国际化水平、能否参与国际规则制定等对金融贸易条件有很大影响。

加快金融对外开放可以帮助完善国内金融服务体系。金融体系包括三个要素：金融中介、金融市场、金融基础设施。金融开放是大概念，人民币国际化只是当中的一部分。通过金融对外开放，可以发展更复杂的金融体系，同时能够促进公平、有效、功能完备的金融体系发展，服务于更加迂回的生产组织形式，以及储蓄—投资的高效转换，因此加快金融开放是必要的。

对于金融开放内容最近讨论集中于汇率市场化和资本项目改革等方面，集中于金融开放次序的问题。如何安排金融开放的次序，当前学术界存在一个共识：如刚才巫和戀老师提到的中国台湾地区的案例一样，从国际经验来看，若一个国家和地区采取固定汇率，资本是自由流动的，很容易招致投机资本冲击，从拉美到东南亚很多新兴市场国家都印证了这一点。

总的来看，无论是从理论界共识还是从国际经验角度看，能提供给中国借鉴的东西不多。一方面，早先的理论和经验对货币国际化与外汇储备管理关注较少；另一方面，理论与实践不对接，香港地区的人民币离岸市场并不是标准的离岸市场，更像是一个试验场。当前的开放思路是先易后难、先试验再全面铺开，与既有的理论和国际经验不能对接。

张斌从优化国际投资头寸表的角度分析中国金融开放次序。国际投资头寸表集中反映了所有涉外金融交易流量加总信息，反映了一个国家对外金融的资产负债构成和净财富水平。中国国际投资头寸表的突出问题在于，从总量来看中国的对外资产远大于对外负债，对外净资产有 18 000 多亿美元，这对一个发展中国家十分罕见。从结构来看，中国的资产方以官方外汇储备为主，绝大部分是美国与欧元区国家的国债和机构债，而且大都是以美元或欧元计价的，收益率较低。负债方以外国来华直接投资为主，大都是以人民币计价的，平均收益率是 10%—15%，加之人民币升值因素的影响，负债成本较高。

各项金融开放措施对国际投资头寸表有以下影响：汇率市场化改革减少我国外汇储备资产，同时也减少人民币负债；人民币国际化则会在增加我国人民币负债的同时增加外汇储备资产。由于我国还没有很好的能力来管理好外汇储备资产，通过人民币来举债增加负债并同时增加外汇储备资产，会使情况越变越糟。人民币负债进一步增加，外汇资产进一步升高，进一步恶化我国国际投资头寸表的状况。放松对短期资本流入的管制与人民币国际化对资产负债表的影响近似。外汇储备管理改革非常重要，这对于降低储备资产的比重很有帮助。

基于优化国际投资头寸表的金融开放次序是：第一步是人民币汇率形成机制改革，外汇储备管理改革，放松对资本流出限制。这一方面可以减少我国总资产规模，另一方面可以提高外汇资产的收益，减少人民币负债成本。第二步是人民币国际化和减少短期资本流入限制。尤其是人民币国际化，当我国不能很好地管理和运用外汇储备资产时，通过人民币举债来增加外汇资产是不合适的。

从实验评估角度来考虑，人民币升值预期是（CNH）离岸人民币市场发展的起点。虽然 CNH 市场从无到有，各项人民币离岸金融市场业务快速发展，但套利交易在主导市场的发展。最突出的问题在于内地货币当局持续干预外汇市场，并保持人民币单边升值预期，在此背景下套利交易不会因为交易规模扩大而收窄，交易的结果是央行补贴套利者。

过去 20 年国际贸易体系运行良好，关键在于 WTO 提供一套规则。在过去 20 年国际金融体系频频出现危机，原因在于缺少适当制度方面公共品。每一次危机都可以归咎为危机经济体自身的内部问题，反映了该经济体内部在制度和规则设计上的缺陷。借助于国际通用的外部制度和规则约束，能够弥补经济体内部的制度和规则缺陷。

为此，可以在 G20 所有成员国家之间实行统一的金融规则：①只有在共同认可的条件下，才能干预外汇市场。②根据发展阶段，确定统一的资本项目开放标准。③根据发展阶段，确定经常项目/国内生产总值（GDP）余额阀值。④对国际储备货币发行国的财政可持续性设置标准。⑤对短期资本流动和重要跨国金融机构更严格地监管。⑥以全球货币互换网络为基础的最终贷款人机制。

高海红（中国社会科学院世界经济与政治研究所研究员）

第一，对美元国际货币地位的估计。人民币国际化初衷来自"美元陷阱"评价，当前人们对美元的国际货币地位有可能过度悲观。国际货币职能中有两个被忽视的：一是载体的职能，也就是所谓的第三方货币职能。当前美元地位的变化更多地是储备货币职能的变化，由于官方行为的选择，美元储备的比重是在不断降低的。但从外汇市场交易量来看，美元作为对手货币仍然能达到一半。人民币虽然在我国周边的一些国家被计入一篮子货币，但从国际外汇市场的交易量来看，它的比重还是相当小的。人民币能否成为载体货币对其能否国际化可以说是极为重要的。二是锚的功能，在当前浮动汇率时代，这个功能也被忽视了。根据 IMF 的年报，在 187 个国际货币基金组织成员国中有 50 多个国家把美元作为锚货币。人民币能否成为锚货币是其国际化程度的重要指标。

第二，资本项目开放。近来推行的人民币国际化与资本项目开放几乎可以画等号。2009 年，香港金管局召开人民币国际化研讨会，当时美国经济学家彼得·凯南（Peter Kenen）针对货币国际化设立了一个资本项目开放的框架，这其实就是把资本管制作为货币国际化的对立面来研究的。

第三，"倒逼"机制的问题。从理论研究或历史经验来看，汇率制度和货币国际使用没有必然的联系。通过人民币国际化来形成一个汇率改革的"倒逼"机制只是一种说辞，这种机制在理论上可能不是严格存在的。

第四，货币国际化、人民币国际化对货币政策的影响。一个国家货币国际化程度增加后对央行政策效率有何影响值得讨论。大致来看，货币的国际使用会通过货币的传导机制来影响货币政策效率。一个国家的货币使用更加国际化后，会使本国金融市场的流动性增加，这一点可从美元的市场流动性及其广度和深度看出。此外，一种货币国内市场的广度和深度与其货币的国际使用是一个双向关系。例如美元的国际使用能够帮助美国金融市场提高流动性，而美国市场流动性提高有使得美元的国际使用能具有吸引力。欧元的使用和欧元区金融市场发展的互动关系也是比较明显的。欧元使用之后，欧元区的金融市场得到了很大发展，欧元计价的债券已经超过了美元计价的债券。中国金融市场流动性与人民币国际使用之间不是单向关系，而是一个双向作用的过程。

货币国际化对货币政策效用的影响，很重要的一个方面是套利活动。套利对央行的货币总量的控制形成了很大的挑战，德国央行对马克的国际使用就非常谨慎，担心之一就是马克的跨境套利活动对德国央行控制货币总量带来困难。有研究区分居民在境外持有马克和非居民在第三国持有马克对德国货币总量的影响，得出的一个基本看法是非居民在第三国持有本币的影响相对要小一些，居民在境外持有马克对货币总量的影响要大一些。非居民持有本币如果留在境外，这是一种安全做法。

第五，离岸人民币市场。香港地区人民币市场不是真正意义上的分离型离岸市场，因为人民币资产交易发生在居民和非居民之间，而不是非居民对非居民。离岸市场是随着资本管制发展起来的，资本管制越放松，离岸市场发展余地可能越小。如果现在中央政府大力推进资本项目开放，这对香港地区来说并不是一个好消息。比较而言，上海将来很可能是扮演一个在岸市场角色。以政策推动香港离岸市场是一个误区。即使没有推出那些措施的话，只要中国经济影响力不断扩大，可能香港地区的离岸人民币市场照样发展。例如20世纪60年代欧洲美元、欧洲马克，以及后来的欧洲日元市场，都是在存在境内资本管制情况下发展起来的。以为政府可以推动离岸市场发展可能是一个认识误区，其实可能相反，越管制离岸市场越发展。

宋国青（北京大学国家发展研究院教授）

人民币国际化命题需要探讨。以人民币套利套汇机制倒逼人民币汇率改革很难。由套利套汇目的形成了人民币需求，香港地区集中了大量人民币境外存款，同时又有国内企业到香港地区发人民币债券。如何看待此现象？是表明人民币成为储备货币以及贸易结算货币和人民币国际地位提升吗？回答这个问题要先思考人民币怎样流动到香港地区。中国企业因进口把人民币出售给香港地区的金融机构，中国居民则直接用人民币在香港地区消费，境外人民币再以存款或者购买人民币债券的形式回流。从整体上看仍然是中国经常项顺差，资本流出。

境外人民币需求本质不是来自贸易结算，也不是价值储存，而是套汇套利。美元作为世界货币，集中了储备货币、计价货币和交易货币多种角色。美国经常项大量逆差，是赤字问题，但不是汇率问题，也不是货币问题。假想一种情况，世界各国因为美国大额赤字不信任美元时，美国企业到中国商业银行借入人民币支付进口，那才是真正有意义的人民币贸易结算。

用人民币贸易结算可减少企业汇率风险的说法也不一定成立。人民币作为计价货币和结算货币的不同作用在前面已经多次谈及。从汇率风险的角度看，汇率风险是由汇率波动导致的，只能在买卖双方之间进行风险分摊。最后哪个企业更多承受汇率风险只是买卖双方的利益平衡。从货币购买力角度看，近两年国内通胀压力不小，以人民币计价不一定就稳定。

此外国内金融管制是大问题，汇率管制和利率管制只是其中一部分，比之更厉害的可泛泛称为"宏观调控"。20世纪90年代财政承担某水利项目以9%的利率向世行借入4亿美元贷款。虽然当时中国不缺钱，国内存款利率仅4%—5%，但是受宏观调控限制项目只能向国外高利借钱。相对于拿不到钱的企业，9%还是一个很低的利率。房地产宏观调控限制银行向房地产企业贷款，房地产企业到境外筹资利率都在10%以上，而且很难借到。国际市场流动性充裕，本来企业可以拿到较低的利率。国内宏观调控政策把资质好的资产变为垃圾债级别的债券。设想如果人民币离岸市场进一步开放，商业银行可以在境外吸收人民币存款，国内宏观调控会成为繁荣离岸金融市场的催化剂。当离岸金融市场规模足够大时，宏观调控就会被架空。

总之，汇率歪曲、国内宏观调控和金融管制是主要问题，仅靠套利套汇机制倒逼国内改革太难。要改变有关部门对投资实际行政审批式的宏观调控模式。现在看来这方面必要改革仍遥遥无期，甚至有倒退的可能。

第七篇

中国经济研究中心十周年庆典

中国经济研究中心十周年庆典活动简报之一
——感激与梦想：林毅夫教授在中心十周年庆典上的致辞

（2004年9月）

  1994年成立的北京大学中国经济研究中心（CCER），今年迎来她的十周年生日。2004年9月16—18日，中心举办了一系列学术活动庆祝十年走过的历程。其中包括16—17日召开的"中国经济展望——机遇和挑战"国际研讨会，18日上午千人庆典大会和"中国经济发展"论坛，18日下午由诺贝尔经济学奖得主詹姆斯·莫里斯教授和中心周其仁教授所做的两场专题讲演。我们用多期简报报道这些活动内容。本期发表林毅夫教授在9月18日庆祝大会上的致辞。大会在北京大学百周年纪念讲堂举行，中心老师和学生、北京大学和其他政府部门领导、国际机构代表、学术界和企业界的朋友等2 000多人出席了大会。

尊敬的各位嘉宾、老师们、同学们：

  北京大学中国经济研究中心今天在这里隆重举行十周年庆祝大会。我首先要感谢各位领导、老师、朋友、同学在周末来参加这个庆典。在座有不少朋友是专程从遥远的美洲、欧洲、澳洲、亚洲和国内各地专程而来，让我代表中心全体教师和员工，感谢各位的热情支持。你们的关心和鼓励是10年来中国经济研究中心前进的最重要力量！

  10年前，易纲、海闻、张维迎、张帆和我等几位有幸在国内长大、到国外接受了现代经济学、管理学教育的年轻学者，看到国内改革开放大潮给现代经济学、管理学教育以及经济理论和政策研究提供的机会，怀着学术报国的赤诚和理想，在北京大学校长吴树青和其他校领导的支持下，在杜润生、高尚全、王岐山、周小川、龙永图等领导的关怀下，在学术界、政策研究界的许多朋友和福特基金会、世界银行的帮助下，成立了北京大学中国经济研究中心。

  10年来中国经济研究中心由小到大，专职研究、教学人员从初创时的6人增加到现在的24人，成为北京大学的一个重要教学、研究力量。在教学上，中国经济研究中心以新的课程安排、内容和理念，开办了经济学博士、硕士、本科双学位、国际MBA、金融硕士班等课程，每年培养的学生人数超过2 000名。这些项目推动了北京大学和国内兄弟院校经济学与管理学的教学改革，成为培养我国未来经济学和管理学科发展的领军人物，以及我国现代化建设高级人才的摇篮。在经济学、管理学的理论研究上，中国经济研究中心的教员倡导以新的、规范的方法来研究中国的改革和发展中的现实问题。自成立以来，中心研究人员在《美国经济评论》等国际一流学术刊物上发表论文 60 多篇，在国内一流学术刊物上发表论文 400 多篇，出版专著 80 余部，编著近 30 部，其中 20 篇论文著作分别在国内外获奖。中国经济研究中心的教员除了以身作则，积极在国内外学术期刊发表论文、出版专著，还组织了国内经济学界的年会、创办了《经济学》（季刊），每年还和美国权威的国家经济研究局举办中国经济年会，邀请著名的经济学家，包括 8 位诺贝尔经济学奖获得者，到国内来讲学、交流，推动了国内经济学、管理学研究和国际经济学界的接轨。中国经济研究中心自创办以来，还积极参与了国内各种改革和发展问题的实地调查与政策研究，10 年来在中心学术活动基础上出版了 450 期《中国经济研究中心简报》，对我国三农、国企、财政、银行、股市、电信、医疗卫生、社保体系、粮食流通、地区差距、收入分配、通货紧缩、经济过热等一系列关系到国计民生的重要问题提出了分析和政策建议，供有关部门参考，对这些问题讨论深化和决策科学化做出了一定贡献。

10 年前在北京大学创办中国经济研究中心，凭的只是几位海外归国知识分子以天下为己任的责任感，希望以所学贡献于祖国改革开放和现代化。创立之初，6 位教员、3 位行政人员，拥挤在老地学楼的两间半小房间办公，实在不敢想象我们的理想到底能够实现多少，我们的热忱能够坚持多久。十年来一步一步走过来，中国经济研究中心由小到大，逐渐茁壮，为中国的经济学、管理学的教育改革、理论创新和政策研究都做了一点贡献，办公地点也从老地学楼搬到了令人羡慕的昔日皇家园林朗润园。抚今追昔，我们不能不感谢这个时代给予我们的机会、北大校领导的支持、国内外许多朋友的鼓励、中心所有教职员工的努力，还有众多优秀学生的积极参与。

中国是一个有 5 000 年悠久历史的文明古国，在 18 世纪中叶的工业革命前曾经有将近 2 000 年处于人类文明的顶峰。但是自工业革命以后，中国的国际地位一落千丈，成为世界上最为落后的国家之一，面临亡国的危险，就在 73 年前的今天，日军突然袭击了沈阳，试图将中国变为殖民地。中国的知识分子历来以天下为己任。怎样使中国重新富强起来，是从 1840 年的鸦片战争以来几代中国知识分子孜孜不倦努力追求的目标。只有到了改革开放以后的这二十多年，中国的重新崛起才不再是一个遥不可及的梦。改革开放以来我国经济的蓬勃发展，给我们在经济、社会上的各种制度创新提供了广大的空间。中心创办以来的这 10 年，可以说是中国近代史上最好的 10 年，也只有在这么一个充满着希望、朝气和探索精神的时代，我们 10 年前创办中国经济研究中心的理念，才有可能得到社会各界的普遍认同；同时，也只有中国改革开放顺利的推进和步伐的不断加速，才对中国经济研究中心的诸多创新有了不断扩大的需求，中国经济研究中心的许多设想才有可能一一实现，中国经济研究中心才会成为国内不少兄弟院校参考、借鉴的模式。

中国经济研究中心的组建和十年发展，离不开北京大学校领导的远见卓识和宽容。中国经济研究中心是国内第一个完全由海外留学归国的学子倡议、组建的教学研究单位，如果没有北京大学校领导的卓越见识和勇于担当的事业心，10 年前中国经济研究中心不可能被批准创立。创立之初，中心的所有教员刚从国外回来，有满腔热忱，急于想多做点事，时常有办事考虑不周甚至是做得不对的地方，但是，学校党政各级领导，不仅没有因为我们的无知和毛躁而批评和压制我们，且还鼓励我们，支持我们继续探索和创新。正是在这种谅解和宽容的环境里，中国经济研究中心才能不断茁壮成长。让我利用这个机会代表中国经济研究中心的所有成员，向宽容我们、鼓励我们、支持我们的北京大学各级党政领导致以崇高的敬意和谢意。

为了适应学术研究国际化的需要，中国经济研究中心从一开始创立就按国际的规范来组建，中心所需要的研究、工作条件由中心自己来筹措。创立之初筚路蓝缕，要是没有许许多多关心中国的命运、认同中国经济研究中心目标的国内外朋友的支持，中国经济研究中心在早期不可能有稳定的财源来维持正常的教学、研究和人员费用。我要感谢福特基金会在中国经济研究中心创立初期五年所提供的启动经费以及为回国研究人员提供的每人两年的研究和生活补助，感谢世界银行提供的五年国内和国外访问学者奖学金。特别让我感动的还有许许多多海内外的朋友，出巨资赞助中国经济研究中心修复致福轩和万众苑，为中国经济研究中心提供讲座教授基金和学生奖学金，他们的热情支持鼓舞着我们不断前进。

一个教学、研究单位的最宝贵财富是一群有见解、有思想深度的高素质研究人员，中国经济研究中心虽然自成立之初即努力创造一个良好的工作和生活环境，但是和国外提供的条件相比，毕竟还差得很远。十年来，中心聚集了一批从海外归国的最优秀的研究人员，他们之所以愿意放弃国外优厚的待遇和条件回到中心来工作，靠的是事业心和对国家、对社会的责任感。此外，中心之所以能够成为一所高效率的现代化教学、研究中心，还有赖于一群心甘情愿为人做嫁衣裳的行政、科辅人员的长期耕耘和默默奉献。他们是成就中国经济研究中心的事业、实现我们共同理想的最大功臣。

中国经济研究中心十年前所设立的为经济学、管理学的教育改革、理论发展和政策研究做贡献的目标，需要几代人的共同努力才能实现。十年来让中国经济研究中心的教员最感到欣慰的是北京大学和校外许许多多学生对中国经济研究中心的目标的认同，每当在课堂上，看到一张张充满着青春活力的学生的脸，一双双充满着灵气、渴望、信心和探索精神的学生的眼睛，让我们这些作为老师的感到再累也是值得的。薪尽火传，中国经济研究中心初创时的目标的最终实现，有赖于众多直接的和间接的中国经济研究中心的学生的不懈努力。得天下英才而教一乐也，让我也利用这个机会感谢今天在场的和不在场的、直接的和间接的中国经济研究中心的校友和学生。

作为中国经济研究中心的创始人之一，十年前我实在不敢想象会有今天这样的盛大场面来庆祝中国经济研究中心的十周年。十年转眼而过，虽然社会上给予中国经济研究中心许多肯定和赞誉，但是距离十年前中心成立时提出的为中国经济学、管理学教育的改革、理论发展和政策研究做贡献的目标而言，只能说是向前迈出了一小步。

经济学理论来自于对人类社会经济现象的观察和总结，必须随着人类社会的演进而不断创新；经济学的理论也必须不断经受各种过去的和新发生的现实经济现象的检验，才能去芜存菁，知道何者可以暂时被接受、何者应该存疑或是被摒弃。我国自1979年年末开始进行的改革开放出现了许多难以用现有的经济学理论来解释的现象，对当前的主流经济学理论提出了许多挑战。但是任何现象背后总有产生这个现象的逻辑，不能被现有的经济学理论解释的现象总可以构建新的理论来解释。因此，中国的改革开放给经济学理论的创新提供了一个大好的机会，是经济学理论研究的金矿。而且，我国正处在史无前例的变革时代，自强不息的中华民族正在以前所未有的步伐走向未来。随着中国经济的快速发展，在世界经济地位的提升，中国的经济问题也将成为世界经济学研究的主流问题。用规范的方法来研究我国本土的改革和发展中出现的经济问题，既是想对我国的改革发展做出贡献的所有老师和学生的责任，也是我国学习经济学的老师和学生走向国际学术界最好的机会。中国经济研究中心的所有教员盼望着和大家一起来挖掘这个经济学研究的金矿、来为中国的改革、开放和经济学科的发展作贡献。

有梦想的人是幸福的，胸怀梦想生活在这个充满希望时代的人是很幸福的，为梦想的实现而奉献的人是更幸福的，经过努力而看到梦想实现的人是最幸福的。相信只要我们共同努力，我们一定会成为最幸福的人！我们一定会迎来中华民族在 21 世纪的伟大复兴，迎来引领国际经济学思潮的大师在中国辈出的时代！

中国经济研究中心十周年庆典活动简报之二
—— 中国改革二十五年：经验、教训和比较

（2004年9月）

1994年成立的北京大学中国经济研究中心（CCER），今年迎来她的十周年生日。2004年9月16—18日，中心举办了一系列学术活动庆祝十年走过的历程。其中包括16—17日召开的"中国经济展望——机遇和挑战"国际研讨会，18日上午千人庆典大会和"中国经济发展"论坛，18日下午由诺贝尔经济学奖得主詹姆斯·莫里斯教授和中心周其仁教授所做的两场专题讲演。我们用多期简报报道这些学术活动内容。本期摘要报道林毅夫教授在"中国经济展望——机遇和挑战"国际研讨会上的主题发言。

中国从20世纪70年代末开始对社会主义计划经济体系进行改革。这场渐进性的、双轨制的改革，取得相当大的成功。在过去25年，中国年均GDP增长率9.3%，是全世界增长最快的国家，年均贸易增长率达到了16%，25年内对外贸易额增加了41倍。25年前，中国在全球的贸易地位大约在第34、35位，2003年我国的出口贸易额是全球第4位，进口贸易额是全球第3位。

中国改革在初期十年多就取得了相当了不起的成绩。但是当80年代初东欧国家和苏联也开始了市场化改革时，主流经济学家、包括世界银行或者国际上很多研究转型的经济学家并不看好中国，而是比较看好苏联和东欧国家的改革，认为虽然苏联和东欧国家的改革比中国晚了10来年，但它们改革比较彻底。这些国家采取的"休克疗法"改革有三个主要内容：一是价格自由化，让市场配制资源；二是对国有企业进行大规模私有化；三是保持宏观经济的稳定。按主流经济学界看法，苏联、东欧经济会经过一段时间衰退，但是会很快就增长，呈现所谓"U"曲线。中国改革则会由于体制性问题、改革不彻底问题，遭遇相当大的困难。

然而90年代以来，中国的经济继续高速增长，中国对外开放也在继续深化。尽管社会当中还有不少的问题，但经济增长一直没有停止。苏联、东欧国家的经济并没有出现主流经济学家预期的"U"曲线。中国改革的方式，与世界上许多主流经济学家的看法是相反的。因为并没有一下子让市场决定所有的价格，并没有进行大规模的私有化。那么，中

国的改革有没有一般的借鉴意义？有人认为中国改革的成功是因为中国的特殊条件，比如当时80％的人口在农村，只要把农村里面的剩余劳动力转移到城市来，就能够保持增长。他们认为中国改革的成功只是中国的特殊条件造成的，并没有一般的意义。

但也有不少的经济学家，都认为中国改革确实对我们现在的主流经济理论提出了一个挑战。中国改革开放所取得的成就，是主流经济理论很难预测与解释的。但任何经济现象背后都有经济学的道理，不能用现有理论解释，并不代表不能够用经济学理论解释。我个人觉得，中国采取的这种渐进式改革，是有一般意义的，即使是对苏联、东欧国家来讲也还是有意义的。我们不管采取什么样的改革策略，到最后一定都是渐进式的，因为这是一个重大的制度转型。制度结构的变化不是一朝一夕就能够完成的。从这个角度讲，深入了解中国转型当中的经验，包括成功和失败的经验，我想是有不少一般意义。我想首先讨论计划经济体系里面很多的制度安排背后逻辑是什么，然后分析中国转型过程中的经验，最后给出一个简单的结论。

怎样理解中国改革之前的计划经济体系。有的说由于是社会主义国家，所以要按照马克思主义取消剥削和取消私有产权原则行事。美洲国家历史说明，计划经济体系并不完全来自社会主义意识形态，而是为了实现发展战略的目标。计划经济体系，即斯大林模式，就是怎样在社会主义国家快速发展资本密集型产业，同时也是技术很先进的现代重工业。当时苏联是农业国家，资本相当稀缺，这与中国、越南等社会主义国家早年的情况是一样的。在资本相当稀缺的国家，资本密集的重工业是不符合它们的比较优势的，而这些产业的载体——企业——在开放竞争的市场当中，是没有自生能力的。那么怎么建立这些没有自生能力的企业呢？那就需要政府的支持。

在一个资本稀缺的国家，发展重工业有三个问题：一是重工业建设周期相对比较长，可能要三年、五年甚至十年；二是对一个发展中国家，这些机器和设备基本上是国内不能生产，都要通过进口；三是这些产业项目的投资，一次性的投入会很大。对于一个以农业为基础的发展中国家，因为剩余比较少，出口也比较少，外汇储备稀缺，需要对市场加以垄断，才可以在市场上高价出售和积累资金。此外这些国家还要采取一系列宏观环境方面扭曲政策。因为建设周期很长，资金又很稀缺，利息就会很高，一般做法就是用政府的行政手段控制银行体系。为了解决一次性投入大而剩余分散的问题，就要利用已建项目产生很高的利润作为积累，然后用于下一个项目的投资。为了它积累很高利润，除了压低利率，还要压低原材料的价格，同时也把员工生活必需品的价格压低。我把这些称为社会主义的宏观政策环境。在这样的价格扭曲之下，必然就会出现短缺经济。我们知道汇率、利率、原材料的价格，都是价格信号，如果把价格压低的话，就会供不应求，出现社会主义国家的短缺。

在一个短缺经济中，怎样保证有限的资金、外汇、原材料等会被配制到国家优先发展的产业部门中去？这个问题解决的办法就是，首先用国家计划对产业的各个项目安排一个优先序，然后用国家行政手段，把各种资金、外汇、原材料配制给优先发展的项目，这样就形成了计划经济体系。

经过这些价格的扭曲、资源的配置等，已建项目应该会有很高的利润。因为产品的价格是垄断价格，投入不管是资金、外汇还是原材料，价格都被压低。然而实际上这类产业不符合比较优势，在开放竞争的市场中企业没有自生能力。这些企业的高额利润，可以作为下一个项目投资的资本,如果企业是私人拥有的,就可能投资到轻工业项目中去,因为实际上轻工业项目的回报还比较高。为了保证把这些剩余投资到重工业项目中,国家最好的方式就是把这些企业国有化。所以从这个角度来看,这些扭曲的资源配置,以及国有产权实际上都是发展战略跟国家发展阶段的要素禀赋相冲突的结果。但在这种制度环境下,如果给企业自主权,企业的厂长、经理及工人作为代理人,他们的目标与国家作为所有者的目标是不一致的,会产生一系列的问题,代理人可能大量侵吞资产。所以在计划经济体系下,国家还把企业的各种自主权剥夺了。

计划经济体系,除了影响城市里的各种制度以外,还对很多农村制度产生一系列影响。首先,为压低企业各种投入要素价格,棉花价格与工人工资都要压低,生活必需品的价格也要压低。为了保证能够拿到低价棉花、粮食等一系列农产品,政府在农村里面实行统购统销。城市里的工人越来越多,怎么保证工人能够拿到更多低价的农产品?一方面要低价,另一方面农产品产量要增加,靠什么手段?当时想到的是通过合作化扩大农业生产的规模。此外,地区粮食的自给自足政策也与此有关。有些地方是适合生产粮食的,有些地方是适合生产经济作物的,但粮食价格是人为压低的,因此多生产粮食就相当于多交税,没有人愿意多交税,所以就少种粮食,这样各地就不得不实行粮食的自给自足,所以适合种经济作物的地方也必须少种经济作物,多种粮食。城市里面有低价的农产品,但供应有限,连城市人口都不能满足,于是就禁止农村的劳动力往城市里流动,中国的方法是建立户籍制度。农村很多的制度如果我们仔细分析,它的来源还是重工业优先发展目标和中国的要素实际状况相违背的这一基本矛盾。

这样的计划经济体系,作为一个内生的安排,应该说有一定效率。靠国家动员方式,在很短时间内把重工业的体系建立起来。当然也付出了不少代价。代价表现在两个方面:一是资源配置效率比较低,在早期的发展阶段,如果按照比较优势,中国应该多生产轻工业,少生产重工业,但实际国家希望多发展重工业,于是用行政手段调配资源,行政调配资源是有代价的,实际上并不能够达到生产可能线的边界。二是积极性的问题。最后就导致整个经济是在生产可能线之内,这是计划经济体系国家共有的问题。

中国在进行改革的时候,跟苏联、东欧国家不一样的,并不是把当时所有扭曲的价格一次性取消,而是先在微观上放权让利,让工人、农民有更高的积极性生产。很多社会主义国家和发展中国家,在原来的发展战略之下,资源配置效率非常低,当它们出现一系列经济、社会问题,标准的看法是,应该把制度扭曲取消,这是"华盛顿共识"。社会主义国家的制度扭曲与许多发展中国家的制度扭曲,其实都是一回事。当一个制度安排,如果没有解决外生原因,而简单地把这些制度取消,很可能使整个经济体系的效率更低。中国是首先在农村里面推行家庭联产承包责任制,土地还是集体所有,但把农民从一个生产队变成单户,农民的积极性就提高了,产量也就增加了。推行城市改革,就是让国有企业的工人可以分享它努力所带来的更多的产出,当时推行的办法包括利润留成与利改税,后来又推行责任制,到最后推行现代公司治理。在这样一个国有企业改革当中,所有制的性质没有改变,但它让厂长、经理、工人有更多的自主权,而且如果这个企业增收,他们收入也会增加,于是提高了他们的积极性。

这种从微观开始的改革,提高了农民生产的积极性,农业产出连续几年增加得非常快。同时在工业部门,给厂长、经理增加自主权,让他们多产出多得,对提高积极性同样是有效的。提高积极性,等于是把生产点从生产可能线之内推到生产可能线的边界上。这种微观先行的改革,反过来对资源配置与价格形成机制形成改革要求。为什么?以国有企业改革为例,放权让利后,如果12%的利润是给生产者的,把钱给生产者作为奖励或者福利,或者用于扩大生产规模。在过去,所有生活必需品、生产资料是计划配置,在这种情况下有钱也买不到东西。如果有钱买不到东西,生产者提高积极性增加产出就没有用了。所以就必然要求必须在计划之外,让有钱的工人与农民可以买到他们所需要的生活必需品,买到扩大再生产的各种资料。因此,原来的计划经济体系下出现了一个所谓的双轨制。除了国家计划配置外,还出现计划外调配,大大改进了原来的资源配置。家庭联产承包责任制后,农民控制的资源增加很多,一部分消耗,还有一部分投资出去,往往投资在市场上短缺且价格比较高,符合中国比较优势的产品上。不仅乡镇企业的投资方式是这样,就是城市里面的部分国有企业,也是投资在那些市场上短缺,而且劳动力比较密集的产品。因此,双轨制就造成了中国的资源配置比较符合中国所应有的,劳动力密集型产业优先发展的资源配置方式。并且由于这些是符合中国比较优势的,所以发展比较快,因此,也给国有企业原来的垄断增加了竞争的压力,给国有企业改革提供了动力。

渐进式改革,不仅会影响到资源配置,而且影响到价格信号。因为当允许各种产品有市场轨和计划轨,就必须在计划价格之外还要有市场价格,就出现价格的双轨制。由于市场发展得非常快,计划内配制的东西从绝对量来讲并没有减少,但从相对量来讲,它会越来越少。但保持这种双轨制也会带来一系列的问题,双轨制带来很多的投机机会,谁能拿到政府的计划配额,谁就可以拿到计划价格和市场价格之间的差价,中国当时出现了很多"倒爷"。后来由于这两个价格体系造成了很多贪污腐化,所以最后并为市场价格。现在大部分产品都走完了这个过程,但还有没有走完的,主要就是银行体系。这样一个改革的方式,最主要的成就就是既可以维持经济的稳定,但同时又能够在转型过程中维持经济高速增长。

为什么能够维持稳定?原来的重工业部门国有企业在开放竞争的市场中,没有自生能力而需要保护。中国没有一下子私有化,对这些企业国家还是要管理与控制的,还是继续给它们各种保护。另一方面,中国又放开部分权利与价格,有相当大一部分的权利是让微观企业来拥有。微观企业的投资基本上是以利益、利润为导向,它的投资必然是中国在哪个地方有比较优势,就投资到哪儿去了。乡镇企业、民营企业,包括许多国有企业,都是按照市场来经营的。

计划经济体系和市场经济体系同时存在,会有很多矛盾和冲突。东部地区优势在发展制造业,中部优势是生产农产品,西部是生产矿产资源。但当时主要的农产品价格还没有完全放开,矿产资源价格也没有完全放开,这样东部发展,从中部拿到农产品,从西部拿到矿产资源,就形成了中部和西部在补贴东部发展,出现发展不均衡的问题。

在20世纪80年代末90年代初关于如何转型的主流看法是,快速私有化是市场竞争的先决条件,休克式的一次性价格放开,是避免一个社会主义国家走双轨制,避免资源从高附加值产品转向低附加值产品的方式,从而避免经济的滑坡。但是我们现在看到,市场竞争并不完全需要私有化。我们发现在双轨制下,实际上经济还是可以高速增长的。中国经验值得重新思考。苏联也试图进行渐进式的改革,但失败了。我想它们失败的原因是有几方面,在中国渐进式改革的时候,价格是双轨的,企业对超出计划定额的产出是可以市场定价的。苏联改革的时候，企业对增产的产品是不能按照市场价格定价的，即使产量增加，也不能把资源配置到符合比较优势和利润较高的轻工业部门，所以不能改进资源配置。另外在苏东渐进式改革中，不允许非国有企业进入经济的体系当中。而中国的乡镇企业、民营企业可以在双轨制过程中进入。中国方式是改进资源配置同时加强市场竞争，但苏联进行渐进式改革时，不允许非国有企业进入，所以改革不能提高效率。另外苏联在渐进式改革的时候，一方面不允许国有企业提高价格，但允许厂长经理提高工资。在那种情况下，厂长、经理肯定很快把工资提高，工资提高以后必然造成交给国家的各种利润越来越少，那么国家的财政就越来越紧张。另一方面，工资提高以后，老百姓手里面的钱多了，就造成大量的银行储蓄，而这些储蓄又买不到东西，存在通胀的压力。渐进式的改革可以对原来的计划经济体系有效，但并不是所有的渐进式改革都是有效的。中国渐进式改革的成功，一方面是政府对工资的增加是控制的，只能用利润留成增加工资；另一方面是中国是允许计划外这一部分按照市场价格来配置，同时允许非国有企业进入，可以增加市场的竞争。

有不少人认为，苏联东欧渐进式改革不行，是那里的工人、农民不会对市场的机会做出反应，因为那里工人得到很多低价保护和国家补贴，甚至农民也得到国家补贴。我觉得这种说法并不完整。苏联和东欧的工人确实有很多保护，但在价格扭曲比中国高得多。中国各种价格的扭曲程度，不论是外汇还是普通商品，很少有超过30%的。1991年我第一次到莫斯科去，下飞机碰到第一件事情就是出租车司机想跟我换外汇，当时官方汇率是1.5美元换1卢布，但出租车司机愿意以12卢布跟我换1美元，是官方汇率的18倍。在计划经济时代，苏联有所谓的地下经济，按照一般估计，地下经济占整个GDP的比重至少是30%。在严格的控制之下，有人都愿意到黑市上出售市场上短缺的产品，如果改革允许进入的话，我相信在那么高的价差之下，一定会有很多人进入。所以我认为，双轨制在苏联、东欧国家也应该是有效的。

简单总结一下，计划经济体系存在资源扭曲和激励机制的抑制，只要把这些抑制取消，积极性就能提高，社会各方面产出就会增加。如果政府采用双轨制改革，这些掌握一部分剩余资源的主体，不管是农民、私营企业，还是国有企业，都会投资在符合这个国家比较优势而且市场价格很高的产业部门。这样资源的配置效率就可以提高，就可以维持经济的快速增长；同时因为政府还对经济有一部分的控制与保护，所以国有企业也可以生存，也就可以维持稳定。当这种由市场生产与配制的部分越来越大时，国家补贴比较小时，把价格放开，有可能在不产生很大供求冲击前提下，完成整个计划经济体系向市场经济体系过渡。

中国经济研究中心十周年庆典活动简报之三
——中国经济改革的国际视角

(2004 年 9 月)

1994 年成立的北京大学中国经济研究中心（CCER），今年迎来她的十周年生日。2004 年 9 月 16—18 日，中心举办了一系列学术活动庆祝十年走过的历程。其中包括 16—17 日召开的"中国经济展望——机遇和挑战"国际研讨会，18 日上午千人庆典大会和"中国经济发展"论坛，18 日下午由诺贝尔经济学奖得主詹姆斯·莫里斯教授和中心周其仁教授所做的两场专题讲演。我们用多期简报报道这些学术活动内容。本期摘要报道"中国经济展望——机遇和挑战"国际研讨会有关"中国经济改革的国际视角"问题的发言。

Dwight Perkins（哈佛大学教授）：中国经济增长的历史和国际视角

我想通过回顾历史，看看能否很好解释中国经济增长与衰退。1949 年以前，中国已经有几十年的工业化发展历程，19 世纪 90 年代到 20 世纪 30 年代，中国工业化速度是比较快的。以纺织品生产为例，30 年代已经完成了对进口的替代，中国东北铁路、采矿业与重工业也已经有了相当的发展。许多工业设备在战争期间受到了严重破坏，人力资源有一部分转移到中国台湾和中国香港等地，但确实还是有一定的基础。20 世纪 50 年代的中国经济增长，除了与新投资相关，很大程度上也是原有增长趋势的扩展和恢复，因而早期工业化基础与复苏这么快是有历史背景原因的。

下面我主要谈一下 1978 年以来的中国经济增长问题。我采取增长核算的方法。总的来讲，是消除一些价格扭曲，包括剔除工业产品偏高的价格扭曲和偏低的原材料和农产品价格，然后作一些增长核算，并对官方统计数字作一些评估。官方数据表明，1957—1978 年中国经济增长率大约是 6%，剔除价格扭曲因素后，增长率大约是 3.5%。此外，剔除价格扭曲后的资本积累率也远远低于官方统计水平，并且 1957—1978 年全要素生产率增长率是负值。这些数字表明，中国的发展经历与一般增长规律是一致的。一般的增长规律表明，开放对经济增长是好的，而中国在 1957—1978 年相对来讲是封闭的。在研究经济增长时还有人考虑了其他一些因素，如地理因素差异。中国在这方面是比较有利的。中国处于温带地区，而不是赤道地区；有很长的海岸线，而不是内陆国家。没有海岸线一般不利于经济增长,很多人认为这是一个交通不便的问题,但我认为更重要的是,内陆国家与世界的信息传递不畅顺。中国的地理条件不错,并且有丰富的自然资源。中国的教育在早期如20世纪60年代质量并不高,当然这是很难测量的。此外,政治上的不稳定也是存在的。在制度方面,中国尤其是在70年代,没有一个很好的法律体系,很多的律师都没有工作。政治上不稳定,"文化大革命"也造成了很多的不稳定,政治上的不稳定对经济增长有很大负面影响。不同时期有不同的不稳定性,比如"大跃进"和"文化大革命"期间是不一样的,60年代和70年代都有这样的问题。

中国在1978年前后的变化,主要不是投资率差异。投资率在1978年以前就很高了,在1978年之后仍然很高。全要素生产率提高最关键。韩国、中国跟其他国家和地区发展经验的重要差异,是全要素生产率提高非常快。为什么全要素生产率提高这么快呢?对外开放是一个重要因素,人力资本的快速积累是另一个重要因素,早期人力资本情况实际上并不太好。此外,制度上也有很大的改进,法制也开始逐步建立。

总结一下,中国的增长经验并非完全不同于其他国家。中国的经验就是采取一系列的结构性变化,逐步消除计划经济所产生的经济扭曲。最后,提一个问题,中国过去25年的增长是由于改革消除了经济扭曲,从而全要素生产率得以提高,而现在很多的扭曲已经消失了,FDI与出口增长势头已经开始下滑,那么怎么保证中国经济在下个10年或20年高速增长呢?

Ross Garnaut(澳大利亚国立大学教授):中国经济改革成功的根源

从历史的角度来看,中国自十一届三中全会以来这25年的改革,政治有序,经济持续发展,是自1840年以来中国政治秩序保持稳定并且政策保持一致的最长时间。过去的经济改革使得中国经济获得了快速发展,也为中国今后的发展提供了一个非常好的基础。中国政治不稳定的开始与结束都伴随着中国对外关系的变化,这一事实提醒我们,融入世界的收益不是自然产生的,开放的收益依赖于中国自身把握机遇的能力。中国外贸的发展是中国转型的中心,加入世界分工,使得中国摆脱了许多资源与技术上的约束。中国丰富的劳动力成为资源,劳动力优势为中国经济发展起到了相当大的作用。

中国的改革不仅是从计划经济向市场经济的转型,中国的经济改革意味着更多地向世界开放,而中国曾经一直是远离全球经济的。从这个角度看,中国这25年的发展是拉近与世界距离的一个追赶过程。中国的位置非常好,改革开放的时机也非常好,为什么这样说呢?因为在中国实施改革开放的时候,日本的劳动密集型出口产业在70年代开始外移,而东亚新兴工业化国家在80年代中期也步入这一阶段,从而使得中国的劳动力密集型出口产业获得了一个优良的外部条件。中国处于东亚地区,日本和东亚新兴国家工业化的成功经验,也推动了中国的改革。

中国的改革没有一个全面的蓝图,实际上是"摸着石头过河",因为当时并没有一个具体模式可以模仿,中国必须自己去摸索。在这样的背景之下,更为重要的是改革的理念。邓小平说过,其他国家改革的模式有很多不适合中国的地方,中国要采取审慎的态度。因此,中国采取了渐进式的改革方式,比如在农村实行家庭联产承包责任制,先允许乡镇企业发展起来,先对小的国有企业以及集体企业私有化。在摸着石头过河的过程中,伴随知识与经验的积累,逐步进行制度改革的探讨。

随着中国改革的深化与经济的发展，中国逐步接近发达国家水平，现代经济学在中国的适用性将越来越显著，但是在中国简单套用现有的经济理论也会造成很多问题，经济变量之间的关系往往与文化因素和制度因素相关，这些都是各国不同历史形成的，因此中国需要创造性地运用经济学理论，需要先进的经济研究中心。

樊纲（中国经济改革研究会教授）：中国乡镇企业的发展和制度转型

制度转型是什么？简而言之，就是从制度 A 转变为制度 B，转型过程就是介于这两者之间的路。如果把转型比作过河的话，转型要么在河面上顺利地过，要么就会被淹死，这取决于采取什么方式过河。

中国主要有两方面的问题：一是发展，二是转型。在这里我集中考虑转型的问题。中国现在仍然处在转型阶段，在这个过程当中，我们有很多问题。现在很多人想 25 年改革取得了很大的成功，转型当中成绩不凡。下一步怎么办？中国能否继续成功？能够真正达到过河的目标，或者在河中间停下来，或者被水淹死？我们是否有一些经验和教训可以总结与学习？乡镇企业是中国第一个已经完成转型的制度安排，几乎所有的乡镇企业都已经完成了私有化——从集体所有企业向典型的私有企业的转型，这就是为什么需要总结中国乡镇企业发展与转型的经验。

中国乡镇企业在过去 25 年当中引起了很多争论，进行了很多探讨和研究。开始时许多人认为镇企业不会成功，认为它是改革最差的一种方法，有很多问题、障碍与困难，不容易发展起来。还有一些人非常推崇乡镇企业，认为它既不是资本主义，也不是社会主义，而是第三条道路。这两种看法都体现了乡镇企业的一些特点，一方面是不完美的产权制度，另一方面是转型的一个形式，是制度转型的一种模式，是一个转型混合体。转型的混合体不是一个典型的制度，既不属于制度 A，也不属于制度 B，它不会永远存留下去，不会永远成为第三种制度，而是转型时的过渡形式。这其中有两个原因：一是因为乡镇企业有内在的矛盾和低效率问题，使得人们有动力不断改革乡镇企业；二是因为这种混合体是在一些特殊约束条件下建立起来的，如果这种约束条件变化了，外部制度环境变化了，就会促使这种混合体发生变化。

乡镇企业是一个包括不同类型的广义概念。第一类是集体所有的乡镇企业，即所谓江苏模式。第二类实质是私人所有乡镇企业，刚开始时就是私人发起创办的，或者后期集体通过协议将所有权让渡给私人，一般是购买者付给集体一笔"买断费"。还有"戴红帽子"形式，即一个由私人创立一个企业，但名义上属于集体的，也会受人控制，还要支付管理费。广义的乡镇企业也包括这类"戴红帽子"的私有企业，有一段时间尤其是在 1989 年以后，很多沿海地区私营公司都成了"戴红帽子"的"集体企业"，主要是因为当时政治环境和政策变化的压力。在私有企业头上加一个"红帽子"，这个企业肯定要给集体和当地政府支付一笔钱，也受当地政府一定程度的控制，这种"戴红帽子"的"乡镇企业"实际上是转型期私有企业的一种变形。还有一类企业叫做股份合作制，是晚些时候由乡镇企业发展而来的，主要出现在 20 世纪 90 年代早期。私有化进程本身包括一系列混合体形式，刚开始时经济学家不觉得这种股份合作制会有效，他们觉得股份合作制有很多内部管理的问题，还有一些短视的问题，但结果它很快成长起来了。

然后就发展到一个私有化阶段，现在很多乡镇企业都已经私有化了。在 80 年代后期有越来越多的乡镇企业都是作为一个私有企业发展起来的，或者改变成一个私有企业。1989年之后那几年，"戴红帽子"的乡镇企业成为一个主要的形式，私有企业里"戴红帽子"变成"集体企业"的比例增加。然后进入另外一个阶段，很多公司成为股份制公司，最后发展到私有化阶段，这就是整个中国乡镇企业转型的演进过程。从制度A（集体拥有），到制度B（私人拥有），共有四种不同的混合体。这四种混合体在20年当中存在于中国经济当中，那么变革的动力是什么呢？

直接从集体企业转变为私有企业是最理想的转型道路，但这受到很多方面的限制，如果刚开始就搞私有化，实际上不是最理想的。在刚开始的时候，什么是最好的呢？完全私有化企业并不是当时最好的解决办法，转型期的混合体就是要找到一个最佳解决办法，这是在一些特殊的约束条件下找到的。我曾经在90年代末跟一个乡镇企业的管理人谈过，该公司是他一手创立的，我问他为什么不一开始就建成一个私有企业。他说，如果那样做的话，就没有人愿意跟他合作，他更做不了生意。当时整个制度，包括税收制度，对私营企业是相当不利的，这是一种限制因素。改革过程需要关注制度问题，制度环境包括法律框架与政策是起作用的，否则俄罗斯的改革就没有问题了。从转型的角度来讲，我们需要关注混合体的情况，我们在很多其他的领域还有混合体，整个中国就是一个大的混合体。我们相信经济发展是有逻辑可循的，逻辑终将胜出，中国的改革终将继续。

评论人发言

钱颖一教授：Dwight Perkins教授的报告有两个重要信息。第一是从国际历史比较角度看，中国过去25年经济快速增长并不是一个奇迹。从中国自己的历史来看，1957—1978年间，由于计划经济各种扭曲与政治动荡使得中国经济的起点相当低，这样的低起点对经济是不好的，但对后来的增长是"有利的条件"。中国经济增长的原因基本上与其他国家是一致的。物质资本、人力资本、劳动力、技术进步，这些决定经济增长的因素在改革25年中都是增长比较高。地理因素包括海岸线、温度、气候等，还有开放程度也有助于中国的快速增长。还有就是制度变化的推动。从这些方面看，中国过去25年的增长，与世界其他国家的增长形式或源泉是一致的。另一方面Perkins教授指出了中国经济增长特殊性问题。比如说上述增长因素具体重要性如何，资本是怎么积累的，技术进步与制度变迁如何提高生产力，这些方面中国经济增长有特殊性。有很多穷国起点都比较低，都有潜力增长，但并不是所有穷国都实现了增长，中国确实有特殊做法和形式值得研究。因为特殊，就使得经济发展不是一个简单地从别国照搬一个做法就能成功的问题。

樊纲教授着重讲了乡镇企业是一个混合性制度安排问题。我也曾经用过一个词，就是过渡性制度安排。对乡镇企业分析概括具有一般性含义。比如说合资企业，中国的三资企业有不同形式，可以有合作型、合资型、独资型。一个是农村企业，另一个是外资企业，为什么同时出现了类似现象？答案很简单，就是因为制度环境在发生变化。这是中国在改革中一个非常重要的值得研究和总结的方面，可以用来说明为什么中国能够在如此扭曲和如此低起点的情况下，能够达到现在的成果。很多人希望能够通过更快私有化来更快提高效率，容易直接看到理想中制度的效果，但制度变化都需要时间，重要的是看其如何变化，看制度安排之间如何相互影响。

李稻葵教授：我赞同樊纲教授的出发点，就是说对乡镇企业的研究我们要继续进行下去，尽管乡镇企业作为一种制度在很大程度上已经消失。过渡性制度本身在不断创新，创新的过程对于政策制定者来讲是非常重要的。现有文献在这方面是不够的，这些文献可以分成严肃的和非严肃性的。非严肃性的文献过于意识形态化，讨论是不是要制度创新等；比较严肃的学术性文献，主要是讨论乡镇企业存在的前提，另外讨论当这些前提变化以后，乡镇企业会怎么变化。第一，樊纲教授提出了以乡镇企业为代表的过渡性制度的研究性。第二，提出了混合体制度的概念，这也非常重要，对我们讨论很有帮助。第三，用描述性的语言说明混合性的制度安排为什么能够不断进步，其一个核心思想是说，任何的制度安排都是与一系列制度安排共同存在的。当周围的制度产生变化的时候，我们所关心的制度安排也会变化。各种制度之间必须是协调的，这种思想我是很赞同的。

我觉得这个研究还可以进一步推进，可能需要对更具体的制度变化的机制，进行更深入的分析。就乡镇企业的制度变化而言，我觉得我们可以讨论四种相关制度的变化。第一种是意识形态的变化。各个地方政府随着时间的推移，随着争论的不断结束，它们脑子里面的意识形态概念不如以前那么强了，更愿意接受私有制度的安排。第二种是市场的完善，包括产品市场的竞争，以前张维迎教授也写过文章，认为产品市场的竞争推动了乡镇企业私有化的进展。第三种是政府改革，政府通过精简机构，减少对企业的控制。第四是金融体制的改革，从 20 世纪 90 年代初，特别是金融危机之后，很多银行对乡镇企业贷款的力度收缩了，乡镇企业的集体企业性质已经变得不那么重要了。这方面的研究大有可为，可以继续推进。

Bert Hofman 教授：我想主要对 Dwight Perkins 的发言做评论。1978 年以来，中国经济一直保持着快速增长速度。我认为，主要的制度改革对 GDP 贡献率需要进一步研究，市场自由化、结构改革等都应该是促进经济增长的关键因素。另外资本贡献率也是非常高的。90 年代之后，资本的贡献率已经达到了 45％。资本事实上是核心的力量。另外劳动力贡献率是 30％，现在劳动力的增长率已经低于人口的增长率，增长速度已经慢慢降下来了。同时还应该给教育创造一个很好的环境，教育对发展会起到很大的作用，所以应该加大对教育的投入，从而促进全面发展。此外，金融领域对推动生产力也有很大作用，还有财政改革以及外国直接投资。公司治理是一个弱点，要建立适当的立法制度和法律环境与对风险的有效管理。另外还有收入分配制度，怎么样使得社会分配更加公平，这一点我想中国也应该仔细考虑。中国要保持长期的发展，这些因素都应该加以考虑。

Athar Hussain 博士：我谈一谈自己关于中国改革的看法。我觉得应该从三个方面谈这个问题。第一，东欧的价格放开和大规模私有化的效果并不尽如人意，其真正原因是什么？我认为是宏观经济的稳定受到了破坏。中国改革期间，宏观经济和政治的稳定，实际上能够解释为什么有一些制度起了很积极的作用。第二，中国出口的快速增长让我感到惊奇。出口跟增长是相联系的，如果要迎头赶上去，减小差距，出口是很重要的，可以减少资本积累的负担。如果想有技术的话，你必须有资本，开放政策对资本的聚集是非常有效的。有资本之后，才可以引进一些技术产品。第三，中国在改革之前的一些制度基础也会起到积极的作用。比方说乡镇企业，在改革之前，它就存在于中国的一些省份。此外，权力下放也对经济增长起了促进作用。

中国经济研究中心十周年庆典活动简报之四
——国有企业改革与银行改革

（2004 年 9 月）

1994 年成立的北京大学中国经济研究中心（CCER），今年迎来她的十周年生日。2004 年 9 月 16—18 日，中心举办了一系列学术活动庆祝十年走过的历程。其中包括 16—17 日召开的"中国经济展望——机遇和挑战"国际研讨会，18 日上午千人庆典大会和"中国经济发展"论坛，18 日下午由诺贝尔经济学奖得主詹姆斯·莫里斯教授和中心周其仁教授所做的两场专题讲演。我们用多期简报报道这些学术活动内容。本期摘要报道"中国经济展望——机遇和挑战"国际研讨会上有关"国有企业与银行改革"问题的讨论。

林毅夫教授首先作题为"国有企业、银行改革及资本市场的关系"发言。林老师就目前金融体系存在的国有银行呆坏账比例过高、资本市场投机性强、上市企业绩效差等问题发表了自己的观点。以往认为国有资本本身是没有效率的，所以以国有银行为主的银行体系会出现问题。另外一种说法与银行的治理结构有关，国有制权责没有划分清楚导致银行失败。林老师认为银行的问题与国有企业没有自生能力有关。传统计划经济体系的出现是因为政府要扶持一批在开放竞争的市场当中没有自生能力的国有企业。在中国的改革过程中对国有企业自生能力的问题以及后面出现的社会负担的问题没有解决。这种情况下，不管是自生性问题还是社会负担问题，政府总是要给它政策性的保护和补贴。从 1983 年开始拨改贷、利税分流后，政府是用银行的低息贷款补贴国有企业，因此国有企业的银行贷款都直接或间接有政策性贷款的性质。把这些贷款给国有企业，国有企业还是经营不好，拿了钱以后还不了账，还不了款就变成银行呆坏账。我们看到四大国有银行公司治理等问题跟这个都有直接或间接的关系。四大国有银行把贷款给国有企业认为是政策性的任务，所以呆坏账多也不能怨它们。

为什么股票市场出现这么多问题？一种说法是上市公司 70% 的股票是不流通的，只有 30% 的股票流通。在这种状况下，政府还是可以通过行政干预来干预上市公司，所以公司上市后经营不好。林老师认为这些都是表面原因，如果 70% 不流通股是事实的话，那么国有股减持是有利的，而现在相反的是国有股减持的时候，股市马上崩盘。问题根源是上市公司的自生能力和政策性负担的问题没有解决。这样使得股民不能在证券市场获利，那么获利的来源就是靠投机。在这种情况下，股票市场的监管部门也不能真正监管，如果真正监管许多上市公司都要被摘牌。没有自生能力的观念就是所在的行业不符合中国的比较优势，所以在开放的过程当中即使经营不错也不能赚钱。为了让这些企业赚钱，就需要有政府的补贴和补助，于是金融体系成为保护国有企业的制度安排。

如果我们要在金融体系成功，就要造成一个情形，政府不再需要对国有企业进行补贴。那么在什么情况下对国有企业没有补贴呢？就是国有企业不再有任何政策性负担。国有企业政策性负担表现在两方面，一方面是它所在的行业不符合中国比较优势，或者是有企业人员养老保险的政策性负担。在这种情况下，要解决这个问题，首先要把政策性负担消除，建立社会保障体系。对企业自生能力的问题，如果企业有很大的国内市场，可以到国外上市，利用国外的资本或者跟国外的公司形成合资企业。如果没有很大的国内市场，可能有人员优势，比如工程设计人员，则可以进行转产。如果既没有市场，又没有人员优势，就只能关掉，发展劳动密集、有中国优势的产业。这样把政策性负担消除之后，政府就不需要给国有企业政策性保护。这样国有商业银行的改革才能够真正地落实，否则政府始终要保护国有企业。对于股票市场的看法，基本上也是这样的。你让所有的上市公司都不再有政策性负担。在这种状况之下，政府就不需要用上市作为对国有企业补贴、保护的政策手段。这样我们就可以让更多的国有企业、经营好的企业上市，这是解决我们目前银行体系和股票市场问题最重要的前提。总的来讲现在金融体系的扭曲根源是国有企业政策性负担，消除政策性负担以后金融体系的问题才能得以解决。

林老师特别提醒现在谈中国改革时，很容易受到主流经济学的影响，也很容易受到先进国家制度安排的影响。理论中假设企业只要管理好就应该能够盈利，前提是说它是有自生能力，符合比较优势的。由于主流经济学的前提就是上市公司，所有存在的企业都是有自生能力的，那么在这种状况之下，企业要是经营不好，不赚钱的话，就是管理和产权的问题。但现在存在于中国市场的很多国有企业的问题，表面上看起来是所有制问题，是公司治理问题，但这些问题其实都是内生于企业没有自生能力的现象。单纯从所有制、产权角度解决问题有可能造成更差的结果。

来自清华大学的张春接下来作关于"中国金融体系的发展"的报告。他简要回顾了我国金融体系的发展和现状，重点介绍了基于银行的金融体系与基于市场的金融体系的选择。在20世纪70、80年代，随着日德经济崛起，似乎基于银行的金融体系更有优势。然而90年代随着美国经济复兴，支持基于市场的金融体系观点又成了主流。具体地说，基于银行的金融体系的优势，在于市场尚没有太多的投资者、不知道怎么做决策时，可以利用银行作为投资渠道。另外我们还需要有一套监督机制，来监督那些公司获得投资后的运行情况，而大银行更有激励去监督企业。基于银行的金融体制的劣势是，在市场中对于投资者来说他们可以非常任意地卖掉他们不喜欢的证券，而在基于银行的金融体制中投资者没有办法来对这些运营不好的公司进行监测并采取相应的行动。另外由于大银行在经济中的重要作用，它们都会得到政府的规范和支持，政府提供的存款保险会导致很严重的道德风险问题。银行的贷款组合包含给许多企业的贷款，非常不透明且很难获得新的信息。相反如果企业通过可以交易证券融资，投资者就有激励去收集信息，并且新的信息将反映到证券的价格中，从而使得企业对其投资项目采取及时的措施，改善资本分配的效率。这就是基于市场的金融体系的优势。

不同的金融体制可能适用于不同的发展阶段。在早期出口导向型产业增长阶段出口可以盈利，这种情况下，政府就可以把资金引向出口导向型企业，这种方式比基于市场的机制更加有效。因为在那个时候，市场要做很多研究，而且汇率对于企业家来说并没有太大的吸引力。所以在初期的情况下，采取基于银行的体系会更加有效。但是随着经济的发展，对于技术的要求越来越高，在这个阶段我们认为基于市场的体制可能更好一些。

对于中国也是这样。中国金融体系改革问题可以分为三类：制度、文化和基础设施建设。这里想强调文化和基础设施建设。很多现代的金融理念对于中国的文化是比较陌生的，中国的管理人不了解这些理念。比如股票市场，对他们来讲是非常陌生的概念，只是把它作为解救国有企业的工具而已。另外一个金融的基础设施就像实体经济中的道路和桥梁。比如我们需要帮助投资者很快并且准确获得信息的机构。最近一些中国的软件公司在开发财务整合软件，这些工具将大大提高公司执行财务计划、制定预算、做战略决策和进行运营评估的能力。总结来说，尽管一些经验上的证据并没有表明以银行为基础或者以市场为基础的金融体系哪个更好，但对中国来讲可能以市场为基础更好一些，但要克服三大障碍，第一是制度，第二是文化，第三就是基础设施的障碍。

随后中国经济研究中心平新乔教授就"中国银行业的规制和竞争"发表了他的观点。他首先介绍了中国银行业的六个显著特点：第一，增长迅猛。在过去 5 年当中增长很快，每年的增长率大于 35%。增长的原因可以归纳为中国经济的增长、经济改革和银行业改革。第二，渗透率比较低。贷款的比例和 GDP 比较起来已经超过了 100%，最近已达到 148%，美国的这个比例只达到 32%，中国是世界第二高的。但是很多贷款都是提供给国有企业的，这样会产生一些问题，也就是贷款贷出去还不回来的问题，这实际上反映了公共债务的问题。第三，所有制的问题。去年年底的时候，银行业资产的分配，国家控制是 60%。跟亚洲市场比较，从所有制来看，最大的国有银行在新加坡，中国排第四位。第四，封闭式的银行业。在混业经营方面对业务有非常清晰的限制，对经营的地理范围也有限制，并且这些限制适用于外资银行。第五，明显的政府干预。主要体现在两方面，贷款的对象和贷款的价格。第六，比较差的资产质量，管理也存在问题。从资本充足率、NPL（未支付的贷款比例）等数据都可以看到这一点。

平教授还介绍了银行管制的框架。结构上第一层是国家控制，第二层有中国人民银行、财政部还有银监会。管制的内容则有：货币政策控制，主要体现在利率的控制、储备率和流动性的要求。信贷控制则主要集中在资产质量（银监会要求的 5 级分类）、贷款集中度和对按揭贷款和汽车信贷的一些特别要求上。平教授最后提出的结论是，首先我们应该向外国开放，同时我们应该开发消费者贷款，然后对信贷价格应该逐渐放开。同时扩展非利息收入，加强风险的管理。

中国经济研究中心十周年庆典活动简报之五
——中国与世界经济

(2004 年 9 月)

1994 年成立的北京大学中国经济研究中心（CCER），今年迎来她的十周年生日。2004 年 9 月 16—18 日，中心举办了一系列学术活动庆祝十年走过的历程。其中包括 16—17 日召开的"中国经济展望——机遇和挑战"国际研讨会，18 日上午千人庆典大会和"中国经济发展"论坛，18 日下午由诺贝尔经济学奖得主詹姆斯·莫里斯教授和中心周其仁教授所做的两场专题讲演。我们用多期简报报道这些学术活动内容。本期摘要报道"中国经济展望——机遇和挑战"国际研讨会上有关"中国与世界经济关系"问题的讨论。

新加坡东亚研究所所长 John Wang 教授首先发言，题目是"中国动态经济增长对东亚的启示"。中国和东亚国家之间在经济增长方面的联系在过去几年发生了很大变化。首先中国的崛起对于很多邻国来说曾经被看作是一种威胁，但这个观点在过去两三年已经变化。因为中国开始和其他国家加强联系，并且随着中国的发展，中国对这些国家的进口开始大于出口从而使得东亚国家可以参与到中国这个巨大的市场中来。所以说中国的经济已经成为东亚发展的一个动力。

第二是中国的开放政策及其他举措在最近几年已经成为推动地区发展、地区一体化的强大动力。中国经济快速发展一个重要的支撑是中国的内需，所以中国成功规避了东南亚金融危机，缩小了与其他国家的差距。20 世纪 60、70 年代日本的发展推动了地区的发展和整合，80、90 年代亚洲四小龙的发展起到了同样的作用，现在中国的加入成为地区发展新的动力。中国的崛起实际上创造了很多条件，促进了区域之间贸易的增长，使东亚国家之间的经济依存度大大增加。FDI 也是促进地区整合的一个因素。中国和新兴工业国家之间互补性是非常强的。新兴国家通过中国的开放政策在中国进行投资和贸易，获益良多。

发展水平较低的东盟国家和中国的关系，一方面是竞争的，另外一方面又是互补的。与东盟国家的竞争体现在两方面，第一点就是它们对第三国市场的竞争，另外一点是中国经济持续增长对自然资源需求越来越多，所以在这方面和东亚国家形成了资源的竞争。中国的外贸政策，特别是加入 WTO 之后，对推动中国的发展以及和东亚国家的合作都有很大的作用。实际上中国的这种开放给日本、韩国带来了巨大的压力。中国在北方加强了融合，也同时跟南方加强了联系，这就是我们面临的现实情况。过去两年对于日本来说，增长的主要因素来自同中国的贸易，所以说中国为所有的邻国包括都带来了好处。总结来说，中国作为一个驱动力、催化剂推动了东南亚国家的发展和整合，对日本和韩国也造成了一定的压力。过去的两年中国的作用发生了变化，已经不再被看作是威胁，而是成为一个潜在的合作伙伴。东盟国家外商直接投资 FDI 下降是因为政治不稳定而非中国的竞争。

接着国际货币基金组织高级经济学家黄海洲博士作了"汇率制度与经济增长：亚洲发展中国家和欧洲发达国家的经验与比较"的发言。今年国际货币组织跟世行有一系列的研讨会，研讨会一个主要的题目就是汇率机制应该朝什么方向走。一个观点是我们应该回到新的布雷顿森林体系中，美国仍然是中心位置，亚洲国家替代欧洲 20 世纪 50 年代的地位，拉丁美洲国家则面临选择，或者盯住单一货币或者面对其他问题。关于汇率制度一个极端的观点是汇率制度并不重要，另一个极端的观点是汇率制度是重要的，这里又有三个观点即固定汇率是最好的，浮动汇率是最好的以及有限浮动汇率是最好的。我们想从实证上研究一下汇率制度的选择和经济增长的问题，通过把亚洲发展中国家和欧洲发达国家两个样本进行比较，然后让它们面临对称的冲击，同时这两个样本很多变量是可以控制的。我们在方法上有一点创新，用两个样本比较比用单一样本回归的效果好很多，数据库也有很大的改善。

我们的结论是，对于先进的欧洲国家，汇率制度确实不重要或者作用很小，虽然边际上更灵活的汇率制度与更高的发展速度相联系，但统计上并不显著。对于新兴的亚洲国家而言，汇率制度的选择确实影响增长率而且影响很大。管理浮动和固定汇率制度表现得更好，盯住汇率表现并不好，而浮动汇率并不适用于发展中国家，但是汇率制度选择并不影响经济增长的波动。这与国际金融中的 MM 理论有相似之处，当市场完备时汇率制度就不重要，反之就重要。我们主要使用 Reinhart 和 Rogoff 提供的 2004 年数据库，其中使用的不是央行宣布的汇率制度而是实际汇率制度，通过是否有黑市、平行的市场或者其他可以绕过央行汇率制度的安排来判断。方法上使用的是对称的冲击，因为欧洲和亚洲有些相似的地方，首先二者都经历了金融危机，此外在汇率制度选择上有一些国家没有选择欧元制度，亚洲也有一些国家在危机后选择盯住汇率。所以亚洲发展中国家与欧洲发达国家的差别主要在于发展水平，所以可以进行研究。

北京大学中国经济研究中心施建淮教授的演讲题目是"发展中国家资本账户自由化战略：原则及对中国的应用"。施教授首先介绍了关于资本控制的理论观点。资本账户中的直接投资很稳定，从经济学意义上对它进行控制是没有什么道理的，所以当一个国家实现经常账户开放的时候，应该取消对直接投资的交易限制。第二，从资本的流入和流出来看。大部分的国家在资本账户管制的时候，都侧重于对资本流出的控制，特别是发展中国家，希望把储蓄能够留在国内发展经济。但有大量的实证分析表明效果不是非常理想。第三，从管制实践来看，管制可能是持久性的，也可能是一时性的。持久性的由于管制时间比较长，经济主体会发现一些规避管制的方法，所以不如一时性的管制有效。举例来说，智利要不断强化管制，而马来西亚 1997 年东亚金融危机时一时性的控制却收到很好的效果。另外存在选择性控制和全面控制区别，如果从基本账户控制效果来看，全面控制要好于有选择的控制。控制手段有可能基于价格控制，例如对资本流入增收一定的准备金、托宾税，也可以有行政控制。资本控制相当于对跨境的资本交易和汇兑进行限制，另一方面谨慎性的规制也能达到同样的目的。资金的流进、流出大部分是通过银行体系，对银行体系和公司有很多比较成熟的谨慎规制的做法。比如对银行的自有资本金率，风险资产的比例等。最后有预防性的控制和治疗性的控制。大部分国家是基于预防性的控制，也就是说为了防止比如金融危机或者经济中脆弱的方面对经济造成损害。既然是预防性的，就会有长期的倾向，会随着时间的推移而效果下降。治疗性的控制，如马来西亚在东南亚金融危机时采取的治疗性措施，则是有效的。

关于资本控制的理论观点对我们考虑资本账户开放有什么意义？随着经济特别是实体经济规模不断发展，比如说贸易和直接投资的发展，必然导致资本控制不可能是全面的控制，实体经济的跨境交易必然伴随资本的交易。在这种情况下一个国家的资本控制必然是选择性的。我国也是如此。既然是选择性的就会有漏洞，效率会随着时间的推移而下降。随着经济的发展，我们就需要把对资本交易的管理从资本控制转移到谨慎性的管理上面，同时伴随一定的一时性的基于价格的管制。

当一个国家考虑资本账户开放的战略时，一定要同时建立起一个谨慎的监管机制。考虑到监管机制，包括银行本身和公司治理结构的改变都是耗费时间的，因此我们说小型、谨慎的按一定次序推进的资本账户的开放可能比较好。关于经济自由化次序问题，早期经济学家普遍认可一些观点，如经常项目自由化应该在资本帐户之前进行等。但是对资本账户如何开放？前提之一是宏观经济稳定，否则开放必然导致金融危机。另外应把经济扭曲降低到最低程度。

最后高盛公司董事总经理和清华大学教授胡祖六博士就"适合中国的长期汇率制度"发表了自己的观点。中国是一个转型经济，已经做了很大努力建立自由市场体系、扩大私有经济部门。同时我们有很大的国内市场，并且市场是多样化的。中国的转型虽然已经进入到市场体系但还远未结束，劳动力市场是不平衡的，而且对价格还有很大的控制；利率是固定的，金融体系、银行部门非常脆弱；财政的稳定性也是问题，1994 年税制改革后政府加大了税收能力，但是我们还是面临很多压力。这些对汇率制度有什么影响呢？中国正在经历一个全面复杂的改革过程，处于一个转型期，所以我们应该有一定的灵活度、自由度，特别是在政策和体制方面应该灵活一点。

现在中国一些传统的领域已经开放了，贸易跟 GDP 的比率除了德国以外中国是最高的。如果考虑 FDI 的话，它跟 GDP 之比是 5%，这也使得中国开放度达到中上水平。然而中国仍有很大资本控制，这是不符合现在开放程度的。两年以前中国政府考虑 QFII 即合格的境外机构投资者计划，这是放开跨境组合投资很重要的一步。很多国际上的著名金融机构已经得到 QFII 的资格，已经有大于 20 亿美元的投资承诺。FDI 虽然仍是资本流入的主要形式，资产组合投资已经开始变得越来越重要。

这些汇率体制会产生什么影响？第一，中国已经很开放并且和全球经济是一体化的，中国现在会受到外部振荡的影响。但是人民币跟美元是挂钩的，所以存在振荡不平衡性，之所以这样说，是因为美国和中国面临不同的振荡，两国商业周期也是不一样的，两国之间联系比较低。其次一点就是像中国这么大、拥有这么长历史的国家，要有政策上的自主性，这本身就很重要，因为这会对政治、经济、社会产生影响。中国人民银行不会愿意把制定货币政策的权利交给格林斯潘。

目前汇率体制对推动现行的中国经济结构改革是没有帮助的。因为它是固定的，同时也没有帮助中国吸收外国振荡。其次就是可持续性问题。我们已经从亚洲金融危机和新兴市场危机看到，固定汇率制和高水平资本流动之间是有一些冲突的，然而我们确实面临资本流动的时代。最后一个困境是，现在货币方面控制已经失去，中国正在面临严重的经济过热问题。通货膨胀比较高，固定投资过多，在很大程度上信贷扩张已经产生了泡沫。为了能够重新获得货币控制，中国需要考虑一些替代的体制。目前有大量的资本流入和热钱，迫使基础货币扩张，同时还要控制通货膨胀，这些构成当前的汇率制度困境。

我们有什么战略选择呢？中国可以继续不对汇率体制进行干预，通过引进 QDII 的做法消除经济过热，但是这是一个短期的政策选择。中国人民银行在过去 18 个月发行了大量短期票据，说明这些政策是不能持续的。我觉得应该有一个长期政策，建立灵活的汇率制度。问题在于是否具备建立灵活的汇率制度的条件。这要看我们是否有很好的经济增长，是否有一个健康的国际收支平衡表，是否有很好的外汇储备，投资者信心度是不是很大等。如果这些情况对我们来讲都具备的话，我们就可以选择灵活汇率制度。具体用什么样的制度，可以有很多选择，不是说只能固定或者浮动，有一些中间的系统，在这里我想用一个管制的汇率浮动比较好一点。因为没有最好的，只有一个恰当的制度，现在看起来这个制度好一些，更符合中国的现状。

中国经济研究中心十周年庆典活动简报之六
——中国的金融改革

1994年成立的北京大学中国经济研究中心（CCER），今年迎来她的十周年生日。2004年9月16—18日，中心举办了一系列学术活动庆祝十年走过的历程。其中包括16—17日召开的"中国经济展望——机遇和挑战"国际研讨会，18日上午千人庆典大会和"中国经济发展"论坛，18日下午由诺贝尔经济学奖得主詹姆斯·莫里斯教授和中心周其仁教授所做的两场专题讲演。我们用多期简报报道这些学术活动内容。本期摘要报道"中国经济展望——机遇和挑战"国际研讨会上有关金融改革问题的讨论。

Andrew Sheng（香港证监会）：金融改革的框架

Andrew Sheng博士作了题为"适合经济增长的最优金融结构：东亚国家的经验和教训"的报告，下面是报告的主要内容。首先，所有金融改革的框架都是历史上形成的框架，它们与不同的政策、目标相关，有不同的内部政策和外部政策背景，所以是没有最优金融改革框架的。亚洲是世界经济增长的典范，但亚洲目前的经济结构有深刻的历史根源，这种经济结构并不能够适应亚洲在新经济中的作用。

日本是非常成功的制造业典型，但日本的金融体系非常简单，主要是通过向银行借款来促进发展。第二次世界大战之后亚洲的许多国家借鉴了日本金融模式，银行在整个金融体系中占主导地位，占到GDP的60%，证券市场发展不是很完善，股票份额占30%。我们看马来西亚、新加坡、印度等国家与伦敦之间的关系，这些国家对英国贸易有顺差，这些顺差又回到英国用于许多公司发展，之后通过贷款形式回到亚洲或非洲国家。这表明亚洲国家缺乏良好的管理金融体系。美国大多以外商直接投资形式投资，海外投资一定会带有风险的，所以有8%到11%的风险升水，使得每年回报率达到10%和15%，但美国只向亚洲支付4%的外国债券收益率。正是因为我们金融体系运作不好，我们不能获得这些风险升水。

在亚洲国家的金融体制中，银行在很大程度上受到国家保护，缺乏风险管理方面的技能，所以这种金融模式在全球经济的背景下是不可持续的。当银行体系引入全球竞争后，如果我们不能很好地管理风险，就会出现1997年那样的金融问题，当时有许多银行曾经试图管理危机，但结果非常糟糕，例如韩国的银行体系几乎崩溃，甚至无法满足IMF的要求。现在亚洲经济面临的问题就是资源分配对银行体系过度倾斜、风险投资和资金管理方面非常不发达等。在过去 15 年中，日本的不良贷款率达到了 15%。股票市场上的市盈率非常高，股票流动性非常大。到目前为止，亚洲国家存在风险管理不完善、汇率管制、道德风险等问题，股票市场和养老基金也没有很好的公司治理结构，因此亚洲国家的金融机构不能进行很好的公司治理。亚洲的金融体系必须有所改变，必须要发展良好的公司治理结构，制定更好的风险管理机制，否则亚洲企业将继续错误的做法，导致无法充分利用资源，无法形成良好的公司治理结构。

中国如果想要成为世界舞台和全球市场上的主要力量，不仅要有实体经济，还要建立有效稳定的金融体系来支持实体经济发展。什么是很好的金融体系？让我们回到根本问题，什么是市场？市场应该是一种转移保护私有财产的体系，如果这种体系不能够清晰地转移和保护私有财产的话，那么作为一种结果，这个体系中的一部分，就会与体系中另外一部分产生经济租赁关系，表现为亚洲国家不良贷款的形成。现在亚洲经济的整体情况是平均经济增长率为 5%—10%，在过去的 20 年到 30 年中，不良贷款率为 10%—15%。印度尼西亚作为危机经济，动用了 GDP 的 50% 进行银行整理，如果 20 年中 GDP 增长是 7% 的话，那么实际增长就只有 5% 左右，去除掉人口 2.5% 的增长，就只有 2% 左右了。所以我们要了解什么是市场，就必须了解私有财产。财产是需要一些财产基础设施来支持和保护的，包括会计法律方面的规定。在亚洲金融危机之前，大多数亚洲中央银行没有意识到这一点，甚至对会计准则没有任何了解，金融危机突然发生后，银行才意识到财产基础设施的重要性。

如果我们想建立一个平衡的市场，平衡的金融体系，需要做一些什么呢？首先市场需要激励机制。回顾中国历史，我非常相信韩非子两千多年前说过的话，政府要提供激励机制和惩罚机制。市场也是要建立激励机制，使好公司得到奖励，坏公司得到惩罚。亚洲的问题就是有很多的"僵尸"公司，半死的公司，它们存在是由于有政府或银行的支持，它们是不良贷款的主要来源，所以市场的激励机制是必须存在的。财产的基础设施有助于区别好公司与坏公司，好借款人与坏借款人。市场的失败是因为没有很好的管理风险，因为运营机制失败、对游戏规则不了解、缺乏透明度等，所以我们需要把重点放在财产基础设施上面，实现平衡的增长。平衡的增长就意味着必须要在司法和法律上做一些调整，在调控方面做一些调整，这样才会有可持续的平衡发展的风险管理目标。

我们要做四件事情：加强公司治理，降低市场转变成本，加强财产管理，采用全球通用规则。亚洲现在正从银行占主导的金融体系转向保护私有财产的养老机制，有许多的经验教训。我只想举一个简单的例子，日本的制造业在过去 50 年非常成功，但最后金融体制没有足够资金来支付退休金。中国现在老龄化速度也非常快，由于经济增长比较快，暂时没有遇到和日本一样的情况，但很有可能也会遇到同样的问题。20 年前在日本是四个工人对一个退休者的比例，现在是两个工人对一个退休者，25 年后将是一个工人对一个退休者。是否有资源来支付这些退休金呢，这是金融体系面临的最大问题。

上海证券交易所方星海博士：论中国金融改革的逻辑

在座各位都向政府提过建议，但很少被政府采纳；另一方面政府也进行了一些金融改革，但在座各位并不一定同意。问题是什么样的改革建议最终能被采纳，政府想做什么样的事情，这就涉及中国金融改革逻辑的问题。我认为中国金融改革核心问题只有一个，就是微观问题。在中国几乎所有的金融机构都缺少合适的激励和自我约束机制，结果是许多机构积累了大量亏损，这是中国四大国有银行、城市合作银行、几乎所有的农信社、至少一年以前的人寿保险公司、现在的证券公司所面临的现实。所有金融机构的亏损导致了政府负债，因为政府是债务的最后承担者。如果政府没有足够的资源来支付负债，金融体系就会崩溃，金融机构也就不能很好地行使资源配置的功能，从而损害经济的发展。决策者认识到了这个问题，但如何解决问题是有不同看法的。

第一种办法是把问题往后推，这是世界上许多政府喜欢做的，一个有名的例子是1998年和1999年四大资产管理公司成立来接收国有银行产生的呆坏账，之后没有进行根本的改革。第二种办法是用问题小的机构去兼并问题大的机构，这种办法最好的例子是1997年和1998年城市信用联盟，好的和坏的信用社组合在一起，形成城市银行。这种办法实际上是对经营好的银行的惩罚，使得它们没有激励像以前那样行事。第三种方法是中央政府、地方政府和国有企业为银行注资，但不改变机制，这方面的例子有许多，1998年中央政府注资2 800亿元人民币给四大国有银行，2001年地方政府和国有企业给证券公司注资，但银行的机制并没有改变。第四种方法也是现在正在采用的办法，中央政府注资并同时试图改变内部管理机制，这体现在中行和建行的改革中，我认为也可以用于证券公司。我们还没有看见这种方法的最后结果，不能确认是否完全有效，但至少在理论上是有效的。

采用这种方法的原因和背后的逻辑是什么？我认为是增长折现法，中国是增长型经济，可以将未来的经济增长折现，弥补历史的损失。通过增长折现法来改革金融体系，如果能够在激励机制上进行改变，那么初始资本注入是非常值得的。举个例子，在中国建设银行的改革中，中央政府注入了225亿美元，也用了750亿元人民币来吸收不良贷款，投入成本是非常巨大的，如果我们相信中国建设银行可以转变为一个真正的银行，那么注资的225亿美元至少在今后可以被出售，是能够保值的。这种逻辑也适用于保险公司或证券公司，现在证券公司面临一些困难，国家也可以向它们注资进行改革。这种逻辑的界限一是在于能否改革与增长的关系，由于现在经济增长很快，是合适的时候进行这样的改革，但是如果经济增长减慢，这种逻辑将不会起作用。另外只有当金融机构质量不是特别差的情况下这种想法才可以起作用。现在是金融改革的很好时机，后推将会丧失折现经济增长弥补历史损失的机会。这种方法可以扩展，不一定总是需要由中央政府注资，还可以外资注资，例如高盛购买了海南破产的证券公司，将为此支付大约1 600万美元的总成本。

我对这种改革方法的结果估计是乐观的。最后应该是中行、建行在市场经济中运作，变成真正的银行，资本配置由市场决定，政府将失去对经济中资本配置的控制。但如果政府由于一些原因想要继续控制资本配置，这种逻辑将半途而废，表现在中行和建行的例子中就是政府不能出售自己的股份，内部激励机制没有根本改变。我认为关键是政府决定放弃对资本配置的控制，还是想重新控制资本配置，这两种可能性是机会均等的。

中国经济研究中心十周年庆典活动简报之七
——农村、城市化以及人口问题

(2004年9月)

1994年成立的北京大学中国经济研究中心(CCER),今年迎来她的十周年生日。2004年9月16—18日,中心举办了一系列学术活动庆祝十年走过的历程。其中包括16—17日召开的"中国经济展望——机遇和挑战"国际研讨会,18日上午千人庆典大会和"中国经济发展"论坛,18日下午由诺贝尔经济学奖得主詹姆斯·莫里斯教授和中心周其仁教授所做的两场专题讲演。我们用多期简报报道这些学术活动内容。本期摘报报道"中国经济展望——机遇和挑战"国际研讨会上有关"我国农村、城市化和人口"问题的讨论。

陆学艺(中国社会科学院研究员)

把农业、农村、农民问题联系起来是20世纪90年代后期中国社会科学界的一个产物。我的基本判断是,农业问题基本解决了,但农村、农民问题非常严峻,远远没有解决。合作化以后农业长期处于短缺经济状态,改革之后实行了家庭联产承包责任制,农业取得了很快发展,1996年中国农业收获了改革开放以后第三次特大丰收,粮食超过5 000亿千克,其他农产品也大幅增加。中国的农业形势发生了根本变化,解决了长期以来存在的短缺问题,保证了基本供给。

政府非常关心农业问题。1996年粮食达到5 000亿千克,但是1998年以后到去年连续5年减产,到2003年,粮食产量减到了4 300亿千克,减少800亿千克,出现了短缺。去年10月开始不仅粮食总产下降,库存也减少很多,库存最多时达到2 400亿千克,现在不到1 500亿千克。到今年第一、第二季度,粮食又开始涨价,上涨幅度在30%—40%,这在国外是影响很大的事情,但我们上涨30%、40%只是恢复性的增长。由于粮食价格以及主要农产品的价格恢复到1996年的水平,再加上由于去年粮食总产量减到4 300亿千克,比实际需要少500多亿千克,政府开始紧张,所以今年把农业问题放在重中之重。

今年农业方面有以下几个变化,一是政府给予粮食补贴,一些其他农产品相关政策得到落实;二是涨价;三是今年气候好,全国风调雨顺。今年春天政府提出两个计划,一是今年农民收入要增加5%，二是粮食增加250亿千克。我相信今年粮食产量会超过政府预计的增加量，实际可以增加300亿到350亿千克。改革开放25年来，已经是第四个丰收年了，此前的三个丰收年分别为1984年、1990年和1996年。不过仍然有些问题值得担心，秋后的粮价可能会下降，而且即使今年农民收入增加5%的计划能够实现，城乡差距也还是在继续扩大。

农村问题很严重。虽然农业问题基本解决，但农民问题、农村问题远没有解决。主要的问题在于当年计划经济留下来的体制问题没有解决。那些束缚农民手脚的体制性问题只解决了包产到户，将土地的使用权交给农民，其他方面的问题例如土地制度、户口制度、财政制度都没有解决，所以农村问题还很严峻，仍可以套用"农民真苦、农村真穷、农业真危险"来描述现实的情况。

如果农民问题不解决，农村问题是不好解决的，解决农村问题也是要解决农民问题，所以需要从体制上加以改革。现在必须要进行改革的主要有以下几个方面：第一是户口问题。户口问题实际上是现在城乡二元结构的根源。现在在社会上有人说户口没有用了，改不改无所谓，我觉得这种看法是错误的，这个问题是国家制度、体制的问题，需要国家采取行动。目前有的省份已经在改，也没有出现领导所担心的那些问题。但局部改革是不行的，一定要全部改革。如果不解决身份和户口的问题，农民工问题是不会解决的，更不要说城乡一体化问题了。第二是土地问题要进行改革。第三是改革农民工体制。第四是改革国民生产分配体制。我们现在2万亿拨款，百分之七八十都在城市里，根本没有到农村，农民缺医少药的情况非常严重。第五是改革财政体制。不能只取之于农民，而不用之于农民。

黄季焜（中国科学院教授）

首先回顾一下一般经济发展的规律。从农业社会转到工业社会有一个转换过程。随着经济增长，农业比例会下降。中国也是这样的，中国农业每年以5%的速度增长，但农业占GDP比例从20世纪70年代的40%下降到了2000年的15%，这个转换中国经济表现得很好。伴随经济发展的另外一个变化是农业人口比例的下降，那么中国在这个转换中表现如何呢？

根据我们的调查，1980年农村有4%的劳动力在非农部门，现在已经超过20%了。1981年18%左右的农业人口有非农工作，现在为45%。这样持续下去中国经济是很有希望的。事实上这种情况有加速的迹象，我们可以用另外的一个数据来证明，1990年16岁到20岁的人有1/4从事非农工作。到2000年，那些人就是26岁到30岁，他们有一半在从事非农工作，而2000年时16岁到20岁的人已经有3/4在从事非农工作。所以我相信中国未来的农业往非农转换的趋势还会继续，而且速度会得到一定的提高。中国经济转型从GDP来看是非常正常的，与世界经济发展转化过程是一致的。从人口来看，虽然也转移出很多农业人口，但还不够，还有更多的转移空间，政府可以做得更好。

中国农业在未来是否会健康发展有以下几个指标。第一，看生产力如何增长，农业增长如果只靠投入增加而不是技术提升是非常不健康的。第二，看市场发展是否具有潜力。还有就是土地市场发展的情况。

农业生产力增长情况，我们过去研究结果是从改革开始到20世纪90年代末期，TFP每年增长3.5%到4%，现在有所下降也是接近2%左右。改革以后资源配置更加有效，经济得到增长，那么中国是否有技术进步能够推动生产力继续发展。在过去二三十年里，中国农民每三到五年就要更新一个品种，而且新品种的产量比老品种要高，这表明中国的农业技术在不断进步。那么中国未来农业发展会不会持续下去？我认为由于中国的公共投资非常多，将会带来许多收益，不仅是传统技术，生物技术也同样会起很重要的作用。至于市场发展情况，中国市场是相当稳定的，价格变动可以迅速地互相影响，而且产品价格也逐渐与国际市场接轨，农业贸易还促使了中国的农业机构向比较优势发展。土地方面，早期的时候，许多人的研究得出产权不稳定可能对生产力影响很大，但现在的情况表明，不可否认产权非常重要，但对农业生产力来讲影响不是很大。关键的问题是土地市场能不能发展起来。

总结一下，中国农业劳动力往城市转移的步伐是相当快的，但早些时候我们发展很慢，所以现在发展快也仍然没有赶上，应该继续努力把更多的农业人口转为非农业人口。在生产力方面、市场化方面等等都有很好的趋势，都在表明中国朝着工业化方向发展，这个方向没有错。但在这个过程当中要注意关注贫困人口。中国农村在过去20年左右，实际收入提高了3倍，最低提高不到2倍，最高提高4倍以上。当然看到成绩的同时，我们也看到很多的问题需要进一步解决，农民低收入问题、户口问题、产权问题等等，这些问题不解决，要真正解决三农问题是非常困难的。

曾毅（北京大学中国经济研究中心教授）

经济发展的过程中存在人口老龄化问题，中国高龄老人不断增加，2000年中国老龄人口有1亿，到2050年这个数字会上升到3.3亿，与其他国家相比中国的老龄化进程是最快的。

我们想知道儿童时期的社会经济状况是否与高龄老人的健康长寿有关系，以前的研究是不够的，因为以前总是对年轻人和50、60、70岁老人做研究，并没有将90岁甚至100岁的老人纳入研究范围之内，而且这方面的研究并没有在发展中国家展开。为了弥补知识差距，我们从1998年开始进行了中国健康长寿调查，已经有了三轮范围广泛的研究数据。在每一轮的研究中，我们都访问过1万名老年人。在第三轮的调查当中，我们进行了延伸，将85岁以上和35岁到65岁的人纳入研究范围之内，涉及22个省份，对85%的中国老年人进行了研究。数据质量总的来说还是不错的，但我们也会遇到一些问题，比如数据来源不一致等。

在研究过程中，我们采用的测量方法是用儿童时期的六种变量，包括受研究对象当他有病时能否得到充分的医疗，被访问对象是不是经常饿肚子，父亲的职业，当孩子10岁时是不是有一个父母过世，是否上过学等。而且我们还有一个现有健康教育的衡量标准，我们使用三个衡量标准，第一个是所谓的日常生活活动，表明被访者的身体状况；第二个是微观精神状况检查，按照全国性的指数研究调查对象精神的健康状况；第三个是自我报告的健康状况，也就是社会福祉的情况。在研究儿童时期的社会经济状况与高龄老人健康长寿之间的关系过程中有四个问题，一是研究模型，二是符合经济的依赖性，三是要控制社会的支持，四是进一步控制健康行为，调整所有的变量。

我们的结论是，儿童时期社会经济状况越好，总体而言越能够减少老年人的死亡率。如果加入不同因素的话，最终的结果就不会有那么明显了。我们可以看一个固定的动态方法得出的结论，无论是从 84 岁到 89 岁，从 92 岁到 99 岁，还是从 100 岁到 105 岁的存活率来看，读过书会提高年龄层的存活率，分别提高了 75％、85％和 60％，这是对于女性来讲的数字。对于男性来讲，这个数字讲的是不仅生存下来，而且是以非常健康的状态生存。得到教育的话可以大大提高健康生存下来的概率（102％），对于女性来讲，效果更加明显，能够提高 228％。这些分析表明，在年轻时得到教育是非常重要的，能够较大程度地提高高龄老人健康生活状况。这些对政策有什么影响呢？现在世界上生活在贫困线以下的儿童大部分是在不发达国家。我们的研究结果是，儿童时期的投资，对人在未来高龄时期比如 80 岁到 90 岁的生活状况有很大影响。

Paul Shultz（耶鲁大学教授）

我想讲的问题是人口结构尤其是年龄结构对储蓄能力的影响。首先介绍生命周期储蓄理论，接着讲一讲研究的结果，然后从微观和宏观层面上讲一下我对储蓄和老龄化的研究，再谈一谈以前发表的一些论文，引用它们是怎么讲述中国老龄化对中国储蓄的影响。

首先，年龄可以预测，人们每年都会老一岁，生育率也可以预测，但储蓄就比较难以预测。人们退休必然要储蓄，所以很多人在收入最高峰的时候会存钱，留着老了用。50 年前发展中国家人口大爆炸，有人曾经说过，孩子死亡率的下降，提高了人口的储蓄率，因为孩子越来越多，人们在孩子的健康和医疗教育方面会花更多的钱，所以人们要为孩子存钱，结果消费者储蓄率越来越高。

人们的经济行为建立在生命周期之内储蓄与消费的关系之上。小时候给孩子支持，老年时孩子能赡养老人。当人们开始限制生育率的时候，例如亚洲地区特别是在中国实行计划生育之后，储蓄率不断上升。有一种模型没有考虑儿童，直接考虑成年人，考虑生育率，这些人不结婚，没有劳动力的供应，当他们工资比较高的时候就不工作了，在工资比较低的时候他们会考虑到动用以前的储蓄。有人提出一个猜想，孩子是现实性的消费，而且孩子能够决定在这个过程当中人们对孩子投资、消费的水平。父母为了能够最大限度地消费未来家庭所获得的最大收益，需要做关于要多少孩子，对孩子人力资本投资数量的决定。如果限制孩子数量的话，那么对每个孩子的资本投资就会上升。我们收集了很多的数据，分析孩子数量和资本投资之间的关系，我们支持生育率是对于家庭中孩子人力资本投资替代的观点。

我们有两种方式，一种是完全以年龄为基础，另一种是跟生育率决策相关的。这样就可以指出生育率降低的不同根源，在不同的国家有不同的条件影响生育率的下降，可能是父母时间价值观念的不断上升，也可能是比以前更加先进的避孕方式等。而且可以讨论对孩子人力资源投资不断上升的现象。对于中国而言，家庭计划生育政策极大地限制了儿童的数目，所以人们将会给孩子更多的资源，生孩子变成了储蓄的替代，并不是花钱储蓄，而是花钱养孩子。在人口增长当中，把各种各样的储蓄花在孩子当中，在不同的国家有不同的结果，这方面的研究非常不充分。

我们用研究最终储蓄率的方程式发现经济增长率可以提高储蓄率，储蓄的提高会降低人们对于商业方面的投资。我认为人口的下降和储蓄率的升高是有联系的，人口变化在印度非常慢，储蓄率的变化因而几乎是一条直线；东南亚地区储蓄率则要高一些。老龄化对于储蓄也是有影响的，大概为 1/3。亚洲储蓄率大幅度下降与老龄化有很大关系。

中国经济研究中心十周年庆典活动简报之八
——中国经济发展的机遇与挑战（上）

（2004年9月）

1994年成立的北京大学中国经济研究中心（CCER），今年迎来她的十周年生日。2004年9月16—18日，中心举办了一系列学术活动庆祝十年走过的历程。其中包括16—17日召开的"中国经济展望——机遇和挑战"国际研讨会，18日上午千人庆典大会和"中国经济发展"论坛，18日下午由诺贝尔经济学奖得主詹姆斯·莫里斯教授和中心周其仁教授所做的两场专题讲演。我们用多期简报报道这些学术活动内容。分三期报道9月18日上午"中国经济发展"论坛的讨论，本期摘要报道论坛开始部分内容。林毅夫、周其仁、张维迎、海闻、易纲、樊纲六位教授在论坛上发言并展开辩论，陈平教授是主持人。

论坛发言

陈平教授（主持）：北京大学是一个中西学术交流的地方。在刚才庆祝大会上，来宾高度评价了我们在经济学研究方面的贡献，但是对我们这些做经济学研究的人来说压力很大。经济学是复杂的科学，寻求对经济现象的科学认识，最好的办法是让不同的学派和观念相互交流和碰撞。今天论坛有两个主题，一个是在下一个20年里，中国面临的最大挑战是什么？另一个问题，要发展下一代经济科学，面临的基本问题是什么？今天在座的六位经济学家，不按中国论资排辈顺序，而是以字母顺序就座。首先请最后一位即周其仁先生发言。由于时间非常有限，所以每位发言人只有七分钟，然后有三分钟互相回应，最后请在座的国内外学术界人士、政治家、企业家和同学参加讨论。

周其仁教授：今天这个题目，我觉得中国经济研究中心最适合来讲的应该是宋国青教授，但可惜他今天确实来不了，这是今天讨论的一个损失。我是研究很小的事情的人，讨论这么大的中国经济从何谈起？中国经济现象非常复杂。我认为科学的方法是要找简单的东西来解释现象，而不是构造一个比现象还要复杂的理论来解释它。这是我的取向。简单的东西要挑要选。我用一个简单的命题观察中国经济，这个命题就是"成本是在竞争当中决定的"。市场当中一瓶水能卖多少钱？一方面不能超过消费者所能承受的价，另一方面不能超过市场上其他厂商的要价。如果有人比你要的价低，东西一样，那你就要降价，一直降到靠近成本，靠近成本还要降，就要控制成本。如果对手比你成本低，你不控制，你就出局。

25年前中国开放时，中国的一个工人和欧美国家、日本的工人相比，薪水和福利几乎差100倍。改革开放以前，虽然我们工价很低，但很多产品根本生产不了，生产出来的品质根本摆不上世界市场。圆珠笔当时我们不能生产，后来生产出来了，写字时不出水，不写的时候它出水，所以1/100的劳动力成本优势看不出来。中国经济一开放，劳动成本差100倍，那不得了。从那开始，20多年之后主要是两件事情让世界看到中国的厉害。第一，劳动力成本很便宜，但改革前我们把劳动力组织起来进行生产的一套经济制度非常昂贵，改革开放就是降低这个制度成本。第二，就是了不起的学习过程。我们劳动力收入低但学习的能力并不低。无论我们的乡镇企业、民营企业、改制后的国有企业、三资企业，在开放过程中通过学习进步都非常大。中国经济二十多年成长的原因，我的看法主要是由于制度成本下降和学习效应，然后我们的比较优势出来，竞争优势出来。

今后发展还是与这两个问题有关。今年已经出现农民工短缺的问题，不要以为随时都有廉价劳动力。随之而来就是制度成本、组织成本在国际上有没有竞争优势。现在不仅中国开放，而且有俄罗斯开放、东欧开放、印度开放，亚洲其他国家开放，今后怎么样还是在竞争当中决定。如果哪个国家成本降低比我们更快，那么中国相对局面就会不利。中国渐进改革有很强的优势，但是渐进改革现在看来有很大的代价。

张维迎教授：在过去的20年里，世界给中国提供的机会多于挑战，但未来的20年可能是挑战大于机会。因为中国经济增长的源泉正在发生一个重要的转变。从改革开放到目前为止的二十五六年里，中国的经济增长主要靠的是资源配置效率的提高，而这种增长的源泉现在变得越来越弱，我自己判断也许还有十来年的时间。十年之后中国经济一定转向以生产效率为主的增长，主要依靠什么？就是技术进步。用一个比喻来说明这一问题。过去中国企业家找到一个洞，钻进去，坐在那儿，你就是一个菩萨；未来所有的洞都被人家填满了，你要自己戳一个洞，然后坐进去，还不知道能不能成为菩萨。所以过去是机遇大于挑战，现在是挑战大于机遇。

在制造业部门我们劳动生产率是美国的1/6，大家都知道劳动力有效工资是美国的1/42，这是我们的优势。但随着全球化劳动市场形成，随着高素质劳动力的全球化，这个优势就逐渐没有了。如果我们不能在现在未雨绸缪，在提高生产效率方面下工夫，那么未来中国就会落入日本现在的情况，"前不着村，后不着店"。在制造业成本竞争不过发展中国家，在高科技方面竞争不过美国，从而被挤在路中间。而要完成这个转变，非常重要的一个挑战，就是要从根本上解决中国企业制度问题，使中国企业家能够有一个长远预期，为做强和做大中国企业而努力。如果我们企业制度改革不到位，中国企业家没有很好的整合能力，那么我想中国未来的经济增长前景是令人担忧的。

易纲教授：我曾经说过中国在21世纪的前30年的最优增长率应该是，前十年GDP平均每年增长7％，第二个十年6％，第三个十年5％。如果我们能够有这样一个最优的增长率的话，中国的发展就能够上一个更大的台阶。但要达到最优的增长路径，我们面临几个最主要的挑战。

第一个挑战就是资源的挑战。我们各类的矿产资源、水资源，都非常紧缺。我们现在铁矿石基本上靠一半进口；我们原油进口接近1亿吨，全世界第二，仅次于美国，已经超过日本。我们要应对资源的挑战，包括矿产资源的挑战、水资源的挑战、能源的挑战，将来发展的一定是节约型的经济。我曾经说了很多怎么建立节约型经济的思路，比如我说过中国应该提倡住比较小的公寓。比如三口之家，住100平方米就可以了，因为你的公寓冬天要烧暖气，夏天要开空调，要排放，但现在全国各省市建筑的趋势和老百姓公寓方面需求远远超过这个标准，这是令人担心的。要看看日本人是怎么活着的，日本人的生活方式是怎么样的，要舒适，但要比较小。

第二个挑战是中国目前有很多经济学家认为中国的贫富差距太大。比如，中国的基尼系数已经达到0.45，但我觉得目前这主要是城乡差别造成的，而城乡的差别主要在于城市的各个要素已经货币化了，而农村没有。如果按购买力平价来算，中国实际上的贫富差距没有这么大，基尼系数也没有那么高。

第三个挑战是教育。一个没有文明的国度是不可能实现现代化的，中国有上下五千年的文明史，但中国的文明到现在为止仍然是精英文明。精英文明一个最大特点就是非常脆弱，几千年来中国伟大哲人发表过很多非常精辟的见解，并被发展成系统性的、非常深刻的见解，但能理解中国文明的中国人始终是少数精英，而精英文明是非常脆弱的。我们一定要注重教育，使中国文明在我们这一代手中从精英文明转变为中产阶级的文明，转变为覆盖相对多数中国人的文明。

林毅夫教授： 我相信中国只要利用好我们的后发优势，应该有可能再维持20年、30年以上的高速经济增长。中国有可能最慢到2030年经济总体规模达到美国的水平，以后超过美国。要实现这个良好的愿望，我觉得中国在改革和发展的过程当中，要防止四个陷阱。

第一，欲速则不达的陷阱。中国还是发展中国家，我们看到发达国家有高科技产业、生化产业、航天产业，我们希望赶快在这些产业上面去发展、跟它们竞争。但这些产业不符合我们的比较优势，企业是没有竞争能力的，政府就只好用各种扭曲、保护以扶持这些没有自生能力的企业。改革以前，我们推行重工业优先发展，表面上是赶上了发达国家，但实际上是欲速则不达。现在重工业优先发展没有人说了，但高科技产业优先发展、生化产业优先发展的声音还是很大，而这就是欲速则不达的陷阱。

第二、专做扬汤止沸，而不做釜底抽薪的陷阱。1979年以前我们推行赶超战略，为了使没有自生能力的企业能够建立起来，政府做了很多的扭曲，只有把那些扭曲消除，才能逐渐恢复到比较优势的道路上。但是在消除这些扭曲的时候，我们经常忘记这些扭曲是内生的。如果不先改变产生这些内生现象的外生原因，那你就是扬汤止沸，而不是釜底抽薪。

第三，好心干坏事的陷阱。我们今天的崛起环境比美国差，美国在崛起的时候，人均收入是英国的70%，经济规模超过英国，当时已经是世界上强大的国家，而且美国和英国的文化是一样的。但我们现在人均收入只有美国的3%，经济规模只有美国的1/8，文化体系跟美国还不一样。美国看到中国这么快速地崛起，给我们创造了很多不利的外部环境。这样民族主义就会高涨，就会做很多好像是爱国的事情，但其实使中国失去了利用比较优势发展经济的机会。

第四，试图简单用外国的理论结合中国实际的陷阱。中国面临转型加发展环境，因而经济结构和体制条件跟发达国家不一样。现在的理论都是从发达国家发展起来的，它的背景跟我们不一样,所以从发达国家理论看中国问题,找不准真正原因。所以,我们必须从中国的实际现象来了解中国的问题,并且从中国的实际问题中提升理论。如果照搬外国的理论,经济学家很可能对中国改革开放帮倒忙,而不是推动中国经济改革开放。

海闻教授: 中国经济未来的 15 年,我认为增长速度应该会很快。中国这种高速增长能不能持续?这一点我非常乐观,我们跟韩国、日本等国家有不同的地方。主要有三点:第一,从国内来讲,我们的资源应该比等日本、韩国国家丰富,主要是指劳动力资源。中国的产业在未来 15 年仍会是劳动力密集型的产业,包括服务业。

第二,我们可以利用全世界的资源。韩国和日本当年更多是靠自己的资源建立起来的,可以说并不是很开放的社会,但现在的中国,从国内国际看都是非常开放的。中国现在仍然在改革,还没有改革到位,这是一件坏事,但也是一种希望和激励,我们将来也可以通过改革提高资源的利用效率。

第三,国际情况从原来重视意识形态变为重视国家安全,给了我们更多的机会,未来的 15 年中国确实仍然存在很迅速地进入中等发达国家的机遇。

现在的挑战是,当我们经济逐步进入中等发达国家水平以后,我们的制度、人能不能进去?我们现在最大的挑战,是观念相对经济发展的落后。目前有两个观念是对改革的挑战,一个是均贫富思想,和市场经济是冲突的。真正要关心的不是贫富差别,而是最底层人民的实际生活水平。另一个是民族主义和开放观念的矛盾,怎么融入世界经济中而不局限于民族主义,现在政府、群众、媒体都有这样的问题。

樊纲教授: 中国经济今后几十年能不能持续地发展,很大程度上取决于中国会不会被经济波动或者经济危机所打断,因此如何保持中国经济平稳增长,减少波动,是作为落后和发展中国家非常艰巨的任务。我们现在经历着又一次的经济波动,主要表现为经济过热、投资过度。在投资过度的现象当中,非常重要的环节就是各个地方政府的城市化建设,城市发展建设项目,各种基础设施投资等,规模非常大,各种生产资料的需求高度膨胀,引起了不仅是中国而且是全世界的关注。为什么钢材、水泥、电解铝那么热?就是因为很多建设工程都需要它们。这里可能有很多原因导致各地方的过度投资,其中一个因素比如说是农民或者土地所有者没有得到充分补偿,再比如企业从政府那里搞到土地后可以到银行去抵押贷款,但由于银行体制不健全,对项目的评估没有按照市场的定价原则,很多后面的动机不纯、约束不严等。但其中有一个原因特别值得思考,那就是搞城市化、发展地方经济对中国来讲本来都是应该做的事情,都是好事情。但为什么大家都做的时候就出现了过热呢?其中一个重要的原因就是现在的地方政府恨不得在本届任期内,把能够掌控的土地都批出去,全部变成项目,把今后 20 年要做的事情,都挪到这一任期来做。这都是良好的愿望,是为了加速经济发展,但这么一来总需求规模就一定大于现在的供给能力,经济就一定过热。那么为什么地方政府可以做这种事情?这里有深刻的体制原因,那就是我们的地方政府不是一种能够自负盈亏的经济实体,未来政府的债务这届政府可以不负责任,也可以不对下一届政府的财政收入负责任;在地方政府的决策过程当中,下一届政府的利益没有一种体现的方式,没有人在现在的决策程序当中代表那些利益,没有纳入当前经济决策的利益均衡关系中来。地方政府可能不考虑宏观经济过热的问题,但是在地方经济的层面,总是存在以下的问题,即在地方公共物品的供给当中谁来代表下一代人,甚至谁来代表下一届政府,因为下一届政府要还债,很可能就面临没有土地批的问题,也就没有了财政收入来源。

这个问题就涉及中国的基本政治体制问题。我们与欧洲最大的区别就是，从春秋战国之后秦始皇统一中国，地方政府就不再是自负盈亏的自治实体，而是由中央任命，"对上负责"，而不是对当地的选民和纳税人负责的机制。在这种机制下就不断出现中央和地方之间的矛盾，出现了地方政府行为带来的各种各样的经济后果以及经济波动。这里面的实质性问题是什么？这个问题不仅是中央地方博弈关系的问题，我们现在的讨论往往在这个层次上。也许这次简单的解决办法就是中央把土地的控制权收回来，形成一个中央直管部，由中央直控的土地资源部来控制地方土地使用的行为。但我们应该看到的是更深一层的问题，是整个的政治体制如何发展与改革的问题。政治体制的功能首先就是提供公共物品，公共物品是市场经济的一部分，在公共物品供给的决策过程当中，政治体制从中央到地方如何实现各种利益，包括农民的利益、债权人的利益、债务人的利益，包括下一代人、下一代政府的利益，如何在公共决策当中得以体现？这是问题的实质。

中国经济研究中心十周年庆典活动简报之九
——中国经济发展的机遇与挑战（中）

（2004年9月）

1994年成立的北京大学中国经济研究中心（CCER），今年迎来她的十周年生日。2004年9月16—18日，中心举办了一系列学术活动庆祝自己十年走过的历程。其中包括16—17日召开的"中国经济展望——机遇和挑战"国际研讨会，18日上午千人庆典大会和"中国经济发展"论坛，18日下午由诺贝尔经济学奖得主詹姆斯·莫里斯教授和中心周其仁教授所做的两场专题讲演。我们用多期简报报道这些学术活动内容，分三期报道9月18日上午"中国经济发展"论坛的讨论，本期摘要报道论坛的中间部分内容。

论坛发言

陈平教授（主持）：易纲提出的四个问题和我原来想法最接近，但易纲已经提出问题在先，我就要找深层次的问题。我们现在有非常大的人口压力。在这种情况下，如果现代化采用西方模式，会面临严重的资源挑战，所以我很理解易纲提出的资源、能源、水、土地问题。但我还要加一个老龄化问题。说到底我认为是一个结构问题、发展模式问题。比如我们都像美国一样，每人开一辆汽车，中国的地都不够修高速公路。这使我联想到什么是劳动成本？什么是制度成本？最大的成本实际上是生活方式成本还要加上社会保障成本，现在中国劳动力价格低是因为现在的生活方式消耗得少。

另外一个核心问题是教育，现在创造就业问题一个是农业，还有一个是制造业，包括传统的纺织业和钢铁工业，技术发展需要的劳动力越少，就业面临的问题就越大。这种情况下，如果你只是取消户口制度，让人口自由流动，那么大量没有受基础教育的人进入城市就会找不到工作，不可能九个农民给一个城里人当保姆。中国教育的最大问题是没有发展创新的多样化教育。

我的回应包括易纲和张维迎的问题，真正提高生产力，提高效率，要改变中国以科学技术为导向、同类产业放大的现象。另外易纲说的问题跟海闻、樊纲说的问题都有关系。实际上是两个问题。一个问题我认为在中国非常严重。在中国历史上是官商对立或者官商勾结，现在社会上有很大的呼吁，就是反腐败。但中国没有探讨腐败问题的实质是什么，实质是很大程度上是地方政府没有独立财权。还有一个非政府、非营利组织和民间社会三方互动的机制，我认为在中国还没有建立起来。解决这些问题，就要改变原来的政府、市场二元模式，成为民间、政府、市场三方合作的竞争，而且要具有制衡关系。

下面第二轮是回应，希望把上一个问题深化。可以考虑在诸位提出的问题里面，是否存在现有经济学不能解决的问题，是否需要进行理论创新，而不是简单移植原有理论就可以解决了。

林毅夫教授：我刚刚谈到要釜底抽薪，不要扬汤止沸。刚才陈平教授对易纲教授的总结，都是扬汤止沸，没有釜底抽薪。因为没有看到问题的实质，而是只看到问题的表面。易纲讲的是中国要面临资源的压力，当你认为有资源压力的时候，你就是没有把人当作资源，才会说是自然资源的压力。我们知道从第二次世界大战以后，赶上发达国家和地区的就只有日本和亚洲四小龙，这些东亚经济体的人都非常多，资源也非常少，它们怎么赶上的？因为它们把人作为资源，在早期发展劳动密集型的产业，充分发挥比较优势，非常有竞争力；积累了资本，然后不断进行产业升级。你说的人口压力是怎么产生的呢，因为从一开始就想赶超，想发展资本密集型产业，创造的就业机会非常少，不能满足就业的需要，那么人就成为一个负担，人跟自然资源就有矛盾。

你总结在发展过程当中要关注收入分配问题。如果按照比较优势来发展，就会给那些只有劳动力的穷人创造很多就业机会，他们的收入就会随着经济的发展越来越高。富人具有优势的资源是资本，随着经济发展、要素禀赋的提升，资本越积累越多，资本回报率越来越低。随着资本积累越来越多，穷人具有比较优势的劳动力变得相对短缺，劳动力价值提高，富人拥有的资源（资本）的价格不断降低，穷人所拥有的资源（劳动力）的价格不断提高，这样收入分配就得到改善。这是从东亚经济发展中所看到的变化，在经济增长过程当中，不仅取得了高速增长，收入分配也得到了改善。所以，在发展过程中是否按照比较优势发展，是收入分配能否随着经济发展改善的主要因素。

第三点，你讲官商勾结。为什么能够勾结？就是政府扭曲了经济。政府限制很多市场准入造成垄断，压低利率、汇率、原材料价格等。为什么要去压低利率、汇率以及人为造成垄断呢？同样是为了保护那些没有比较优势的产业中没有自生能力的企业。所以，你总结的这三个问题，其实都是不按照比较优势发展造成的；而你的评论正如我所讲的，是扬汤止沸而没有釜底抽薪，只看到问题的表面现象，没有挖掘问题背后真正的原因。

樊纲教授：关于收入分配的问题，我同意按照比较优势的原理，最终穷人收入会提高，富人的收入会降低。但中国最大的挑战就是有太多的农民需要充分就业，中国解决充分就业将是几十年的事情。在这几十年中收入差距在扩大，这是陈平和易纲所说的挑战。

我不同意易纲和陈平所讲的资源稀缺的观点。任何国家在发展过程中，都有资源约束。作为后发国家，作为人口数量极大和土地稀缺的国家，问题更加突出。回过头这么想，中国如果要把劳动力都利用起来，我们恐怕首先就要为全世界生产，因为不为全世界生产，就业就不够。不仅要为自己的市场生产，还要为全世界生产，才能解决就业的问题。从这个角度思考问题，只要这个东西在中国生产，不管是资本密集型还是劳动密集型，只要符合成本原理，只要真有竞争力，就应该最好在中国制造。这样我们才能提高就业率。不管钢材、水泥用多少资源，只要世界上有人用，最好就在中国生产，这样才能真正充分提高我们的就业。从这个角度来讲，我们恰恰应该从中国新增就业角度思考问题，思考为全世界生产利用全世界资源的问题。如果这样看，就回到海闻和毅夫讲的，这是世界的问题，是13亿人口进入世界体系之后，对世界资源制造成重新分配产生的问题，也是我们今后面临的挑战。

周其仁教授：我赞成陈平关心重大问题，但我反对陈平的观点，他讲了很多问题但实际上是没有问题。经济分析涉及现象和理论，理论是解释现象的。有没有经济学的重大突破性问题呢，这个硬要拔是拔不出来的。我认为亚当·斯密以来的经济学理论已经够用了，重要的是把它简化。经济学这么庞杂，成为很大的学习负担。由于教育体制和其他体制的原因，很多经济学论文是为了评职称写的，有的是为了得奖写的，很多和解释实际经济现象没有关系。它是个必要条件，因为你不会写论文就当不了经济学家，所以写论文有用。但是做科学研究应当从论文中挑出可以解释实际现象的东西。

我也不赞成有东方理论和西方理论。理论没有国别，能解决现象就是好理论。我自己的素养比较低一点，我不认为经济学还有什么重大理论上的问题需要攻关，我认为亚当·斯密的学说加上成本分析理论，再把交易费用和制度因素放进去，解释力应当是很丰富的。各个国家的竞争力，各个人的竞争力，不单由劳动成本决定，而且由制度成本决定。如果光看劳动力成本，比中国劳动力成本低的地方多的是，如果没有20年来制度成本的下降，中国不可能有现在这样的水平。我看中国经济就是两块，一块是有生命力的，是按照市场准则清楚划定产权的部分，我对这个一直有信心，而且有很多是让我吃惊和让我学习的东西。另一块就不好讲了，有些领域虽然前期改革走得很快，但没有深入涉及。几十年来左碰右碰，一直没有解决。

张维迎教授：毅夫刚才讲到，后发优势可以导致持续发展30年。假如我们把后发优势分成三类，包括技术上的后发优势、管理上的后发优势、制度上的后发优势。应该说过去几十年的发展，计划经济体制下的发展，包括苏联的发展，基本上都是通过利用技术上后发优势和管理上的后发优势获得的，像改革开放初期我们利用别人现有的技术，不购买知识产权也好，购买知识产权也好。现在管理上也是学习很多西方企业创造的管理制度，商学院大量讲这类东西。现在的问题是，技术上的后发优势越来越少了，管理上的后发优势有些可以利用，还有些难以利用。

最大的问题就是能不能转到制度上的后发优势。杨小凯先生讲过一句话，好多发展中国家恰恰由于有技术上的后发优势和管理上的后发优势导致了制度上的后发劣势。为什么呢？当它利用发达国家一串的技术和管理方法取得经济增长，好多人的眼睛就被蒙蔽住了。我们的体制很好了，能够取得这么好的增长，但没有看到这些技术管理都是在特定的制度上创造的。如果不能在制度上采取大的变革，我觉得这个后发优势要继续的话就非常难了。我特别要强调一点的是产权制度。如果没有良好的宪政制度，使政府受到有效约束，那么企业家和老百姓没有稳定预期，那么发生很糟糕的局面都是很可能的。

毅夫经常讲比较优势问题，这在经济学里是非常重要的东西。但是随着经济全球化，资源在全球范围实现自由配置，也有一些变化出现。其中我们看到一个很重要的现象，就是价值链分配往两端走，一端是自主知识产权，另一端就是品牌。这两端占有的价值比例，远远超过中间的制造环节。如果中国仅仅盯住制造业环节的话，按物品数量计算，你的增长很快，但按照价值算，按照国际收入分配，你可能就没有任何潜力。

易纲教授：我讲的教育不只是技术上的教育，还是把文明从精英的文明变成中产阶级的文明，变成覆盖更多民众的文明，主要指的是诚实的教育，在宪法中对财产权和人权尊重的教育、以人为本的教育。资源的问题最后是一个价格的问题。中国一年出口 50 亿双鞋，出口的价格是 3 美元到 5 美元，在美国市场上卖到 50 美元至 70 美元。为什么能以 3 美元、5 美元出口非常好的名牌鞋，是因为在皮子处理中污染的水都留在中国了。资源的确是可以在全世界范围内配置的，但是我们在生产过程中把很多负面的东西比如污染都留在中国了，而中国的土地又是那么紧张。如果没有价格机制使得我们基本上能够覆盖制造的全部成本，包括负面的外部效应，中国的增长将是不可持续的。

关于中国将来要成为世界制造业中心的提法，我也是非常有保留的。第一，制造业不会创造很多的就业，最大的就业是服务业，制造业是附加值比较低、留下污染比较多的一端。第二，政府在经济发展中应该是法律的执行者，游戏规则的制定者，而不是去想怎么赢这个游戏。政府更不应当在经济发展中当招商引资的主体，当各地经济冲动的主体。如果政府的位置转不过来的话，那么我们未来的经济发展将会走很多弯路。

海闻教授：易纲进一步谈到的资源问题、价格问题，也是我本来想说的，价格背后还是机制的问题。为什么我们的资源这么浪费？因为我们的很多改革还没有到位，真正的价格机制还没建立起来。刚才陈平讲了不能引进西方模式，我觉得不能笼统地这么讲。西方有很多模式，有美国模式、日本模式，引进西方模式，真正引进不是它的生活方式，而是它的机制。所以不能说西方模式就不好，西方模式下很多国家资源利用非常节约，最后还是价格机制的问题。

樊纲讲到腐败，讲地方官员腐败，我想讲不能把腐败简单归结到地方问题，现在中国的税收制度是造成很多经济问题的重要原因，因为地方政府很大的财政收入来自地方办的企业。防止腐败最好的办法是政府减少对经济的控制。

中国经济研究中心十周年庆典活动简报之十
——中国经济发展的机遇与挑战（下）

（2004年9月）

1994年成立的北京大学中国经济研究中心（CCER），今年迎来她的十周年生日。2004年9月16—18日，中心举办了一系列学术活动庆祝自己十年走过的历程。其中包括16—17日召开的"中国经济展望——机遇和挑战"国际研讨会，18日上午千人庆典大会和"中国经济发展"论坛，18日下午由诺贝尔经济学奖得主詹姆斯·莫里斯教授和中心周其仁教授所做的两场专题讲演。我们用多期简报报道这些学术活动内容，分三期报道9月18日上午"中国经济发展"论坛的讨论，本期摘要报道论坛的最后部分内容。

提问阶段

郑国汉教授提问：我最感兴趣的是周其仁、张维迎和樊纲提到的制度方面的问题。我觉得中国可能在未来要面对这些问题。在社会里拥有重大权力的，一部分是各级政府官员，另一部分是企业的老总。究竟需要什么制度改变和创新令他们对社会更负责任，对他们的股东、投资者包括银行的存款者更负责，而不是随意把股东的钱放到自己口袋里，然后股东的钱就亏掉了；或者把农民的土地低价买过来，在这届政府任上花掉。怎样使这两种人为社会做出更大贡献？

李稻葵教授提问：我来自清华大学，在民主和科学二者中我们更加注重科学，所以我想问一个科学问题。中国过去25年的经济发展，到底在哪些方面有可能对我们经济学科发展做出贡献？如果没有贡献，经济学已经很完善的话，那我建议中心改称北京大学中国经济问题研究中心。

某听众提问：林毅夫和樊纲都说道，中国要发展制造业来解决就业的问题，但是有一个基本的数据，从1995年到2002年，我们国家制造业就业下降了1 500万；另外海闻提到中国经济发展的一个障碍是均贫富，但发展的障碍可能是贫富不均。现在一个很大的问题就是中国农村那么多的人口没有消费能力。樊纲说我们应该制造业产品输送到全世界，我认为应该先输送到中国农村，让农民提高收入。

钟甫宁教授提问：我是南京农业大学的。从英国实现现代化以来，如果划分一二三产业的话，在发展过程中都是生产结构和消费结构不一样，发达国家生产二三产业的产品出口，生产结构超过消费结构，这样一种现代化模式是不是能够放之四海而皆准。如果所有落后国家都这样生产，那么全球的消费结构和生产结构如何平衡？

陈云英教授提问：我想提一个有关人力资源的问题，请林毅夫先生和樊纲先生回答。我们如何说服我们的政府愿意为13亿人口的教育投资，关于教育投资不足问题争论了将近20年，但没有能够让政府真正理解这个问题的严肃性。我想经济学家在这方面应该有令人信服的论证，可以会影响政府的决策。

樊纲教授：简单谈三个问题。第一，如果是浪费资源，价格不合理，就是制度问题。但中国的问题是人太多，现在制造业增长所需要的人又在减少（这就是刚才左学金所说的），中国有这么多人。假如有7亿劳动力，我们说服务业能够创造更多的就业，我们发展出1亿人去搞金融服务，再可以有1亿人搞高科技怎么样，再有1亿人搞市场营销，都可以是世界之最，但问题是还剩下3、4亿农民，刚进城不能当电脑工程师吧？如果我们再不做制造业，怎么创造这么多的就业呢？中国人太多，中国人得什么都做，从皮鞋、袜子，到导弹、飞船，这是中国将来的命运，这需要我们思考。第二个问题，我想多数谈到很多都是制度问题，包括污染问题、环境问题等。制度改革一方面要使市场竞争更加充分，另一方面要使政府民主更加充分，使各种利益集团在这个体制中能得到表现和相对制衡。第三个问题就是中国经济改革的时间能不能为经济学的理论做出贡献的问题，我认为多多少少能够做出贡献，制度转轨过程中，特别是从计划经济向市场经济转轨，这是人类从来没有经历的大的历史进程，也许在一些理论问题上能够有新的贡献。

海闻教授：我觉得现在的问题不是贫富不均的问题，而是在社会最底层有些人确实生活在非常低的贫困线之下。如何改善这些人生活的绝对水平，比想办法把富人的生活水平拉下来更加重要。要解决贫困的问题，而不是解决贫富差距问题。另外，我们经济研究中心不光研究中国的问题，在主流经济学上我们仍然可以有突破，对整个经济学做出贡献都是可能的。

林毅夫教授：我来回答三个问题。第一个是怎样进行制度改革，解决银行、股票市场保护投资者的问题。问题不是中国政府领导人和银行家不了解保护银行储蓄者和股市投资者的重要性，"是不能也，非不为也"。为什么这样说？因为建立资本市场是为了给国有企业改革创造条件，让不好的国有企业上市在股票市场上拿到廉价资金，如果对股票市场功能这样定位，那就绝对不敢严格监管。为什么国有银行呆坏账这么高呢？因为国有银行要贷款给经营不好的国有企业，而这些国有企业又还不了债，造成很高的呆坏账，这种情况下怎么对银行仔细监管？所以，要把股票市场这样定位，要银行发放这样的贷款，根本原因就是一大批国有企业是有政策性负担的、没有自生能力的，需要国家保护和扶持才能生存。如果这些问题不解决，很多制度安排其实是内生的，真想改掉的话很难。勉强去做的话，会造成一大批国有企业破产，造成社会混乱。

另外教育那么重要，为什么中国政府老是做得那么不够呢？主要是许多政府领导人脑子里面有很多赶超思想，想发展投入很大、技术很先进、资本很密集的产业，以为这就是现代化。由于这些产业不符合比较优势，在竞争的市场中需要政府保护和补贴才能发展，政府的很多钱被拿去保护和补贴这样产业，导致政府有很多事情做不了。如果真正要让政府的精力用在应该做的事情上，比如说发展教育，政府就必须放弃赶超思想。

中国经济研究中心能否为经济理论的发展做贡献？请允许我冒昧地做出肯定回答。比如说，在我的研究当中强调，一个国家的产业结构、技术结构，是内生决定于这个国家的要素禀赋结构的，发展目标要定位在要素禀赋结构的提升，不要定位在产业结构的提升。第二，许多发展中国家推行赶超战略的过程中建立了很多没有自生能力的企业，给政府造成很大的负担。在改革和转型当中，我们必须把自生能力的问题放到模型当中。主流经济学是在发达国家建立起来的，这些理论忽视了发展中国家有许多没有自生能力的企业的事实，因此简单用那个理论来解决发展中国家的问题，就会掉进我前面讲的用发达国家的理论来套发展中国家问题的陷阱，如果用外国的理论解决中国的实际或者其他发展中国家的实际，经常会造成很大的混乱。例如世界银行有一个研究，在20世纪60、70年代发展中国家的平均增长率是2.5%，80年代和90年代，按照现在主流经济学得理论进行了改革，但在经济平均增长速度是比60、70年代还差，出现很多危机。其中一个原因就是没有真正了解到发达国家很多的制度扭曲实际上是内生的。简单用现代经济理论模型硬套肯定会出现很多的问题。我们在研究当中发现主流经济学应该拓展，应该把自生能力概念放到主流经济学里面，这样才能推动中国社会的进步和发展。

张维迎教授： 首先强调一点，我理解产权是人们对未来的预期，这是产权的本质。从这一点上讲，任何随意地改变游戏规则，搅乱人们预期的做法，都是对产权的侵害。不仅是你在物质上从人家那里拿了多少东西，也不仅是大股东剥削小股东。宏观调控当中的措施，实际上也是对产权的侵害。因为你在宏观调控之后，银行下次不能再给他贷款了，企业要注册不能再让你注册了，这本身也是一种产权侵害。从这个意义上讲，要解决这些问题，还是我刚才说的，第一要对政府行为加以限制，如果没有政府帮忙，哪有那么厉害的大股东可以侵害到小股东利益。如果对政府的行为不从制度上进行严格限制，产权制度永远建立不起来，没有宪政改革就不可能有真正的产权制度。另外还要强调的是，产权不仅是政府的事，也是一种文化。政府这么规定了，如果老百姓的行为当中没有形成遵守产权的习惯，那么我想也不是好的产权制度。另外大家都谈到分配问题，我不是研究分配的，但我想提一个有关问题，如果有人有兴趣，可以研究一下经济全球化给收入分配差距带来多大影响，是正的还是负的。经济全球化背景下，一部分人面临国际市场定价，而另一部分人面对国内价格。全球化之后这两部分的差距就大大增加，有兴趣的可以研究一下。

周其仁教授： 刚才易纲已经讲到我认为非常值得讨论的问题，但后来又转开了。一双鞋3美元、5美元出口，这里不能补偿的有很多东西，比如环境污染、水污染、子孙后代的利益受损等。但是为什么以3美元、5美元卖出去呢？如果高于3美元、5美元就卖出不去。那进一步研究，能不能说因为水和环境问题把成本提上来呢？提上来可以，但那样就更没有竞争力了。出路在什么地方呢？成本里面有两类，一类是所谓要素的成本，另一类是把要素组织起来的代价。如果我们可以提高一些要素的报酬，包括自然资源、人，但是我们要把组织成本降低，使得鞋还是3美元到5美元出口，但其中可以补偿水，补偿我们的人，可以给各方面做回报。

这就需要一个有效的制度。制度里有很多问题，其中有一个非常难处理，就是国家和政府的作用。市场有很多能人，有的企业老总讲话很厉害，但是如果没有政府特殊支持的话，他们受到市场力量约束。你今天厉害，出一个错招明天就找不到你了，不能容你。市场上制度上有一个变量很难处理，就是政府的力量。这是一种特殊的强制力。什么力量能够平衡让它上轨道？我认为这是制度当中重点的重点，难点的难点。中国历史上没有平衡这个力量的传统，要么就农民起义，以暴易暴。社会矛盾积累了，就造反，不能找到具有一个平衡的力量使得政府组织进入法制轨道。所以我觉得杨小凯思想非常具有启发性，他关注这个因素，而且把它跟增长的技术成本和竞争条件联系在一起考虑。

中国经济研究中心十周年庆典活动简报之十一
——"创新和增长":詹姆斯·莫里斯教授演讲

(2004年9月)

1994年成立的北京大学中国经济研究中心(CCER),今年迎来她的十周年生日。2004年9月16—18日,中心举办了一系列学术活动庆祝十年走过的历程。其中包括16—17日召开的"中国经济展望——机遇和挑战"国际研讨会,18日上午千人庆典大会和"中国经济发展"论坛,18日下午由诺贝尔经济学奖得主詹姆斯·莫里斯教授和中心周其仁教授所做的两场专题讲演。我们用多期简报报道这些学术活动内容。本期简报报道剑桥大学的詹姆斯·莫里斯教授在北京大学百周年纪念讲堂做的演讲。莫里斯教授是1996年的诺贝尔经济学奖获得者,他演讲的题目是"创新和增长"。

莫里斯教授首先估计了发明和新技术对中国经济增长的贡献。中国目前的发明和技术进步确实非常多,很多新技术来自中国的外部,所以有必要考虑技术进步的重要性。内生经济增长理论中,发明和创新对经济增长起到非常重要的作用。但是他认为创新和新技术的发展在不同的国家都在同时发生,中国技术进步的速度与其他国家相比并无特别之处。中国的纯技术进步率应该和其他国家差不多,因为技术的进步是任何国家都迟早可以采用的。不可否认,一些国家纯技术进步比其他国家快是可能的。在第二次世界大战后的德国和日本就是如此,中国过去的某些时期特别是20世纪70年代晚期也是如此。然而从根本上来讲中国的纯技术进步率并不比其他国家更高,另外专利也可以限制技术的跨国传播。就各国纯技术进步率而言,它们通常会令人吃惊地表现出类似性,即使是考虑跨时情形纯技术进步率变动也比想象中小得多。

随后莫里斯教授着重探讨了"中国经济增长速度之谜",即他根据经济增长理论模型测算出来的经济增长速度,显著小于实际观察到的经济增长速度,他分析了对这一差异的解释。产出增长与劳动投入增长、资本存量增长以及纯技术进步率有关。莫里斯教授首先认为在过去的20年里中国纯技术进步率大约是以每年2%左右的速度增长。接着分析劳动增长对中国经济增长的贡献。在过去的20年中,中国的就业增长率基本上以平均每年1.5%的速度增长。其中劳动力质量不断提高。但是他认为劳动力增长一般来讲每年不会大于3%,而劳动在一国经济增长中的贡献,一般来讲不会大于70%,因此产出增长中因为劳动增加部分一般来讲最大值不过2.1%。

随后他分析了资本增长对中国经济增长的贡献率。在中国,净投资在产出中占有很大的比例,这和很多西方国家的情况不一样。不过一般而言,中国在过去的20年中,投资在产出中的比例不会大于35%。相对困难的是确定资本的回报率,中国的国有企业大多是亏损的,这是中国经济某些部门资本回报率可能为负的证据。在发达国家,真实的回报率很少大于5%。考虑到亏损的国有部门,他认为对中国来说尽管有很大的不确定性,但5%的回报率是一个比较可能的平均值。即使一个经济拥有很高的投资对产出的比率,资本对经济增长的贡献率大约是1.75%。

这样最后可以得到一个数字就是5.85%,也即长期增长率最高不过6%。但是实际观察到的经济增长率远远高于这个数字。为什么中国增长率比理论分析数字高得多呢?莫里斯教授认为必须考虑一下中国经济的特点,而这个特点与其他发展中国家和中等发达国家有很多相似之处,就是城乡之间的巨大差距。

发达国家农村部门在整个经济中所占比率是很低的,为1%—2%。所以在研究这些城镇化的国家时,城乡之间的差距是不需要考虑的。在二元经济中,经济增长则与劳动力从农村到城镇的转移有很大关系。在中国,不同城市之间工资差别非常大,而乡村则要差更多。城乡之间的差距带来劳动力的流动,从而带来成本增加,比如交通费用、不断增长的住房费用和食品费用。雇主得支付较高工资以使在城市工作的人可以支付这些费用。当然乡村和城市之间平均工资差距反映了农民和工人的技能上的差距,一般来讲技能较高的工人的工资要高于那些技能低的工人,在农村高技能的工人的比率比城市低得多。

莫里斯教授将城镇化成本对产出的贡献考虑进来之后,通过计算使得经济可能增长率提升1.5%,得到一个大于7.5%的数字,这个数字更加接近事实。他认为中国官方公布的数字总的来讲是对的。这个数字也给技术进步留有了余地,看起来中国现在的技术进步比发达国家要快一点,也许存在技术追赶,当然也存在干中学效应。

莫里斯教授同时指出国际上所公认的一些统计标准,有时候可能不能恰当地测量我们所认为的真实产出。真实的产出是指那些可以进行消费和投资的产出,是生产活动对现时和未来的人类福利所做出的贡献,是产出减去城镇化成本后的净值。莫里斯教授在演讲结尾部分指出,劳动从经济低端大规模转移到经济高端,是一个有关中国经济研究的老话题,但它使得中国经济的增长率出现了很大的变化,而且具有很有趣的福利影响。

提问阶段

陈平教授:将城镇化用来作为中国经济增长的一个动力可以很好地解释中国8%—10%的增长率,但是我有一个问题,我认为有两方面因素同样不可忽视,也许解释的力度不到1.5%。麦肯锡日本咨询师大前彦一先生告诉我,使他惊奇的是,中国的技术进步比日本要快,在20世纪70年代,日本人说,美国人可以做,那么日本人也可以照做,而现在日本人说,中国人可以做,但是日本人却无法照做。可见中国纯技术进步率也许要高于2%。另外一个是关于中国的资本回报率,它也许高于世界平均水平。中国有大量不良贷款,那是因为中国发生非正规的私有化。对于投资来说,如果你冒险成功了,那么利润将是你的,资本就变成私有;如果你失败了,政府和银行将承担损失。中国政府掌握着很多资源如土地等,在过去20年中,政府提供长期补助。

听众1提问：您的经济增长计算公式中的余项里面有否考虑制度变迁的因素，中国的制度变迁对于经济增长是否有影响，您对此有何理解？

听众2提问：我来自巴基斯坦，我问一个有关劳动力迁移的问题。当大量劳动力从乡村向城市流动时，是否会对城市造成污染？

听众3提问：这样的大量劳动力从乡村转移到城市，使得生产率大幅提高。低成本劳动力将会流动到某些行业和地区，就像建筑业，不太需要很高的技术，工资也非常低，但是具有较乡村更高的生产效率。我的问题是如果建筑可以很快完成的话，生产率的差异是否也会很快消失？

听众4提问：我不是学经济学的，根据您的公式认为经济增长的速度最多是6%，而据我所知，日本、德国、东南亚国家的经济增长在很长时间内都超过6%，请问您对他们的经济增长有没有别的解释呢？

林毅夫教授：是否可以把同样的竞争应用在资本上，就像我们应用到劳动力上一样。在中国，我们有城市劳动力、乡村劳动力，也有国有部门和非国有部门，非国有部门的资本使用更有效率，中国的资本形成非常快，而且资本积累大多发生在非国有部门，对资本竞争的分析也许可以得到类似从劳动力角度分析同样的结果。

莫里斯教授：第一个有关余项的问题很好，很简短，但是背后有很多有意义的话题。如果技术决定了生产是在生产可能性边界之内进行，那么经济是缺乏效率的。例如不完善的产权制度将会导致无效率。那么引入制度因素，经济增长率又将怎样变化呢？不同国家有着不同的制度，不过不同国家之间彼此的纯技术进步率是相似的，那么制度可能是很重要的。但是分析它的具体作用是个很困难的问题。

关于第二个问题，我没有很明白问题的意思。城镇化和人口的迁移会带来成本的增加，如运输成本。但是我并不是说这样的迁移是不好的，经济的增长是很重要的。交通堵塞、污染加重，在城镇化的过程中的确很严重，每个人在考虑自己的成本收益时必须考虑别人的存在。

第三个问题，生产率的差异倾向于消失，工作的种类很多，不同的边际生产率决定不同的工资，雇主在做出雇用工人的决定时，必须考虑两类工资。所以应该根据各个地区不同的工资率来分别做出决定，也许在某些行业，尽管劳动的成本更高，但是其决策与其他行业并无不同。但是总的来说，考虑边际生产率不同，我认为是有可能的。

第四个问题，日本一直都很让我困惑。日本的城镇化很早，经济的飞速增长发生在其之后。日本总是很特别。很难理解那里发生的一切。不过我很想知道是否城镇化也可以用于解释日本的经济增长。

林教授提出的问题的确很重要。理解经济增长过程，不仅劳动力可以划分为城乡两类，还可以从资源从国有部门流向非国有部门的角度加以解释。

很抱歉最后才谈到陈教授的问题。我认为10%的增长率是太高了，我们可以将其视为经济波动，我不敢奢望劳动力流动完全解释经济的增长。至于资本回报率，可能被过分强调了。10%的投资回报率的投资增长，通常只会带来大约0.3%的经济增长，因而即便假设具有很高的投资回报率，仍难以很好地解释中国经济增长。

中国经济研究中心十周年庆典活动简报之十二
——"价格不管用"的市场经济：周其仁教授演讲（上）

（2004年9月）

1994年成立的北京大学中国经济研究中心（CCER），今年迎来她的十周年生日。2004年9月16—18日，中心举办了一系列学术活动庆祝自己十年走过的历程。18日下午中心教授周其仁做专题讲演。到会的易纲教授、梁能教授、黄海洲博士、杨壮教授也参加了讨论。我们分两期简报报道这次活动的主要内容。

主持人卢锋教授： 欢迎并感谢大家参加中心十周年庆典活动。今天下午的活动，是请中心资深教授周其仁先生作一场演讲。我知道大家迫不及待要听演讲，但还是请允许我利用这个机会，对周其仁教授的学术经历作一个简短的介绍。

周其仁教授早年下乡黑龙江，在完达山狩猎七年半。其间悉心学习马列著作和其他社会科学知识，观察经济现象，为他今后理解和解释真实世界的经济问题打下了基础。恢复高考后，周其仁教授进入中国人民大学经济系学习，不久便一头扎进当时还是一个业余研究机构的"中国农村发展研究组"的活动中，主要研究当时举步维艰的农村改革。1982年到1989年，他在杜润生先生的指导下进行农村改革和发展政策的调查研究工作，培养了观察真实经济现象的持久兴趣。同时他很注重理论思考，学习经济学传统，通过把认识一般化的努力，力求达到理论层面的理解。他和同事们当年组织读书小组，如饥似渴地阅读和消化能获得的各种经济学理论文献。他逐步认定，现代产权理论对解释中国的转型具有特殊的分析价值。

1989—1995年是周其仁教授的海外留学时期。先是访问游学牛津大学、芝加哥大学，然后在加利福尼亚大学洛杉矶分校（UCLA）读博士。留学生活使他有机会更加仔细地考察现代经济学特别是产权理论思想武库所提供的十八般兵器，同时也使他有时间过滤以往的知识积淀，对亲身观察和经历的改革经验进行更深入的理论审视与总结。1994年，他完成了长篇论文"中国农村改革：国家与土地所有权关系的变化"，其中把广阔的观察视野、深刻的理论分析和精练的文字表达这三方面能力精彩地结合在一起，突出表现了他在运用产权理论观察和阐释转型经济大问题的出色能力。他当时写的读书笔记表明，他正在关注另一个方向的工作，就是将产权理论与人力资本理论结合起来，为一般化地分析公有制企业进行理论准备。这些工作，在现代产权的理论前沿和应用方面留下了一位大陆学者的思想痕迹。

　　1995年年底，周其仁教授决定回国来中心工作。他在北大上课可谓"场场爆满"，曾被同学评为北京大学最受同学欢迎的老师之一。1998年，他以"三网复合、数网竞争"一文，参与了当时电信开放政策的论战，对争论命题和实际政策演变产生了显著影响。他于2000年完成"公有制企业的性质"一文，从产权理论的角度对公有制企业产权改革的一般逻辑提供了独到的理论分析。同时，周其仁教授还是一个拥有广泛读者的专栏作家。收录在《真实世界的经济学》《收入是一连串事件》等文集中的文章，或长或短，或庄或谐，都是思想和文字俱佳的难得作品。

　　据我观察，周其仁教授平时处事低调，不上电视，不接受记者的被动采访，从不写应景文字。但他最近回应郎咸平的长篇访谈，不但使《经济观察报》一时洛阳纸贵，也使他自己一不小心又一次成为公众关注的一个焦点。不过，他今天要报告的是另外一个题目"'价格不管用'的市场经济"。让我们欢迎周其仁教授讲演。

　　周其仁教授：中国是不是个市场经济国家？这是一个国际上被广泛关心的问题。从国内可以观察到的现象来看，在我们日常生活的许多方面，市场经济的程度已经非常之高。一个四川农民，打个包袱，上了火车到全中国找工作。这个事情，印度可能就做不到。印度的劳动力市场远远没有像中国这样打通，语言不一样，种姓不一样，听说有各种各样的隔阂。我国劳动力市场发达与自由程度应该在世界上是数得着的。各种劳动合约，双方同意就订了。中国的市场经济程度，在某些方面，比欧美国家、日本都要高。对于我们这辈人来说，这是一个翻天覆地的变化。中国之所以有今天这个竞争力，是跟这块相当自由发展的市场经济有关。

　　但我们这个经济里，还有一块是所谓"价格不管用"的。这里讲的"价格不管用"有三个含义。第一个是描述性的：有些资源不按价格机制配置，价格机制对这个资源的使用、消费、生产没有影响或基本没有影响。第二个含义有一点争论性：不少人认为，有些特殊资源是不应该由价格机制去管用，或者一旦价格机制管用，后果会极其严重。第三个含义是作为转型时期现象存在的：价格机制应该管用，也可以管用，但是现在还没有条件让它管用，改革就是创造条件让价格机制来管用。

　　什么地方"价格不管用"呢？第一，汇率到现在还不是完全由市场力量决定的。我们官方的声明加了好多定语：有条件的、有管理的、以市场条件为基础的、单一的，实际上基本上还是一个固定汇率，就是以一个大体不变的比率盯住美元。汇率是货币与货币之间的比价关系，对国民经济各方面的影响非常重大，究竟怎样是好，一直争论不休。我认为在讨论中有两个层次的问题绞在一起：第一个问题是币值要不要稳定；第二个问题是人民币与其他货币之间的比价要不要灵活。从1994年以后，中国的汇率机制与发钞机制基本一体化，这有很大好处，就是政府不能乱发钞。发展中经济、转型经济，社会矛盾压力很大，搞得不好，政府就会通过多发钞票去解决问题。很多转型经济，宏观稳定出现问题要害就在这个地方。

　　1994年以后，中国保持人民币币值基本稳定，从这个角度看非常好。但从另外一个层面看，由于中国的国际竞争力大幅度提高，使得1994年定的一比八点几的汇率不能反映中国与美国和世界主要国家相对竞争力的变化。这个汇率机制不调，就没有办法很好地配置资源。但是在这个问题上,有各种各样的理由认为不能动。难题是币值稳定和汇率灵活怎样分开处理。首先要将汇率与美元的钩脱下来。但是无论怎么难,汇率没有足够的灵活性,压力总要从其他方面表现出来。当前所谓过热,电力紧张,运输紧张,出口火爆,汇率误差是基本的。更大的麻烦是,汇率误差反过来影响人民币币值的稳定。

第二个是利率。说经济过热,吵来吵去,利率就是不能动。我不是说利率现在是否应当调,以及调多少,而是讨论利率是不是可以动的宏观经济调节工具。很多人认为利率在中国不管用。中国很特别,是公有制,是地方政府,借钱不还。问题是,如果中国人真能借钱都不还,银行里为什么还有那么多钱?实际上,还是有约束机制在起作用的。银行也做了很多改革,还是不到位。但是,既有不应该投放的钱投放出去的问题,也有该投放的钱不投放的问题。两类问题都存在,所以不可以笼统地说,由于中国有地方政府,存在公有经济,所有这个利率就失灵,唯一的出路只能靠窗口指导,靠行政干预。用这个办法来调控中国这么大一个经济体,大有疑问。从经验看,利率从来很管用,不但今天民营经济比例大时管用,十年前民营经济比例小时也管用。宋国青教授1998年有一份研究报告,题目就是"利率至关重要",现在还值得读,看看利率是否在实际上管用。利率本来是央行官员和专家操作的问题,现在变成一个公众讨论的问题,甚至变成一个敏感的政治问题,越讨论越不敢动,结果国民经济越不容易摆得顺。

可见利率这个变量,至少在观察层面上,它还不是一个受价格机制作用的变量。很多人认为这里有很大的"道德风险"因素。就是说,有人敢冒风险,出高利率,然后借钱不还。其实说利息是贷款的价格,这个说法我看不大对。100元贷款的"价格",不是作为利息的那每年3元或5元,而是连本带利的103元或105元!与其他商品不同的是,用103元或105元的代价购买100元的"贷款商品",先付一个零头(利息),到期再还本。所以,天下没有人只看利率高低就决定是不是放款。从我们自己的老祖宗晋商票号开始就没有。债权人总要估计还款的可靠性。在还款可靠性相等的情况下,才是"出价高者得"。借口道德风险就宣布价格机制在利率上不管用,理论上就有漏洞。现在这么大一个国民经济,除了国有部分,还有民营经济,还有居民消费部分,如果利率杠杆不能让央行的专家系统灵活地决定,而是受其他压力团体影响来操作,这个经济能不能有一个所谓稳定的宏观环境,我是怀疑的。

今天上午讨论到资源浪费和资源紧缺问题。我的观察是这样的,喊什么缺实际上什么就浪费得厉害。什么道理呢?因为"价格不管用"。今年全中国缺电,怎么缺的?缺电是前几年投资周期里就有问题!你说当时所有人都看走了眼,都认为电力过剩,都不愿意做电力投资,我们也就服了。问题是当时很多人早就看到要投资电力,浙江省打过多少报告,江苏省打过多少报告要建发电厂?是中央计划部门不批。几年前不批,现在缺电;然后再说,由于缺电所以非加强管制,里外里,审批、派工作组,忙得不得了!这么大的国民经济,你怎么知道这个项目要不要上。有人说能预测需求,但需求可不是一个可观察的变量!需求跟价格有关。这杯水如果十块钱,它是一个需求量,如果一块钱那就是另一个需求量,你怎么知道到时候全世界人要用多少钢,你怎么知道哪些钢厂开着,你怎么知道到那时候韩国、中国台湾的钢厂还能不能维持下去!完全不知道!市场经济的路线,就是遇到不完全知道的事情,就由个人、企业分头去猜!你要让个人根据自己的预期来决定投资什么。我们在投资上不让价格机制起作用,然后到了电力紧缺时还不让价格机制起作用，为了保证居民用电所以电价不能动，电力紧缺你不动电价怎么办？派干部说服老百姓节约用电，怎么说服得过来？

再讲到水，你看我们这个水价，低到不能再离奇了！然后全中国喊水的问题，喊水的紧张。喊吧，行为背后有机制作用。1996年杜老让我和国青去山西做一个水项目的研究。山西太原说严重缺水，要花一百多亿元投资从黄河引水。为了这个项目，我们先参考青岛。青岛当年也是修了个大管子从黄河引水，叫"引黄济青"。主管部门想，"引黄济青"的水肯定要贵一点，因为成本高，将来贵的水一来，怎么与现在便宜的水衔接？于是就把青岛的水价提高了一点。结果这个价格一提上去，青岛不缺水了，而大管子还没修好呢！最后青岛的水价那才叫出奇，鼓励大家多用水，用得多就便宜。这里的教训是，如果水价不反映它的相对稀缺程度，整个投资项目和布局甚至我们养成的消费习惯，都没法做到合理。

再看看我们的垄断行业。印度现在移动电信商牌子已经发了15张，私营公司全进去了。最近有一个朋友从新德里回来讲，印度电信服务的质量比中国好很多、价格也低很多啊。我们的手机是普及了，电信也有了革命性变化，这是竞争决定的，印度变化比我们快啊！但是我们自己的舆论却说，六家竞争太残酷，应该合成四家；四家好像也太多，就搞两家吧！要合并起来进世界500强。原来不改革全国就一家超级公司，就是进500强又有什么用啊？靠行政垄断获取的超额利润，讲到底就是增加各行各业的成本，最后影响中国的国际竞争力。不是没有变化和进步，但是相对地看，市场开放还是远远不够。

我过去开会曾批评过，比如美国说管制，都是因为它有垄断，怕垄断祸害小的顾客，所以防止它价格太高。中国的管制管什么？是营运商要价格降低，政府说不能降低，降低了国有资产就流失了。我们民航、电信好几年都有这个矛盾。新的信息产业部部长在讲演中说，我们管制价格总不能跟老百姓为敌吧。我以为新的管制思路要来了。但没过两天，发改委与信产部联合发文，要求严格执行国家电信价格政策，不准随便降价。这就卡在那里了，这可是国民经济的大行业啊，所以不要认为这部分也已经是市场经济了，我的看法是，还差得远。

当然还包括其他很多部门，如文化、医疗等。今年领导人说了，医生不准拿红包，那相应地要把医生的质量价格调过来。医生的劳动很特别，他定你生了什么病。我只知道难受，为什么难受？要不要吃药？要不要开刀？我都不知道。医生服务里包含两个价，一个是他懂怎么开刀，第二个是他不骗你，也就是说你得付一个价啊，让他说真话。现在我们的医院制度，开刀有补贴，不开刀没补贴，所以医生就倾向于给你开刀，什么道理啊？这是价格机制用错了地方。现在的舆论说医生黑心肠。我的看法是，价格机制不全面起作用，光靠心肠是挡不住的！

中国经济过去叫城乡二元，今天我看是另外一种二元：一块是以清楚界定的产权为基础的、价格机制发挥作用的经济；另一块是产权模模糊糊、价格机制不管用，或者不让它管用的经济。为什么不让价格管用？我研究多年的一个结论是，因为一旦让价格管用，我们的很多部门就不管用了。逻辑放在这里，如果不解决这个彼此替代的冲突，中国经济就会非常麻烦。甚至现在价格管用的那一元，其活力和生命力也会受到腐蚀与损害。

我们要当心，现在不单是中国开放，世界上许多其他国家和地区也开放。俄罗斯开放了，俄罗斯人的素质相当高，资源储备相当好，文化的相当有凝聚力；印度也开放了，越南也开放了，连朝鲜也考虑开放。它们各有各的竞争优势。所以不得不要面对的问题是，中国靠渐进主义改革形成的新的二元经济，究竟能不能在追兵四起的国际竞争中保持持续的竞争力？我认为，这要打一个大大的问号。

中国经济研究中心十周年庆典活动简报之十三
——"价格不管用"的市场经济：周其仁教授讲演（下）

（2004 年 9 月）

1994 年成立的北京大学中国经济研究中心（CCER），今年迎来她的十周年生日。2004 年 9 月 16—18 日，中心举办了一系列学术活动庆祝自己十年走过的历程。18 日下午中心资深教授周其仁做专题讲演。到会的易纲教授、梁能教授、黄海洲博士、杨壮教授也参加了讨论。我们分两期简报报道这次活动的主要内容。本期简报报道讲演讨论第二部分内容。

主持人卢锋教授：谢谢其仁教授的讲演。有一种说法，十个经济学家有十二种观点。今天上午经济学家论坛，有六位经济学家对中国发展经济发表了看法。实际上他们在很多问题上有共识，比如对中国增长的前景和比较优势有类似的看法。但是对中国当前面临的问题重点，对解决这些问题的思路，确实有不同的意见，虽然这些不同意见也具有互补性，并非完全对立。上午因为时间关系，其仁教授的发言只开了一个头，讲到中国改革取得成绩的原因，主要在于因为制度改革使交易费用大幅度下降，使我们的潜在成本优势得到发挥。刚才他侧重讨论目前仍然存在的问题。仍然是他一贯的风格：一个简明的分析框架，非常扎实和广泛的经验观察，再加上独到的表达能力，提供了一次引人入胜的讲演。现在请在座的易纲、黄海洲、杨壮、梁能等几位教授各做一个简短发言。

黄海洲博士（国际货币基金组织高级经济学家）：首先声明我的发言不代表国际货币基金组织。这句话是有价格的，不说这句话，代价会很大。我在海外经常碰到北大学生，他们跟我闲聊，一般都会提到周其仁教授。听他的演讲，这是第一次，我很荣幸，我觉得其仁把经济学里的芝加哥学派与洛杉矶学派真传学到了手，价格分析已到了炉火纯青的地步。经济学家里面少有能够做到这一点的，我看美国也只有弗里德曼、贝克尔等少数人能达到这个地步。其仁讲到几个问题，我想对其中一个问题作一点补充，就是汇率问题。两天前我在这里研讨会上报告了一篇文章，题目是"汇率机制与经济增长之间的关系"，这里跟大家汇报一下主要结论。

国际货币基金组织对汇率制度进行了重新定义。我们比较欧洲发达国家与亚洲发展中国家，得出来的主要结论是，一个国家的发展水平可能决定哪些价格可以开放。因为我们考虑的是实际的价格机制，包括有没有黑市交易和黑市价格是什么价格，如果这些价格与中央银行的价格不一样，那么我们的划分是按照市场上的价格来划分的。如果这样，就会发现其中一个有意思的现象，很多亚洲的发展中国家实际在操作过程中，比较倾向于盯住美元这样一个汇率制度，实际上我们对的研究表明，对亚洲国家而言，最好的汇率机制是有管理的浮动，而不是固定的汇率制。我觉得中国的汇率制度总体上是朝着更浮动的方向发展，汇率的价格也可以有浮动的空间。

梁能教授：我给周教授提一个问题。周教授的演讲对我非常有启发，中国经济现在是两块，一块是价格起作用，还有一块是价格不起作用。腐败作为价格不起作用的部分，其实由来已久。按道理，市场化这块越做越大，腐败应该越来越少，怎么反而越来越多了？怎么解释？

周其仁教授：这也是二元经济的问题。从全国来看，比如说银行，一下子放不开，事关国民安全，有一定道理。但我们的麻烦之处在于它有五级政府，中央政府的很多调子会层层套下去，县里有它的战略产业，它也说这个东西不能随便放，拿在手里就是租金的来源。为什么腐败总数、增长速度越来越可怕？一部分原因就是那个开放的市场"可上供的"租金越来越大。毕竟开放了市场，就能赚钱了。过去要是办不下一个照，损失2元；今天要是办不下一个照，可能损失20万元；2元的时候可能"愿意"用一块钱来收买，20万元的时候就"愿意"出10万元钱来收买。所以在某种程度上，开放的那块市场经济，会成为权力寻租的源泉。从个案看，1980年我们看到什么案子，现在看到什么案子？我们看国家审计总署那个报告，其中包括监管别人的那些"强力部门"，那个违规胡来乱用资金，那个数目，那个成长率！现在确实存在腐败升级这个现象，所以如果不赶快改，加快改，权力变租金速度就越快。过去市场很薄，现在市场比较厚，那个租金可以兑现的量就不可同日而语。

这对大量商人包括BiMBA的学员，确实是一个痛苦的选择。你寻不寻租吧？你搞不搞关系吧？你不搞你要输；你搞，很多人其实不想搞的。很多人跟我讲过，包括很有名的企业家。凭什么我要给你送钱啊！没办法，好多东西把着，审啊，批啊。这几年减少审批，净化环境，我觉得起了好的作用，但是还不够，你看今年宏观形势一变化又回来了，又审啊批的，全部要跑到部里来解决问题，土地要到北京来，项目要到北京来，改革又打回摆了。市场经济、私人产权也罢，市场秩序也罢，都不难解决。其中最难解决的，就是政府的强制力。没有一个经济可以不要这个强制力，产权是要强制执行的；但是怎样对这个强制力加以有效约束，使它长期有利于经济和社会发展，这是最难的事情。

除开根本性的制度安排，像法治国家建设等，还能不能考虑增加一点辅助性的制度安排，比如商界要有一个氛围，同样面临权力寻租的"需求"，怎么应对？我欣赏万科的王石，他就敢说"我从来就没有用过黑钱"。前一段时间，美国朗讯处理中国朗讯的高管，据说他们的行为违背了美国的商业准则，不是用正当手段获得了市场单子，最后会损害公司的长远信誉。因此，从利益计算来说，也应该形成一个商界的集体行动，然后让商界与政府交往中的阳光部分增加。很清楚，那类东西是有腐蚀性的，要贿赂官府的公司，怎么教育自己的员工，怎么让他对公司和客户忠诚，怎么要求他守信啊？那是对公司竞争力的腐蚀。

杨壮教授：在商学院的教学中，在国际交往的过程中，大家都提到一个很重要的问题，那就是信誉问题。我今年6月份在日本参加一个会议，其中美国人与日本人谈论的一个议题是中国21世纪的挑战。日本驻印度大使公开站起来就讲，希望日本人到印度去投资，印度这个国家对我们很友好，中国人对我们不友好，同时中国人不可信。当时引起了一系列的反应。我作为一个商学院的老师就提出了一个问题，中国人信用问题的核心在什么地方？

易纲教授：信誉问题要从小抓起，首先是孩子的信誉问题。在中国的文化下，小孩在幼儿园、小学阶段，就可以说谎话不眨眼。为什么中国的小孩跟外国的不一样呢？美国的小孩是不说谎话。我觉得小孩说谎是老师和父母造成的。小孩在幼儿园，老师就要求干一系列的事，学生没达到这些要求，就必须骗老师，否则要被罚站。中国的家长也是如此，小孩为了过关，就必须编瞎话，编了瞎话就过了关。我们在对待亲人、同事等多种场合都有可能编瞎话。比如说我，经常遇到这种情况，人家请我过去讲课，我不能说我就不愿意给你讲，而是通常会说"我有会，没时间"，这是善意的谎话。我们的文化从幼儿园、小学到工作，没有谎话就过不去。在座的各位，作为父母，你是不是足够宽容这个孩子鼓励他说真话而不说假话，作为老师，你是不是鼓励孩子说真话而不是有一个标准而强迫他做什么，然后造成他说假话。

中国人的这种信用情况会反映到交易成本里，会反映到我们所有合同的谈判里。我听到中国人说一句话是一个理解，美国人告诉我一句话我可能是另外一种理解。于是各个文化就形成一句话可靠性的打折率。这种成见有一定歧视因素在里面，也有一定文化的沉淀在里面，要改变非常不容易。诚信制度是一个系统工程，中国有5000年的历史，我们从现在做起，从我们的工作、从我们与亲人朋友的交往做起，相信在若干年以后，中国人的诚信会大大提高。

主持人卢锋教授：下面请听众提问。

某听众发言：我对易纲教授的发言作一点评论。中国人的诚信与基本的伦理在"文化大革命"中受到严重破坏，此外美国人为什么有比较好的信誉，因为在美国诚信是有价值的，我有信用，在社会上就有更多的收入。还有政治体制改革问题，我觉得还有很长的路，因为政治体制与中国人的国民性有很大关系，重要的是中产阶级充分发展，这样政治体制改革才能提上日程。

某听众提问：我是搞案例的。我看到几个案子，一个是铁本的案子，背景我不说了，铁本钢铁厂项目卖给南京钢铁厂了，这里面有三方，一个铁本原来的老总，一个私营企业家，已经被关进去；买这个项目的南京钢铁厂；政府也在其中起着一定的作用。另一个是建龙的案子，政府要求把建龙钢铁厂的股份卖给杭州钢铁厂，这个时候问题就来了，建龙不愿卖，杭钢也不愿意买，但政府说你必须把这个股份买下来，项目才能上。问题就是，私营企业家在政府与买方的压力下，他怎样去把这个价格谈到最有利。

某听众提问：周老师第一段演讲时有一个结论，现在经济有一部分是价格管用的，另一部分是价格不管用的。认为应该让价格机制发挥作用，这个时候你是认同经济学的理性人假说的。但您讲到另外一个问题时，又把企业家道德因素重要性提得很高。比如说您表扬王石，号召商学院学生能有一种信誉观念，尽量不要寻租、不要送黑钱等。不知道您是否承认这里边有一个逻辑矛盾。不知道您是否介意我提一个关于您对于郎咸平回应的问题。

周其仁教授插话：提问是你的权利，是否回答是我的权利。

某听众继续提问：国有资产是谁的？郎咸平有句话，是你的、我的、大家的。您回应说，是你的？有没有权利证书？但是我们知道农村里有很多夫妇，举办婚礼了但没办证，是不合法，但现在法律也保护这样的事实婚姻。问题在于，我们是应当尽快补办这个证，还是按您的思路只给某些人补办，就是把国有资产卖给某些人。

周其仁教授：讨论问题要区别开，什么是智力上要解决的问题，什么是感情上要解决的问题。这是研究社会科学麻烦的地方。研究自然科学不会有这样的麻烦。你研究地震，没有人说你喜欢地震。但研究社会现象，就会绞到一起。首先要区分开。我们每个人都有价值观，认为什么东西好，什么东西不好，什么对，什么不对，但这个东西跟分析经济问题要尽可能区分开，不能区分开就不能冷静处理问题。报刊上的文章，因为是针对广大读者的，如果你完全没有倾向因素和价值观因素，都是冷静枯燥的文字，就没人看。这是一个回应。

实质问题是，所有定价问题都是定权问题，价格问题就是产权问题，价格机制管用的前提是产权界定清楚。这些简单的东西怎么去用是很麻烦，因为很多现象，就是那个限制条件你很难搞清楚。我始终不认为，我们的重点是去发展经济学理论，因为我认为经济学理论足够用，只要把传统的学问在理解的基础上简化，拿准重点，应该够用。有意思的是，你用里面简单的理论去分析现象时，对限制条件是什么要下很大的调查工夫，因为你不可能对真实世界里的什么都看，这里面有选择，什么东西看，什么东西不看，漏看的如果很重要，我们的解释能力就会有问题，这是我对经济分析方法的一个理解。

那位同学说矛盾，好的。我对理性人的假设从来不认为重要，我认为理性人不是经济学的出发点，经济学的出发点是稀缺，只要经济资源相对于人们的欲望而言永远不够（就是稀缺），约束就非常重要，至于人们对经济资源的欲望究竟是为己还是为他人，意图无从考查，可以考查的是稀缺的各种表现，更重要的是凡想实现的欲望都受到约束，才有行为。所以经济研究的重点总是在约束条件，成本也好，产权也好，都是约束条件。

你问有没有矛盾，我不认为有矛盾。人当然有道德变量，他在约束下活动，道德就是一个约束。另外允许我讲一句，道德本身也有经济含义，比如中国老话讲"好借好还，再借不难"。这里，"好借好还"是道德，"再借不难"是利益。既有经济利益的约束，又有道德水平的培养，双重约束，人类社会就是这么过来的。易纲刚才讲的，我完全同意。我们过去叫慢变量和快变量，易纲讲的是慢变量。

从孩子做起我赞成，但我觉得还要加一条，就是跟经济制度相关。我 1988 年第一次去美国，在纽约街头看到黑人拿着小广告纸片见一个行人就送一个，我当时就想这种劳动如果在我们国家会怎么办，可能一包扔垃圾桶就下班了，甚至可能卖给废品收购站。但是现在我们的街上也有这种人了。1988 年到现在没有多少年吧，是怎么考核的、管理的？他也就是送啊，很辛苦的，什么道理？就是说，价格管用也可能改善道德。我认为中国经济是二元的，有道德进步非常快的一面，守信的，产品质量提高很快。但是有些领域问题很大，所以还是具体问题具体看。

至于你讲的国有资产问题，我们过去的全民所有只是一个抽象名词，无法派生相应的行为。我 18 岁就去了国营农场，张书记开沟李书记埋，白搭的劳动多了，看着也没办法。不要说国家范围的资源浪费，北京那个化纤项目怎么啦，广州那个化纤项目怎么样啦，多少钱砸进去了。我们现在很多人认为，我们是全民财产的主人，所以这次我回了一句话：主人？凭据在哪？因为你有那个凭据你才可以行为，你才可以说，你代理人要给我报告啊？钱花哪去啦？我们现在有这个报告吗？我还写了一句话：股市黑还有一个假报告，这个国企连个假报告都没的！你说去年赚了多少钱，你告诉我，不知道，多少年，集体无意识！你说你分红了吗？我很庸俗吧，问这些问题。但是财产主人首先就是分红，第二就是投票。但你看这两件事情，一件也没有的！我希望各位注意，这里讲的只是一个事实的陈述，而不是什么改革思路，比如给全国人民补发证书、让每个公民认真履行所有人的职责等。完全没有那个意思。改革办法，要研究约束条件。过去那个抽象的全民主人，恰恰可能就是让每个公民真当主人的成本太高的必然结果。

至于这种体制不要改？实践的答案很明确。改革实践中出现的问题很多，但是说主张改革的经济学家"教唆"而成，就太离谱了，因为谁也没有那个本事。可是有人就喜欢上纲上线。那位先生点了吴敬琏，点了张维迎，倒是没点我。当时我正在安徽出差，点我一定来啊！因为我没什么名气，他不点。后来看到越说越不像话，要改变国家政策，要停止产权改革。那篇回应，我不是作为经济学家讲话，而是作为一个公民讲话，这是一个公共政策问题。我还得在这里生活，所以这意见得发表出来，听不听经过政治程序去决定。如果大家都同意大政府，大国有制，模模糊糊的全民所有，那我也没办法。但在允许讨论的时候，应该把看法写下来。这个看法是基于多少年的经验与观察，这是基于多年的研究。那个抽象的东西是没有行为能力的。我是不大讲自己的主张的，因为个人的主张微不足道。但是你要是问我，我的主张不是不要公有制，但要以私有制为基础，要以私产制为基础，结成家庭，结成公司，结成大集团，甚至结成国家经济。不以这个为基础，消灭这个基础，前苏联 70 年，我们 40 年，那个成绩放在那里！那篇回应，不是潇洒的文章，因为不是可以潇洒的题目，没办法，逼着你非说不可。走回去是没有路可走的。海尔改不行，TCL 改也不行，不改让人家收购也不行，那我问，你究竟要怎么办？

当时还有一段话没用上去，我今天把它发表在这里。说是湖北古时有一个黄州府，出萝卜，农民挑了萝卜进城去卖。城门口官府贴了个告示，农民去看不懂，问一个秀才。秀才讨厌这些农民，于是开口就念"湖北黄州府，不准吃萝卜"，农民一听，大惊失色，赶快扔了萝卜。秀才看在眼里，接着念"扔了打五十"，农民急忙捡回来，结果赶上秀才的最后一句"捡回来打一百五"！里外都不对。那就用苏联的办法行不行？每人发 1 万卢布买国企债券。从人均 1 万卢布看，是公平；但是从另一角度看是不公平的。比如，联想的资产柳传志分 1 万，我也分 1 万，那我就剥夺了柳老了，那是不是另外一种不公平啊。可柳传志到底多大贡献？国家政策支持多大贡献？你倒回去计算，西方没有教过这种东西，人家没有遇到过这种问题，财产已经滚大以后需要倒回去算多大贡献。

我去过很多现场，有人跟我说"你看我出工，你看我考勤"。考勤长就贡献大啊？到底贡献多大，要由相关各方叫价还价，这里面非常重要的是要让强制的力量躲开，你说海尔没有张瑞敏，哪有什么海尔的无形资产，那个不是贡献啊？但你一搞全国的产权改革，很多在位的干部历史上从来没对这块资产做过贡献，也要分一块，那当然不公正。现在是这两件事情搅在一起。我看了好几年，这个东西怎么让分开处理，各地的实践在积累经验，是很大的挑战。结果这么一股风就起来，情绪这么大。我是很清楚的，这个问题一写文章就会挨骂。事先就知道，所以报纸一上摊，我就不上网了，不看。为什么不看？大部分没什么好看的,他就是骂嘛。转型时期,火气大我理解,我有时也想骂。他如果拿我做骂的对象可以解他的气,我不看又没损失,社会总效益是提高的嘛!随便骂。但是我让我太太看,有骂得好的、有内容的文章告诉我,或者没有内容,骂得有文采,也行。可惜满足这两个要求的很少。

某听众提问:毛主席对中国的贡献那么大,他就没有全拿走,怎么可以让公司的高管老总都拿走呢?

周其仁教授:我说张瑞敏有份,但这份究竟多大要找一个形式去把它界定清楚。原则上企业资产是各方合作形成的,所以不可能单单归其中某一方。地方上有好多人的,每一个地方都有那里具体的约束条件,没贡献的人想多拿,大伙就会闹。我看到过很多,不要以为当事人没有表达能力。有贡献的人到底拿多拿少,好复杂的东西。讲清楚,这是一个历史的包袱,资产是合作创造的,现在界定也要在合作中界定,谁也别想说,对这个历史不付代价。我知道一个老总,最近被国资委"下课"了,当时他提出改制方案,说"没有我哪有这个公司",90%要归他。我说"你搞不成的,要互相先掂量掂量,让利益相关各方在一个市场基准下来谈价,来界定这个历史"。毛主席确实对我们这个中华人民共和国"股份公司"有巨大的贡献,好多事情,别人做不到,毛主席做就可以。为什么他可以,就是因为他历史上的贡献。所以这么看,过去的体制,虽然不用产权,但产权经济学的规律并非不起作用。

刚才有个学员问到私营企业问题,问到铁本案子。这是一个大问题,我们包括卢锋老师,是去现场看过的,到看守所跟铁本原来的老总戴国芳有过大概三个半小时的交谈,这是我做经济调查20年第一次在看守所进行的,这个案子成为全国曝光的重大事情,所以有很多实际的情况就看不清楚,因为有各种压力,种种因素在阻碍你看清楚,所以有时候要冷一点才能看清楚,这个案例全面怎么看,我们这三个半小时还远远不够。我们在常州待了好几天,从经验来看,要弄清楚一件事情,好困难的。后来好多媒体追着我,《华尔街日报》问"你们见过铁本老总,没什么人见过他啊"。我说"我没搞清楚,我不能谈"。我不是怕事情不能谈,我是怕我不能把事情讲清楚。一个公司的事情要搞清楚,很难的!这个案子我还会看的,连看守他的人都说,从来没有见过这样的犯人,整天就在想钢厂的事,然后写个纸条说高炉上会出个什么问题,要怎么解决。你问为什么就查他,这个戴国芳就是从来不懂怎么去跟政府的有关部门打交道的。查案子的人都不相信,批了6 000亩地,常州市国土局局长居然不认识这个戴国芳,全是他的副总去办,他所在的开发区的区委书记帮他去跑,说是给民营企业服务。但从国家大的政策来看,基本政策还是多种所有制一起发展,还是鼓励民营企业发展的。这个故事的含义,本来是价格管用领域里的事情,遇到突发情况,价格就不管用了。铁本的研究还没有做完,很多事情还没搞清楚。如果搞清楚了,可能是要写点东西的。其他就没有更多话了。

主持人卢锋教授:今天下午的演讲和交流,我看是达到了中心十周年庆典活动一场压轴戏的预期目的。感谢各位参与。其仁教授提到他分析观点的政策影响时,曾用过一个调侃的说法:鸡叫天亮,鸡不叫天也亮。刚才我们听到他又叫了一声,让我们看看天会有什么变化吗。会议到此结束。